貞觀政要译注

[唐]吴兢 撰
裴汝诚 王义耀 郭子建 顾宏义 译注

上海古籍出版社

图书在版编目(CIP)数据

贞观政要译注/(唐)吴兢撰;裴汝诚等译注.—上海:
上海古籍出版社,2007.2(2012.4重印)
ISBN 978-7-5325-4657-2

Ⅰ.贞… Ⅱ.①吴…②裴… Ⅲ.①典章制度-中国-唐代②贞观政要-译文③贞观政要-注释 Ⅳ.D691.5

中国版本图书馆CIP数据核字(2007)第017385号

贞观政要译注
[唐]吴 兢 撰
裴汝诚 王义耀 郭子建 顾宏义 译注
上海世纪出版股份有限公司
上 海 古 籍 出 版 社 出版、发行
(上海瑞金二路272号 邮政编码200020)
(1)网址:www.guji.com.cn
(2)E-mail:gujil@guji.com.cn
(3)易文网网址:www.ewen.cc
新华书店上海发行所发行经销 上海市印刷四厂印刷
开本889×1194 1/20 印张15.4 插页3 字数370,000
2007年2月第1版 2012年4月第3次印刷
印数:8,601-10,900
ISBN 978-7-5325-4657-2
K·964 定价:38.00元

貞觀政要

译注

[唐] 吴 兢 撰
裴汝诚 王义耀 郭子建 顾宏义 译注

上 海 古 籍 出 版 社

图书在版编目(CIP)数据

贞观政要译注/(唐)吴兢撰;裴汝诚等译注. —上海:上海古籍出版社, 2007.2(2012.4重印)

ISBN 978-7-5325-4657-2

Ⅰ.贞... Ⅱ.①吴...②裴... Ⅲ.①典章制度-中国-唐代②贞观政要-译文③贞观政要-注释 Ⅳ.D691.5

中国版本图书馆CIP数据核字(2007)第017385号

贞观政要译注

[唐]吴 兢 撰

裴汝诚 王义耀 郭子建 顾宏义 译注

上海世纪出版股份有限公司
上 海 古 籍 出 版 社 出版、发行

(上海瑞金二路272号 邮政编码200020)

(1)网址:www.guji.com.cn

(2)E-mail:gujil@guji.com.cn

(3)易文网网址:www.ewen.cc

新华书店上海发行所发行经销 上海市印刷四厂印刷

开本889×1194 1/20 印张15.4 插页3 字数370,000

2007年2月第1版 2012年4月第3次印刷

印数:8,601-10,900

ISBN 978-7-5325-4657-2

K·964 定价:38.00元

前言

《贞观政要》十卷四十篇，唐吴兢编撰，是记载唐太宗在位二十三年中君臣讨论政事的政治文献。

吴兢，唐汴州浚仪（治所在今河南开封）人。生于唐高宗咸亨元年（670），卒于唐玄宗天宝八载（749）。年轻时立志求学，博通经史。武则天长安年间，魏元忠、朱敬则位居辅相，推荐吴兢的史才。吴因此得以进入史馆，修撰国史。近三十年中，先后参预撰修《则天皇后实录》、《中宗实录》、《睿宗实录》以及唐之《国史》多种。他认为梁、陈、齐、周、隋五代史繁杂，乃编撰梁、齐、周史各十卷，陈史五卷，隋史二十卷。又曾撰《唐书》、《唐春秋》。他以唐前代相近的各朝历史以及当代史为主，一生尽力于史学。但是，他的撰著多已不传，行世的只有《贞观政要》一书。

吴兢编撰《贞观政要》的具体时间不详，其《贞观政要序》也没有确切交待，只是说他是奉侍中安阳公源乾曜、中书令河东公张嘉贞之命增订扩充该书。而源乾曜任侍中、张嘉贞任中书令，均在唐玄宗开元八年（720），可知此书增订稿是在开元八年以后完成的。这还证明在此之前已经有过第一稿，并已进呈了。这次增订是将“垂世立教之美、典谟奏谏之词，可以弘阐大猷，增崇至道”的故实，“备加甄录”。于是吴兢利用任职史馆之便，“收集所闻，参详旧史”，对第一稿进行了修订。修订时的“体制大略”，“咸发成规”，仍依前稿。选录的原则是“词兼质文，义在惩劝”，以原文为主，不作修饰，着重于材料内容，以资后人借鉴惩劝。吴兢的增订工作是认真的，他认为增订后的《贞观政要》，“人伦之纪备矣，军国之政存焉”。以后的帝王只要遵守贞观时期的政治设施和道德规范，因时制宜，择善而从，就可以使国家长治久安，使帝王大业发扬光大，不必祖述尧、舜，宪章文、武，因为“太宗时政化，良足可观，振古而来，未之有也”。

那么，贞观年间的设施有哪些可以垂范后世以作借鉴的呢？吴兢认为有思想道德规范和军国设施大政两个大的方面，四十个要点。他以每个要点为一篇，将全书分为四十篇，即《君道》、《政体》、《任贤》、《求谏》、《纳谏》、《君臣鉴戒》、《择官》、《封建》、《太子诸王定分》、《尊敬师傅》、《教戒太子诸王》、《规谏太子》、《仁义》、《忠义》、《孝友》、《公平》、《诚信》、《俭约》、《谦让》、《仁恻》、《慎所好》、《慎言语》、《杜谗邪》、《悔过》、《奢纵》、《贪鄙》、《崇儒学》、《文史》、《礼乐》、《务农》、《刑法》、《赦令》、《贡赋》、《辩兴亡》、《征伐》、《安边》、《行幸》、《畋猎》、《灾祥》、《慎终》，厘为十卷。它们概括了唐太宗的为政与“贞观之治”的基本内容，也归纳出一些封建皇帝面临的问题，并从成功与失败两方面，指出不同皇帝对待这些要点的不同态度和表现，以及兴与亡两种结果。在吴兢看来，皇帝面临的这些要点，可以归纳为典章制度设施和思想精神道德两大方面。全书不仅将它们贯彻始终，而且列出专题强调精神要素的重要性。事实上，我国历史上的光辉篇章“贞观之治”，也正是这两种因素互相作用所结出的硕果。

吴兢以为君之道的《君道》为全书的第一篇，抓到了封建社会帝王事业的中心，说明有道明君和无道昏君对国家兴亡盛衰的密切关系。他以《慎终》作为全书的最后一篇，将在全书各篇中多次说到的善始善终精神，再加以专篇讨论，强调有好的开端还要有好的结束，并且强调善终比善始对于皇帝、重臣来说更为困难。为此，他特别选录了唐太宗有关历史上有传位十代的、有一代两代的，亦有自己得天下又失天下的现象，要君臣共同努力做到慎终，以保持江山社稷的一些言论。吴兢是热爱和深切关心国家前途命运的。他用唐太宗的言行吐露了他的这层思虑，并以此提醒他生活时代的帝王及以后的继承者。

《贞观政要》全书强调臣僚谏劝帝王的作用，置立以谏诤为内容的专篇，不仅要谏诤帝王，而且也要谏劝教导太子及诸王。从这个角度说，《贞观政要》一书就是吴兢通过树立唐太宗及其“贞观之治”的榜样，用以开导和谏劝唐中宗、唐玄宗及其后的继承者。吴兢也清楚地知道，臣僚的谏诤是和君主的能纳谏、“从善如流”相得益彰的，二者缺一不可，否则都达不到匡谬正误的作用。帝王之所以要臣僚谏诤，是因为帝王也会在处理政事时发生谬误；臣僚之所以应该谏诤帝王，除了应尽的忠诚之外，还因为帝王纵情淫乐、败坏法度、倒行逆施，以致“君失其国，臣亦不能独全其家”。正是因为这种君臣之间的共同利害关系，臣僚要随时匡正帝王之失，避免铸成大错，君得其国，臣保禄位，免致亡国破家之祸。从这种利害关系出发，唐太宗君臣励精图治，极力通过谏诤——纳谏这条渠道避免大的错误发生。虽然，作为封建帝王的唐太宗，在位期间也曾对纳谏有过不同的表现，但他留下许多可资借鉴的言行。他曾说过：“夫以铜为镜，可以正衣冠；以古为镜，可以知兴替；以人为镜，可以明得失。朕常保此三镜，以防己过。”这是他在谏臣魏徵死后所总结的，足见他对谏诤的重视了。吴兢在摘录唐太宗嘉言懿行的同时，也摘录了魏徵、王珪、房玄龄、杜如晦、虞世南、褚遂良、温彦博、马周、戴胄、孔颖达、刘洎、岑文本、姚思廉等四十五人与君主讨论政事的言行，而其中最突出的人物是谏臣魏徵，最突出的内容是谏劝。

《贞观政要》问世之后，唐代皇室列为必读经典，宋代则仿其例编撰《三朝宝训》、《两朝宝训》、《仁皇训典》及《圣政》等等政治文献，作为皇帝、太子的讲读内容。元、明、清三朝对《贞观政要》同样十分重视，推崇备至，表明历代帝王都知道从这部书中可以得到借鉴，追求政权与国家的长治久安。此外，唐以来的许多名臣文士也对该书十分赞许，唐代柳芳，后晋刘昫，宋代宋祁、孙甫、欧阳修、曾巩、司马光、孙洙、范祖禹、马存、朱黼、张九成、胡寅、吕祖谦、唐仲友、叶适、林之奇、真德秀、陈惇修、尹起莘、程奇等二十二家大臣、史家、学者都对《贞观政要》发表过评论，元代的戈直加以搜集并加注后，刊刻成书，流传至今。《贞观政要》在国外也广为流传，至今日本国还保存着此书的多种版本，其中有园田种成的整理本《贞观政要定本》，足见其影响之广远。当然，唐代的"明君贤臣"也不可避免地有时代的局限，如对于邻邦异族的错误认识。这应是我们今天能够鉴别，并加以正确理解的。

我们今天全译《贞观政要》，略加注释，是希望把它介绍给更加广泛的读者，以了解贞观时期的历史，了解这部历史上著名的文献。注释、今评对我们来说也是一种尝试，错误和不当之处在所难免，深盼读者指正。

本书部分初稿是由王义耀同志和我共同完成的，不幸义耀同志英年早逝，令人哀悼不已。本书的完稿、出版，曾得到上海古籍出版社的大力支持，特此致谢。

华东师范大学古籍研究所
裴汝诚

目录

贞观政要卷第一

君道第一

凡五章

贞观初[1]，太宗谓侍臣曰："为君之道，必须先存百姓，若损百姓以奉其身，犹割股以啖腹，腹饱而身毙。若安天下，必须先正其身，未有身正而影曲，上治而下乱者。朕每思伤其身者不在外物，皆由嗜欲以成其祸。若耽嗜滋味，玩悦声色，所欲既多，所损亦大，既妨政事，又扰生民。且复出一非理之言，万姓为之解体，怨讟既作[2]，离叛亦兴。朕每思此，不敢纵逸。"谏议大夫魏徵对曰[3]："古者圣哲之主，皆亦近取诸身，故能远体诸物。昔楚聘詹何，问其治国之要，詹何对以修身之术。楚王又问治国何如？詹何曰：'未闻身治而国乱者。'陛下所明，实同古义。"

译 贞观初年，唐太宗对侍从的大臣们说："做君主的法则，必须以存活百姓为先。如果损害百姓来奉养自身，就好比割大腿上的肉来填饱肚子，肚子填饱了，人也就死了。如果想要安定天下，必须先端正自身，决无身子端正而影子不直、上头治理好了而下边发生动乱的事。我常想能伤害身子的并不是身外的东西，而都是因为自身贪婪放纵才酿成灾祸。如果一味讲究吃喝，沉溺于音乐女色，欲望越多，损害也就越大，既妨碍政事，又扰害百姓。如果再说出一些不合事理的话来，就会弄得人心涣散，怨言四起，众叛亲离。每当我想到这些，就不敢放纵取乐、贪图安逸了。"谏议大夫魏徵对答道："古代圣明的君主，也都是先就近从自身入手，所以能推广到一切事物。过去楚庄王聘用詹何，问他治理国家的要领，詹何以加强自身修养回答。楚庄王再问他治理国家该怎么办，詹何说：'没有听说过自身治理好而国家会发生动乱的。'陛下所阐明的，实在符合古人的意思。"

注 ① 贞观：唐太宗在位年号(627—649)。

② 怨讟(dú毒)：痛恨而出怨言。

③ 谏议大夫：官名。唐时门下省置谏议大夫四员，掌侍从赞襄、规谏讽喻。魏徵，隋末参加瓦岗军，后投窦建德任起居舍人。窦建德兵败被杀，他归唐任太子洗马，辅佐

太子李建成。后事唐太宗李世民，历任谏议大夫、秘书监、侍中等职，常与太宗总结隋亡经验教训，以敢于犯颜谏诤而闻名，太宗将他譬作“人镜”。详见本书《任贤》。

贞观二年，太宗问魏徵曰：“何谓为明君暗君？”徵曰：“君之所以明者，兼听也；其所以暗者，偏信也。《诗》云：‘先民有言，询于刍荛①。’昔唐、虞之理②，辟四门，明四目，达四聪③。是以圣无不照，故共、鲧之徒④，不能塞也；靖言庸回⑤，不能惑也。秦二世则隐藏其身⑥，捐隔疏贱而偏信赵高⑦，及天下溃叛，不得闻也。梁武帝偏信朱异⑧，而侯景举兵向阙⑨，竟不得知也。隋炀帝偏信虞世基⑩，而诸贼攻城剽邑，亦不得知也。是故人君兼听纳下，则贵臣不得壅蔽，而下情必得上通也。”太宗甚善其言。

译 贞观二年，唐太宗问魏徵道：“什么叫做明君、昏君？”魏徵答道：“君主之所以能圣明，是因为能兼听各方面的话；所以会昏庸，是因为偏听偏信。《诗经》说：‘古人说过这样的话，要向割草砍柴的人征求意见。’过去唐尧、虞舜治理天下，广开四方门路招纳贤才；了解各方面的情况，听取各方面的意见。因而圣明的君主能无所不知，像共工、鲧这样的坏人不能蒙蔽他，花言巧语也不能迷惑他。秦二世却深居宫中，隔绝贤臣，疏远百姓，偏信赵高，直到天下大乱，百姓离叛，他还不知道。梁武帝偏信朱异，侯景兴兵作乱，围攻都城，他竟然不知道。隋炀帝偏信虞世基，各路反隋兵马攻掠城邑，他还蒙在鼓里。由此可见，君主只有多方面听取和采纳臣下的建议，才能使权贵重臣无法蒙上蔽下，下情就一定能上达。”太宗很赞赏他讲的话。

注 ① 刍荛(chú ráo 锄饶)：刍，草；荛，柴。借代为割草砍柴的农夫、樵夫等。本句见《诗·大雅·板》。
② 唐、虞：唐尧和虞舜，传说中的圣君。
③ 本句见于《尚书·舜典》。
④ 共、鲧(gōng gǔn 工滚)：共工和鲧，传说中尧、舜时代与驩兜、三苗并称为“四凶”，被舜流放。
⑤ 靖言：巧言。回：奸佞。
⑥ 秦二世(前 230—前 207)：秦始皇少子，名胡亥。始皇死后继位，称二世皇帝，厉行峻法，后为专权的赵高逼死。
⑦ 赵高：秦宦官。始皇死，他与李斯矫诏立胡亥为帝，逼死世子扶苏，深得二世信任。逐李斯，独擅朝政，居中弄权。后又逼死胡亥而立子婴为王，为子婴所杀。
⑧ 梁武帝(464—549)：姓萧名衍，南朝萧梁的开国之主。在位期间，崇奉佛教，建寺造塔，大兴土木。公元 549 年，侯景引兵渡江攻入建康，他受困台城，饥病而死。
⑨ 侯景(503—552)：本是东魏大将，叛归南朝，得到梁武帝的重用，旋又起兵叛梁，后被梁将王僧辩等击败而死。
⑩ 隋炀帝(569—618)：隋文帝杨坚次子，名广。在位期间荒淫奢侈，横征暴敛。开运河，征高丽，连年兵役不断，民不堪命。公元 618 年，隋朝在农民起义军打击下灭亡，炀帝亦于江都被逼自缢。虞世基，隋炀帝佞臣，宇文化及在江都发动叛乱，他与炀帝同时被杀。

贞观十年，太宗谓侍臣曰："帝王之业，草创与守成孰难？"尚书左仆射房玄龄对曰[1]："天地草昧[2]，群雄竞起，攻破乃降，战胜乃克。由此言之，草创为难。"魏徵对曰："帝王之起，必承衰乱。覆彼昏狡，百姓乐推，四海归命，天授人与，乃不为难。然既得之后，志趣骄逸，百姓欲静而徭役不休，百姓凋残而侈务不息。国之衰弊，恒由此起。以斯而言，守成则难。"太宗曰："玄龄昔从我定天下，备尝艰苦，出万死而遇一生，所以见草创之难也。魏徵与我安天下，虑生骄逸之端，必践危亡之地，所以见守成之难也。今草创之难，既已往矣，守成之难者，当思与公等慎之。"

译 贞观十年，唐太宗问侍从大臣："在帝王的事业中，创业与守业哪件事更艰难？"尚书左仆射房玄龄答道："国家开始创业的时候，各地豪杰争相而起，你攻破他才能使他投降，只有靠武力战胜才能使他屈服。这样看来，还是创业艰难。"魏徵说："帝王的兴起，一定是在前朝衰乱的时候，这时推翻昏乱的旧主，百姓就乐于拥戴，四海之内也就会先后归顺，这是老天的意志也是人民的心愿，如此看来也算不上艰难。然而已经取得天下之后，骄傲放纵，百姓需要休养生息而徭役没有休止，百姓已经穷困凋敝而帝王仍穷奢极欲无休无止，国家的衰败，常常是从这开始的。这样看来，守业更难。"太宗说："玄龄当初跟随我平定天下，历尽艰难困苦，九死一生，所以知道创业的艰难。魏徵帮助我安定天下，担心出现骄奢淫逸的苗头，陷入危亡的泥坑，所以知道守业的艰难。如今创业的艰难已经过去，守业这一难事应当考虑和诸公一道谨慎对待才是。"

注 ① 尚书左仆射（yè 夜）：唐尚书省设左、右仆射襄助尚书令工作，因唐太宗曾任尚书令，此官职不再任命，所以左、右仆射实际上成了尚书省的官长，得以充任宰相之职。房玄龄（578—648）：名乔，齐州临淄人，唐初政治家，跟随李世民南征北战十余年，贞观年间为中书令，任宰相十五年，与杜如晦齐名，史称"房杜"。

② 草昧：原意是原始蒙昧，这里借喻国家草创秩序未定。

贞观十一年，特进魏徵上疏曰[1]：

臣观自古受图膺运[2]，继体守文[3]，控御英雄，南面临下[4]，皆欲配厚德于天地，齐高明于日月，本支百世，传祚无穷[5]；然而克终者鲜[6]，败亡相继，其故何哉？所以求之，失其道也。殷鉴不远[7]，可得而言。

昔在有隋，统一寰宇，甲兵强锐，三十余年，风行万里，威动殊俗[8]，一旦举而弃之，尽为他人之

译 贞观十一年，特进魏徵上疏道：

臣看从古以来那些受命为王的君主，都能够继承先王成法，驾御天下英雄，朝南而坐，以统治万民。他们都想让自己的王朝德配天地、功高日月，然后让自己的子孙，把国统皇位世世代代传下去，直至无穷。然而能够实现这种愿望的实在太稀少，多半是不久之后便相继败亡了。这是什么缘故呢？是因为他们求治的方法不合事理。前朝覆灭的教训并不久远，正可以来分析讨论一下。

过去的隋朝，曾经一统天下，武力强盛，三十多年间，教化遍及全国，威震远方；然而一下全部丧失，江山为别人所有。那

个隋炀帝岂是讨厌天下太平、不想国家长治久安，故意实行夏桀那样的暴政，而自求灭亡呀！他不过是以为国富兵强有恃无恐，没有考虑可能产生的严重后果，随心所欲地驱使天下百姓，把搜刮来的民脂民膏尽情挥霍，到全国各地去访求美女供其淫欲，往域外远方去网罗珍奇异宝以填其欲海，雕饰宫殿，广筑台榭，有违农时的徭役一年到头不停，穷兵黩武终年不息，君臣之间表面严谨持重，实际上矛盾重重，互相猜忌。邪恶的进谗者受福不浅，而忠心正直的贤臣则是难保生命。君臣之间，互相蒙蔽，上下相隔，人民无法忍受下去，国土从此分崩离析，一度曾统治四海的帝王之尊，就会一旦死于匹夫之手，而且弄到灭尽子孙的可悲地步，徒为天下人所笑，这不是一个沉痛的历史教训嘛！

圣明的大唐乘时而起，拯救万民于水火之中，倾覆的国家重新得到匡正，松弛的道德规范重新建立起来，要达到海内一统、远近平安的要求，不必超过一年时间；就是要使凶暴的人化而从善，不用刑杀，也化不了百年的时间。所有的宫殿楼台，都已归我们大唐王室；所有的奇珍异宝，都为我们所收；贵妇淑女，都在陛下周围服侍；全国的百姓，也都一致臣服于陛下。此时如果陛下能够考虑和总结一下隋朝之所以失天下、我大唐之所以得天下的经验教训，日夜警惕，谨慎谦虚不自矜夸，毁弃殷纣王鹿台、宝衣的奢侈和秦始皇阿房宫殿的享受，把高楼大厦看作国家危亡的征象而心怀畏惧，一心为公而自己安处于卑宫陋室之中，那么就能神理变化，一通百通，达到无为而治的境界，这便是最上等的德治。如果能在过去成功的基础上不做什么破坏性的事情，排除一切不急之务，一切减少到最低限度；在建造楼房时也夹杂一点草房，在铺设玉阶时也筑一点土阶梯；让人服役时不至于精疲力竭、使他尚能感到欢悦；经常能想到居住的人很安逸但建造的人非常劳苦。这样就能使亿兆百姓高高兴兴地像儿子侍奉父亲那样前来为你服务，人们对你非常

有。彼炀帝岂恶天下之治安，不欲社稷之长久，故行桀虐，以就灭亡哉[9]？恃其富强，不虞后患。驱天下以从欲，罄万物而自奉[10]，采域中之子女，求远方之奇异。宫苑是饰，台榭是崇，徭役无时，干戈不戢[11]。外示严重[12]，内多险忌，谗邪者必受其福，忠正者莫保其生。上下相蒙，君臣道隔，民不堪命，率土分崩。遂以四海之尊，殒于匹夫之手[13]，子孙殄绝[14]，为天下笑，可不痛哉！

圣哲乘机，拯其危溺，八柱倾而复正[15]，四维弛而更张[16]。远肃迩安，不逾于期月[17]；胜残去杀[18]，无待于百年。今宫观台榭，尽居之矣；奇珍异物，尽收之矣；姬姜淑媛，尽侍于侧矣[19]；四海九州，尽为臣妾矣[20]。若能鉴彼之所以失，念我之所以得，日慎一日，虽休勿休，焚鹿台之宝衣[21]，毁阿房之广殿[22]，惧危亡于峻宇，思安处于卑宫，则神化潜通，无为而治，德之上也。若成功不毁，即仍其旧，除其不急，损之又损。杂茅茨于桂栋，参玉砌以土阶，悦以使人，不竭其力，常念居之者逸，作之者劳，亿兆悦以子来[23]，群生仰而遂性，德之次也。若惟圣罔念[24]，不慎厥终，忘缔构之艰难，谓天命之可恃，忽采椽之恭俭，追雕墙之靡丽，因其基以广之，增其旧而饰之，触类而长，不知止足，人不见德，而劳役是闻，斯为下矣。譬之负薪救火[25]，扬汤止沸[26]，以暴易乱，与乱同道，莫可测也，后嗣何观！夫事无可观则人怨，人怨则神怒，神怒则灾害必生，灾害既生，则祸乱必作，祸乱

既作，而能以身名全者鲜矣。顺天革命之后[27]，将隆七百之祚[28]，贻厥子孙[29]，传之万叶，难得易失，可不念哉！

尊敬而自己也称心如意，这算是次一等的德治标准。如果自以为贤明而不把上天的意旨常记心头，胡作非为，不考虑严重后果，忘记缔造国家是何等艰难，以为反正是天命所归而有恃无恐，也忘记了以柞木作椽不加削斫的俭朴之风，一心追求华丽奢靡的建筑，原有的基地大加增广，旧有的东西装饰一新，以此类推，大加发挥，永不知足，人民根本就看不见有什么德政，看到听到的只有永无休止的劳役，这是最下等的状况。这样做，就好像抱着柴薪去救火，又好像倒进开水试图息止沸腾，都不是办法，这是用强暴来代替混乱，实际与混乱走的是一条道，后果不堪设想，对后代来说也就没有什么可以取法了。事情到了一无是处的地步，也必然是天怒人怨，灾害丛生，祸乱四起，到那时君臣百官要想保全自己的生命和名誉就是非常困难的事情了。顺应天命革除旧朝，改立新朝之后，按理说可以维持七百年的繁荣景象，子孙相承，传之万世；然而江山大业得来艰难丢失倒很容易，能不时时注意吗！

注 ① 特进：在唐为文散官第二阶，正二品。常用来优待功臣或德高望重之人，只领俸禄，无职掌。也可作为加官。

② 受图膺运：天人感应的迷信说法。传说伏羲氏时，有龙马背驮“河图”出现于黄河；神龟负“洛书”现于洛水。封建统治阶级便将“河图洛书”说成是上天旨意，帝王是接受天命来统治万民的。

③ 继体守文：指守成之君。体，政体，这里指皇位；文，典章制度，法令条文。

④ 南面临下：居帝位而治理天下。古代以面朝南为尊位，有所谓南面而王，北面称臣之说。

⑤ 祚：禄位，这里指帝位。

⑥ 克：能；鲜：少。

⑦ 殷鉴不远：指后世宜以前朝覆灭的教训为戒。语出《诗·大雅·荡》：“殷鉴不远，在夏后之世。”言商纣所当鉴者，近在夏桀之世也。鉴，镜子。

⑧ 风行句：风，教化；殊俗，风俗异于中原的异邦及周边少数民族地区。

⑨ 桀：是夏朝的最后一个国君，名履癸。为君荒淫残暴，后被商汤所灭。

⑩ 罄：尽。

⑪ 戢：止息。

⑫ 外示严重：外表装得威严端庄持重。

⑬ 遂以四海之尊，殒于匹夫之手：指隋炀帝于公元618年在江都被亲信宇文化及等人缢死一事。

⑭ 殄：灭。

⑮ 八柱倾而复正：古人认为地有八柱支撑着天。传说共工与颛顼争为帝，共工怒而触不周之山，天柱折，地维绝，天便发生倾斜。这里借喻国家转危为安。

⑯ 四维：维，原指系物大绳。四维与八柱相对，天圆地方，即天由八柱擎住，地由四维系着。后又借指维系封建统治的道德伦理规范的礼、义、廉、耻四纲。四维不张，意味着纲常沦丧，上下失序，封建道德水准滑坡，国家也就濒于危亡之境了。更张：重新振作。

⑰ 期月：期，周。指一年的时间。

⑱ 胜残去杀：意为使凶暴的人化而从善，不用刑杀。语见《论语·子路》。

⑲ 姬姜：周代，姬、姜两王族常通婚，故姬姜成贵族妇女美称，借指贤惠美丽的女子。

⑳ 臣妾：奴仆与婢女。

㉑ 鹿台：商纣王所建，将四方搜刮来的财宝聚于其上。周武王克商时，纣王穿上珠玉缀成的宝衣，登台自焚。
㉒ 阿房之广殿：秦始皇筑阿房宫以夸耀富有。后来项羽入据咸阳，火烧阿房宫，据说大火烧了整整三个月。
㉓ 亿兆：指万民。子来：像子女侍奉父母。
㉔ 惟圣罔念：意为君王自以为是，而不作反思。惟，思。罔，不。
㉕ 负薪救火：抱着柴禾去救火，比喻用错误的方法去解决问题，结果会适得其反。
㉖ 扬汤止沸：舀起开水再倒回去，以让水不再沸腾。比喻方法不彻底。
㉗ 顺天革命：意为顺应天意，废除昏君帝位，改朝换代。语出《易·革》："汤武革命，顺乎天而应乎人。"
㉘ 七百之祚：据说周成王曾用占卜的方法预测周朝气数，卦象显示周的帝位将延续三十世、七百年。事见《左传》。
㉙ 贻厥子孙：遗留给子孙后代。语见《尚书·五子之歌》。

是月，徵又上疏曰：

臣闻求木之长者，必固其根本；欲流之远者，必浚其泉源；思国之安者，必积其德义。源不深而望流之远，根不固而求木之长，德不厚而思国之理，臣虽下愚，知其不可，而况于明哲乎！人君当神器之重[①]，居域中之大[②]，将崇极天之峻，永保无疆之休[③]。不念居安思危，戒奢以俭，德不处其厚，情不胜其欲，斯亦伐根以求木茂，塞源而欲流长者也。

凡百元首，承天景命[④]，莫不殷忧而道著，功成而德衰。有善始者实繁，能克终者盖寡，岂取之易而守之难乎？昔取之而有余，今守之而不足，何也？夫在殷忧，必竭诚以待下；既得志，则纵情以傲物。竭诚则胡越为一体[⑤]，傲物则骨肉为行路。虽董之以严刑，震之以威怒，终苟免而不怀仁，貌恭而不心服。怨不在大[⑥]，可畏惟人，载舟覆舟[⑦]，所宜深慎。奔车朽索[⑧]，

译 本月，魏徵又上疏说：

我曾听说要想让树木长得好，必定要加固它的根基；要想让河水流得远，必定要浚通它的源头；要想使国家能安定，必定要行义积德。如果源头不深而希望河水流得远，树根不固而希望枝叶茂盛，仁德不施而希望治理好国家，我虽然愚蠢，也知道这是不可能的，更何况贤明通达的君主呢！君主身当帝王之重，居处于天下最重要的地位，将要享受最崇高的敬意，并永远保持没有穷尽的美好日子。但如果不能在安全时考虑到可能发生的危险，不能提倡俭朴以戒除奢侈，不能积德，不能制欲，那么要想达到这个目标就好像是砍了树根要求枝叶茂盛、堵塞源头要求流水绵长一样的荒唐了。

历代帝王，得到上天授予的王位之命，他们几乎都是在开国忧患之时君道卓著，而到建国功成之后则德政日衰。能够善始的应该说多得很，而能够善终的实在是太少了，岂不是得天下容易而维持政权困难吗？过去在夺取天下时似乎力量绰绰有余，如今要保持政权倒感到力不从心了，这是什么道理呢？一般在艰难开国时，为了夺取政权一定能做到小心谨慎、竭诚待人，待到功成志得之后，则往往变得狂妄自大、纵情享乐。竭诚待人时能使北胡南越也亲

其可忽乎！

君人者，诚能见可欲则思知足以自戒，将有作则思知止以安人，念高危则思谦冲而自牧[9]，惧满溢则思江海下百川，乐盘游则思三驱以为度[10]，忧懈怠则思慎始而敬终，虑壅蔽则思虚心以纳下，想谗邪则思正身以黜恶，恩所加则思无因喜以谬赏，罚所及则思无因怒而滥刑。总此十思，弘兹九德[11]，简能而任之，择善而从之。则智者尽其谋，勇者竭其力，仁者播其惠，信者效其忠。文武争驰，君臣无事，可以尽豫游之乐[12]，可以养松、乔之寿[13]，鸣琴垂拱，不言而化[14]。何必劳神苦思，代下司职，役聪明之耳目，亏无为之大道哉！

如一体，骄纵自大时则骨肉至亲也会视同陌路人。虽然可以用严刑峻法来管理天下、威震万民，但人们往往在逃避法网后并不感受到君王的仁心，貌似恭敬而内心不服。民怨虽大，倒也并不可怕，可怕的是不能正确对待老百姓，水可载舟，也可覆舟，这才是君王应当慎重考虑和对待的。帝王治国，就好像烂绳子拉的车在奔驰一样危险，怎么能够疏忽大意啊！

统治人民的君主，应该在见到想得到的东西时能自戒自足，将有所兴作时就考虑适可而止以安定人心，想到高高在上的危险地位就注意自我修养保持谦虚，警惕骄傲自满时就想想江湖大海能容纳百川，在畋猎游乐时还要网开一面保持适度，担心会松懈倦怠时就多想想善始善终，虑及下情不能上达时更要注意听取臣下意见，要驱除邪人谗言时就得从端正自身入手，加恩赏赐臣下时不因一时高兴而滥赏，惩罚罪犯时决不因愤怒而刑及无辜。君王如能考虑这十个方面，并发扬各种高尚品德，任用能人，择善而从，那么聪明人定能充分发挥才智，勇敢者必竭尽勇力，仁义者将远播恩惠，信义者必极效他的忠心。文臣武将争着效力，君臣之间，相安无事，君王可尽情享受巡游之乐，也可像古仙人赤松、王乔那样颐养寿考，可以像虞舜那样挥弦弹琴，垂衣拱手，无为而治，不多言语而人们得到感化。何必劳神思索，替代臣下去做他们应做的事，既劳累了耳目，也有损于无为而治的大道理呢！

注 ① 神器：指帝位、政权。语出《老子》。

② 域中之大：宇宙中间有四大：道、天、地、王。语出《老子》。此指帝王之位。

③ 无疆之休：无穷尽的美好日子。语见《尚书·大甲》。

④ 景命：上天授予王位之命。语见《诗·大雅·既醉》。

⑤ 胡越为一体：胡在北，泛指西北各民族；越在南，泛指东南各民族。以胡越比喻关系疏远，但还可合而为一体。

⑥ 怨不在大：民怨虽大，也不可怕。语出《尚书·康诰》："怨不在大，亦不在小。"

⑦ 载舟覆舟：以舟喻君，以水喻民，水既可载舟，也可覆舟。语见《家语》。

⑧ 奔车朽索：是说统治之艰难危险。语见《尚书·五子之歌》。

⑨ 自牧：语出《易·谦》。指自我修养。

⑩ 盘游：畋猎，娱乐游逸。语出《尚书·五子之歌》。三驱：指游猎时只从三面驱赶禽兽，让出一条生路。语见《易·比》："王用三驱，失前禽。"

⑪ 九德：旧时所称高尚的九种品德，但古籍中多数谈到九德，内容随文而异。《尚书·皋陶谟》说："亦行有九德，宽而栗，柔而立，愿而恭，乱而敬，扰而毅，直而温，简而廉，刚而塞，强而义。"《逸周书·常训》说："九德：忠、信、敬、刚、柔、和、固、贞、顺"。

⑫ 豫游：指君王巡游。

⑬ 松、乔：传说中的古仙人赤松、王乔，或作赤松子、王子乔，以长寿著称。

⑭ 鸣琴垂拱：弹琴、垂衣拱手，形容不庸人自扰而无为而治。典出《尚书·武成》、《吕氏春秋·察贤》。

太宗手诏答曰：

省频抗表，诚极忠款，言穷切至。披览忘倦，每达宵分[①]，非公体国情深，启沃义重[②]，岂能示以良图，匡其不及。朕闻晋武帝自平吴已后[③]，务在骄奢，不复留心治政。何曾退朝谓其子劭曰[④]：“吾每见主上不论经国远图，但说平生常语，此非贻厥子孙者，尔身犹可以免。”指诸孙曰：“此等必遇乱死。”及孙绥[⑤]，果为淫刑所戮。前史美之，以为明于先见。朕意不然，谓曾之不忠其罪大矣。夫为人臣，当进思尽忠，退思补过，将顺其美，匡救其恶[⑥]，所以共为治也。曾位极台司[⑦]，名器崇重，当直辞正谏，论道佐时。今乃退有后言，进无廷诤，以为明智，不亦谬乎！危而不持，焉用彼相[⑧]？公之所陈，朕闻过矣。当置之几案，事等弦、韦[⑨]。必望收彼桑榆[⑩]，期之岁暮，不使康哉良哉[⑪]，独美于往日，若鱼若水[⑫]，遂爽于当今。迟复嘉谋，犯而无隐[⑬]。朕将虚襟静志，敬伫德音。

译 唐太宗亲自写诏书回答说：

读了卿所上直言的奏表，确是真诚至极，言论无保留，恳切至极。朕翻阅再三而不知倦意，往往看到夜半时分。不是像你这样一心为国，竭诚忠告，怎么可能提出那么良好的方案，匡正我的不足之处。我听讲晋武帝司马炎在灭吴统一中国以后，就骄奢淫逸，不再注意怎样治理国家。太傅何曾退朝回家对他儿子何劭说：“我每每看到皇上已经不再关心和谈论治理国家的长远打算，只说一些日常事务，不像是把事业传给后代的样子，我想你们这一代还可免祸吧。”又指着他几个孙儿说：“到你们这一辈就一定要在大乱中丧生了。”后来他孙子何绥，果然被人滥用刑罚而不得好死。过去的史书上曾经称道过这件事，以为何曾有先见之明。我觉得不然，何曾是个犯有不忠大罪的人。作为一个臣子，应当在进见君王时考虑如何尽忠，发现君王有什么过失时则应考虑如何补益，君王有美善之处则应顺势引导助成，君王有过恶之处则应加以制止和补救，这样才能做到君臣共同努力治理好国家。而何曾位居三公，名高权重，理当直言谏诤，以正道辅佐皇室。但他只在背后发发牢骚，进见君主时并未在朝廷上直言谏劝，把这样的言行看作是明智，不是太荒谬了吗！如果王朝有危险时竟然袖手旁观，那还要你这个宰相干什么？现在看到你奏疏中的陈述，使我认识了问题所在。我定要把它常置案头，把它作为良友的规劝，让它在我的岁暮晚年，充分发挥作用。我希望“大臣是多么贤能，诸事是多么安宁”的赞颂之声，不仅仅出现在古代虞舜的时候，而希望像刘备对诸葛亮所说的“犹鱼之得水”的情景出现在我们面前。对你的嘉言良谋我已经答覆迟了，希望你一如既往，不怕冒犯，毫无保留地据实直言，我一定虚心地准备听取你提出的宝贵意见。

注 ① 宵分：夜半。
② 启沃：指臣下竭诚对君王进忠告。语出《尚书·说命上》：“启乃心，沃朕心。”
③ 晋武帝（236—290）：即司马炎。家世仕魏，后代魏称帝，建立晋朝。公元 280 年灭吴，统一全国。
④ 何曾（199—278）：字颖考，西晋初任太傅，曾参预司马炎代魏活动。子何劭

字敬祖，仕晋为司徒。父子均以生活奢侈闻名。

⑤ 绥：何绥，何曾孙，字伯蔚，仕晋为侍中、尚书。自以继世名贵，奢侈过度。后为东海王司马越所杀。

⑥ 进思尽忠，退思补过，将顺其美，匡救其恶：这是《孝经·感应》中一段曾子所述孔子的话，专述臣子对君主的应有职责。

⑦ 台司：指三公之位。三台为星名，古以三公取象三台，往往称三公宰相之位为台席、台阶、台鼎、台辅、台槐、台衡、台衮、台司等。

⑧ 危而不持，焉用彼相：王朝有危险时如果袖手旁观，那还要你这个宰相干什么？语出《论语·季氏》。

⑨ 弦、韦：弦指弓弦，韦指兽皮，弦紧皮软，古人佩弦以自警性缓，佩韦以自警性急，后来就把弦韦比喻朋友规劝。

⑩ 桑榆：本指日落时余光所在处，借代日暮。这里是晚年、暮年的意思。

⑪ 康哉良哉：指诸事安宁、大臣贤能。语出《尚书·皋陶谟》："歌曰：'元首明哉，股肱良哉，庶事康哉！'"

⑫ 若鱼若水：比喻君臣相得无间，语出《三国志·蜀书·诸葛亮传》。

⑬ 犯而无隐：对君王直言相告。语出《礼记》。

贞观十五年，太宗谓侍臣曰："守天下难易？"侍中[①]魏徵对曰："甚难。"太宗曰："任贤能、受谏诤，即可[②]，何谓为难？"徵曰："观自古帝王，在于忧危之间则任贤受谏，及至安乐，必怀宽怠，言事者惟令兢惧，日陵月替，以至危亡。圣人所以居安思危，正为此也。安而能惧，岂不为难？"

译 贞观十五年，有一次唐太宗问周围侍臣："保住江山是难还是容易啊？"侍中魏徵对答说："很难。"唐太宗又说："只要帝王能够任用贤能之人，接受直言谏诤，不就可以了吗？为什么说是很难呢？"魏徵又说："看一看从古以来的帝王，处于危难忧虑的状况之下，才会任用贤人、接受谏诤，进入安乐的环境中，必然会松弛懈怠，而臣下对君主谈论政事或者进谏时也只知小心谨慎自保安全，弄得纪纲废弛、上下失序的状况日益严重，直至灭亡。所以古圣人会提出居安思危，正是为了警戒出现这种状况。在太平的日子中要想到可能发生危险，不是很难的吗？"

注 ① 侍中：唐代为门下省的官长，掌出纳帝命，辅佐天子处置大政，为宰相之职。
② 即可：一作"则可"。

政体第二

凡十四章

贞观初，太宗谓萧瑀曰[①]：“朕少好弓矢，自谓能尽其妙。近得良弓十数，以示弓工。乃曰：‘皆非良材也。’朕问其故，工曰：‘木心不正，则脉理皆邪[②]，弓虽刚劲而遣箭不直，非良弓也。’朕始悟焉。朕以弧矢定四方，用弓多矣，而犹不得其理。况朕有天下之日浅，得为理之意，固未及于弓，弓犹失之，而况于理乎？”自是诏京官五品以上，更宿中书内省[③]，每召见，皆赐坐与语，询访外事，务知百姓利害，政教得失焉。

注 ① 萧瑀：字时文，后梁明帝子，唐高祖时任光禄大夫、内史令。贞观初，拜太子少师，迁尚书仆射，又迁御史大夫，参预朝政，后拜太子少傅。

② 皆邪：一作多邪。

③ 中书内省：唐制，中书省在禁中，故称内省。

译 贞观初年，一次唐太宗对大臣萧瑀说：“我从小非常喜爱弯弓射箭，自以为弓箭的道理已经完全掌握了。最近我得到了十几张好弓，拿去给制弓的工匠看，工匠看了以后说：‘这些都还不是用良材制作的好弓。’我就问他这是什么缘故呢？工匠告诉我说：‘制弓的木材如果树心不正，那么它的纹理一定也是不正的，这样的材料制成的弓虽然也可以刚劲有力，但射出去的箭是不会直的，所以仍然称不上是良弓。’我听了他的话才懂得了其中的道理。我是靠武力扫平群雄安定四方的，用过的弓实在太多了，而竟仍然没有完全弄通其中的道理，更何况我统治天下的日子还很短，对于治国平天下的道理，肯定还不及对弓箭的了解，对弓尚且还有认识失误之处，可见对治国的道理我了解得更加不够了。”于是诏令京都五品以上的官员，都必须轮流在禁中的中书省值宿，以便随时召见。每逢太宗召见时，都让他们坐下，仔细询问外边各种事情，尽可能地了解朝廷的施政对百姓有利还是有害，知晓政教是得还是失。

贞观元年，太宗谓黄门侍郎王珪曰①："中书所出诏敕，颇有意见不同，或兼错失而相正以否。元置中书、门下②，本拟相防过误。人之意见，每或不同，有所是非，本为公事。或有护己之短，忌闻其失，有是有非，衔以为怨，或有苟避私隙，相惜颜面，知非政事，遂即施行。难违一官之小情，顿为万人之大弊。此实亡国之政，卿辈特须在意防也。隋日内外庶官，政以依违而致祸乱，人多不能深思此理。当时皆谓祸不及身，面从背言③，不以为患。后至大乱一起，家国俱丧，虽有脱身之人，纵不遭刑戮，皆辛苦仅免，甚为时论所贬黜。卿等特须灭私徇公，坚守直道，庶事相启沃，勿上下雷同也④。"

译 贞观元年，唐太宗对黄门侍郎王珪说："中书省所署之诏书敕令，其中有一些与门下省的意见不同，或者各有一些错误失当之处而相互加以纠正的。原来设置中书省和门下省的目的，就是为了互相防止可能会产生的过错和失误。人们的意见，往往会有不同的地方，有所肯定，也有所否定，本来都是为了办好公事，如果是为了替自己护短，听不得批评意见，一听到批评意见，就含怨迁怒；或者是只考虑不得罪人，面子上抹不开，明明知道有碍于治政的事，也照样去办了。只为不违背某一官员的情面，就造成损害千万人利益的大害。这些都是导致亡国的弊政，你们必须特别注意防止。当年隋朝的内外百官，在处理政事时迟疑不决，见风使舵，从而招致祸乱，人们往往并不去深入思考其中的道理。当时这些人都以为灾祸不会落到自己身上来，阳奉阴违，不认为这种做法会造成什么危害。以后到了天下大乱的时候，家庭与国家一起落到破亡的下场，虽然其中也有一些人幸免于难，但他们纵然不遭受刑戮之苦，但也历尽千辛万苦才仅免一死，深受社会舆论的谴责。所以你等要特别注意大公无私，坚持走正道，遇事要以治国的道理来开导我，切不可随便人云亦云一番。"

注 ① 黄门侍郎：唐制，黄门侍郎为门下省的副长官，职掌祭祀、赞献、奏天下祥瑞之官。

② 中书、门下：中书、门下、尚书，合称三省。唐制，门下省与中书省同掌机要，共议国政。中书掌军国政令，凡是皇帝的制命、封册、诏令等，都由中书省签署施行。

③ 面从背言：当面奉承，背后乱说。语出《尚书·虞书·益稷》。

④ 雷同：没有主见，但附和人言。语出《礼记·曲礼上》。

贞观二年，太宗问黄门侍郎王珪曰："近代君臣治国，多劣于前古，何也？"对曰："古之帝王为政，皆志尚清静，以百姓之心为心。近代则唯损百姓以适其欲，所任用大臣，复非经术之士。汉家宰相，无不精通一经①，朝廷若有疑事，皆引经决定，由是人识礼教，治致太平。近代重武轻儒，或参以法律，儒行既亏，淳风大坏。"

译 贞观二年，唐太宗问黄门侍郎王珪说："近代君臣治理国家，多数不如古代，为什么？"王珪回答说："古代帝王施政，都主张崇尚清静无为，想百姓所想。近代的君主则一味损害百姓以满足私欲，所任用的大臣，又不是懂得经学儒术的人。汉朝的宰相，没有不精通一门经典的，朝廷如果遇到疑难的事情，都能引用经义来决定是非，因而人人知道礼仪规范，实现太平盛世。近代重视武备轻视儒术，有时还参用刑法，儒家的道德规范既然已遭损害，淳朴的社会风气也就严重破坏了。"

太宗对王珪的话十分赞同。从此百官中有学识优良并懂得治国的人，多被提高官阶品级，累次加以迁升提拔。

太宗深然其言。自此百官中有学业优长、兼识政体者，多进其阶品，累加迁擢焉。

注 ① 经：指儒家的经典《诗》、《书》、《易》、《礼》、《春秋》等。

译 贞观三年，唐太宗对侍从大臣们说："中书省与门下省，都是政府的机要部门。其中的负责官员，都是选拔突出的人才来担任的，肩负的责任也是很重的。诏书敕令如有不妥当的地方，他们都应该认真发表意见。近来我只觉得是迎合旨意唯唯诺诺敷衍过去，竟没有一句谏诤的话，这是符合道理的吗？如果只是在诏敕上署个名，发下文书而已，谁不会干？何必伤神费劲去选拔人才、委托以重任呢？从今以后怀疑诏书敕令有不妥当时，必须认真发表意见，不能妄有畏惧，明知不对也沉默不言。"

贞观三年，太宗谓侍臣曰："中书、门下，机要之司。擢才而居，委任实重。诏敕如有不稳便，皆须执论。比来惟觉阿旨顺情①，唯唯苟过，遂无一言谏诤者，岂是道理？若惟署诏敕、行文书而已，人谁不堪？何烦简择，以相委付？自今诏敕疑有不稳便，必须执言，无得妄有畏惧，知而寝默②。"

注 ① 阿旨：迎合旨意。
② 寝默：沉默。

译 贞观四年，唐太宗有一次问萧瑀说："隋文帝是怎么样一个帝王？"萧瑀回答说："隋文帝能约束自己，使言行符合于礼教，勤劳工作，考虑政事，每次坐朝议事，往往要议到太阳偏西；对五品以上的朝廷命官，让他们坐着谈论国家大事，负责保卫的人员，则要把食物送到岗位上进餐。虽然谈不上是仁明的君主，也称得起是一位励精图治的君主。"唐太宗说："你只知其一，不知其二。这个人生性极为精察但心地不明，心地不明一定观察不清，过于精明则必然事事多疑。隋文帝又是在欺负周静帝孤儿寡妇的情况下取得天下登上皇位的，所以他时常害怕群臣心中对他不服，不肯信任百官，事事都亲自作出决断，这样做虽然看起来是勤勤恳恳、十分劳苦，但不可能对各种事情都处理得合情合理。朝臣百官也都知道他这样做的用意，所以谁也不敢站出来直言规劝，宰相以下，只是唯唯诺诺，

贞观四年，太宗问萧瑀曰："隋文帝①何如主也？"对曰："克己复礼②，勤劳思政，每一坐朝，或至日昃，五品已上，引坐论事，宿卫之士，传飧而食，虽性非仁明，亦是励精之主。"太宗曰："公知其一，未知其二。此人性至察而心不明。夫心暗则照有不通，至察则多疑于物。又欺孤儿寡妇以得天下③，恒恐群臣内怀不服，不肯信任百司，每事皆自决断，虽则劳神苦形，未能尽合于理。朝臣既知其意，亦不敢直言。宰相以下，惟即承顺而已。朕意则不然，以天下之广，四海之众，千端万绪，须合变通，皆委百司商量，宰相筹画，于事稳便，方可奏行。岂得以一日万机④，独断一人

之虑也。且日断十事，五条不中，中者信善，其如不中者何？以日继月，乃至累年，乖谬既多，不亡何待？岂如广任贤良，高居深视，法令严肃，谁敢为非？”因令诸司，若诏敕颁下有未稳便者，必须执奏，不得顺旨便即施行，务尽臣下之意。

秉承旨意照常办事而已。而我的意见不是这样，我以为以天下之广、四海之众，事情是千头万绪、各式各样，须从实际出发变通解决，这就要让群臣百官共同商量，宰相筹画，确定了稳妥的办法，然后方可上奏执行。怎么能让帝王日理万机，靠一个人的头脑来解决一切问题呢！而且一天之中如果处理了十件事情，可能有五件事处理得不够合情合理，虽然有五件事办得还不错，而另外五件事又将会产生什么样的后果呢？这样日积月累、年复一年地搞下去，错误将越积越多，国家还不是要走向灭亡吗？岂能比得上广泛选拔和任用贤良之才，自己则站得高看得远，执行严格而合理的法制，谁还敢胡作非为？”于是就下令众司官员，如果帝王发下的诏敕有不妥当的地方，必须坚持议奏，不能顺从旨意随便施行，务必尽到臣子的责任。

注 ① 隋文帝(541—604)：姓杨名坚。弘农(今陕西华阴)人。北周时袭父爵为隋国公，后总揽大权，封隋王。公元581年废北周静帝自立，建隋朝，两年后灭陈，统一全国。

② 克己复礼，谓约束自己，使言行符合于礼教。语见《论语·颜渊》。

③ 欺孤儿寡妇以得天下：本句是后赵石勒语，原为：“终不效曹孟德、司马仲达欺人孤儿寡妇，狐媚以取天下也！”见《资治通鉴·晋纪十七》。隋文帝的女儿为北周宣帝皇后，宣帝死后，隋文帝废黜年幼的周静帝、自立为帝，事迹略同，所以唐太宗借以譬喻。

④ 一日万机：谓时间很短而处理的事情极多。语出《尚书·虞书·皋陶谟》。

贞观五年，太宗谓侍臣曰：“治国与养病无异也。病人觉愈，弥须将护，若有触犯，必至殒命。治国亦然，天下稍安，尤须兢慎，若便骄逸，必至丧败。今天下安危，系之于朕。故日慎一日，虽休勿休①，然耳目股肱寄于卿辈，既义均一体，宜协力同心，事有不安，可极言无隐。倘群臣相疑，不能备尽肝膈，实为国之大害也。”

译 贞观五年，唐太宗对侍从大臣说：“治理国家就跟一个人养病没有多大差别，当病人觉得自己的病好得差不多的时候，恰恰是更加需要精心将养调护的时候，如果违反护理规律，必会导致死亡。治理国家也是这样，天下稍微安定一些的时候，尤其必须兢兢业业、谨慎小心，如果此时便骄傲放纵，必会导致丧乱败亡。现在天下的安危，责任都落在我的身上，所以我一天比一天谨慎，虽有好成绩也不自夸。然而耳目手足的责任，都寄托在你们身上了，既然君臣应是一个整体，理当协力同心。发现事情处理得不妥当，你们就应当无保留地说出来不得有所隐藏。倘若君臣之间互相疑忌，不能做到推心置腹、肝胆相照，实在是国家的大害啊！”

注 ① 虽休勿休：虽然美好也不自夸，以示谦虚谨慎。语出《尚书·吕刑》。

贞观六年，太宗谓侍臣曰：“看古之帝王，有兴有衰，犹朝之有暮。皆为蔽其耳目，不知时政得失，忠正者不言，邪谄者日进，既不见过，所以至于灭亡。朕既在九重[①]，不能尽见天下事，故布之卿等，以为朕之耳目。莫以天下无事，四海安宁，便不存意。‘可爱非君？可畏非民？’[②]天子者，有道则人推而为主，无道则人弃而不用，诚可畏也。”魏徵对曰：“自古失国之主，皆为居安忘危，处治忘乱，所以不能长久。今陛下富有四海，内外清晏，能留心治道，常临深履薄[③]，国家历数，自然灵长。臣又闻古语云：‘君，舟也；人，水也。水能载舟，亦能覆舟。’陛下以为可畏，诚如圣旨。”

译 贞观六年，唐太宗对侍从大臣说：“观察古代帝王事迹，总是有兴起有衰亡，就好像有了早晨必有夜晚一样，都是因为帝王的耳目受了蒙蔽，不了解当时政治的得失，而忠诚正直的大臣又不敢说出真相，邪恶谄谀的小人却一天天进用，君主看不到自己的过失，所以最终弄到国家灭亡。我现在深居九重之内，不可能看到天下发生的所有事情，所以拜托诸位，要你们做我的耳目。切不可以为天下无事，四海安宁，便不放在心上，人民所爱的不是君主吗？君主所畏的不是人民吗？我想，做皇帝的，如果圣明有道，人们就会推戴他作君主，如果昏庸无道，人们就会废弃他，这的确是很可怕的啊！”魏徵对答说：“从古以来的亡国之君，都是因为在安定的时候忘掉了危险，在治平的时候忘记了动乱，所以就不能长治久安。如今陛下君临天下，里外清平安定，能够留心治国安邦之道，经常保持如临深渊、如履薄冰那样谨慎的心态，我们大唐的气运，当然会万代久长的。我还听到过这样的古语：‘君主，好像是船；人民，好比是水。水能够载船，也能够掀翻船。’陛下认为百姓可畏，事实上的确是这样。”

注 ① 九重：或称九门，泛指君门深邃，常人不可到达。古制天子所居有九门：路门、应门、雉门、库门、皋门、城门、近郊门、远郊门、关门。

② 可爱非君，可畏非民：语见《尚书·大禹谟》，是舜告诫禹要谨慎从事的话，意思是说：民所爱者不是君吗？君所畏者不是民吗？

③ 临深履薄：语出《诗经·小雅·小旻》，原话是：“战战兢兢，如临深渊，如履薄冰。”意思是非常小心谨慎地行事。

贞观六年，太宗谓侍臣曰：“古人云：‘危而不持，颠而不扶，焉用彼相？’君臣之义，得不尽忠匡救乎？朕尝读书，见桀杀关龙逄[①]，汉诛晁错[②]，未尝不废书叹息。公等但能正词直谏，裨益政教，终不以犯颜忤旨，妄有诛责。朕比来临朝断决，亦有乖于律令者。公等以为小事，遂不执言。凡大事皆起于小事，小事不论，大事又将不可救，社稷倾危，莫不由

译 贞观六年，唐太宗对侍从大臣们说：“古人曾说过：‘在遇到危险时不去扶持，将要摔倒时不去扶助，那么又要助手干什么呢？’从君臣大义来说，臣子能够不竭尽忠心匡正挽救君主的失误吗？我在读书的时候，读到夏桀杀死贤大夫关龙逄，汉景帝杀死谋臣晁错时，未尝不抛下书而叹息。你们只要能够义正辞严直言谏诤，有益于国家的政治教化，我绝不会以冒犯尊严、违背旨意，而滥施杀戮和责罚。我近来坐朝断决的事情当中，也有违背法令的，你们认为这些是小事，就不据理力争了。凡是大事都是从小事开始的，小事不

此。隋主残暴，身死匹夫之手，率土苍生[3]，罕闻嗟痛。公等为朕思隋氏灭亡之事，朕为公等思龙逄、晁错之诛，君臣保全，岂不美哉！”

加追究，大事将会弄到不可挽救的地步，国家的覆亡，都是由此而起。隋炀帝残暴，结果死于匹夫之手，天下百姓中，很少听说有人为他悲痛的。你们多替我想想隋炀帝国破身亡的教训，我为诸位考虑考虑关龙逄、晁错被冤枉诛杀的教训，做到君臣都能保全，岂不是很美好！”

注 ① 关龙逄：夏桀时的贤大夫，因直谏而被杀。

② 晁错：汉景帝时任御史大夫，因建议逐步削夺诸侯王，遭诸王强烈反对而被汉景帝处死。

③ 率土：天下，全国。语出《诗经·小雅·北山》。

贞观七年，太宗与秘书监魏徵从容论自古理政得失[1]，因曰：“当今大乱之后，造次不可致化[2]。”徵曰：“不然，凡人在危困，则忧死亡。忧死亡，则思化。思化，则易教，然则乱后易教，犹饥人易食也。”太宗曰：“善人为邦百年，然后胜残去杀[3]。大乱之后，将求致化，宁可造次而望乎？”徵曰：“此据常人，不在圣哲。若圣哲施化，上下同心，人应如响，不疾而速，期月而可，信不为难，三年成功，犹谓其晚。”太宗以为然。封德彝等对曰[4]：“三代以后，人渐浇讹[5]，故秦任法律，汉杂霸道，皆欲化而不能，岂能化而不欲？若信魏徵所说，恐败乱国家。”徵曰：“五帝三王[6]，不易人而化。行帝道则帝，行王道则王，在于当时所理，化之而已。考之载籍，可得而知。昔黄帝与蚩尤七十余战[7]，其乱甚矣，既胜之后，便致太平。九黎乱德[8]，颛顼征之[9]，既克之后，不失其化。桀为乱虐，而汤放之[10]，在汤之代，即致太平。纣为无道，武王伐之[11]，成王之代，亦致太平。若言人渐浇讹，不及纯朴，至今应悉为鬼魅，宁可复得而教化耶？”德彝等无以

译 贞观七年，唐太宗和秘书监魏徵闲谈自古以来治理国家的得失，就说：“如今大乱之后，不能急于实现大治。”魏徵说：“不是这样。在人们面临危险困苦的时候，就担忧死亡；因为忧虑死亡，就盼望天下太平；因为盼望天下太平，就容易进行教化。因此经过大动乱之后容易教化，正像饥饿的人对饮食容易满足一样。”太宗说：“贤明的人治理好国家需要百年之久，才能消灭残暴，废除杀戮。大乱之后，要想大治，怎可在短期内做到呢？”魏徵说：“这话是指一般人说的，并不能用在圣明的人身上。如果圣明的人来施行教化，上下同心，人们就会像回声那样迅速响应，事情不求快也会快得很，做到一年功夫就见成效，看来并非难事，三年成功，还该说太晚了。”太宗认为魏徵说得对。封德彝等人对太宗说：“三代以后，人心一天比一天浇薄奸诈，所以秦朝专用法律治国，汉朝杂用王道和霸道，都是想教化好百姓而未能成功，哪里是可以教化而不想去教化呢？如果相信了魏徵的话，恐怕要败乱国家。”魏徵说：“五帝、三王治国，并没有把国中百姓调换成容易接受教化的良民，而能把他们教化好，施行帝道就成其为帝，施行王道就成其为王，这在于当时国君的治理、教化而已。查考古书上的记载就可以知道。从前黄帝与蚩尤大战七十余次，乱得已很厉害，而打胜以后，天下很快太平起来。九黎作乱，颛顼出兵征讨，平定以后，仍不失其为教化治世。夏桀昏乱淫虐，商汤把他赶走，在汤

统治之时就实现了太平。商纣残暴无道，周武王起兵讨伐，到他儿子成王在位时，也实现了太平。如果说百姓一天比一天浇薄奸诈，再也不会纯朴，那么到了今天人都应变得和鬼魅一样，还能施行教化吗？”封德彝等人再也找不出理由来进行辩驳，可是还认为魏徵的主张行不通。太宗坚持实施教化，毫不懈怠，几年之间，天下安定，突厥被打败称臣，太宗因而对群臣说：“贞观初年，人们多有不同意见，说当今一定不能实行帝道、王道，只有魏徵劝我实行。我采纳了他的意见，不过几年，就做到中原安宁，边远的外族臣服。突厥从来就是中原的强敌，如今突厥的首领却佩着刀担任我的值宿禁卫，部众也跟着穿戴起中原衣冠。使我取得这样的成就，都是魏徵的功劳。”又回头对魏徵说：“玉虽有美好的本质，但藏在石头里，没有好的工匠去雕琢研磨，那就和瓦块碎石没有区别。如果遇上好的工匠，就可以成为流传万代的珍宝。我虽没有好的本质被你雕琢研磨，多亏你用仁义来约束我，用道德来光大我，使我能有今天这样的功业，你真可以说是一位高明的工匠啊。”

难之，然咸以为不可。太宗每力行不倦，数年间，海内康宁，突厥破灭⑫，因谓群臣曰：“贞观初，人皆异论，云当今必不可行帝道、王道，惟魏徵劝我。既从其言，不过数载，遂得华夏安宁，远戎宾服。突厥自古以来，常为中国勍敌，今酋长并带刀宿卫，部落皆袭衣冠。使我遂至于此，皆魏徵之力也。”顾谓徵曰：“玉虽有美质，在于石间，不值良工琢磨，与瓦砾不别。若遇良工，即为万代之宝。朕虽无美质，为公所切磋，劳公约朕以仁义，弘朕以道德，使朕功业至此，公亦足为良工尔。”

注 ① 秘书监：秘书省长官，掌管邦国的经籍图书。从容：和缓，不慌不忙。

② 造次：急遽，仓促。

③ 参见《君道》篇注。

④ 封德彝（yí 夷）：名伦。渤海蓨（tiáo 条）县（今河北省景县）人。隋时为内史舍人，为虞世基所信任。隋亡降唐，先为秦王参谋军事，贞观初，官至尚书右仆射。

⑤ 浇讹：风俗衰薄，人心狡诈。

⑥ 五帝三王：五帝通常指黄帝、颛顼、帝喾、唐尧、虞舜。三王指夏商周三代创业之主：夏禹、商汤、周武王。

⑦ 黄帝：传说中的帝王，姓公孙，一说姓姬。生于轩辕之丘，又称轩辕氏，建国于有熊，又称有熊氏。蚩（chī 吃）尤：传说中的黎族首领，兽身人头，勇猛善战，因扰乱各部落，于是黄帝征诸侯兵同他大战于涿鹿之野，被黄帝擒杀。

⑧ 九黎：相传是黄帝子少昊时的一支部族，一说是黎族中的九个人。

⑨ 颛顼（zhuān xù 专序）：传说中黄帝之孙，建国于高阳，称高阳氏。

⑩ 汤：商朝开国君主，姓子，名履，原是夏桀的诸侯。夏桀无道，被放逐到南巢，汤取得天下。

⑪ 武王：周文王之子，姓姬，名发。原是商纣诸侯，纣王无道，武王率诸侯东征，在牧野战败纣军，建立周朝。

⑫ 突厥：南北朝后期兴起于北方的少数民族，隋初分裂为东突厥和西突厥。贞观四年（630）唐征服东突厥。

贞观八年，太宗谓侍臣曰："隋时百姓纵有财物，岂得保此？自朕有天下以来，存心抚养，无有所科差①，人人皆得营生，守其资财，即朕所赐。向使朕科唤不已，虽数资赏赐，亦不如不得。"魏徵对曰："尧、舜在上，百姓亦云'耕田而食，凿井而饮'，含哺鼓腹，而云'帝何力'②于其间矣。今陛下如此含养，百姓可谓日用而不知。"又奏称："晋文公出田③，逐兽于砀，入大泽，迷不知所出。其中有渔者，文公谓曰：'我，若君也，道将安出？我且厚赐若。'渔者曰：'臣愿有献。'文公曰：'出泽而受之。'于是送出泽。文公曰：'今子之所欲教寡人者，何也？愿受之。'渔者曰：'鸿鹄④保河海，厌而徙之小泽，则有矰丸⑤之忧。鼋鼍⑥保深渊，厌而出之浅渚，必有钓射之忧。今君出兽砀，入至此，何行之太远也？'文公曰：'善哉！'谓从者记渔者名。渔者曰：'君何以名？君尊天事地，敬社稷，保四国，慈爱万民，薄赋敛，轻租税，臣亦与焉。君不尊天，不事地，不敬社稷，不固四海，外失礼于诸侯，内逆民心，一国流亡，渔者虽有厚赐，不得保也。'遂辞不受。"太宗曰："卿言是也。"

译 贞观八年，太宗对侍臣说："隋朝时期百姓即使有财物，岂能保住它？从我占有天下以来，有心抚养百姓，没什么苛捐杂税、劳役征派，人人都得以经营生计，保守其财富，这都是我赐予他们的啊。当初假使我不断科税征役，即使老是进行赏赐，百姓也不如不得。"魏徵回答说："尧舜在位上的时候，老百姓也说'我自己耕田吃饭，凿井饮水'，吃饱了饭拍打着鼓鼓的肚子说'皇帝有什么用'。现在陛下这样爱护百姓，百姓可说是天天享用而不知道。"魏徵又奏道："当年晋文公出外打猎，到砀这个地方追逐野兽，进入大沼泽地，迷路不知如何出来。沼泽中有个打鱼的，文公对他说：'我是你的君主，你告诉我该怎么走出去，我将大大地赏赐你。'打鱼的说：'小臣想进献点意见。'文公说：'出了沼泽地再听。'于是打鱼的将他送出了沼泽。文公说：'现在我想听听您想指教我的是什么？'打鱼的说：'天鹅居于河海，如果厌倦了迁往小池沼，就有被弹射的忧患；鼋鼍居于深渊，如果厌倦了出至浅滩，必有被钓射的忧患。现在君王出来猎兽到砀，深入到这个地方，走得不是太远了吗？'文公说：'说得对！'吩咐随从记下渔人的姓名。渔人说：'君王为什么要记我的名字？君王如果敬天地，重社稷，保四境，爱人民，轻赋税，我也有好处。君王如果不敬天地，不重社稷，不守四境，外失礼诸侯，内背离民心，那么一国都要流亡，渔人虽得重赏，也不能保。'于是推辞了不肯领受晋文公的赏赐。"太宗说："您说得对。"

注 ① 科差：古代统治者对平民财物或劳役的征发。

② "帝何力"句：帝尧时，政治清平，百姓无事。有老人击壤于道路，说："吾日出而作，日入而息，凿井而饮，耕田而食，帝何力于我哉？"见晋皇甫谧《帝王世纪》。后世用此典故表示统治者不扰百姓；百姓安居乐业，几乎感觉不到统治者的存在。

③ 晋文公出田：晋，古代侯国名，春秋时据有今山西省大部与河北省西南部。晋文公(?—前628)，春秋时晋君，名重耳。在位九年，为春秋时"五霸"之一。田，打猎。通"畋"。

④ 鸿鹄：亦作黄鹄，鸟名，即天鹅。

⑤ 矰丸：弓箭、弹丸。

⑥ 鼋鼍：(yuán tuó 元驼)：鼋，动物名。爬行纲，鳖科，俗称癞头鼋。鼍，动物名。爬行纲，鼍科，亦称扬子鳄，俗称猪婆龙。

贞观九年，太宗谓侍臣曰："往昔初平京师，宫中美女珍玩，无院不满。炀帝意犹不足，征求无已，兼东西征讨，穷兵黩武，百姓不堪，遂致亡灭。此皆朕所目见。故夙夜孜孜[1]，惟欲清净，使天下无事，遂得徭役不兴，年谷丰稔[2]，百姓安乐。夫治国犹如栽树，本根不摇，则枝叶茂荣。君能清净，百姓何得不安乐乎？"

译 贞观九年，唐太宗对侍从的大臣们说："当年隋朝刚刚平定都城长安时，宫中的美女，奇珍宝玩，没有一个宫院不是满满的。但隋炀帝还是不满足，搜求不止，再加上连年用兵、东征西讨，穷兵黩武，老百姓实在不堪忍受，这就导致了隋朝的灭亡。这些都是我亲眼见到的。所以我总是日夜劳碌、孜孜求治，只求清静无为，使天下没有扰民之事。于是才没有乱兴徭役，使粮食年年丰收，百姓安居乐业。治国好比种树，如果树根深固而不动摇，就能枝繁叶茂。君主如能做到清静少欲，百姓怎么会不安居乐业呢？"

注 ① 夙夜孜孜：夙(sù 速)，早。夙夜即早晚。孜孜，勤勉不怠。
② 年谷丰稔：稔(rěn 忍)，庄稼成熟。

贞观十六年，太宗谓侍臣曰："或君乱于上，臣治于下；或臣乱于下，君治于上。二者苟逢，何者为甚？"特进魏徵对曰："君心治，则照见下非。诛一劝百，谁敢不畏威尽力？若昏暴于上，忠谏不从，虽百里奚[1]、伍子胥[2]之在虞、吴，不救其祸，败亡亦继。"太宗曰："必如此，齐文宣[3]昏暴，杨遵彦[4]以正道扶之得治，何也？"徵曰："遵彦弥缝暴主，救治苍生，才得免乱，亦甚危苦。与人主严明，臣下畏法，直言正谏，皆见信用，不可同年而语也。"

译 贞观十六年，唐太宗对侍臣说："或者是君主在上昏乱，臣子在下面治理；或者是臣子在下作乱，君主在上面治理。如果碰到这两种情况，哪种严重？"特进魏徵答道："君主心在治理，就能洞察臣下的过失，处罚一人警诫众人，如此谁还敢不畏惧威严而尽力办事？如果君主高高在上昏庸残暴，不听忠言，就像春秋时的虞国、吴国，虽有百里奚、伍子胥这样的贤臣也无法挽救其危亡。"太宗说："如果必定这样，那么北齐的文宣帝昏庸残暴，杨遵彦却能用正确的方法扶助他治理好国家，这又是什么道理呢？"魏徵说："杨遵彦补救暴君的过失，救治百姓，但仅能避免祸乱，而且非常困苦。这和君主严明，臣下畏法，正确意见都被信用，是不可相提并论的。"

注 ① 百里奚：春秋时人，原为虞国大夫。晋灭虞后被俘，又作为陪嫁之臣被遣送至秦。后出走，被楚人捉住。秦穆公闻其贤名，以五张羊皮把他赎回，委以国政。终与蹇叔、由余等人共辅秦穆公建成霸业。
② 伍子胥(?—前484)：名员，春秋时楚国人。因父兄被楚平王杀害，投奔吴国。帮助吴王阖闾伐楚，攻下楚都郢。又助吴王夫差击败越国，并劝夫差拒绝越国求和。夫差听信谗言，迫他自杀。后吴国被越国所灭。
③ 齐文宣：即北齐文宣帝，姓高名洋，字子进(529—559)。东魏大臣，后封齐王。武定八年(550)，代魏自立，国号齐。在位十年，荒淫暴虐，常无故杀人。
④ 杨遵彦：名愔。北齐大臣。辅佐文宣帝使朝政无缺。当时人都说：主昏于上，政

清于下。

贞观十九年，太宗谓侍臣曰："朕观古来帝王，骄矜而取败者，不可胜数。不能远述古昔，至如晋武平吴、隋文伐陈已后，心逾骄奢，自矜诸己，臣下不复敢言，政道因兹弛紊。朕自平定突厥、破高丽[①]已后，兼并铁勒[②]，席卷沙漠以为州县，夷狄远服，声教益广。朕恐怀骄矜，恒自抑折，日旰而食，坐以待晨。每思臣下有谠言直谏，可以施于政教者，当拭目以师友待之。如此，庶几于时康道泰尔。"

译 贞观十九年，太宗对侍臣说："我看古来的帝王，因骄傲自大而自取败亡的，数也数不清。不必远说古代，就如晋武帝平定吴国、隋文帝讨灭陈朝以后，越来越骄横奢侈，自认为了不起，臣下不敢再劝谏，国家的政治因此松弛紊乱。我从平定突厥、击败高丽以后，又兼并铁勒，席卷沙漠，设置州县，使边远外族臣服，国家的声威、教化更加扩大。我恐怕因此而骄傲自满，经常约束自己，常因国事很晚吃饭，坐等天亮。总想到臣下有正直谏言可以施行于政治教化的，应当立刻把他们当作良师益友看待。这样做，大概能使时局康宁、社会平安吧。"

注 ① 破高丽：贞观十七年(647)高丽国野心勃发，合谋百济国欲瓜分新罗国。新罗国受大唐庇护，太宗率兵破之。

② 铁勒：我国古代北方民族名，匈奴的后裔。曾称丁零，南北朝时为突厥所并，北魏时也称敕勒，高车部。唐太宗时被讨平。

（贞观十九年）太宗自即位之始，霜旱为灾，米谷踊贵，突厥侵扰，州县骚然。帝志在忧人，锐精为政，崇尚节俭，大布恩德。是时，自京师及河东、河南、陇右[①]，饥馑尤甚[②]，一匹绢才得一斗米。百姓虽东西逐食，未尝嗟怨，莫不自安。至贞观三年，关中丰熟[③]，咸自归乡，竟无一人逃散。其得人心如此。加以从谏如流，雅好儒术[④]，孜孜求士，务在择官，改革旧弊，兴复制度，每因一事，触类为善。初，息隐、海陵之党[⑤]，同谋害太宗者数百千人，事宁，复引居左右近侍，心术豁然，不有疑阻。时论以为能断决大事，得帝王之体。深恶官吏贪浊，有枉法受财者，必无赦免。在京流外

译（贞观十九年）在唐太宗刚即位的那段时间里，水旱灾害频繁，米谷价格飞涨，加上突厥不断侵扰，边境州县经常被弄得很不安宁。此时太宗一心想解除民间疾苦，决意搞好政治，崇尚节俭，广泛布施恩惠德政于民间。那个时候，从京师长安到河东、河南、陇右一带，荒情特别严重，一匹绢只能换得一斗米，老百姓虽然东西奔走，四出求食，仍然没有埋怨，没有一点不安定。到贞观三年时，关中地区粮食获得丰收，过去逃荒出去的人都已重回家乡，竟然没有一个人逃散，太宗的政治就是这样地深得人心。再加上唐太宗能够信用直臣，从谏如流，特别好儒学，求贤若渴，务求精选官吏，改革过去的弊端，重建和新设各种制度，而且往往能够触类旁通地做许多好事。当初李建成、李元吉集团中的人，参与过谋害太宗的有成百上千，事过之后，唐太宗能够豁达大度、不存戒心，依然重用他们，有的还安

有犯赃者[⑥]，皆遣执奏，随其所犯，置以重法。由是官吏多自清谨。制驭王公、妃主之家，大姓豪猾之伍，皆畏威屏迹，无敢侵欺细人。商旅野次，无复盗贼，囹圄常空[⑦]，马牛布野，外户不闭。又频致丰稔，米斗三四钱，行旅自京师至于岭表[⑧]，自山东至于沧海[⑨]，皆不赍粮[⑩]，取给于路。入山东村落，行客经过者，必厚加供待，或发时有赠遗。此皆古昔未有也。

排在自己的左右。当时舆论都赞扬唐太宗能够决断大事，有帝王的气度。他对贪官污吏深恶痛绝，遇有贪赃枉法者，决不饶恕赦免。无论京官或九品以外小官，凡犯有贪赃罪者，都要派人抓来严办，按其犯罪情况，绳以重法。因此，大小官吏都能清谨守法。控制约束皇亲国戚公主嫔妃之家和豪姓大族，使他们惧怕法令森严而知所收敛，不敢侵凌欺侮老百姓。商贩旅人在荒野途中，也不必再担心盗贼的抢劫。监狱里常是空空的，牛马满山遍野到处都是，人们不必把家门关闭。又连年丰收，米价每斗三四文钱，长途旅行的客人如果要从京师到岭南，或从山东地区到东海，也不需要自己带上粮食，在路上随处都可以得到解决。特别是进入山东一带村落，凡有过路行客，都会得到丰盛的招待，甚至离开时还有礼物相赠。这种盛况，都是从古以来未曾有过的。

注 ① 河东、河南、陇右：唐代的主要行政区划为道，河东、河南、陇右都是道名，三道包括东起山东、西至新疆的大片地区。

② 饥馑：谷不熟为饥，菜不熟为馑，饥馑泛指灾荒。

③ 关中：一般别称今陕西之地为关中。或以为东自函关、西至陇关，是为关中；或以为东函谷、南武关、西散关、北萧关，中为关中。

④ 雅：很，甚。

⑤ 息隐、海陵：高祖长子李建成，曾被立为皇太子，四子李元吉，初封齐王，与秦王李世民争位，李世民先下手发动玄武门之变，杀了二人。李世民即位后，封建成为息王，谥曰隐；元吉为海陵王，谥曰剌。

⑥ 流外：隋唐时官分九品，流外为不入九品的小官。

⑦ 囹圄(líng yǔ 灵与)：牢狱。

⑧ 岭表：指五岭之外，即岭南。

⑨ 山东：战国秦汉时，统称崤山或华山以东为山东，也有以太行山以东为山东的说法。沧海：指东海。

⑩ 赍粮：指旅行随带粮食。赍(jī 机)，以物送人。

贞观政要卷第二

任贤第三

凡八章

房玄龄　杜如晦　魏徵　王珪　李靖　虞世南　李勣　马周

房玄龄，齐州临淄[①]人也。初仕隋，为隰城尉[②]。坐事除名，徙上郡[③]。太宗徇地渭北[④]，玄龄杖策谒于军门，太宗一见，便如旧识，署渭北道行军记室参军[⑤]。玄龄既遇知己，遂罄竭心力。是时，贼寇每平，众人竞求金宝，玄龄独先收人物，致之幕府[⑥]，及有谋臣猛将，与之潜相申结，各致死力。累授秦王府记室，兼陕东道大行台考功郎中[⑦]。玄龄在秦府十余年，恒典管记。隐太子、巢刺王[⑧]以玄龄及杜如晦[⑨]为太宗所亲礼，甚恶之，谮之高祖[⑩]，由是与如晦并遭驱斥。及隐太子将有变也，太宗召玄龄、如晦，令衣道士服，潜引入阁谋议。及事平，太宗入春宫[⑪]，擢拜太子左庶子[⑫]。贞观元年，迁中书令[⑬]。三年，拜尚书左仆射[⑭]，监修国史，封梁国公，实封一千三百户[⑮]。既总任百司，虔恭夙夜，尽心竭节，不

译　房玄龄，齐州临淄县人。早年在隋朝做官，任隰城县尉。后来因事获罪，被革除官职、流放上郡。唐太宗攻占渭北时，房玄龄拄着拐杖到军门拜见。太宗与玄龄一见如故，委任他为渭北道行军记室参军。玄龄既然遇到知己，于是尽心竭力。当时，每平定一个地方，别人竞相搜求珍宝，只有玄龄先收揽人材，送至幕府。如有善于谋画的文臣和武艺高强的武将，就与其暗中结盟，约定遇事各尽死力。后累任秦王府记室兼陕东道大行台考功郎中。玄龄在秦王府十余年，长期主管记室。隐太子建成、巢剌王元吉因玄龄与杜如晦为太宗所亲近礼遇，非常憎恶他们，就在高祖面前说他们的坏话。玄龄因此与杜如晦一起遭到驱逐斥退。到隐太子将要作乱的时候，太宗召回玄龄与如晦，令他们穿上道士的服装，暗中带进太宗住处商议。玄武门之变平息后，太宗进入东宫，当了太子，提升玄龄为太子左庶子。贞观元年，玄龄升任中书令。贞观三年，被任命为尚书左仆射，兼管监修国史，被封梁国公，实际封赐食邑一千三百户。玄龄既被任为宰相总理政务，日夜操劳，尽心尽力，不愿让一人一事处理失当。听到别人有优点，就像自己有一样。他明了政事，又用文化补充，谨慎制定法令，注意宽大平和。用

人不求全责备，不以自己的长处去衡量别人，根据才能录用人材，不以关系不密切和出身微贱而轻视疏远。舆论称他为良相。贞观十三年，被加封为太子少师。玄龄因为自己宰相一当十五年，屡次上表辞职，太宗下诏不同意。贞观十六年，又被进封为司空，仍然总理朝政，监修国史。玄龄又以年老请求辞职，太宗派遣使者对他说："国家长期任用您，如您一旦辞职，就像人失去双手。您如果筋力不衰，不必辞职；如果自觉衰弱，可再奏明。"玄龄于是不再辞职。太宗曾回忆开创帝业的艰难和大臣的辅佐，就写了一篇《威凤赋》来比喻自己，并将其赐给玄龄。房玄龄被太宗所称赞和信任的程度大类如此。

欲一物失所。闻人有善，若已有之。明达吏事，饰以文学，审定法令，意在宽平。不以求备取人，不以己长格物，随能收叙，无隔疏贱。论者称为良相焉。十三年，加太子少师[16]，玄龄自以一居端揆[17]十有五年，频抗表辞位，优诏不许。十六年，进拜司空[18]，仍总朝政，依旧监修国史。玄龄复以年老请致仕[19]，太宗遣使谓曰："国家久相任使，一朝忽无良相，如失两手。公若筋力不衰，无烦此让。自知衰谢，当更奏闻。"玄龄遂止。太宗又尝追思王业之艰难，佐命之匡弼，乃作《威凤赋》以自喻，因赐玄龄，其见称类如此。

注 ① 齐州：州名。南朝宋于其地侨置冀州，北魏改为齐州，治所在历城，唐代沿袭。临淄：县名。春秋、战国时为齐国国都。汉朝置县，属齐国。历代沿袭。公元1970年并入山东省淄博市。

② 隰城尉：即隰城县尉。隰城：地名。汉朝置县，属西河郡，地在今山西汾阳县西。尉：官名，掌管地方治安。

③ 坐事：因事犯罪。除名：取消原有身份。上郡：郡名。秦昭王时置，地在今陕西延安、榆林一带。

④ 徇地：攻占土地。渭北：渭河之北。渭河，水名。黄河主要支流之一，源出甘肃渭源县西北，东流至潼关入黄河。自汉至唐，都是关中漕运要道。

⑤ 署：代理、暂任或试充官职。渭北道：行政区划名。记室参军：官名。为王公府、军府掌管文书。

⑥ 幕府：将帅的府署。

⑦ 陕东道：行政区划名。大行台：晋朝以后，在地方代表朝廷管理政务的机构称行台，其权重者称大行台。考功郎中：官名。掌考察百官功过、善恶之职。

⑧ 隐太子：即唐太宗李世民之兄李建成。巢剌王：即太宗之弟李元吉。唐武德九年(626)，李世民发动"玄武门之变"，杀了建成、元吉。

⑨ 杜如晦：详见下章。

⑩ 高祖：即李渊(566—635)，祖籍陇西成纪(今甘肃秦安)。隋朝末年任太原留守，乘农民大起义之机起兵攻取长安，建立唐朝。在位9年，于公元626年传位给次子世民，自称太上皇。

⑪ 春宫：太子所居之宫。亦称东宫。

⑫ 太子左庶子：太子属官。掌侍从、赞相礼仪、驳正启奏之职。

⑬ 中书令：官名。中书省长官，即宰相。

⑭ 尚书左仆射：见第一卷君道第一贞观十年条注①。监修国史：唐制，史馆有监修

国史，由宰相兼领。

⑮ 实封一千三百户：汉制，诸侯王有封地者可得其租税收入。魏晋以后，渐成虚名。只有实封者，才能实得其租税收入。

⑯ 太子少师：官名。掌辅导太子之职。

⑰ 端揆：宰相的别称。

⑱ 司空：官名。与司徒、太尉合称三公。隋唐时为大官的加衔。

⑲ 致仕：辞官。

杜如晦，京兆万年人①也。武德初，为秦王府兵曹参军②，俄迁陕州总管府长史③。时府中多英俊，被外迁者众，太宗患之。记室房玄龄曰："府僚去者虽多，盖不足惜。杜如晦聪明识达，王佐才也。若大王守藩端拱④，无所用之；必欲经营四方，非此人莫可。"太宗自此弥加礼重，寄以心腹，遂奏为府属，常参谋帷幄。时军国多事，剖断如流，深为时辈所服。累除天策府从事中郎⑤，兼文学馆学士⑥。隐太子之败，如晦与玄龄功第一，迁拜太子右庶子⑦。俄迁兵部尚书⑧，进封蔡国公，实封一千三百户。贞观二年，以本官检校侍中⑨。三年，拜尚书右仆射⑩，兼知吏部选事⑪。仍与房玄龄共掌朝政。至于台阁规模，典章文物，皆二人所定，甚获当时之誉，时称房、杜焉。

译 杜如晦，京都万年县人。武德初年，任秦王府兵曹参军，不久调任陕州总管府长史。当时秦王府内人才济济，但被调外任者很多，太宗对此甚感忧虑。记室房玄龄说："府中官员走者虽多，大都不值得可惜。只有杜如晦聪慧明智，见识通达，是辅佐帝王的人才。如果大王只想保守藩王地位，用不上他；如果大王想经营天下，非用此人不可。"太宗从此对杜如晦更加礼貌尊重，托以心腹大事，并奏请高祖，调回如晦为府中属官，参与军政大事的谋划。当时军政、国政事务繁多，如晦分析、决断迅速异常，深为同事佩服。后连任天策府从事中郎，兼文学馆学士。隐太子建成作乱事败，如晦与房玄龄功劳居于第一，升任太子右庶子。不久又升任兵部尚书，加封蔡国公，实际赐封食邑一千三百户。贞观二年，以本官兵部尚书代理侍中。贞观三年，被任命为尚书右仆射，兼掌吏部选事，依旧与房玄龄共同执掌朝政。朝廷机构、制度法令、礼仪等都是他们二人所定，深得当时人的称赞，把他们合称为"房杜"。

注 ① 京兆：汉代京畿的行政区划名。在今陕西西安市东。后代因此沿称京都为京兆。万年：县名。在今陕西临潼县一带。

② 兵曹参军：官名。唐时掌王府武官簿书、考课、仪卫等事。

③ 陕州：地名。在今河南省。公元 1913 年废州改县。总管府：唐时，边塞重要之地设置总管府统率军队。长史：总管府次官。

④ 守藩端拱：守藩，保持藩王地位。端拱，端坐拱手，意为无所事事，无所作为。

⑤ 天策府：武德四年(621)，唐高祖因秦王李世民功高，旧官号不足以相称，故加号其为天策上将，位在王公上，开府置官属，其府称为天策府。从事中郎：天策府属官。

⑥ 文学馆：唐初，太宗在宫城西设置文学馆，收聘贤才。学士：在文学馆中任职者称为学士。

⑦ 太子右庶子：太子属官。掌侍从、献纳、启奏之职。

⑧ 兵部尚书：唐制，兵部掌武官选用及地图、军械之政令。尚书，兵部主官。
⑨ 检校侍中：检校，唐初，代理而未正授之官。侍中，门下省长官。
⑩ 尚书右仆射：见第一卷君道第一贞观十年条注①。
⑪ 知吏部选事：知，主持、执掌。吏部，官署名。掌管全国官吏的任免、考课、升降、调动等。选事，铨选职官之事。

译 魏徵，河北道巨鹿人，不久前搬家至河北道相州内黄。武德末年时，他做隐太子李建成的洗马。他看到李世民同他哥哥李建成暗中倾轧争夺权力的情景，曾多次劝李建成早点下手消灭对方。李世民诛杀了李建成以后，就把魏徵召来责问说："你挑拨我们兄弟相争是何道理？"在场的众臣听了以后都为魏徵的处境担心，可是魏徵还是镇定自若，缓缓回答说："皇太子如果早听了我的话，就一定不会有今天的大祸了。"太宗听后肃然起敬，给他优厚礼遇，升为谏议大夫，多次请他进入自己的内室，请教他治国为政的道理。魏徵本来胸怀安邦治国之才，性格又坦率耿直，直言不屈。唐太宗每次与他谈话，都很高兴。而魏徵也因为遇到了赏识自己的明主而高兴，竭尽才力为太宗效劳。唐太宗又因此而慰劳他说："你向我谏诤的事，前前后后不下二百余起，这些都非常称我的心，若不是你一片忠诚奉献国家，怎么可能做到这样子呢？"贞观三年，魏徵一直升任到秘书监，参预朝政大事，由于看得深想得远，对朝政有很大的帮助。唐太宗曾经对他说："论你的罪过比管仲射中齐桓公带钩还要严重，而我对你信任的程度却超过了齐桓公对待管仲，近代君臣之间默契相合，能有像我与你这样的吗？"贞观六年，唐太宗到九成宫丹霄楼，设宴招待近臣，长孙无忌说："王珪与魏徵，过去都是侍奉隐太子李建成的，我见了他们就像仇敌一样，想不到今天会在这里一同饮宴。"唐太宗说："魏徵过去确实是我的仇敌，但他能够那样忠心耿耿地为主上服务，还是有值得称道的地方。我现在能够不计前嫌破格提拔起用他，这样的做法比之于先圣古烈也毫无愧色吧！魏徵他往往能够不怕我发怒向我切实直谏，

魏徵，巨鹿人也①，近徙家相州之内黄②。武德末，为太子洗马③。见太宗与隐太子阴相倾夺，每劝建成早为之谋。太宗既诛隐太子，召徵责之曰："汝离间我兄弟，何也？"众皆为之危惧，徵慷慨自若，从容对曰："皇太子若从臣言，必无今日之祸。"太宗为之敛容，厚加礼异，擢拜谏议大夫。数引之卧内，访以政术。徵雅有经国之才，性又抗直，无所屈挠。太宗每与之言，未尝不悦。徵亦喜逢知己之主，竭其力用。又劳之曰："卿所谏前后二百余事，皆称朕意，非卿忠诚奉国，何能若是？"三年，累迁秘书监，参预朝政④，深谋远算，多所弘益。太宗尝谓曰："卿罪重于中钩，我任卿逾于管仲⑤，近代君臣相得，宁有似我于卿者乎？"六年，太宗幸九成宫⑥，宴近臣，长孙无忌曰⑦："王珪、魏徵⑧，往事息隐，臣见之若仇，不谓今者又同此宴。"太宗曰："魏徵往者实我所仇，但其尽心所事，有足嘉者。朕能擢而用之，何惭古烈？徵每犯颜切谏，不许我为非，我所以重之也。"徵再拜曰："陛下导臣使言，臣所以敢言。若陛下不受臣言，臣亦何敢犯龙鳞，触忌讳也⑨。"太宗大悦，各赐钱十五万。七年，代王珪为侍中，累封郑国公。寻以疾乞辞所职，请为散官⑩。太宗曰："朕拔卿于仇虏之中，任卿以枢要之职⑪，见朕之非，未尝

不谏。公独不见金之在矿，何足贵哉？良冶锻而为器，便为人所宝。朕方自比于金，以卿为良工。虽有疾，未为衰老，岂得便尔耶？”徵乃止。后复固辞，听解侍中，授以特进，仍知门下省事。十二年，太宗以诞皇孙，诏宴公卿，帝极欢，谓侍臣曰：“贞观以前，从我平定天下，周旋艰险，玄龄之功无所与让。贞观之后，尽心于我，献纳忠谠，安国利人，成我今日功业，为天下所称者，惟魏徵而已。古之名臣，何以加也。”于是亲解佩刀以赐二人。庶人承乾在春宫[12]，不修德业。魏王泰宠爱日隆[13]，内外庶寮[14]，咸有疑议。太宗闻而恶之，谓侍臣曰：“当今朝臣，忠謇无如魏徵[15]，我遣傅皇太子，用绝天下之望。”十七年，遂授太子太师[16]，知门下事如故。徵自陈有疾，太宗谓曰：“太子宗社之本，须有师傅，故选中正，以为辅弼。知公疹病，可卧护之。”徵乃就职。寻遇疾。徵宅内先无正堂，太宗时欲营小殿，乃辍其材为造，五日而就。遣中使赐以布被素褥，遂其所尚。后数日，薨。太宗亲临恸哭，赠司空，谥曰文贞。太宗亲为制碑文，复自书于石。特赐其家食实封九百户[17]。太宗后尝谓侍臣曰：“夫以铜为镜，可以正衣冠；以古为镜，可以知兴替；以人为镜，可以明得失。朕常保此三镜，以防己过。今魏徵殂逝，遂亡一镜矣！”因泣下久之。乃诏曰：“昔惟魏徵，每显予过。自其逝也，虽过莫彰。朕岂独有非于往时，而皆是于兹日？故亦庶僚苟顺，难触龙鳞者欤！所以虚己外求，披迷内省。言而不用，朕所甘心。用而不言，谁之责也？自斯

不许我做错误的事，所以我对他特别看重。”魏徵再拜道谢说：“陛下能够引导我这样做，所以我才敢直言无讳。假如陛下根本不听我的谏劝，我怎么敢犯龙鳞、触忌讳地提出意见呢！”太宗听了更是高兴，每人赏赐钱十五万。贞观七年，魏徵代王珪为侍中，因升迁而封郑国公。不久因病要求解除职务，只挂一个散官的衔头。唐太宗说：“我把你从敌人的营垒中选拔出来，委任你以中央枢要的职务，你看到我有什么不对的地方，从来没有不提出谏诤的。你难道没有看见金子包含在矿石之中是没有什么可贵的吗？只有经过高明的工匠锻炼后并做成了各种精美的器具，才会被人们当作宝贝。我把自己比做金，把你比做高明的工匠。你虽然有病，毕竟还没有衰老，怎么就想要辞职了呢？”魏徵只好停止辞职申请。后来魏徵又多次坚决要求辞职，太宗终于同意他辞去侍中的职事官，只挂个特进的散官衔头，但仍要他主管门下省的事情。贞观十二年，唐太宗因为皇孙诞生而设宴招待公卿，太宗非常高兴，对侍从的大臣说：“贞观以前，跟随和帮助我扫平天下并历尽了艰难困苦的，要推房玄龄的功劳最大了；而在贞观以后，对我竭尽心力，提出忠正的意见，安定国家造福人民，成就我今天的丰功伟业而被天下人所一致称道的，那就只有魏徵了。古代的名臣，又有什么地方超过他们呢！”于是亲自解下佩刀赐给二人。后来被贬为庶人的皇太子承乾，在东宫中不肯学好、无德无能；而太宗四子魏王泰又越来越得到宠爱，于是内外百官产生了会不会更换太子的疑问和议论。太宗听到这个消息以后很是厌恶，就对近侍们说：“如今朝臣百官，忠心正直没有超过魏徵的了，我要派魏徵当皇太子的师傅，以此来断绝天下人对皇太子之位的非分之望。”贞观十七年，就任命魏徵做太子太师，同时继续主管门下省事务。魏徵提出有病在身难以胜任，太宗说：“太子是宗庙社稷的根本，一定要有好的师傅去培养他，所以要选拔忠正之臣作为太子的辅佐，我知道你现在有病，你就躺着教育他。”于是魏徵只得就职。不久魏徵得了重病。他家里本来没有正厅，唐太宗当

时原想自己建造一座小殿，就停止了这个工程，把材料用来替魏徵造正厅，五天就完工了，又派身边使者送去布被和白色裤子，成全他朴素节俭的风范。过了几天，魏徵病逝。唐太宗亲自到他家里，哭得非常悲伤，追赠魏徵为司空，谥号文贞。唐太宗亲自撰写碑文，又亲手写上碑石，还特别赐给他家享受的租户为实封九百户。后来唐太宗对侍从大臣们说："用铜作镜子，可以端正衣冠；用古事作镜子，可以知道兴衰；用人作镜子，可以明白得失。过去我常常注意保持这三面镜子，慎防自己犯过失。现在魏徵去世，我失去了一面镜子啊！"因而伤心地哭了很久。诏告群臣道："过去只有魏徵，能经常指出我的过错。自从他去世后，我有什么过错也就不知道了。我难道只在过去会犯错误，而到了今天变得都是正确的吗？恐怕还是群臣百官只求顺从我的心意，不敢冒险触龙鳞作谏诤啊！所以我现在再次申明要一方面征求和虚心听取群臣谏诤，一方面清醒头脑排除假象反省过失。如果臣下提出了意见我没有采用，那是我自取其咎。如果我准备采用意见却没有人来说，那么是谁的责任呢？从今以后，各自尽献你们的忠诚，如果有不同意见，就要直率地全部讲出来。"

已后，各悉乃诚。若有是非，直言无隐。"

注 ① 巨鹿：唐属河北道，在今河北省平乡县。

② 相州：北魏时始置，唐属河北道，在今河南省临漳县西。内黄：县名，在今河南省内黄县西北。

③ 太子洗马：官名，为东宫属官，汉初置，太子出宫，洗马在前面清道。唐制，东宫左春坊司经局置洗马，掌管东宫图书，负责接收、整理天下进奉给东宫的图籍。

④ 参预朝政：指魏徵以秘书省长官的身份行使宰相职权。唐初尚书、中书、门下三省长官是为宰相，凡是以较低职务行使宰相职权的，都要加上"参预朝政"、"参知机务"等名义。

⑤ 管仲（？—前645）：名夷吾，字仲，颍上（今安徽颍上）人，曾为公子夷吾的辅佐，后得齐桓公重用，以"尊王攘夷"相号召，从而使齐桓公成为春秋时代第一个霸主。

⑥ 九成宫：即隋之仁寿宫。

⑦ 长孙无忌（？—659）：姓长孙，名无忌，字辅机。洛阳人。太宗长孙后之兄。曾决策发动"玄武门之变"助太宗夺取帝位，以皇亲元勋而历任尚书右仆射、司空、司徒等职，封赵国公。后因反对高宗立武则天为后，放逐黔州，责令自缢死。

⑧ 王珪：字叔玠，郿（今陕西郿县）人。隋开皇末，为奉礼部。唐高祖入关，引为世子府谘议参军，随即转任太子中允。太宗即位，召拜谏议大夫，升侍中，与魏徵、李靖、房玄龄同为当时名臣。

⑨ 犯龙鳞，触忌讳：谓诤臣敢于直谏。语出《史记·韩非传》。

⑩ 散官：指仅有官阶而无具体职务的文武官员，也称阶官，作为表示官员的品级。

⑪ 枢要：犹言枢纽，每以指行政中心机关。

⑫ 承乾：太宗长子，太宗即位，立为太子，后因罪废为庶人。春宫：太子所居之官。

⑬ 魏王泰：字惠褒，太宗第四子，封魏王，礼贤下士，文思敏捷，后贬为濮王，谥曰恭。

⑭ 庶寮：即为百官。庶为众多，寮即僚。

⑮ 忠謇（qiān 千）：忠诚正直。

⑯ 太子太师：官名，唐制以太子太师、太傅、太保为三师，从一品，掌以道德辅导皇太子。

⑰ 食实封：唐制，凡有功之臣赐实封者，按功之大小，定食实封数之多寡，享所封户的租调。

王珪，太原祁县[①]人也。武德中，为隐太子中允[②]，甚为建成所礼。后以连其阴谋事，流于巂州[③]。建成诛后，太宗即位，召拜谏议大夫[④]。每推诚尽节，多所献纳。珪尝上封事[⑤]切谏，太宗谓曰："卿所论皆中朕之失，自古人君莫不欲社稷永安，然而不得者，只为不闻己过，或闻而不能改故也。今朕有所失，卿能直言，朕复闻过能改，何虑社稷之不安乎？"太宗又尝谓珪曰："卿若常居谏官，朕必永无过失。"顾待益厚。贞观元年，迁黄门侍郎[⑥]，参预政事，兼太子右庶子。二年，进拜侍中。时房玄龄、魏徵、李靖[⑦]、温彦博[⑧]、戴胄[⑨]与珪同知国政，尝因侍宴，太宗谓珪曰："卿识鉴精通，尤善谈论，自玄龄等，咸宜品藻。又可自量孰与诸子贤？"对曰："孜孜奉国，知无不为，臣不如玄龄。每以谏诤为心，耻君不及尧、舜，臣不如魏徵。才兼文武，出将入相，臣不如李靖。敷奏详明，出纳惟允，臣不如温彦博。处繁理剧，众务必举，臣不如戴胄。至如激浊扬清，嫉恶好善，臣于数子，亦有一日之长。"太宗深然其言，群公亦各以为尽己所怀，谓之确论。

译 王珪，太原祁县人。唐高祖武德年间，任隐太子建成东宫中允，深受建成敬重。后因牵连建成阴谋作乱一事，被流放到巂州。建成被诛，太宗即皇帝位后，召回，任为谏议大夫。王珪总是诚心尽力，多有建议。曾经上密奏直言劝谏，太宗对他说："你所议论的都切中我的过失。自古以来，君主没有不想国家长治久安的，然而往往做不到，那是因为听不到自己的过失，或者听到了而不能改正。现在我有过失，你能直言劝谏，我又闻过能改，还愁国家不安定吗？"太宗又对王珪说过："你如果长当谏官，我一定永远没有过失。"对王珪更加优厚。贞观元年，王珪改任黄门侍郎，参预朝政大事，并兼太子右庶子。贞观二年，升任侍中。当时房玄龄、魏徵、李靖、温彦博、戴胄与王珪共同主持朝政。太宗曾在一次宴会上对王珪说："你善于识别人才，更善于评论。从房玄龄等人起，你都品评一下吧。你也可以自己衡量一下，比他们贤能吗？"王珪回答说："孜孜不倦地处理国事，知道了没有不去办的，我不如房玄龄。总记着谏诤国君，以国君不及尧、舜为耻，我不如魏徵。文武双全，出去能带兵，入朝能为相，我不如李靖。奏事详细明白，上传下达恰当，我不如温彦博。处理繁杂事务，使各项事务井井有条，我不如戴胄。至于荡涤污浊，表扬清廉，痛恨邪恶，喜好善良，我比他们几人稍稍强点。"太宗非常赞同他的话，在座诸人也都认为王珪说清了自己特征和志向，认为他的话是确切的评论。

注 ① 太原：地名。今山西太原市一带。祁县：县名。
② 中允：官名。太子东宫属官，掌侍从礼仪，驳正启奏，总管经典、膳药等。
③ 巂（xī 西）州：州名。在今四川西昌地区。
④ 谏议大夫：见第一卷君道第一贞观初条注③。
⑤ 封事：密封的奏章。
⑥ 黄门侍郎：见第一卷政体第二贞观元年条注①。
⑦ 李靖：详见下章。
⑧ 温彦博：字大临，祁（今山西祁县）人。隋朝末年在幽州总管罗艺部下任司马，后归唐。武德八年（625）以并州道行军长史与突厥战于太谷，兵败被俘，坚持不降，被囚于阴山。太宗即位后才得还朝。贞观四年（630）任中书令。他性格慎密，自从参预国家机密就不与人私下交往；每见太宗，必定陈说政事利害。曾多次得到太宗褒奖。

⑨ 戴胄：字玄胤，安阳人。唐初为秦王府士曹参军。贞观初年，升任大理少卿，后又任尚书左丞、谏议大夫。因杜如晦临终遗言推荐，任检校吏部尚书。为人刚正不阿。

李靖，京兆三原[1]人也。大业[2]末，为马邑郡丞[3]。会高祖为太原留守，靖观察高祖，知有四方之志，因自锁上变，诣江都[4]。至长安，道塞不通而止。高祖克京城，执靖，将斩之，靖大呼曰："公起义兵除暴乱，不欲就大事，而以私怨斩壮士乎？"太宗亦加救靖，高祖遂舍之。武德中，以平萧铣[5]、辅公祏[6]功，历迁扬州大都督府长史[7]。太宗嗣位，召拜刑部尚书[8]。贞观二年，以本官检校中书令[9]。三年，转兵部尚书[10]，为代州行军总管[11]，进击突厥定襄城[12]，破之。突厥诸部落俱走碛北[13]。北擒隋齐王暕之子杨道政[14]及炀帝萧后，送于长安，突利可汗[15]来降，颉利可汗[16]仅以身遁。太宗谓曰："昔李陵[17]提步卒五千，不免身降匈奴，尚得名书竹帛。卿以三千轻骑，深入虏廷，克复定襄，威振北狄[18]，实古今未有，足报往年渭水之役[19]矣。"以功进封代国公。此后，颉利可汗大惧，四年，退保铁山[20]，遣使入朝谢罪，请举国内附。又以靖为定襄道行军总管，往迎颉利。颉利虽外请降，而心怀疑贰。诏遣鸿胪卿唐俭[21]、摄户部尚书[22]将军安修仁慰谕之，靖谓副将张公谨[23]曰："诏使到彼，虏必自宽，乃选精骑赍二十日粮，引兵自白道[24]袭之。"公谨曰："既许其降，诏使在彼，未宜讨击。"靖曰："此兵机也，时不可失。"遂督军疾进。行至阴山[25]，遇其斥候[26]千余帐，皆俘以随军。颉利见使者甚悦，不虞官兵至也。靖前锋乘

译 李靖，京都三原人。隋朝大业末年，任马邑郡丞。当时唐高祖李渊任太原留守，李靖观察高祖的行为，知道他有夺取天下的大志，于是自己封锁守地，向朝廷上报事变，并前往江都晋见隋炀帝。走到长安，因为道路阻塞而停止。高祖攻克京城长安，捉住李靖，要杀他，李靖大声呼喊道："您起义兵扫除暴乱，不是想成就统一天下的大业吗？何以以私怨杀戮（可以帮助您打天下的）壮士呢？"太宗也加以援救，高祖才赦免了他。武德年间，李靖因平定萧铣、辅公祏有功，多次升官至扬州大都督府长史。太宗即位后，召李靖任为刑部尚书。贞观二年，李靖以刑部尚书代理中书令。贞观三年，转任兵部尚书，兼任代州行军总管，率军进攻并克复了被突厥侵占的定襄城，突厥各部落都逃往大沙漠以北。李靖继续北进，擒获隋朝齐王杨暕的儿子杨道政和隋炀帝的萧皇后，把他们解送到长安。突厥的突利可汗前来投降，颉利可汗独自逃走。太宗对李靖说："过去李陵率领步兵五千人与匈奴作战，终不免战败投降匈奴，尚且可以名载史书。你以三千轻骑兵深入突厥腹地，攻克收复定襄，威震北方，实在是古往今来没有过的，这足以报往年渭水之役的仇了。"李靖因此战功进封为代国公。此后，颉利可汗大为惊慌，贞观四年退兵保守铁山，同时派遣使者入唐朝请罪，请求举国归附唐朝。太宗又以李靖为定襄道行军总管，前往迎接颉利可汗。颉利可汗虽然表面请求投降，内心却仍疑虑和观望。太宗派遣鸿胪卿唐俭，代理户部尚书、将军安修仁去慰问晓谕颉利可汗。李靖对副将张公谨说："朝廷诏令派遣的使者到了突厥，敌寇一定宽慰而放松警惕，你选精锐骑兵带上二十天的粮食，从白道袭击他们。"张公谨说："既然允许敌人投降，朝廷派出的使者又在他们那里，不宜讨伐。"李靖说："这是用兵的良机，时机不可失去。"于是督促军队

雾而行，去其牙帐[27]七里，颉利始觉，列兵未及成阵，单马轻走，虏众因而溃散。斩万余级，杀其妻隋义成公主，俘男女十余万，斥土界[28]自阴山至于大漠[29]，遂灭其国。寻获颉利可汗于别部落，余众悉降。太宗大悦，顾谓侍臣曰："朕闻主忧臣辱，主辱臣死。往者国家草创，突厥强梁，太上皇以百姓之故，称臣于颉利，朕未尝不痛心疾首，志灭匈奴，坐不安席，食不甘味。今者暂动偏师[30]，无往不捷，单于稽颡[31]，耻其雪乎！"群臣皆称万岁。寻拜靖光禄大夫[32]、尚书右仆射，赐实封五百户。又为西海道行军大总管，征吐谷浑[33]，大破其国。改封卫国公。及靖身亡，有诏许坟茔制度依汉卫、霍[34]故事，筑阙象突厥内燕然山、吐谷浑内碛石二山[35]，以旌殊绩。

疾速前进。行军到阴山，遇到颉利可汗的侦察部队一千余帐，都俘虏了随军前行。颉利可汗见到唐朝的使者非常高兴，没有料到唐朝的官兵到来。李靖的前锋部队乘着大雾行进，直到离颉利可汗的军营七里，颉利可汗才发觉，(仓促)调列兵马抵抗，但还没有来得及摆成阵势(唐军已至)，只好匹马逃生，突厥部队因此溃散。唐军杀了突厥一万余人，其中包括颉利可汗的妻子——隋朝的义成公主，俘虏了男女十余万人，开拓的疆土从阴山到大沙漠，于是灭了其国。不久，又在别的部落擒获了颉利可汗，其剩余的部众悉数投降。太宗非常高兴，对侍臣们说："我听说：'君主忧虑，臣子应感到羞辱；君主羞辱，君子应该死节。'往昔国家草创之时，突厥强横，太上皇因爱护百姓，向颉利可汗称臣，我未曾不为此痛心疾首，立志要消灭匈奴，因而坐立不安，食不知味。现在稍出部分军队，所到之处，无不胜利，单于投降，真是洗雪了过去的耻辱啊！"群臣都高呼万岁。不久加封李靖为光禄大夫、尚书右仆射，赐给他实际封邑五百户。李靖又曾任西海道行军大总管，征讨吐谷浑，大破其国。改封卫国公。李靖去世时，皇帝颁发诏令，准许其坟茔规模依照汉朝卫青、霍去病的先例建造，建筑高大的双柱，象征突厥境内的燕然山和吐谷浑境内的碛石山，以表彰他的非凡功绩。

注 ① 三原：县名。在今陕西省。

② 大业：隋炀帝年号。共14年，相当于公元605年至618年。

③ 马邑：郡名。故地在今山西朔县一带。丞：地方行政次官。

④ 江都：郡名。在今江苏扬州市一带。

⑤ 萧铣：隋末任罗川令。大业末起兵，先称梁公，再称皇帝，建元凤鸣，迁都江陵。后兵败降唐，被斩于长安。

⑥ 辅公祏：隋末与同乡杜伏威起兵反隋。后归唐，任淮南行台。武德中，举兵造反，国号宋，年号天明，后兵败被擒斩。

⑦ 大都督府：唐军政区划。掌所管诸州兵马、甲仗、食粮、镇戍等事务，常以亲王遥领，而以都督府长史总领其事。

⑧ 刑部尚书：刑部，六部之一，属尚书省，掌管法律、刑狱事务；刑部尚书，刑部主官。

⑨ 中书令：中书省长官。掌军国政令，为宰相之任。

⑩ 兵部尚书：兵部，六部之一，属尚书省，掌军籍、军械、军令等事务；兵部尚书，兵部主官。

⑪ 代州：地名。辖境相当于今山西代县一带。行军总管：官名，唐高祖武德初年置，用以统军。

⑫ 定襄城：地名。即今山西定襄县。
⑬ 碛北：漠北，古代泛称蒙古高原大沙漠以北地区。碛，沙漠。
⑭ 杨道政：隋炀帝之孙。
⑮ 突利可汗：突厥酋长。名什钵苾。贞观二年，因受颉利可汗攻击，归附唐朝，被太宗任为右卫大将军。
⑯ 颉利可汗：突厥可汗。姓阿史那氏，名咄苾。贞观四年，李靖将其击败，后擒送京师。
⑰ 李陵（？—前74）：西汉陇西成纪人。字少卿。名将李广之孙。武帝时为骑都尉，率五千人击匈奴，毙伤万人，但后以箭尽无援而降。
⑱ 北狄：古代北方少数民族的总称。
⑲ 渭水之役：唐初，突厥强盛，侵扰中原。唐因天下初定，只得以财物与其结好。武德九年，颉利可汗率军逼近长安附近的渭水便桥之北。唐太宗亲自出城与颉利订立盟约，突厥才退兵。
⑳ 铁山：山名。在今内蒙古阴山北。
㉑ 鸿胪卿：官名。掌朝贺庆吊。唐俭：字茂约，并州人。隋末见政局混乱，劝说唐太宗定计取天下。后历任天策府长史、民部尚书，封莒国公。
㉒ 摄户部尚书：摄，代理。户部，六部之一，属尚书省，掌土地、户籍、赋税等事务。户部尚书，户部主官。
㉓ 张公谨：字弘慎，魏州人。贞观初为代州都督，因佐李靖破突厥颉利可汗，进封邹国公。
㉔ 白道：古道路名。在今内蒙古呼和浩特市西北，是河套东北地区通往阴山以北的交通要道。
㉕ 阴山：即今内蒙古阴山山脉。
㉖ 斥候：侦察人员。
㉗ 牙帐：主帅所住营帐。主帅树牙旗于营帐之前，故名。
㉘ 斥土界：开拓疆界。斥，开拓、扩张。
㉙ 大漠：指蒙古高原的大沙漠。
㉚ 偏师：非主力部队。
㉛ 单于稽颡：单于，汉朝时匈奴君长的称呼。此处借指突厥首领。稽颡，屈膝下拜，以头触地，是古代的一种礼节。
㉜ 光禄大夫：文散官名称，从二品。
㉝ 吐谷（yù 玉）浑：我国古代鲜卑族所建立的王朝名。其族原居辽东，魏晋时西迁，晋末住于今青海省北部和新疆东南部。唐太宗贞观年间，被李靖等攻破，国势渐衰。
㉞ 卫、霍：指西汉名将卫青与霍去病。卫青（？—前106），字仲卿，河东平阳（今山西临汾）人，汉武帝卫皇后同母异父弟，曾为平阳公主家奴，后得武帝重用。自元朔二年（前127）至元狩四年（前119），前后七次出击匈奴，屡立大功，官至大将军，封长平侯。霍去病（前140—前117），河东平阳人。曾六次出击匈奴，积功官至骠骑将军，封冠军侯。
㉟ 燕然、碛石：古山名。燕然山，即蒙古人民共和国境内的杭爱山。东汉时车骑将军窦宪追击北匈奴，曾登此山刻石纪功。碛石山，《旧唐书·李靖传》作积石山，即今大雪山，在青海省南部。

虞世南，会稽余姚人[1]也。贞观初，太宗引为上客，因开文馆，馆中号为多士，咸推世南为文学之宗。授以记室[2]，与房玄龄对掌文翰[3]。尝命写《列女传》[4]以装屏风，于时无本，世南暗书之，一无遗失。贞观七年，累迁秘书监[5]，太宗每机务之隙，引之谈论，共观经史。世南虽容貌懦弱，如不胜衣，而志性抗烈，每论及古先帝王为政得失，必存规讽，多所补益。及高祖晏驾[6]，太宗执丧过礼，哀容毁悴，久替万机[7]，文武百寮，计无所出，世南每入进谏，太宗甚嘉纳之，益所亲礼。尝谓侍臣曰："朕因暇日，每与虞世南商榷古今，朕有一言之善，世南未尝不悦，有一言之失，未尝不怅恨。其恳诚若此，朕用嘉焉。群臣皆若世南，天下何忧不治？"太宗尝称世南有五绝：一曰德行，二曰忠直，三曰博学，四曰词藻[8]，五曰书翰[9]。及卒，太宗举哀于别次[10]，哭之甚恸。丧事官给，仍赐以东园秘器[11]，赠礼部尚书[12]，谥曰文懿。太宗手敕[13]魏王泰[14]曰："虞世南于我，犹一体也。拾遗补阙，无日暂忘，实当代名臣，人伦准的。吾有小善，必将顺而成之；吾有小失，必犯颜而谏之。今其云亡，石渠、东观[15]之中，无复人矣，痛惜岂可言耶！"未几，太宗为诗一篇，追思往古理乱之道，既而叹曰："钟子期死，伯牙不复鼓琴[16]。朕之此篇，将何所示？"因令起居褚遂良[17]诣其灵帐读讫焚之，其悲悼也若此。又令与房玄龄、长孙无忌[18]、杜如晦、李靖等二十四人，图形于凌烟阁[19]。

译 虞世南，会稽余姚人。贞观初年，太宗召他入朝，待为上宾，因此而开文学馆。当时，文学馆中号称人才众多，但大家都推崇虞世南为文学的宗主。太宗任他为记室，与房玄龄共同掌管公文信件。太宗曾命他书写《列女传》以装饰屏风，当时没有《列女传》的文本，虞世南就默写出来，没有一字错漏。贞观七年，经多次提升任秘书监，太宗常在政务之暇，召他来谈论事情或共同观看经典和史书。虞世南虽然容貌文弱，好像连衣服的重量都承受不了，但意志坚定，性格刚烈，每谈论到古代帝王治国的成败时，总是在言论中寄寓劝谏，对太宗的治国有很多补益。唐高祖李渊逝世时，太宗服丧超过了当时礼节的规定，容貌悲哀憔悴，长久废弃朝政，文武百官都不知如何是好，虞世南就常常入宫劝谏，太宗很赞赏并接受了他的规劝，因而对他更加亲近和礼敬。太宗曾对侍臣说："我在闲暇时，常和虞世南讨论古往今来的事情。我有一句善言，世南没有不高兴的，我有一句错话，世南没有不遗憾的。他恳切忠诚到如此程度，我所以赞赏他。如果所有的大臣都像世南一样，还担忧天下治理不好吗？"太宗曾经称赞虞世南有"五绝"：一是德行，二是忠直，三是博学，四是文章，五是书法。后来虞世南逝世的时候，太宗在偏殿为他设祭哀悼，哭得很伤心，他的丧事费用由官府拨给，赐予棺木，并追赠为礼部尚书，谥号为文懿。太宗还亲手写了一道诏书给魏王李泰说："虞世南对我，就如对自己一样，补救我的缺漏过失，没有一天暂时忘却。他实在是当代的名臣，做人的楷模。我有小善，他一定顺势助成；我有小过，他一定直言劝谏。现在他逝世了，国家的文学方面，不再有这样的人才了，悲痛惋惜难道可以用言语表达么！"不久，太宗写了一首诗，追想古代治乱的道理，然后感叹道："钟子期死后，伯牙不再奏琴。我的这篇诗，拿给谁看呢？"于是命令起居郎褚遂良拿到虞世南的灵帐宣读并烧掉诗稿。太宗对虞世南的悲悼之情竟如此之深。又命令将虞世南和房玄龄、长孙无忌、杜如晦、李靖等共二十四人，画像在凌烟阁上。

注 ① 会(kuài块)稽:郡名。地当今江苏东南部及浙江西部。余姚:县名。
② 记室:官名。掌书记章表文檄。
③ 文翰:信札、公文。
④《列女传》:书名。一名《古列女传》。西汉刘向撰,七卷。分母仪、贤明、仁智、贞顺、节义、辩通,嬖孽七类,列记古代妇女事迹104则。
⑤ 秘书监:官名。掌图籍。
⑥ 晏驾:古代称帝王死亡的委婉语。
⑦ 久替万机:长久不理朝政。替,废弃。万机:纷繁的政务。
⑧ 词藻:本指诗文中工巧有文采的词语。文中指善于写文章。
⑨ 书翰:本指书札等。文中主要指书法。
⑩ 别次:别处。
⑪ 东园秘器:汉有官署名东园,掌管王公贵族墓内器物的制作,故称棺木为东园秘器。
⑫ 礼部尚书:礼部长官。礼部为六部之一,掌礼乐、祭祀、贡举等职。
⑬ 手敕:亲手书写诏命。敕,诏命。
⑭ 魏王泰:唐太宗第四子,字惠褒。好结交文士,曾召集文士撰成《括地志》。高宗即位后,进封濮王。
⑮ 石渠、东观:分别为西汉和东汉皇家收藏秘籍图书与著述之所。文中借指唐代有关部门。
⑯ 钟子期死,伯牙不复鼓琴:传说钟子期、伯牙二人是春秋时人,伯牙善奏琴,只有钟子期能理解欣赏。钟子期一死,伯牙便不再演奏,因为没有知音了。见《列子》、《吕氏春秋》。
⑰ 起居:官名。唐制,于门下省置起居郎,于中书省置起居舍人,掌记录天子日常起居。褚遂良(596—658):字登善,河南阳翟(今河南禹县)人,博通文史,善书法。曾任起居郎、中书令。直言敢谏,受太宗遗诏辅政。高宗时因反对废王皇后、立武则天为后,被贬职,忧愤而死。
⑱ 长孙无忌(?—659):字辅机,洛阳人。博通文史,有谋略。从唐太宗定天下,论功为第一,封齐国公。后受太宗遗诏辅政。因反对高宗立武则天为皇后,被流放于黔州,自杀。
⑲ 凌烟阁:古代为表彰功臣而建筑的高阁,绘有功臣画像。唐太宗贞观十七年(643)在长安建凌烟阁,太宗作赞,褚遂良题阁,阎立本画像。

李勣①,曹州离狐人也②。本姓徐氏,初仕李密③,为左武候大将军。密后为王世充所破④,拥众归国,勣犹据密旧境十郡之地⑤。武德二年,谓长史郭孝恪曰⑥:"魏公既归大唐,今此人众土地,魏公所有也。吾若上表献之,则是利主之败,自为己功,以

译 李勣是曹州离狐人,本姓徐,起初在李密部下,官至左武候大将军。李密后来被王世充击败,带领余众归顺唐国时,李勣还控制着李密原来统治下的十郡的土地。武德二年,李勣对长史郭孝恪说:"魏公李密既然已经归顺了大唐,我们这里的队伍和属地,本来属于他所有。我们假如现在去上表献给唐朝,那就是趁主帅失败的机会,为自己抢夺功劳,以

邀富贵，是吾所耻。今宜具录州县及军人户口，总启魏公，听公自献，此则魏公之功也，不亦可乎？”乃遣使启密。使人初至，高祖闻无表，惟有启与密，甚怪之。使者以勣意闻奏，高祖方大喜曰：“徐勣感德推功，实纯臣也⑦。”拜黎州总管⑧，赐姓李氏，附属籍于宗正⑨。封其父盖为济阴王，固辞王爵，乃封舒国公，授散骑常侍⑩。寻加勣右武候大将军⑪。及李密反叛伏诛，勣发丧行服，备君臣之礼，表请收葬。高祖遂归其尸。于是大具威仪⑫，三军缟素，葬于黎阳山。礼成，释服而散，朝野义之。寻为窦建德所攻⑬，陷于建德，又自拔归京师。从太宗征王世充、窦建德，平之。贞观元年，拜并州都督⑭，令行禁止，号为称职，突厥甚加畏惮。太宗谓侍臣曰：“隋炀帝不解精选贤良，镇抚边境，惟远筑长城，广屯将士，以备突厥，而情识之惑，一至于此。朕今委任李勣于并州，遂得突厥畏威远遁，塞垣安静，岂不胜数千里长城耶？”其后并州改置大都督府，又以勣为长史，累封英国公。在并州凡十六年。召拜兵部尚书，兼知政事，勣时遇暴疾，验方云须灰可以疗之，太宗自剪须为其和药。勣顿首见血，泣以陈谢。太宗曰：“吾为社稷计耳，不烦深谢。”十七年，高宗居春宫，转太子詹事⑮，加特进，仍知政事。太宗又尝宴，顾勣曰：“朕将属以孤幼，思之无越卿者。公往不遗于李密，今岂负于朕哉！”勣雪涕致辞，因噬指流血。俄沉醉，御服覆之，其见委信如此。勣每行军用师，颇任筹算，临敌应变，动合事机。自贞观以来，讨击突厥、颉

此谋求富贵，这样做我感觉到可耻。现在应该完整地登录下我们这里州县以及军队和户口的数字，写信交给魏公，由他亲自献给朝廷，这样就是魏公的功劳了，这种做法不是很好吗？”于是就派人携信报告李密。使人刚到长安，李渊听说没有送来降表，只有信札给李密，感到十分奇怪。当使者把徐勣的原意向高祖详细汇报之后，高祖才非常高兴地说：“徐勣不忘恩德，把功劳归于故主，实在是难得的纯臣啊。”于是就拜他做黎州总管，还特别赐他姓李氏，在宗正府给他登记上宗室户籍，又封徐勣的父亲徐盖做济阴王，因为李勣坚决不接受王爵之封，而改封为舒国公，授予散骑常侍官号。不久加封李勣为右武候大将军。李密反叛唐朝而被诛杀之后，李勣为他发丧服孝，全部按照君臣关系的礼节，并上表高祖请求为李密收葬。高祖把李密的尸体交给了李勣，于是举行了规模很大的葬礼，三军都穿起了白色孝服，下葬于黎阳山。待葬礼完成以后，李勣才换去孝服，解散队伍。当时朝廷上下都认为李勣这样安排李密的葬事是得体的。不久，李勣所部受到了窦建德军的攻击，李勣战败。后来李勣又拉起了队伍投向唐朝，跟随唐太宗征伐王世充和窦建德，先后一一平服。贞观元年，拜李勣为并州都督，他治军有方，发令能行、禁而能止，一时有称职的名声，与他对垒的突厥各部都很畏惧。唐太宗对近臣说：“隋炀帝守边不懂得应该精选良将、镇抚边境，只晓得大规模修筑长城，派大批将士屯边，用以防备突厥侵犯，对实际情况的了解和所作的判断的谬误，竟到如此地步。我现在选派了李勣担任并州都督，就使得突厥各部畏惧逃遁，边境各地从此太平，岂不是胜过了修建几千里的长城吗？”后来并州又改置大都督府，委派李勣担任长史，封为英国公。李勣镇守并州前后十六年。唐太宗将他召回朝廷，拜为兵部尚书，并参加政事。李勣突然得病，医生验方说要用胡须之灰才可治好，唐太宗就亲自剪下了自己的胡须来为他和药。李勣感激得磕头流血、边流泪边致谢。唐太宗说：“我这样做是为了江山社

稷，你不必过分来感谢我。”贞观十七年，高宗还在东宫为太子，就让李勣担任太子詹事，并加特进，仍然担任宰相职务。唐太宗在一次宴会上对李勣说：“我想把年幼的太子托付于人，想来想去没有谁比你更为合适，你过去能不忘故主李密，如今也一定不会有负于我的！”李勣听了，感激涕零，再三致辞效忠，因而咬破手指、流血不止。随后喝得酩酊大醉，唐太宗以自己的衣服盖在他的身上，他被太宗依重、信任如此之深。李勣每次行军打仗，出师前料敌筹画，遇敌后随机应变，都能抓住战机。从贞观以来，先后参预讨击突厥、颉利可汗、薛延陀、高丽等许多战役，全都大破敌军。唐太宗曾经说：“李靖、李勣二人，就是古代的韩信、白起、卫青、霍去病，也及不上啊！”

利及薛延陀、高丽⑯等，并大破之。太宗尝曰：“李靖、李勣二人，古之韩、白、卫、霍岂能及也。”

注 ① 李勣（jī 机）（594—669）：本名世勣，字茂功。永徽中，以犯太宗讳，单名勣。高宗时官至司空。

② 曹州：州名，唐属河南道，州治在今山东省曹县西北。离狐：曹州属县，在今山东省。

③ 李密（582—618）：字玄邃，一字法主，京兆长安（今属陕西）人，北周蒲山公李宽之子。大业九年参预杨玄感起兵反隋；大业十二年投奔瓦岗翟让义军，击杀隋将张须陀，后杀害翟让，称魏公，年号永平。被王世充击败后降唐，不久以反叛罪被杀。

④ 王世充（？—621）：本姓支，字行满，祖籍西域，幼从母嫁王氏，因冒其姓。隋炀帝时任江都郡丞，因镇压朱燮、管崇、孟让等起义军，升江都通守。大业十四年，炀帝死，他在东都拥立杨侗为帝，又击败瓦岗军。次年，废杨侗，自称皇帝，国号郑。武德四年，兵败降唐，在长安为仇人所杀。

⑤ 密旧境十郡之地：李密归唐时，旧部尚控有十郡之地，范围为：东至于海，南至长江，西至河南汝州，北至河北魏郡。

⑥ 郭孝恪：河南许州阳翟人，隋末率众归附李密，李密失败时，由他去长安洽降，被封为阳翟郡公，宋州刺史，与李勣一起经略武牢以东地区。秦王世民用他的计谋，擒窦建德，拜上柱国。后任昆丘道副大总管，在进讨龟兹时，中流矢而死。

⑦ 纯臣：一心为君主服务的臣子。

⑧ 黎州：武德时，置黎州总管府，贞观元年，领黎阳、临河、内黄、澶水等县，十七年废并。

⑨ 宗正：秦汉所置九卿之一，多由皇族中人充任，为皇族事务机关之长官。所掌为序录王国嫡庶之次及诸宗室亲属远近，郡国岁因计上宗室名籍。历代职掌略同，唐时又称宗正寺卿。

⑩ 散骑（jì）常侍：三国魏始置之官名，在皇帝左右规谏过失，以备顾问，隋唐相沿，唐代分隶门下省与中书省，并分称左、右，无实际职权，属清望之官，多用为将相大臣的兼职。

⑪ 右武候大将军：唐设武卫之职。各有大将军、将军，以统率禁卫部队。

⑫ 威仪：指古时典礼中的动作仪文及待人接物的礼节。

⑬ 窦建德（573—621）：清河漳南（今山东武城东北）人。农民出身，曾为里长。大业七年任二百人长。因助孙安祖起义，家属被杀，遂率部起义，投高鸡泊义军高士达，高士达牺牲后，继为领袖，称将军，拥众十余万。大业十三年称长乐王，后又称夏王，建都乐寿，国号夏。后因率军驰援被李世民围攻的王世充，轻敌兵败，被杀于长安。其后魏州（今河南省安阳市）为之建夏王庙以祀之。

⑭ 并州都督：唐代并州相当今山西阳曲以南、文水以北汾水中游地区，由总管统辖，武德七年改总管为都督，立府置佐吏。
⑮ 太子詹事：秦始置官名，职掌皇后、太子家事，历代相沿，为太子官属之长。
⑯ 突厥、颉利及薛延陀、高丽：突厥见前注；隋文帝开皇二年(582)，突厥分裂为东西二部，这里突厥指西突厥，颉利指东突厥颉利可汗；薛延陀本延陀部，与薛种杂居，号薛延陀，贞观中，为唐灭，置为州县；高丽即高句丽。

马周[①]，博州茌平人也[②]。贞观五年至京师，舍于中郎将常何之家[③]，时太宗令百官上书言得失，周为何陈便宜二十余事[④]，令奏之，事皆合旨。太宗怪其能，问何，何对曰："此非臣所发意，乃臣家客马周也。"太宗即日召之，未至间，凡四度遣使催促。及谒见，与语甚悦。令直门下省，授监察御史[⑤]，累除中书舍人[⑥]。周有机辩，能敷奏，深识事端，故动无不中。太宗尝曰："我于马周，暂时不见，则便思之。"十八年，历迁中书令，兼太子左庶子[⑦]。周既职兼两宫，处事平允，甚获当时之誉。又以本官摄吏部尚书[⑧]。太宗尝谓侍臣曰："周见事敏速，性甚慎至。至于论量人物，直道而言，朕比任使之，多称朕意。既写忠诚，亲附于朕，实藉此人，共康时政也。"

译 马周，博州茌平人。贞观五年，到京师长安，客居在中郎将常何家中。当时唐太宗下令，要文武百官都上书指陈政事得失，马周代替常何起草了二十多条有利于国家百姓的建议，上奏朝廷，这些事情都很合皇帝的心意。唐太宗很奇怪，常何怎么会有这么高的才能，就问常何，常何回答说："这些并不是我写出来的意见，而是我家的宾客马周所为。"太宗听了以后当天就下令要把马周召来，马周还没有到，太宗竟连续四次派人前去催促。马周谒见唐太宗时，太宗同他谈得非常高兴。于是就派他往门下省当值，授予监察御史的官职，经多次提升而任中书舍人。马周很机敏，有辩才，善于敷陈奏对，认识和分析事物很深刻，所以他讲的话都能合情合理。太宗曾经说："我对马周只要短时间内看不到，就会十分想念他。"贞观十八年，马周一直升到中书令，并兼任太子左庶子之职，身兼朝廷和东宫的官职，处理事情持平公允，很为当时朝野所赞誉。他又以原来官职兼任代理吏部尚书。太宗曾经对侍从大臣说："马周看问题敏捷，办事慎重周到，评论衡量人物的优劣，能够实事求是、敢于直言，我近来任用他所推荐的人，大多合乎我的心意。他既献出全部忠诚，亲近依附于我，我要切实借助于此人，共同办好当前政事。"

注 ① 马周：字宾王。幼时家贫，孜孜好学，精通《诗》、《春秋》，少有大志。武德初年，被任命为州助教，不赴任而去密州，赵仁本欣赏他的才学，赠给他丰厚的钱财让他入关。他逗留在汴州，被浚仪令崔贤欺辱，于是发愤西行，入长安求官。
② 茌平：时属河北清河郡，汉时始置县，今属山东。
③ 中郎将：原为秦时所置官名，汉后仍之。唐制为太子府属，是禁卫军中的低职军官。常何：贞观年间武将，因荐马周而著名，太宗以何为知人，赐帛三百匹。史无传。
④ 便(biàn变)宜：便于公利于民的事，特指对国家有利的事。
⑤ 监察御史：唐御史台分为三院，其中监察御史属察院，品秩低而权限广。据《唐

六典》称其权限为：分察百僚，巡按郡县，纠视刑狱，肃整朝仪。下隶营作，太府出纳。

⑥ 中书舍人：中书省的属官，掌管诏令、侍从、宣旨、接纳上奏文表等事。

⑦ 太子左庶子：为太子官属，唐时以左右庶子分掌左右春坊事。

⑧ 摄吏部尚书：代理吏部尚书。吏部为六部之一，掌京外文职铨叙勋阶黜陟之政。

求谏第四

凡十一章

太宗威容俨肃，百僚进见者，皆失其举措。太宗知其若此，每见人奏事，必假颜色，冀闻谏诤，知政教得失。贞观初，尝谓公卿曰："人欲自照，必须明镜，主欲知过，必藉忠臣。主若自贤，臣不匡正，欲不危败，岂可得乎？故君失其国，臣亦不能独全其家。至于隋炀帝暴虐，臣下钳口，卒令不闻其过，遂至灭亡，虞世基等[1]，寻亦诛死。前事不远，公等每看事有不利于人，必须极言规谏。"

注 ① 虞世基：见《君道》注。

译 唐太宗的容貌平时是很威严庄重的，进见的百官，往往都会害怕得手足无措。唐太宗知道这种情况以后，每当见到有人前来奏事时，总是努力做到和颜悦色，以希望能够听到臣下的谏诤，从而知道政治教化的成败得失。贞观初年，太宗曾经对公卿大臣们说："人们假如要照见自己，必须依靠明镜；帝王如果想要知道自己的过错，必定要依靠忠臣。人主假如自以为圣明，臣下也不去纠正他的过失，要想不危亡失败，又怎么可能呢？所以君王丧失了他的国家，臣下也不可能独自保全他的家。至于像隋炀帝那样暴虐，臣下百官都闭口不言，最后使得自己听不到自己的过失，终于导致灭亡，而虞世基等人，不久也被诛杀。这些以前发生的事情都离今天不远，你们今后每当看到我在处理政事时有不利于百姓的，必须极言规劝谏诤。"

贞观元年，太宗谓侍臣曰："正主任邪臣，不能致理；正臣事邪主，亦不能致理。惟君臣相遇，有同鱼水，则海内可安。朕虽不明，幸诸公数相匡救，冀凭直言鲠议，致天下太平。"谏议大夫王珪对曰："臣闻木从绳则正，后从谏则圣[1]。是故古者圣主必有

译 贞观元年，唐太宗对侍从的大臣说："正直的帝王如果任用了奸邪的臣子，就不能治理好国家；同样，正直的臣子如果是在侍奉无道的昏君，也不可能把国家治理得好。只有明君贤臣在一起，相互之间如同鱼水关系，那么天下就可以平安无事了。我虽然称不上是明君，幸好有诸位大臣多次来匡正谬误，希望你们一定要直言谏诤，以求达到天下太平。"谏

议大夫王珪回答说："我听说古人有言：木工有了准绳，干的活就不会歪；帝王能够听从谏诤，才能成为圣明。所以古代圣明的君主都有诤臣七人，他们谏诤的话如果不被采纳，就相继以死来极谏。陛下广开思路，采纳草野之人的意见，我们处在今天这样一个用不到有什么顾虑的圣朝，实在愿意把狂妄而不达事理的意见都说出来。"太宗听了以后，很为赞赏，并下达诏令：今后凡是宰相进入内廷商量处理国家大事时，必须要安排谏官跟着一起来，让他们也了解朝政大事。有什么意见的话，一定虚心采纳。

争臣七人②，言而不用，则相继以死。陛下开圣虑，纳刍荛③，愚臣处不讳之朝，实愿罄其狂瞽。"太宗称善，诏令自是宰相入内平章国计，必使谏官随入，预闻政事。有所开说，必虚己纳之。

注 ① 木从绳则正，后从谏则圣：这是贤臣傅说告殷商高宗之辞，以木工需从绳而正的道理，说明帝王对于谏诤不可不受。语见《伪古文尚书·说命》。

② 是故古者圣主必有争（zhèng 诤）臣七人：语出《孝经·谏诤》。争臣即诤臣，直言谏诤之臣。

③ 刍荛：刍荛指割草打柴的人。

贞观二年，太宗谓侍臣曰："明主思短而益善，暗主护短而永愚。隋炀帝好自矜夸，护短拒谏，诚亦实难犯忤。虞世基不敢直言，或恐未为深罪。昔箕子佯狂自全①，孔子亦称其仁。及炀帝被杀，世基合同死否？"杜如晦对曰："天子有诤臣，虽无道不失其天下。仲尼称：'直哉史鱼②，邦有道如矢，邦无道如矢。'世基岂得以炀帝无道，不纳谏诤，遂杜口无言？偷安重位，又不能辞职请退，则与箕子佯狂而去，事理不同。昔晋惠帝贾后将废愍怀太子③，司空张华竟不能苦争④，阿意苟免。及赵王伦举兵废后⑤，遣使收华，华曰：'将废太子日，非是无言，当时不被纳用。'其使曰：'公为三公，太子无罪被废，言既不从，何不引身而退？'华无辞以答，遂斩之，夷其三族⑥。古人有云：'危而不持，颠而不扶，则将焉用彼相？'故'君子临大节而不可夺也。'张华既抗直不能成节，逊言不足全身，王臣之

译 贞观二年，唐太宗对侍从大臣说："英明的君主因为想到自己的缺点而更加完美，昏庸的君主因为掩饰自己的短处而永远愚昧。隋炀帝喜欢妄自尊大，掩饰短处而拒绝劝谏，也确实很难去触犯他。虞世基不敢直言进谏，恐怕不必过于深责。过去箕子假装疯狂来保全自己，孔子仍然称赞他的品德。那么隋炀帝被杀时，虞世基是否也该死呢？"杜如晦回答说："天子有敢于谏诤的大臣，虽然昏庸无道却不一定失去他的江山。孔子说过：'史鱼真是个正直的人，邦国有道时是如此正直，邦国无道时仍然如此正直。'虞世基怎么可以因为隋炀帝无道，不采纳劝谏，就闭口不言呢！他在重要的职位上苟且偷安，又不能辞职引退，所以与箕子装疯而去性质完全不同。过去晋惠帝与贾后打算废黜愍怀太子，司空张华竟然不敢据理力争，只图附和旨意以求保全自己。后来赵王伦起兵废黜贾后，派使者把张华抓了起来，张华说：'在将要废黜太子的时候，不是我没有讲话，而是当时不被采纳。'使者说：'你位居三公，太子无罪被废，劝谏既然不听，为什么不辞职引退呢？'张华无话可答，于是被斩首，并灭三族。古人曾经说过：'危急时不能支撑，颠仆时不能扶助，那还要辅相干什么呢？'所以'君子在大是大节固已坠矣。虞世基位居宰辅，在得言之地，竟无一言谏诤，诚亦合死。”太宗曰：“公言是也。人君必须忠良辅弼，乃得身安国宁。炀帝岂不以下无忠臣，身不闻过，恶积祸盈，灭亡斯及。若人主所行不当，臣下又无匡谏，苟在阿顺，事皆称美，则君为暗主，臣为谀臣，君暗臣谀，危亡不远。朕今志在君臣上下，各尽至公，共相切磋，以成治道。公等各宜务尽忠谠，匡救朕恶，终不以直言忤意，辄相责怒。”

非面前决不丧失气节。’张华的直言谏诤既然不能成就自己的大节，低声下气又不足以保全自己，臣子的气节就已经失去了。虞世基身居宰辅要职，处于能够进言的地位，竟然没有一句谏诤的忠言，也实在是该死。”太宗说：“你讲得很对。君王必须有忠良大臣辅助，才能身安国宁。隋炀帝还不是因为手下没有忠臣，自己不知道过错，罪恶累积祸害满溢，灭亡才降临到他头上。假如帝王的作为不妥当，臣下又不规劝纠正，一味阿谀奉承，事事称赞颂扬，那么帝王就是昏君，臣子就是谀臣。君主昏庸、臣下阿谀，国家的危亡也就不远了。我今天有志于君臣上下各尽公心，互相探讨，实现太平治世。诸位卿家定要各自忠于职守，纠正补救我的错误，我决不会因为直言冒犯，就发怒和责罚你们。”

注 ① 箕子：商纣王的叔父，因纣王无道，劝谏不听，便佯装发狂来避免灾祸。孔子曾把箕子、微子、比干称为殷之“三仁”。

② 史鱼：名鳍，字子鱼。春秋末卫国史官，以正直著称。文中所引孔子的话见《论语·卫灵公》。

③ 晋惠帝：西晋皇帝，在位期间放任贾后专政，引起皇族争相残杀的“八王之乱”。贾后：名南风，晋惠帝皇后，扰乱朝政，在“八王之乱”中被杀。愍怀太子：名遹，晋惠帝太子，为贾后所杀，赵王伦执政后谥为愍怀。

④ 张华：字茂先，晋惠帝时为丞相。

⑤ 赵王伦：字子彝，司马懿第九子。他在永康元年(300)起兵杀贾后、废惠帝，后以篡逆之罪诛死。

⑥ 夷其三族：古代株连犯罪者亲属的一种酷刑。三族指父族、母族、妻族。

贞观三年，太宗谓司空裴寂曰①：“比有上书奏事，条数甚多，朕总粘之屋壁，出入观省。所以孜孜不倦者，欲尽臣下之情。每一思政理，或三更方寝。亦望公辈用心不倦以副朕怀也。”

译 贞观三年，唐太宗对司空裴寂说：“近来百官上书奏事，条数很多，我都把它贴在卧室的墙壁上面，以便出入都能观看。我所以要这样孜孜不倦，是想尽可能把臣下百官反映的情况都了解清楚。每当我考虑治理国家的方略时，往往要到三更以后才能安睡。也希望你们能够不懈地用心工作，以符合我的心意。”

注 ① 裴寂(570—629)：字玄真。唐初桑泉(今山西临晋东北)人。隋末任晋阳宫副监，曾助李渊起兵，攻克长安后，又劝李渊称帝。武德年间任尚书左仆射，掌握大权，奉命制定唐律五百条。贞观初任司空，后被唐太宗免官归故乡。不久流放静州而死。

贞观五年，太宗谓房玄龄等曰：“自古帝王多任情喜怒，喜则滥赏无功，怒则滥杀无罪。是以天下丧乱，莫不由此。朕今夙夜未尝不以此为心，恒欲公等尽情极谏。公等亦须受人谏语，岂得以人言不同己意，便即护短不纳？若不能受谏，安能谏人？”

译 贞观五年，唐太宗对房玄龄等人说：“从古以来帝王往往凭着自己的喜怒哀乐办事，高兴的时候就滥赏无功之人，发怒的时候就滥杀无罪之人，所以天下不宁、战乱不断，无不由此引起。我现在日日夜夜把这件事放在心上，始终希望你们都能够尽情极谏。你们也应当听得进别人的劝谏，怎么能够因为别人的话不合自己的心意，就护短而不采纳别人的意见呢？假如自己不能接受别人的劝谏，又怎么能够去劝谏别人呢？”

贞观六年，太宗以御史大夫韦挺①、中书侍郎杜正伦②、秘书少监虞世南③、著作郎姚思廉等上封事称旨④，召而谓曰：“朕历观自古人臣立忠之事，若值明主，便宜尽诚规谏，至如龙逄、比干⑤，不免孥戮⑥。为君不易，为臣极难。朕又闻龙可扰而驯，然喉下有逆鳞⑦。卿等遂不避犯触，各进封事。常能如此，朕岂虑宗社之倾败！每思卿等此意，不能暂忘，故设宴为乐。”仍赐绢有差。

译 贞观六年，唐太宗因为对御史大夫韦挺、中书侍郎杜正伦、秘书少监虞世南、著作郎姚思廉等人所上的奏章感到满意，于是把他们召集来说：“我曾考察了从古以来臣子所立下的尽忠为国的事迹，假若遇到圣明的君主，当然能够竭尽忠诚规谏；至于像关龙逄、比干，则逃脱不了全家遭受杀戮的厄运。所以当皇帝的固然不容易，做臣子的也是极为艰难的。我又听说龙这种动物性情温良可以加以驯服，但它的喉下的逆鳞是碰不得的。你们诸位就好像不怕去触动龙的逆鳞那样，敢于各进封事，直言谏劝。你们常能如此，我难道还怕大唐江山会倾覆和衰败吗？每当想到你们的这种心意，我是一刻也不会忘怀的，所以特设此宴共享快乐。”然后还每人分别赏赐了数量不等的绢。

注 ① 御史大夫：御史台长官，掌刑法典章，纠查百官罪恶。韦挺：京兆人，少与隐太子相友善，后为太子官臣。武德七年，流放到嶲州。贞观初，经王珪多次推荐，起用为御史大夫，后兼魏王府事，又改为太常卿，后因太子得罪而被废为民。

② 杜正伦：相州人，隋代秀才。贞观初，经魏徵推荐，升任兵部员外郎，逐渐升到中书侍郎。承乾太子被废，受牵连流放到驩州，显庆初，起用为中书令，不久被贬为横州刺史。

③ 秘书少监：唐时为秘书省副长官，掌典图书古今文字，考古异同。

④ 著作郎：秘书省属官，掌修撰碑志、祝文、祭文，与佐郎分判局事。姚思廉(557—637)：名简，以字行。吴兴武康(今浙江德清)人，仕隋为河间郡司法、代王侍郎。唐军入长安，受任秦王府文学。李世民即位，改弘文馆学士，又为著作郎。

⑤ 龙逄：即关龙逄。传说为夏代贤臣，桀作酒池糟丘，为长夜饮；龙逄常苦谏被杀。比干：殷末纣王叔伯父(一说纣庶兄)，因为犯颜强谏，被纣王剖心而死。两人都是古代有名的诤臣。

⑥ 孥戮：孥为子，戮为杀。孥戮指连儿子一起杀死。

⑦ 龙可扰而驯，然喉下有逆鳞：龙性柔顺，可以与之狎戏，骑在它的背上。但是它的喉下有逆鳞，如果触及逆鳞，龙一定会杀人。此以龙之逆鳞比喻皇帝的威严。见《韩非子·说难》。

太常卿韦挺尝上疏陈得失[1]，太宗赐书曰："所上意见，极是谠言，辞理可观，甚以为慰。昔齐境之难，夷吾有射钩之罪[2]；蒲城之役，勃鞮为斩袂之仇[3]。而小白不以为疑，重耳待之若旧。岂非各吠非主[4]，志在无二。卿之深诚，见于斯矣。若能克全此节，则永保令名。如其怠之，可不惜也。勉励终始，垂范将来，当使后之视今，亦犹今之视古，不亦美乎？朕比不闻其过，未睹其阙，赖竭忠恳，数进嘉言，用沃朕怀，一何可道！"

译 太常卿韦挺曾经上疏谏陈为政得失，唐太宗读后赐书说："你上疏中所说的意见，是一些非常正直的言论，讲得很有道理，我看了以后觉得很满意。历史上齐国境内大乱时，夷吾对于后来的齐桓公小白曾有过射钩之罪；在蒲城之役中，勃鞮对于后来的晋文公重耳也曾有过斩袂之仇。然而小白在即位后并不因此而疑忌管仲，重耳在执政之后，也能待勃鞮如旧部下。这岂不是各吠非主、各为其主，忠心事君、志在无二。你的忠心和诚意，也就在这里。假如能够坚持保全这样的气节，就永远可以保持你的美名，假如有所懈怠，那就很可惜了。不断勉励，始终如一，为后来者树立良好的榜样，使得今后的人看我们今天，也像我们看古人一样，这不是很美好的事吗？我近来不大听到有人议论我的过失，不大看到为政的缺点，需要依靠你竭尽忠诚，不断提出好的意见，使我能够得到帮助，这些话一下子怎么说得完呢！"

注 ① 太常卿：九卿之一，专掌祭祀礼乐。
② 齐境之难：公元前685年，齐襄公被杀，国中大乱。当时公子小白在莒，公子纠在鲁，两人闻讯，起兵回国争夺王位。管仲助公子纠拦截小白，弯弓射中小白带钩。后来小白继位，是为桓公。管仲因公子纠党而被囚，他的好友鲍叔牙在桓公面前竭力保荐他，桓公也不因射钩之罪而忌恨他，任命他为大夫，大加信用。管仲相齐，遂成霸业。
③ 蒲城之役：晋献公宠信骊姬，欲立其子奚齐。骊姬设计陷害太子申生，逼其自杀，又在献公面前进谗言，欲置公子夷吾与重耳于死地。夷吾奔屈，重耳奔蒲城。献公又派贾华伐屈，使勃鞮（即寺人披）刺杀公子重耳。重耳越墙而逃，勃鞮追杀不及仅斩去他的衣袂。重耳奔狄，过了很长一段流亡生活后，重新回到晋国即位，是为晋文公。文公不以寺人披当年刺杀他未遂一事为意，待之如故旧。
④ 各吠非主：即各为其主的意思。《汉书》曰："桀犬吠尧，尧非不仁，特吠非其主耳。"

贞观八年，太宗谓侍臣曰："朕每闲居静坐，则自内省。恒恐上不称天心，下为百姓所怨。但思正人匡谏，欲令耳目外通，下无怨滞。又比见人来奏事者，多有怖慑[1]，言语致失次

译 贞观八年，唐太宗对侍从的大臣说："每当我空闲静坐的时候，要自己反省一下所做的各种事情，常常害怕上不能合天意，下为百姓所怨恨。只想得到正直的人匡救劝谏，好让我能够了解外面的情况，使老百姓没有积怨。此外我近来见到有些人来奏事的时候，第。寻常奏事，情犹如此，况欲谏诤，必当畏犯逆鳞。所以每有谏者，纵不合朕心，朕亦不以为忤。若即嗔责，深恐人怀战惧，岂肯更言！”

常显出恐惧不安的样子，连讲话也会变得颠三倒四。平常奏事，尚且会出现如此情形，如果要他们来谏诤我的过失，必定害怕触犯逆鳞。所以每当有人谏诤时，纵然不合我的心意，我也不以为是冒犯自己。如果立刻发怒斥责，深怕人人心怀恐惧，怎敢再说话！”

注① 怖慴（bù zhé 布哲）：害怕的样子。

贞观十五年，太宗问魏徵曰：“比来朝臣都不论事，何也？”徵对曰：“陛下虚心采纳，诚宜有言者。然古人云：‘未信而谏，则以为谤己；信而不谏，则谓之尸禄①。’但人之才器，各有不同，懦弱之人，怀忠直而不能言；疏远之人，恐不信而不得言；怀禄之人②，虑不便身而不敢言。所以相与缄默，俛仰过日③。”太宗曰：“诚如卿言。朕每思之，人臣欲谏，辄惧死亡之祸，与夫赴鼎镬④、冒白刃，亦何异哉？故忠贞之臣，非不欲竭诚。竭诚者，乃是极难。所以禹拜昌言⑤，岂不为此也！朕今开怀抱，纳谏诤。卿等无劳怖惧，遂不极言。”

译 贞观十五年，唐太宗问魏徵：“近来朝臣都不议论政事，这是为什么？”魏徵回答说：“陛下如此虚心采纳臣下的意见，确实应当会有人议政。然而古人说过：‘如果尚未得到信任就进谏，将被认为是毁谤；如果得到了信任而不进谏，那就是没有尽职。’但是人的才能、气质，各不相同。生性懦弱的人，可能怀有忠直之心而没有勇气说；关系比较疏远的人，可能害怕不信任而不能说；贪恋禄位的人，会顾虑对自己不利而不敢说。所以他们互相保持沉默，只求应付混日子。”唐太宗说：“确实像你所说的那样。我常常在考虑，臣子要进谏，每每害怕有死亡之祸，这与赴鼎镬被烹杀、冒白刃被斩杀又有什么两样呢？因此忠贞的臣子，并不是不想竭尽忠诚，而是要竭尽忠诚实在太难。所以当舜要禹尽情直言时，禹婉转地推辞了，岂不就是因为这个缘故！我现在决心广开言路、虚心纳谏，你们不要因为顾忌和惧怕，不能畅所欲言。”

注① 尸禄：做官吃俸禄而不干事。语出《说苑》。
② 怀禄：贪恋爵位俸禄。《汉书·杨敞传》曰：“怀禄贪势，不能自退。”
③ 俛仰：同俯仰，应付、周旋之意。语出《汉书·司马迁传》。
④ 鼎镬：鼎为古代青铜炊器，有足曰鼎，无足曰镬。鼎镬原指烹饪器，此指用鼎镬来烹人的酷刑刑具。
⑤ 禹拜昌言：意指禹推辞舜要他直言进谏的要求。昌言，尽情进言。语见《尚书·益稷》：“帝曰，来禹，汝亦昌言。禹拜曰：都，帝，予何言，予思日孜孜。”

贞观十六年，太宗谓房玄龄等曰：“自知者明，信为难矣。如属文之士，伎巧之徒，皆自谓己长，他人不

译 贞观十六年，唐太宗对房玄龄等人说：“要做到有自知之明，实在是很难的啊。比如会写作文章的士人，能制作工艺品的技术工

及。若名工文匠，商略诋诃，芜词拙迹，于是乃见。由是言之，人君须得匡谏之臣，举其愆过。一日万机，一人听断，虽复忧劳，安能尽善？常念魏徵随事谏正，多中朕失，如明镜鉴形，美恶必见。”因举觞赐玄龄等数人勖之。

匠，都以为自己的作品最好，别人赶不上。假如让著名的文人学士、能工巧匠前来检验指责别人的作品，芜杂的词句和拙劣的技艺就会被找出来。从这个道理上来说，君主须有一些匡救谏诤的臣子，来揭示他的错误和过失。作为一个帝王，每天要处理繁多的政务，靠他一个人来了解和决断，即使十分辛苦劳累，又怎么能保证全部都处理得尽善尽美呢？我常常想到当年魏徵能够遇到问题就向我谏正，往往都切中我的过失，这好像用明净的镜子来映照自己的形象，美和丑都能看得清清楚楚。”于是唐太宗为房玄龄等人举杯赐饮，勉励他们也能够这样做。

贞观十七年，太宗问谏议大夫褚遂良曰①：“昔舜造漆器②，禹雕其俎③，当时谏者十有余人。食器之间，何须苦谏？”遂良对曰：“雕琢害农事，纂组伤女工。首创奢淫，危亡之渐。漆器不已，必金为之。金器不已，必玉为之。所以诤臣必谏其渐，及其满盈，无所复谏。”太宗曰：“卿言是矣。朕所为事，若有不当，或在其渐，或已将终，皆宜进谏。比见前史，或有人臣谏事，遂答云‘业已为之’，或道‘业已许之’，竟不为停改。此则危亡之祸可反手而待也。”

译 贞观十七年，唐太宗问谏议大夫褚遂良说：“过去虞舜制作漆器，大禹雕饰祭器，当时出来谏诤的有十多人。普通食器一类事，何必要这样苦苦谏劝呢？”褚遂良回答说：“讲究雕琢就会妨害农业生产，精工作绣要妨害妇女纺织。首开奢侈浪费的风气，就是逐渐走向危亡的始端。不断制作漆器，必然要制作金器（铜器），不断制作金器，又必然要制作玉器了。所以诤臣必须在看到不良事物的苗子时就及时谏诤，到它发展至极其严重的时候，也就没有必要再来谏诤了。”唐太宗说：“你说得很对。我所做的事情，如有不当的地方，不论是在刚刚开始的时候，或者是在将要结束的时候，都应当进谏劝阻。近来我翻见前朝史书：或有臣下进谏某事，就回答说‘已经做了’，或者说‘已经答应办了’，最终不肯停止和改正。如此下去则国家危亡的灾祸，翻手之间就会来到。”

注 ① 褚遂良（596—658 或 659）：字登善，钱塘（今浙江杭州）人，一作阳翟（今河南禹县）人。博涉文史，尤工书法。太宗时历任起居郎、谏议大夫，累官中书令。贞观二十三年受太宗遗诏辅政。后因反对高宗立武则天为后，屡被贬职而死。

② 舜造漆器：世传造漆器自舜始。

③ 禹雕其俎（zǔ 祖）：雕为镂饰，俎为古代用来盛牲的器皿，又谓割肉所用的砧板，长方形，两端有足。相传禹初为雕俎。

纳谏第五

凡十章。直谏另为一类，附此篇之后。

贞观初，太宗与黄门侍郎王珪宴语，时有美人侍侧①，本庐江王瑗之姬也②，瑗败，籍没入宫③。太宗指示珪曰："庐江不道，贼杀其夫而纳其室④。暴虐之甚，何有不亡者乎！"珪避席曰⑤："陛下以庐江取之为是邪，为非邪？"太宗曰："安有杀人而取其妻，卿乃问朕是非，何也？"珪对曰："臣闻于《管子》曰⑥：'齐桓公之郭国⑦，问其父老曰：郭何故亡？父老曰：以其善善而恶恶也。桓公曰：若子之言，乃贤君也，何至于亡？父老曰：不然，郭君善善而不能用，恶恶而不能去，所以亡也。'今此妇人尚在左右，臣窃以为圣心是之，陛下若以为非，所谓知恶而不去也。"太宗大悦，称为至善，遽令以美人还其亲族。

译 贞观初年，唐太宗在与黄门侍郎王珪闲坐聊天，当时有一个美人在旁边服侍，她原来是庐江王李瑗的姬妾，庐江王谋反败露后，她被籍没入宫。唐太宗指着她对王珪说："庐江王无道，残杀了她的丈夫而把她占为己有。他暴虐到如此程度，怎么会不灭亡呢？"王珪离座而起，说："陛下以为庐江王瑗这样占有她是对呢，还是不对呢？"唐太宗说："哪里有杀了人而夺取他的妻子的道理，你还问我这种事是对还是不对，究竟是为什么啊？"王珪回答说："我读《管子》之书其中说：当年齐桓公到郭国去，问那里的父老长者道：'郭国为什么会被我国所灭亡？'父老回答说：'因为郭国的国君喜欢善人而厌恶恶人。'齐桓公说：'照你这么说来，他倒是一位贤君啊，怎么会灭亡呢？'父老回答说：'并不如此，郭国国君虽然喜欢善人但是并不能任用为善之人，虽然厌恶恶人又不能去除作恶之徒，所以亡国。'现在这个妇人还在陛下身边，所以我怀疑陛下的心意，认为庐江王占有这位美人是对的，陛下如果以为这件事是错的，那就是所谓知道邪恶而不能去除了。"唐太宗听了后非常高兴，称赞他讲得好极了，马上命令把这个美人归还给她的亲族。

注 ① 美人：宫中女官名称，正四品。
② 庐江王瑗：唐太宗的本族叔父李瑗，封庐江王后，因谋反罪被杀。
③ 籍没：官府把罪犯家人和财产登记没收。
④ 贼杀：贼亦为杀。
⑤ 避席：古人席地而坐，离座而起，以示尊敬，谓之避席。

⑥《管子》：书名，凡二十四卷。旧本题管仲撰，但书中多言管仲身后事，当是后人附益者多。
⑦ 郭国：春秋时小国，为齐所灭，其后以国为氏，一说即古虢氏。

贞观四年，诏发卒修洛阳之乾元殿[①]以备巡狩[②]。给事中[③]张玄素[④]上书谏曰：

陛下智周万物，囊括四海。令之所行，何往不应？志之所欲，何事不从？微臣窃思秦始皇之为君也，藉周室之余，因六国之盛，将贻之万叶，及其子而亡，谅由逞嗜奔欲，逆天害人者也。是知天下不可以力胜，神祇不可以亲恃。惟当弘俭约，薄赋敛，慎终始，可以永固。

译 贞观四年，唐太宗下诏征发士卒修缮洛阳的乾元殿，以备出巡时使用。给事中张玄素上书劝谏说：

陛下所考虑的遍及万事万物，包括天下四海统统在内。凡是命令下去要做的，什么地方不响应？心里所希望要干的，什么事情不顺当？然而我暗暗地在想：秦始皇统一天下做皇帝，凭借周王朝的余威，继承六国的盛业，要把江山传至万世，哪里知道到他的儿子就国破身亡了，实在是由于放纵自己的贪欲，干了许多逆天害人的坏事啊。由此可知天下不可以单凭武力征服，神灵不可以依赖。只应当弘扬勤俭节约精神，减轻赋税杂敛，始终谨慎如一，江山社稷才可以永远牢固。

注 ① 乾元殿：洛阳宫中主要大殿，隋时所建。
② 巡狩：即巡守，指天子巡行视察各地。
③ 给事中：门下省官名，正五品。掌侍奉皇帝，襄助侍中、侍郎处理省事，审察弘文馆缮写、雠校的情况，对诏令奏议不便者封驳，与御史、中书舍人审理天下冤狱或拖欠未办之案，提出处理意见。
④ 张玄素：蒲州人，隋时为景城县户曹。贞观初，任太子詹事、右庶子。因太子被废，而削职为民。不久，又起用为刺史。

方今承百王之末[①]，属凋弊之余，必欲节之以礼制，陛下宜以身为先。东都未有幸期，即令补葺，诸王今并出藩[②]，又须营构。兴发数多，岂疲人之所望？其不可一也。陛下初平东都之始，层楼广殿，皆令撤毁，天下翕然[③]，同心欣仰。岂有初则恶其侈靡，今乃袭其雕丽？其不可二也。每承音旨，未即巡幸，此乃事不急之务，成虚费

译 当今上承百王争战之末，适值民生凋弊之余，一定要用礼制加以节制，陛下应该先从自己做起。前往东都的日期还没有确定，就下令修建东都的宫殿；诸王现在都要出守藩国，又要营造修建宫室。兴建和征发越来越多，这难道是疲惫的人民所希望的吗？这是不宜兴建的第一层道理。陛下在刚刚平服东都的时候，对于那里的高楼大殿，命令全部拆毁，所以天下安定，人心欣喜敬仰。岂有开始时厌恶它的奢侈靡费，现在又要承袭它的华丽装饰？这是不宜兴建的第二层道理。常常接到陛下出巡的旨意，而没有马上前往巡幸，这就是从事不急的事务，成为白白浪费人力物力的劳作。如今国家还没有两年的积蓄，何必追求两都并置的事？劳役过度，将会引起人民的怨恨和咒骂。这是不宜兴建的第三层道理。百姓经历了战乱离散之后，财力损失几尽，在陛下恩惠包容抚育下，勉强存活，饥寒威胁仍在眼前，生计并未安定，三五年内，还不能恢复往日生活水平，为什么就去营建尚未确定前往的东都，而夺去疲惫之民的劳力呢？这是不宜兴建的第四层道理。过去汉高祖想要建都洛阳，娄敬一说，当天就起驾返回西都长安。他们难道不知道洛阳地处全国中心，四方交纳贡赋的里程比较均衡，只因洛阳的地形不如关内的长安险要而已。我想陛下教化凋弊的百姓，革除浇薄的旧俗，时间都还很短，没有达到敦厚和谐，斟酌事理，怎么可以前往东都呢？这是不宜兴建的第五层道理。

之劳。国无兼年之积，何用两都之好[4]？劳役过度，怨讟将起。其不可三也。百姓承乱离之后，财力凋尽，天恩含育，粗见存立，饥寒犹切，生计未安，三五年间，未能复旧。奈何营未幸之都，而夺疲人之力？其不可四也。昔汉高祖将都洛阳，娄敬一言[5]，即日西驾。岂不知地惟土中，贡赋所均，但以形胜不如关内也[6]。伏惟陛下化凋弊之人，革浇漓之俗，为日尚浅，未甚淳和，斟酌事宜，讵可东幸？其不可五也。

注 ① 百王：指隋末混乱中各地割据势力和农民起义军。

② 出藩：皇子、亲王出守地方为国家藩卫。

③ 翕（xī 西）然：和顺。

④ 两都：东都洛阳与西都长安。

⑤ 娄敬一言：娄敬为汉时齐人，汉高祖在洛阳时，曾建议建都长安，高祖不从。后来因张良极力主张而终于定都长安，汉高祖就赐娄敬姓刘氏，拜郎中，号奉春君。

⑥ 关内：唐建都长安，所以把函谷关以西地区称为关内，置设关内道，归京兆管辖。

译 小臣曾经见到隋朝建造这座宫殿，宫柱栋梁十分宏伟壮丽，所使用的巨大木材并非附近所出产的，大多从南方豫章采伐而来，运来的时候要动用二千人才能拖动一根大柱子，在它下边所设的轮轴，全部用生铁做成，假如用木轮的话，一摩擦就会立刻起火。大略估计运来一根大柱，用费就要数十万，其他的费用又成倍地超过这一数字。我还曾经听到过这样讽谏的话，说是阿房宫建成，秦人离散；章华台竣工，楚人离心；乾元殿完工，隋人解体。陛下如今所拥有的国力，哪里及得上当时的隋朝呢？现在是承继凋零残破的局面，役使受尽创伤的人民，耗费成亿上万的巨资，承袭百王之乱的弊端，从这些情况来看，恐怕比隋炀

臣尝见隋室初造此殿，楹栋宏壮，大木非近道所有，多自豫章采来[1]，二千人拽一柱，其下施毂，皆以生铁为之，中间若用木轮，动即火出。略计一柱，已用数十万，则余费又过倍于此。臣闻阿房成，秦人散，章华就[2]，楚众离；乾元毕工，隋人解体。且以陛下今时功力，何如隋日？承凋残之后，役疮痍之人[3]，费亿万之功，袭百王之弊，以此言之，恐甚于炀帝远矣。深愿陛下思之，无为由余所笑[4]，则天下幸甚矣。

注 ① 豫章：古地名，一作江北淮南地，一作江西南昌。
② 章华：台名，楚灵王时建，在湖北监利西北。
③ 疮痍：比喻民生凋敝，备受创伤的意思。
④ 由余：西戎人，戎王使由余考察秦国，缪公让他参观宫室、积聚。由余说：这些宫室、财宝固然富丽堂皇，只是苦了老百姓。缪公感到奇怪，就问他："中国是礼仪之邦，然而还是常常发生动乱，戎夷没有这些文明征象，又是凭什么来治国的呢？"由余笑道："这就是中国致乱的原因啊！"

帝时的情况还要糟得多。所以衷心希望陛下认真思考，不要做被由余所笑的事，那是天下的万幸。

太宗谓玄素曰："卿以我不如炀帝，何如桀、纣？"对曰："若此殿卒兴，所谓同归于乱。"太宗叹曰："我不思量，遂至于此。"顾谓房玄龄曰："今玄素上表，洛阳实亦未宜修造，后必事理须行，露坐亦复何苦？所有作役，宜即停之。然以卑干尊，古来不易，非其忠直，安能如此？且众人之唯唯，不如一士之谔谔[1]，可赐绢二百匹。"魏徵叹曰："张公遂有回天之力，可谓仁人之言，其利博哉！"

注 ① 众人之唯唯句：见《史记·商君传》，原句为："千人之诺诺，不如一士之谔谔。"谔谔，直言争辩。

译 唐太宗对张玄素说："你以为我还不如隋炀帝，那么比起夏桀、商纣来又怎样呢？"张玄素回答说："假如修建乾元殿的工程最后还是干下去的话，那么就会与夏桀、商纣一样走到天下大乱的末路上去！"唐太宗于是叹息说："我如果不仔细思量，就会弄到这样的结果啊！"回过头来对房玄龄说："如今张玄素上表论事，看起来东都洛阳确实也不宜修造，以后如果有事，按道理一定要去的话，就算在野外露坐又算得上什么苦呢？所有乾元殿的工役，应当全部停止。然而张玄素处于下臣的卑微地位敢于干预至尊无上的帝王的决定，从古以来就是极不容易做到的事，如果不是他非常忠心正直，哪里能够做得到这样？而且许多人都是唯唯诺诺的话，还不如一个人敢于出来直言争辩解决问题。所以可以赏赐他绢二百匹。"魏徵为此而感叹道："张公真有了不起的回天之力，他的话可以称得起是仁人之言了，对国家人民的好处可真大啊！"

太宗有一骏马，特爱之，恒于宫中养饲，无病而暴死。太宗怒养马宫人[1]，将杀之。皇后谏曰："昔齐景公以马死杀人[2]，晏子请数其罪云[3]：'尔养马而死，尔罪一也。使公以马杀人，百姓闻之，必怨吾君，尔罪二也。诸侯闻之，必轻吾国，尔罪三也。'公乃释罪。陛下尝读书见此事，

译 唐太宗有一匹骏马，特别喜欢它，一直饲养在宫中，后来无病而突然死亡，唐太宗就迁怒于养马的宫人，将要杀他。长孙皇后谏阻说："过去齐景公因为马死而要杀人，晏子列数养马人的罪状道：'你养马而马死了，这是你的第一条罪状；使国君因为马死而去杀人，百姓听到这个消息，必定怨恨我们国君，这是你的第二条罪状；各国诸侯听到这个消息，必定轻视我们齐国，这是你的第三条罪状。'齐景公听后即赦免了养马人。陛下读书时也曾读

到过这个故事，难道忘记了吗？”唐太宗听了这话后消除了怒意。他又对房玄龄说：“皇后在各种事情上启发帮助我，于我有很大的好处。”

岂忘之邪？”太宗意乃解。又谓房玄龄曰，皇后庶事相启沃，极有利益尔。

注 ① 官人：这里指在宫中做杂役或管事的人。
② 齐景公(？—前490)：春秋时齐国国君，名杵臼，公元前547—前490年在位。为政残暴，许多人遭受刖足的酷刑，导致齐国内乱，政归田氏。
③ 晏子(？—前500)：名婴，字平仲，齐国夷维(今山东高密)人，任齐卿三十多年，以俭朴著称。常劝齐景公减轻剥削，减省刑罚，听取臣下意见，主张礼治，君臣应为“社稷”(国家)办事。

译 贞观七年，唐太宗准备前往九成宫，散骑常侍姚思廉进谏说：“陛下高居于皇宫之中，安抚救助天下百姓，应当让自己的欲望服从于老百姓的利益，而不可让老百姓服从自己的欲望。那么，游玩离宫别馆巡游之类活动，这是秦始皇、汉武帝所为，而不是尧、舜、禹、汤所做的事情。”讲得非常切直诚恳。唐太宗听后解释说：“我因为有气疾，天气炎热就会加重，所以并不是我爱好巡幸，我非常赞赏你的好意。”于是赏赐给他帛五十段。

贞观七年，太宗将幸九成宫，散骑常侍姚思廉进谏曰：“陛下高居紫极①，宁济苍生，应须以欲从人，不可以人从欲。然则离宫游幸，此秦皇、汉武之事，故非尧、舜、禹、汤之所为也。”言甚切至。太宗谕之曰：“朕有气疾，热便顿剧，故非情好游幸，甚嘉卿意。”因赐帛五十段。

注 ① 紫极：古代以天文中的北极紫微星垣，相应于皇帝和辅佐大臣，人们就把皇帝的住处称为紫极。

译 贞观三年，李大亮任凉州都督，曾有一位朝廷的使者到达凉州，看见当地有极好的猎鹰，就委婉地示意李大亮进献朝廷。李大亮秘密地向唐太宗上表说：“陛下已经很久没有打猎了，而使者却来索要猎鹰。如果这是陛下的意思，就大大违背了昔日的旨意；如果是使者自作主张，那就是使者用非其人了。”太宗回信说：“因你兼有文武才略，胸怀坚定的志向，所以委任你为重要地方的长官，担当重任。近来，你在凉州镇守，声名业绩远远传扬，想到你的忠诚勤政，睡梦中也难忘。使者让你献鹰，你终究没有曲意顺从，而且援引古事论述今事，从遥远的地方进献忠直之言，展示心腹，非常恳切周到。我看了你的奏章，赞许感叹之情，难以抑止。有这样的臣子，我还

贞观三年，李大亮①为凉州都督②，尝有台使③至州境，见有名鹰，讽④大亮献之。大亮密表曰：“陛下久绝畋猎⑤，而使者求鹰。若是陛下之意，深乖昔旨；如其自擅，便是使非其人。”太宗下书曰：“以卿兼资文武，志怀贞确⑥，故委藩牧⑦，当兹重寄。比在州镇，声绩远彰，念此忠勤，岂忘寤寐？使遣献鹰，遂不曲顺，论今引古，远献直言。披露腹心，非常恳到，览用嘉叹，不能已已。有臣若此，朕复何忧！宜守此诚，终始若一。《诗》云：‘靖共尔位，好是正直。神之听之，介尔景福。’⑧古人称一言之重，

侔于千金，卿之所言，深足贵矣。今赐卿金壶瓶、金碗各一枚，虽无千镒[9]之重，是朕自用之物。卿立志方直，竭节至公，处职当官，每副所委，方大任使，以申重寄。公事之闲，宜观典籍。兼赐卿荀悦《汉纪》[10]一部，此书叙致简要，论议深博，极为政之体，尽君臣之义，今以赐卿，宜加寻阅。"

有什么忧虑！你应该坚守这样的忠诚，始终如一。《诗经》说：'安于你的职位，喜好正直的人，神明听到这些，必定赐你大福。'古人说，一句良言的价值，等于千镒黄金。你所说的话，非常可贵。现赐你金壶瓶、金碗各一个，虽然没有千镒黄金那么重，但都是我自己用的东西。你立志正直，竭尽臣节，完全为公，担任官职，总很称职，如今以大任相委，表明我的重托。你在办完公事的闲暇时间，应多看一些古代典籍。现在同时赐给你一部荀悦写的《汉纪》，这部书叙事简明扼要，议论深刻广博，全面阐述了治国的根本和君臣的大义。现在把它赐给你，你要加以阅读研究。"

注 ① 李大亮：泾阳(今陕西泾阳县)人。有文武才略。唐高祖入关时归唐，任土门令。贞观八年，讨伐土谷浑有功，进封武阳公。为人刚直不阿。贞观十八年(644)卒。
② 凉州：州名。治所在今甘肃武威县。
③ 台使：朝廷的使者。
④ 讽：婉言劝说。
⑤ 畋猎：打猎。
⑥ 贞确：坚定。
⑦ 藩牧：藩镇长官。藩，指藩镇，唐初都督府通称为藩镇。
⑧ "靖共尔位"等四句：见《诗经·小雅·小明》。意为：安于你的职位，亲近正直的人。神明听到，赐你大福。
⑨ 镒(yì 益)：古代重量单位。相当于二十两，一说为二十四两。
⑩ 荀悦《汉纪》：荀悦(148—209)，字仲豫，东汉颍川颍阴(今河南许昌)人。汉献帝时，曾任黄门侍郎、秘书监、侍中等职。《汉纪》，荀悦撰。共三十卷，编年体。

贞观八年，陕县丞皇甫德参上书忤旨[1]，太宗以为讪谤。侍中魏徵进言曰："昔贾谊[2]当汉文帝[3]上书云云：'可为痛哭者一，可为长叹息者六'。自古上书，率多激切。若不激切，则不能起人主之心。激切即似讪谤，惟陛下详其可否。"太宗曰："非公无能道此者。"令赐德参帛二十段。

译 贞观八年，陕县县丞皇甫德参上书触怒了唐太宗，太宗认为是有意毁谤。侍中魏徵进言道："过去贾谊在汉文帝时上书，曾说'可以为之痛哭流涕的事有一件，可以为之叹息不休的事有六件'。从古以来上书言事，往往言辞激切动人。如果讲得不激切，就不能打动皇帝的心；言辞激切就有点像讪谤了，希望陛下能仔细考虑他的建议是否可行。"唐太宗说："不是你就不能讲出这样一番道理。"于是下令赏赐皇甫德参帛二十段。

注 ① 陕县：今河南省陕县。丞：县丞，县令的主要佐吏。
② 贾谊(前 200—前 168)：洛阳人，西汉政论家、文学家。以文才著称，文帝召为博

士，主张改革政治，遭到勋旧周勃等人反对，被贬为长沙王太傅。上书陈事，多纠偏补弊，切直可用。后为梁王太傅，梁王堕马而死，贾谊亦悲伤抑郁而终。

③ 汉文帝(前 202—前 157)：名恒，汉高祖中子。周勃等平定诸吕之乱，迎立为帝。在位期间，推行轻徭薄赋、与民休息的政策，劝奖农桑，兴修水利，使农业生产得到迅速发展，政治趋向安定。文帝死后，景帝继续推行其治国方针，出现了“文景之治”的盛况。

贞观十五年，遣使诣西域[1]立叶护可汗[2]，未还，又令人多赍金帛，历诸国市马。魏徵谏曰：“今发使以立可汗为名，可汗未定立，即诣诸国市马，彼必以为意在市马，不为专立可汗。可汗得立，则不甚怀恩，不得立，则生深怨。诸蕃[3]闻之，且不重中国。但使彼国安宁，则诸国之马，不求自至。昔汉文帝[4]有献千里马者，曰：‘吾吉行[5]日三十，凶行[6]日五十，鸾舆[7]在前，属车[8]在后，吾独乘千里马，将安之乎？’乃偿其道里所费而返之。又光武[9]有献千里马及宝剑者，马以驾鼓车[10]，剑以赐骑士。今陛下凡所施为，皆邈过三王[11]之上，奈何至此欲为孝文、光武之下乎？又魏文帝[12]求市西域大珠，苏则[13]曰：‘若陛下惠及四海，则不求自至，求而得之，不足贵也。’陛下纵不能慕汉文之高行，可不畏苏则之正言邪？”太宗遽令止之。

译 贞观十五年，太宗派遣使臣到西域封立叶护可汗。使臣还未回朝，又命人多带金钱绢帛，到西域各国去买马。魏徵劝谏说：“现在派遣使臣是以立可汗为名义的，可汗还未立定，就到各国去买马，对方一定认为我方本意是买马，不是专为立可汗。如果可汗得到封立，也不会很感恩；如果不得立，就将产生很深的怨恨。西域各国听到这个消息，将会不尊重中国。只要能够让他们国家安宁，那么各国的马不去求取自会到来。过去汉文帝时，有献千里马的，文帝说：‘我巡幸时一天走三十里，出兵时一天走五十里，鸾舆走在前边，副车跟在后面。如果我单独骑着千里马，将去哪里呢？’于是偿还献马人的路费，让他回去。另外，汉光武帝时，有献千里马和宝剑的，光武帝把千里马用来拉载鼓的车，把宝剑赐给骑士。现在陛下所有的作为都远远超过夏禹、商汤和周文王，怎么在这件事上想居于汉文帝、光武帝之下呢？另外，魏文帝想买西域的大珠，苏则说：‘如果陛下的恩惠遍及天下，那么珠子将不求自来，搜求购买而得到它，不值得珍贵。’陛下纵然不能仰慕汉文帝的高尚德行，难道能不怕苏则的正言吗？”太宗马上命令停止买马。

注 ① 西域：汉朝以后对玉门关(今甘肃敦煌西北)以西地区的总称。

② 叶护可汗：西突厥可汗，名薄布特勤。曾遣使入贡唐朝。贞观十五年(641)，太宗命左领军将军张大师持节即其所号立为可汗。

③ 诸蕃：指西域诸国。

④ 汉文帝(前 202—前 157)：名恒，汉高祖刘邦之子。在位 23 年，提倡农耕，生活俭朴，使经济恢复，政治稳定。

⑤ 吉行：巡幸祭祀。

⑥ 凶行：出兵打仗。

⑦ 鸾舆：皇帝的车驾。

⑧ 属车：皇帝的侍从车子。也称副车。
⑨ 光武：即东汉光武帝刘秀(前6—57)，汉高祖九世孙。王莽统治末年爆发农民大起义，刘秀与其兄刘縯亦起兵，大破王莽军队于昆阳。建武元年(25)，正式称帝，定都洛阳，建立东汉政权，统一全国。在位期间，加强中央集权，兴修水利，减轻赋税徭役，释放官私奴婢，使经济渐得恢复。
⑩ 鼓车：载鼓之车。皇帝出行的仪仗之一。
⑪ 三王：指夏禹、商汤、周文王。
⑫ 魏文帝：即曹丕(187—226)。曹操次子。曹操死，继位为魏王，不久代汉称帝，国号魏。在位期间，实行九品中正制，确立士族豪强在政治上的特权。喜文学，著有《典论》及诗赋百余篇。
⑬ 苏则：魏扶风人，字文师。少以学行闻名，被举荐为孝廉茂才。仕魏官至侍中。

贞观十七年，太子右庶子高季辅[①]上疏陈得失。特赐钟乳[②]一剂，谓曰："卿进药石之言[③]，故以药石相报。"

译 贞观十七年，太子右庶子高季辅上了一道奏章，陈述政治得失。太宗特地赐他钟乳一剂，并对他说："你进奏像药石一样的治国良言，所以用药石报答。"

注 ① 高季辅：唐代蓨(今河北景县)人，名冯，以字行。贞观初年任监察御史，弹劾不避权贵。曾经数次上疏议论政治得失。官至侍中，死后谥宪。
② 钟乳：石灰岩洞自顶部下垂的碳酸钙淀积物，可供药用。
③ 药石之言：针砭时弊的良言。药石，治病的药物和砭石，亦泛指药物。

贞观十八年，太宗谓长孙无忌等曰："夫人臣之对帝王，多顺从而不逆，甘言以取容。朕今发问，不得有隐，宜以次言朕过失。"长孙无忌、唐俭等皆曰[①]："陛下圣化道致太平，以臣观之，不见其失。"黄门侍郎刘洎对曰[②]："陛下拨乱创业，实功高万古，诚如无忌等言。然顷有人上书，辞理不称者，或对面穷诘，无不惭退。恐非奖进言者。"太宗曰："此言是也，当为卿改之。"

译 贞观十八年，唐太宗对长孙无忌等人说："臣子对于帝王，往往都是顺从而不愿提出相反的意见，用甜言蜜语来博得君王的欢心。我现在提出问题，你们不得隐讳己见，要依次指出我的过失来。"长孙无忌、唐俭等人都说："陛下圣治教化导致天下太平，我们看不出有什么过失。"黄门侍郎刘洎对答说："陛下拨乱创业，确实功高万古，真像长孙无忌等人所说的那样。然而近来有人上书言事时，遇到言辞不当的人，往往会当面责问不休，使得上书言事的人羞愧而退。这样恐怕不是在奖励进言者吧。"唐太宗说："这话讲得对啊，应当听你的话改正。"

注 ① 唐俭：字茂系，晋阳人。性格豪爽不拘小节，但是位出名的孝子。年少时与唐太宗交游，见隋朝政治昏乱，于是辅佐太宗平定天下，为天策府长史，封莒国公。曾出使突厥，后任民部尚书，因事受牵连被贬。

② 刘洎：字思道，荆州人。贞观年间为治书侍御史，后升迁为侍中。太宗征辽东时，令他辅佐太子监国，他说："希望不要出什么事，如果大臣犯法，一定依法惩办他。"这句话使得唐太宗对他起了疑心。等到太宗从辽东回朝，就找了个借口命他自杀。

太宗尝怒苑西监穆裕[①]，命于朝堂斩之，时高宗为皇太子[②]，遽犯颜进谏，太宗意乃解。司徒长孙无忌曰："自古太子之谏，或乘间从容而言。今陛下发天威之怒，太子申犯颜之谏，诚古今未有。"太宗曰："夫人久相与处，自然染习。自朕御天下，虚心正直，即有魏徵朝夕进谏。自徵云亡；刘洎、岑文本[③]、马周、褚遂良等继之。皇太子幼在朕膝前，每见朕心说谏者，因染以成性，故有今日之谏。"

译 唐太宗曾经对苑西监穆裕大发脾气，命令在朝堂上杀掉他，当时唐高宗李治还是皇太子，急忙冒着太宗的盛怒进谏，太宗这才消除了怒气。司徒长孙无忌对太宗说："从古以来，皇太子进谏，也往往是等待机会从容委婉地进言。今天正当陛下大怒，太子能犯颜直谏，实在是古今没有过的。"唐太宗说："人都是在长期和他人相处中，自然而然的受到熏染而形成自己的习性。自从我治理天下以来，虚心听取正直进言，就有魏徵早晚进谏。魏徵亡故以后，又有刘洎、岑文本、马周、褚遂良等人相继负起了谏臣的责任。皇太子从小在我身边长大，经常看到我是一心欢迎直谏之臣的，耳濡目染也就养成了这样的习性，所以才有今天的直谏。"

注 ① 苑西监：官名。唐代司农寺下设京都苑四面监，监各一人，掌管皇家园林内的官馆园池及种植修葺之事。
② 高宗：唐高宗李治。初封晋王，贞观十七年立为皇太子。
③ 岑文本：字景仁，邓州人。博通经史，以才学受知于太宗。贞观年间，历任秘书郎、中书舍人、中书侍郎，迁中书令。太宗伐辽，命他筹度军务，劳累过度而死，陪葬昭陵。

直 谏

附凡十章

贞观二年，隋通事舍人郑仁基女年十六七[①]，容色绝姝，当时莫及。文德皇后访求得之[②]，请备嫔御。太宗乃聘为充华[③]。诏书已出，策使未发。魏徵闻其已许嫁陆氏，乃遽进而言曰："陛下为人父母[④]，抚爱百姓，当忧其所忧，乐其所乐。自古有道之主，以百姓之心为心，故君处台榭，则欲民有栋宇之安；食膏粱，则欲民无饥寒之患；顾嫔御，则欲民有室家之欢。此人主之常道也。今郑氏之女，久已许人，陛下取之不疑，无所顾问，播之四海，岂为民父母之道乎？臣传闻虽或未的，然恐亏损圣德，情不敢隐。君举必书，所愿特留神虑。"太宗闻之大惊，手诏答之，深自克责，遂停策使，乃令女还旧夫。左仆射房玄龄、中书令温彦博、礼部尚书王珪、御史大夫韦挺等云："女适陆氏，无显然之状，大礼既行，不可中止。"又陆氏抗表云："某父康在日，与郑家往还，时相赠遗资财，初无婚姻交涉亲戚。"并云："外人不知，妄有此说。"大臣又劝进。太宗于是颇以为疑，问徵曰：

译 贞观二年，前隋朝通事舍人郑仁基的女儿年方十六七岁，长得容貌美丽，当世无人能比。长孙皇后打听到这个人的情况后，请求召来充作嫔妃，唐太宗就聘她为充华。诏书已经颁出，册封的使者尚未出发。这时魏徵听说她早已许嫁给姓陆的人家，急忙向唐太宗进谏说："陛下是万民父母，爱抚百姓，应当忧百姓所忧，乐百姓所乐。从古以来有道的君主，都能以百姓之心愿为自己的心愿。所以君主身居亭台楼阁之中，就希望人民有房子安身，吃着精美的食物，就希望百姓不受饥寒威胁，看到左右嫔妃，就希望人民享有婚配成家的欢乐，这才是做帝王的正经道理。如今郑家的女儿，早就许配了人家，陛下不加考虑就想把她娶过来，也不去问问情况，这事传扬四海，哪里还像为民父母的道理啊！我所听到的消息也可能不完全可靠，但恐怕会损害陛下的圣德，所以不敢隐瞒。君主的举动必然要记上史书，希望圣上特别留心。"唐太宗听了大吃一惊，亲写诏书回答魏徵，深深地责备了自己，并下令停止派遣册封使者，让这个女子回到原定的丈夫身边。左仆射房玄龄、中书令温彦博、礼部尚书王珪、御史大夫韦挺等大臣都说："说这个女人许嫁给陆家，并没有确凿的证据，册封的大礼既然已经进行，不能中途停止。"这时陆氏又呈上分辩的表章说："我父亲陆康在世的时候，与郑家来往，时常互相赠送一些财物，但并没有涉及婚姻亲戚关系。”还说：“外头的人不知内情，才造出这种没有根据的传说来。”大臣们又劝说太宗继续进行册封之事。于是太宗很有些怀疑，去问魏徵：“诸位大臣或许是因为要顺从我的旨意，陆氏为什么也要特为分辩呢？”魏徵说：“照我想来，陆氏之意也是可以料想的，他是把陛下等同于太上皇。”唐太宗说：“这话怎讲？”魏徵说：“太上皇在初平京城的时候，曾经取得辛处俭的妻子，很是宠爱。辛处俭当时充当太子舍人，太上皇知道之后很不高兴，下令要他离开东宫去当万年县丞，辛处俭心里恐惧万分，时常担心不能保全脑袋。陆爽现在也是认为陛下今天虽然容许他们夫妻完婚，生恐以后背地里对他谴责处罚，所以他要来反复声明，用意就在这里，不足为怪。”唐太宗笑着说：“别人的想法，可能会是如此。然而我所说的话，看来还没有使人确实相信。”于是就下敕令说：“如今闻知郑氏的女儿，原先已经受了别人的礼聘，先前发出诏书的时候，对于事情原委没有详细了解，这是朕的不是，同时也有主办机关的过失。授郑女为充华的命令应当停止执行。”当时人们无不称赞。

“群臣或顺旨，陆氏何为过尔分疏？”徵曰：“以臣度之，其意可识，将以陛下同于太上皇⑤。”太宗曰：“何也？”徵曰：“太上皇初平京城，得辛处俭妇，稍蒙宠遇。处俭时为太子舍人⑥，太上皇闻之不悦，遂令出东宫为万年县，每怀战惧，常恐不全首领。陆爽以为陛下今虽容之⑦，恐后阴加谴谪，所以反覆自陈，意在于此，不足为怪。”太宗笑曰：“外人意见，或当如此。然朕之所言，未能使人必信。”乃出敕曰：“今闻郑氏之女，先已受人礼聘，前出文书之日，事不详审，此乃朕之不是，亦为有司之过。授充华者宜停。”时莫不称叹！

注 ① 通事舍人：递呈奏章、引见臣僚，传达圣旨的官员。

② 文德皇后：即长孙皇后，从小知书达礼，朴素俭约。曾著《女则》十篇。临终请太宗纳忠谏，不听信谗言，减少游猎及劳役。贞观十年去世，太宗痛惜不已，说：“是内失一良佐。”

③ 充华：宫中女官，九嫔之一。

④ 为人父母：古人以皇帝为百姓的父母。语出《尚书》：“元后作民父母。”

⑤ 太上皇：皇帝之父称太上皇，本为尊死者，后凡传位于太子者亦自称太上皇。此指唐高祖李渊。

⑥ 太子舍人：唐制，东宫右春坊置舍人，掌行令书表启。

⑦ 陆爽：郑仁基女儿的未婚夫。

译 贞观三年，唐太宗下诏：关中免除二年租税，关东免除一年徭役。不久又下令：已服徭役的和已缴纳租税的，都让继续进行，明年再合计折算。给事中魏徵上书说：“我拜读到八月九日的诏书，全国都免除徭役一年。老人小孩都相互欢庆，载歌载舞。又听到有命令说，成年男子已调配服役的，就令他们服役期满后折算租税，其余物资也让交纳完毕，等到明年合计折算。全国百姓，都很失望。这确

贞观三年，诏关中免二年租税，关东给复一年①。寻有敕：已役已纳，并遣输纳，明年总为准折②。给事中魏徵上书曰：“伏见八月九日诏书，率土皆给复一年。老幼相欢，或歌且舞。又闻有敕，丁已配役③，即令役满折造④，余物亦遣输了，待明年总为准折。道路之人，咸失所望。

此诚平分百姓，均同七子[⑤]。但下民难与图始，日用不足，皆以国家追悔前言，二三其德[⑥]。臣窃闻之，天之所辅者仁，人之所助者信。今陛下初膺大宝[⑦]，亿兆观德。始发大号[⑧]，便有二言。生八表之疑心，失四时之大信。纵国家有倒悬之急，犹必不可。况以泰山之安，而辄行此事！为陛下为此计者，于财利小益，于德义大损。臣诚智识浅短，窃为陛下惜之。伏愿少览臣言，详择利益。冒昧之罪，臣所甘心。"

实是对百姓一视同仁，平均对待。但百姓难以和他们创始，他们每天用度不够，都认为是国家追悔前言，反复无常造成的。我私下曾听到过这样的话：上天所辅佐的是仁，人民所帮助的是信。现在陛下刚刚继承帝位，亿万百姓都在观望您的德行。如果才发出庄重的圣旨，就有改变，将引起全国的疑心，失去时间的信义。即使国家有急需解救的危难，也一定不可以这样做，何况以泰山一样的安稳形势，而随便做这种事！替陛下想出这种办法的人，在财利上有小的好处，在德义上却有大的损失。我确实智慧浅薄，才识短缺，但私自为陛下惋惜。希望陛下稍微浏览一下我的奏章，仔细选择有益的事去做。至于冒昧上书的罪，我甘心承受。"

注 ① 关东给复一年：关东，指函谷关以东之地。给复，免除徭役。

② 准折：作准折算，即准予折算。

③ 配役：调配服役。

④ 折造：折算租税。造，农作物收获的次数，文中借指租税。

⑤ 均同七子：意为一视同仁。语本《诗经·曹风·鸤鸠》："鸤鸠在桑，其子七兮。"

⑥ 二三其德：指三番两次地改变主意，言行不一。语出《诗经·卫风·氓》："士也罔极，二三其德。"

⑦ 初膺大宝：膺，受，当。大宝，帝位。

⑧ 大号：诏命。

（贞观三年）简点使、右仆射封德彝等[①]，并欲中男十八已上[②]，简点入军。敕三四出，徵执奏以为不可。德彝重奏："今见简点者云，次男内大有壮者。"太宗怒，乃出敕："中男已上，虽未十八，身形壮大，亦取。"徵又不从，不肯署敕。太宗召徵及王珪，作色而待之，曰："中男若实小，自不点入军。若实大，亦可简取。于君何嫌，过作如此固执？朕不解公意！"徵正色曰："臣闻竭泽取鱼，非不得鱼，明年无鱼，焚林而畋，非不获兽，明年无兽。若次男已上，尽点入军，租赋

译 贞观三年，简点使、右仆射封德彝等大臣，都主张把十八岁以上的中男也简点入军。中书省就此事三四次发出敕文，门下省给事中魏徵审核时都以为不可实行而驳回。封德彝又一次上奏说："最近有从事简点军士的人说，次男中大有身强体壮的人。"太宗大怒，于是发出敕令："中男以上，虽然没到十八岁，只要身材高大体格健壮，亦可以选取入军。"魏徵再次表示不同意，不肯签署敕令。唐太宗召来魏徵和王珪，对他们板起面孔，说："中男如果瘦小的，自然不能简点入军。如果确实长得高大健壮，也是可以简点入军的。这样对你们有什么妨碍呢？为什么要如此固执，我不理解你们的意思！"魏徵严肃地回答说："我听说排尽池塘水捕鱼，不是得不到鱼，而

是明年就没有鱼了。焚烧森林来捕猎野兽，不是抓不到野兽，而是明年就没有野兽了。如果次男以上，全部简点入军，租税杂徭，将向谁去征收？而且近来国家士兵，不能胜任作战的要求，岂是因为士兵人数少，只是因为没有得到应有的礼遇，于是人无斗志。如果多点取军士，去充当各种杂役，士兵人数虽然增多，终究还是没用。如果精选身强体壮的人，给他们以应有的礼遇，人人勇气百倍，何必在多？陛下常说，我做皇帝，以诚信待人，要使百官万民，都没有矫饰虚伪之心。自登极以来，大事好几件，都是不讲信用，又怎么能够取信于人？"太宗惊愕地问："你所说的不讲信用，是什么事情？"魏徵说："陛下刚即位的时候，下诏书说：'过去拖欠的租税旧债，欠下官府的其它官物，一律加以免除。'立即命令主管部门，列为条令公布。秦王府是国家的一个王府，其物件却不计算在官物之内，陛下自秦王为天子，秦王府的官物却不算官物（而不作免除），还有什么可以算作官物呢？又如关中地区免交二年租调，关东地区免役一年，百姓蒙受皇恩，个个欢欣喜悦。却又另下敕令说：'今年老百姓多数已经服过劳役了，如从今年放免，都成了虚受皇恩，如果已经折算过"庸"，交纳了"租调"，今年就让百姓全部交纳了结，免除租税从明年开始。'免除租税的命令下达之后，再重新征收租税，百姓心中，不能不奇怪。逋租宿债已经征得，又立即点人入军，所谓'明年开始'，叫百姓如何相信？再如管理国家的事务，在于州的刺史、县的县令，常年清查户口、征收赋税，全都委派他们负责。到了简点入军时，又怀疑他们欺骗作假。希望下面州县官诚信，不也是很难的吗？"太宗说："我见你们固执己见，没完没了，怀疑你们不了解这件事。今天你讲到国家失信于民，是因为不了解民情。我没有认真思考，错误也是很严重的了。处理事务往往这样失误，怎么能实现治理呢？"于是下令停止抽点中男入军，赐给魏徵金瓮一口，王珪绢五十匹。

杂徭，将何取给？且比年国家卫士，不堪攻战。岂为其少，但为礼遇失所，遂使人无斗心。若多点取人，还充杂使，其数虽众，终是无用。若精简壮健，遇之以礼，人百其勇，何必在多？陛下每云，我之为君，以诚信待物，欲使官人百姓，并无矫伪之心。自登极已来，大事三数件，皆是不信，复何以取信于人？"太宗愕然曰："所云不信，是何等也？"徵曰："陛下初即位，诏书曰：'逋租宿债，欠负官物，并悉原免。'即令所司，列为事条。秦府国司，亦非官物，陛下自秦王为天子，国司不为官物，其余物复何所有？又关中免二年租调[3]，关外[4]给复[5]一年。百姓蒙恩，无不欢悦。更有敕旨：'今年白丁多已役讫，若从此放免，并是虚荷国恩，若已折已输，令总纳取了，所免者皆以来年为始。'散还之后，方更征收，百姓之心，不能无怪，已征得物，便点入军，来年为始，何以取信？又共理所寄，在于刺史[6]、县令，常年貌税[7]，并悉委之。至于简点，即疑其诈伪。望下诚信，不亦难乎？"太宗曰："我见君固执不已，疑君蔽此事。今论国家不信，乃人情不通。我不寻思，过亦深矣。行事往往如此错失，若为致理？"乃停中男，赐金瓮一口，赐珪绢五十匹。

注 ① 简点使：唐代一种临时差遣的官名。主持督察应役入军事务。唐初兵制，成丁者才能简点入伍。

② 中男：唐初规定百姓十六以上为中男，二十一以上为成丁，其后岁数规定有变更。

③ 租调：唐代均田制下的赋税制度。唐初规定，成年男子可分得田一顷，每年须

向国家缴纳粟二斛，稻三斛，这叫做“租”；又，每年须进奉绢二匹，绫絁二丈，以布代则增加五分之一，绵三两，麻三斤，这就是“调”。
④ 关外：即关东，指潼关以东地域。
⑤ 给复：免除其徭役。
⑥ 刺史：汉代将全国分为十三监察区，称为十三州，刺史为皇帝派往各地了解施政得失，考察风俗民情的使者，位不高。唐武德初，改郡为州，改太守为刺史，刺史成了地方高级行政长官，掌宣德化，每年视察属县，考察民风，审理属县难于断决而上报的案件等等。
⑦ 貌税：也称“貌阅”。隋唐均田制或租庸调制的依据是每户的丁口数，为防人民隐瞒实际年龄来逃避赋役，郡县官吏要亲自查看户口，验证老少之实来确认交租服役人数。

贞观五年，治书侍御史权万纪、侍御史李仁发[①]，俱以告讦谮毁，数蒙引见，任心弹射，肆其欺罔，令在上震怒，臣下无以自安。内外知其不可，而莫能论诤。给事中魏徵正色而奏之曰：“权万纪、李仁发并是小人，不识大体，以谮毁为是，告讦为直，凡所弹射，皆非有罪。陛下掩其所短，收其一切。乃骋其奸计，附下罔上，多行无礼，以取强直之名。诬房玄龄，斥退张亮[②]，无所肃厉，徒损圣明。道路之人，皆兴谤议。臣伏度圣心，必不以为谋虑深长，可委以栋梁之任，将以其无所避忌，欲以警厉群臣。若信狎回邪，犹不可以小谋大，群臣素无矫伪，空使臣下离心。以玄龄、亮之徒，犹不可得伸其枉直，其余疏贱，孰能免其欺罔？伏愿陛下留意再思。自驱使二人以来，有一弘益，臣即甘心斧钺，受不忠之罪。陛下纵未能举善以崇德，岂可进奸而自损乎？”太宗欣然纳之，赐徵绢五百匹。其万纪又奸状渐露，仁发亦解黜，万纪贬连州司马[③]。朝廷咸相庆贺焉。

译 贞观五年，治书侍御史权万纪和侍御史李仁发，都因为揭发别人阴私、诬陷毁谤，屡次得到唐太宗召见，他们随心所欲地指责别人，放肆地进行欺瞒，使得皇上震怒，大臣惶惶不安。内外群臣明知他们不对，但不能向太宗论说谏诤。给事中魏徵严肃地上奏说：“权万纪、李仁发都是小人，不懂为政的道理，他们认为诬陷毁谤他人是对的，揭发别人阴私是正直的，凡是他们所指责的人，并非都有罪。陛下掩盖他们的错误，听信他们讲的一切，他们就施展奸谋，拉拢下面欺骗上面，干了许多有悖常情和礼法的事情，来换取鲠直敢言的美名。他们诬陷房玄龄，斥退张亮，并不能整肃朝廷纪纲，只能白白地损害皇上的威望和圣明，连路上的行人都在指责议论。我私下揣度圣上的心意，一定不会是认为他们的谋虑深远，可以委托栋梁重任，而是要用他们无所顾忌的言论，来警告和鞭策群臣。即使是信任亲近这些不正派的人，也不能用这种小人来算计大臣，更何况群臣素来没有欺瞒作假，这样做只会空使臣下离心。连房玄龄、张亮这样的大臣，也没有办法为自己申辩曲直，其他疏远卑贱的人，谁还能避免他们的欺侮诬罔？我企望陛下多作考虑。自从任用他们二人以来，只要有一件事对国家大有益处，我都甘心受戮，接受为臣不忠的处罚。陛下纵然不能选拔善士以发扬圣德，又怎能引进奸臣而自损威望呢？”太宗高兴地采纳了魏徵的意见，赏赐给魏徵绢五百匹。权万纪的奸恶罪状又逐渐暴露，李仁发亦被解职罢黜，权万纪终于被贬为连州司马，朝廷百官都互相庆贺。

注 ① 治书侍御史：唐初官名。贞观末，因避高宗讳，改为御史中丞，为御史台副长官。权万纪：唐京兆万年县人。性悻直，官至治书侍御史。房玄龄掌内外官考绩，万纪弹劾他办事不公平，被魏徵弹劾而黜免。后为吴王长史，不久又任齐王祐长史，因直言而被齐王祐所杀。侍御史：御史台官名。唐制掌纠察百官以及接受诏谕推勘审理杂事。

② 张亮：唐郑州荥阳人。随徐勣归唐，为秦王府车骑将军。李世民即位，历豳、夏、鄜三州都督，抑强恤弱，颇有政绩。奏侯君集谋反，迁刑部尚书，参预朝政，后遭诬告被斩。

③ 连州：即隋熙平郡。唐武德四年，平萧铣，置连州，治所在桂阳。司马：官名。唐时为州郡佐官。

贞观六年，有人告尚书右丞魏徵，言其阿党亲戚。太宗使御史大夫温彦博案验其事[1]，乃言者不直。彦博奏称，徵既为人所道，虽在无私，亦有可责。遂令彦博谓徵曰："尔谏正我数百条，岂以此小事，便损众美。自今已后，不得不存形迹[2]。"居数日，太宗问徵曰："昨来在外，闻有何不是事？"徵曰："前日令彦博宣敕语臣云：'因何不存形迹？'此言大不是。臣闻君臣同气，义均一体。未闻不存公道，惟事形迹。若君臣上下，同遵此路，则邦国之兴丧，或未可知！"太宗瞿然改容曰："前发此语，寻已悔之。实大不是，公亦不得遂怀隐避。"徵乃拜而言曰："臣以身许国，直道而行，必不敢有所欺负。但愿陛下使臣为良臣，勿使臣为忠臣。"太宗曰："忠良有异乎？"徵曰："良臣使身获美名，君受显号。子孙传世，福禄无疆。忠臣身受诛夷，君陷大恶。家国并丧，独有其名。以此而言，相去远矣。"太宗曰："君但莫违此言，我必不忘社稷之计。"乃赐绢二百匹。

译 贞观六年，有人告发尚书右丞魏徵，说他包庇亲戚，唐太宗派御史大夫温彦博去查办这件事，调查结果是告发者所讲的不符合事实。温彦博上奏说，魏徵既然被人告发，虽然调查下来并非徇私，亦有可以责备之处。太宗于是命令温彦博去对魏徵说："你曾经直言谏诤了我几百件事，怎么会因为这点小事，就损害你众多的美德。从今以后，你也不得不注意检点自己的行为。"过了几天，唐太宗问魏徵说："这两天你在外边，听到有什么不对的事情吗？"魏徵说："前天派温彦博来宣敕，对我说：'为什么不注意检点自己的行为？'这话讲得十分不对。我听说君主和臣子应当一条心，应该是一个整体。没有听说过可以抛开大原则，只是从事检点一般行为。如果君臣上下，都去走这条路，那么国家的兴亡，就不能预料了！"太宗听了瞪大眼睛，严肃认真地说："前次说的那话，不久我也有点后悔了。实在讲得很不对，你也不要因此就存避嫌之心而不直言。"魏徵于是叩头说："我把自己交给国家，直道行事，绝对不敢有什么欺君的行为。我只是希望陛下能让我做个良臣，不要让我做个忠臣。"太宗问："忠臣和良臣不同吗？"魏徵说："良臣就是本身能享有美名，君主也获得光辉的声誉，子子孙孙传下去，世世代代享受不尽的福禄。忠臣本身遭难被杀，君主得到昏庸的恶名，家与国都归灭亡，只留

注 ① 温彦博：祁(今山西祁县)人，隋末在幽州总管罗艺部下任司马。太宗时为御史大夫，后升任尚书右仆射。他性格慎密，自从参预国家机密就不与人往来，极得太宗信任。

② 形迹：行态、事迹。

下一个空名。从这一点来说，两者是相差得很远的。”太宗说：“你只要不违背这一席话，我也一定不忘国家社稷存亡的大计。”于是赏赐给魏徵绢二百匹。

贞观六年，匈奴克平[1]，远夷入贡，符瑞日至[2]，年谷频登。岳牧等屡请封禅[3]，群臣等又称述功德，以为“时不可失，天不可违，今行之，臣等犹谓其晚”。惟魏徵以为不可。太宗曰：“朕欲得卿言言之，勿有所隐。朕功不高耶？”曰：“高矣。”“德未厚耶？”曰：“厚矣。”“华夏未安耶？”曰：“安矣。”“远夷未慕耶？”曰：“慕矣。”“符瑞未至耶？”曰：“至矣。”“年谷未登耶？”曰：“登矣。”“然则何为不可？”对曰：“陛下功高矣，民未怀惠。德厚矣，泽未旁流。华夏安矣，未足以供事。远夷慕矣，无以供其求。符瑞虽臻，而罻罗犹密[4]。积岁丰稔，而仓廪尚虚。此臣所以窃谓未可。臣未能远譬，且借近喻于‘人’。有人长患疼痛，不能任持，疗理且愈，皮骨仅存，便欲负一石米，日行百里，必不可得。隋氏之乱，非止十年，陛下为之良医，除其疾苦，虽已乂安，未甚充实，告成天地，臣窃有疑。且陛下东封，万国咸萃，要荒之外[5]，莫不奔驰。今自伊、洛之东，暨乎海、岱[6]，萑莽巨泽，茫茫千里，人烟断绝，鸡犬不闻，道路萧条，进退艰阻。宁可引彼戎狄，示以虚弱？竭财以赏，未厌远人之望；加年给复，不偿百姓之劳。或遇水旱之灾，风雨之变，庸夫邪议，悔不可追。岂独臣之诚恳，亦有舆人

译 贞观六年，突厥已经平定，远方的外族前来进贡，各地报告吉祥的符瑞天天传到朝廷，谷物连年丰收。州县长官多次请求举行封禅大礼，群臣们又歌功颂德，以为“时机不可失去，天意不可违抗，现在举行封禅大礼，我们还认为太晚了”。只有魏徵认为不可以。太宗说：“我要你直说意见，不要隐讳。我的功业不高吗？”魏徵回答说：“高啊。”太宗问：“德行不厚吗？”魏徵答：“厚啊。”太宗问：“全国没有安定吗？”魏徵答：“安定啊。”太宗问：“远方外族没有仰慕大唐吗？”魏徵答：“仰慕啊。”太宗问：“吉祥的符瑞没有出现吗？”魏徵答：“出现了。”太宗问：“谷物没有丰收吗？”魏徵答：“丰收了。”太宗质问道：“既然如此为何不能举行封禅大礼？”魏徵回答说：“陛下功高了，但是百姓没有怀恋您的恩惠。德行厚了，但是没有广泛流布。全国安定了，但是还未能供应各项事业需要。远方外族仰慕大唐了，但是还没有足够的物资供应他们的需求。符瑞虽然已经来到，但是法网还是太严密。连年丰收，但粮仓还没有充实。这就是我之所以认为还不能举行封禅大礼的道理。我不用举遥远的历史来比喻，姑且就近借人来作比喻。有人长期患病疼痛，不能支持，虽经治疗且已快痊愈，但是已经瘦得皮包骨头，却想要背上一石米，一天走百里路，一定是办不到的。隋末之乱，不止十年，陛下整治天下，解除百姓疾苦，虽已太平，还不太富裕殷实，要祭祀天地报告大功完成，我是暗自有疑问的。况且陛下东封泰山，天下万国都来聚会，边远地区，无不奔驰赶赴盛典。但是今天从伊水、洛水向东，直抵东海、泰山，草木丛生，遍地沼泽，茫茫千里，人烟稀少，听不到鸡鸣犬吠，一路萧条，进退艰难。怎可招引远方外族，使他们看到我们的虚弱？竭尽财富来作赏赐，不能满足远方之人的期望；增加几年免除徭役，也不能抵偿百姓的辛劳。如遇上水旱之灾，风雨之害，庸人的邪恶议论，后悔也来不及。这不仅是我的诚恳请求，亦是众人的议论。"太宗说魏徵的意见很好，于是停止封禅。

之论。"太宗称善，于是乃止。

注 ① 匈奴：这里指东突厥。
② 符瑞：祥瑞的征兆。古人把一些罕见的自然现象，如天降甘露，连理木之类，视为吉祥之物，用来作天下太平的象征。
③ 封禅：指帝王祭祀天地山川。
④ 罻罗：网罗，这里指法网。
⑤ 要荒：古代把天子所在之国以外二千里远的地方叫要服，要服以外五百里远的地方叫荒服，要荒即指边远地区。
⑥ 岱：岱岳，即泰山。

译 贞观七年，蜀王妃的父亲杨誉在皇宫禁地追逐婢女，都官郎中薛仁方将其拘留审问，没有及时处理。杨誉的儿子是千牛，在殿庭上诉说："五品以上的官员，不是反叛之罪不应拘留，因我的父亲是皇家的亲戚，所以节外生枝，不肯决断，拖延时间。"太宗听到这话，发怒说："知道是我的亲戚，故意作这样的刁难。"当即下令打薛仁方一百棍，解除他担任的官职。魏徵进谏说："城墙下的狐狸和神社里的老鼠都是微小的动物，因为其有所依仗，所以除掉它们还不容易。何况官宦之家和皇亲国戚，自古号称难于治理。汉代、晋代以来，不能控制禁止，武德年间，已多有骄横放纵的现象，陛下即位以后，才开始少见。薛仁方既然是主管官员，能为国家守法，怎么可以乱加刑罚，助长外戚的私利呢！这个先例一开，各种事端将会纷纷起来，以后要后悔也来不及。自古以来能够禁止外戚骄横的，只有陛下一人。防备意外，是治国的常识。怎么可以在水未横流时，就想自己毁掉堤防？我私自考虑，看不出这种作法可行。"太宗说："确实如您所说，先前我没想到。但是薛仁方妄自拘禁人而不申奏，很是专权，虽不该治以重罪，也应稍加惩罚。"于是下令打二十棍后赦免了他。

贞观七年，蜀王[1]妃父杨誉，在省竞婢[2]，都官郎中[3]薛仁方留身[4]勘问，未及予夺。其子为千牛[5]，于殿庭陈诉，云："五品以上非反逆不合留身，以是国亲，故生节目[6]，不肯决断，淹留岁月。"太宗闻之，怒曰："知是我亲戚，故作如此艰难。"即令杖仁方一百，解所任官。魏徵进曰："城狐社鼠[7]皆微物，为其有所凭恃，故除之犹不易。况世家贵戚，旧号难理，汉、晋以来，不能禁御，武德之中，以多骄纵，陛下登极，方始萧条。仁方既是职司[8]，能为国家守法，岂可枉加刑罚，以成外戚之私乎！此源一开，万端争起，后必悔之，将无所及。自古能禁断此事，惟陛下一人。备豫不虞[9]，为国常道。岂可以水未横流，便欲自毁堤防？臣窃思度，未见其可。"太宗曰："诚如公言，向者不思。然仁方辄禁不言，颇是专权，虽不合重罪，宜少加惩肃。"乃令杖二十而赦之。

注 ① 蜀王：即唐太宗第六子李愔，封蜀王。
② 在省竞婢：在皇宫禁地追逐婢女。省，皇宫禁地，竞，追逐。

③ 都官郎中：刑部的属官。掌发配役徒、登录俘囚等。
④ 留身：即拘留。
⑤ 千牛：千牛备身的简称，为禁卫武官。
⑥ 节目：枝节。
⑦ 城狐社鼠：穴居在城墙下的狐狸和神社里的老鼠。比喻仗势作恶的小人。
⑧ 职司：主管官员。
⑨ 备豫不虞：防备意外。

贞观八年，左仆射房玄龄、右仆射高士廉[①]于路逢少府监[②]窦德素，问北门近来更何营造[③]。德素以闻。太宗乃谓玄龄曰："君但知南衙[④]事，我北门少有营造，何预君事？"玄龄等拜谢。魏徵进曰："臣不解陛下责，亦不解玄龄、士廉拜谢。玄龄既任大臣，即陛下股肱耳目，有所营造，何容不知？责其访问官司，臣所不解。且所为有利害，役工有多少[⑤]，陛下所为善，当助陛下成之，所为不是，虽营造，当奏陛下罢之。此乃君使臣、臣事君之道。玄龄等问既无罪，而陛下责之，臣所不解；玄龄等不识所守，但知拜谢，臣亦不解。"太宗深愧之。

译 贞观八年，左仆射房玄龄和右仆射高士廉在路上遇到少府监窦德素，问他北门近来又有什么营建的工程。窦德素把这件事报告给唐太宗。太宗就对房玄龄说："你们只要管好宰相府里的事就行了，我北门稍有营建，跟你有什么相干？"玄龄等下拜谢罪，魏徵进谏说："我不理解陛下的指责，也不理解房玄龄、高士廉为什么要认错。房玄龄既然是朝廷大臣，也就是陛下的手脚耳目，既然有所营造，怎么可以不知道呢？陛下竟指责他询问了主管部门，我实在不理解。而且营建工程有什么利弊，役使人工有多少，如果陛下的决策是好的，那么就应当出力帮助完成它；如果决定得不对，虽已开始营造，也应当奏请陛下停止。这才是君使用臣、臣侍奉君的正道。房玄龄等人的询问既然没有过错，而陛下却加以责备，这是我所不能理解的；房玄龄等人不知道自己的职责所在，只知一味拜谢认错，这也是我所不能理解的。"唐太宗听了这番话很为惭愧。

注 ① 高士廉：名俭，北齐清河王高岳之孙，隋时隐居在终南山，武德初年，秦王李世民为雍州牧，举为治中。历任右庶子、益州都督长史等职，整励风俗，有政声。入为吏部尚书，拜仆射。卒，赠司徒。
② 少府监：主管修缮营作建筑的机构。
③ 北门：宫城北门，即玄武门。
④ 南衙：宰相官署，因为在皇宫南面，故称南衙，亦称南司。
⑤ 且所为有利害，役工有多少：所为及有字原脱，据《魏郑公谏录》卷二补。

贞观十年，越王[①]，长孙皇后所生，太子介弟[②]，聪敏绝伦，太宗特所

译 贞观十年事，越王，是长孙皇后所生，即太子的弟弟，聪明超群，唐太宗对他特别宠爱。

有人在太宗面前传播流言说如今三品以上的高官，都轻蔑越王，其用心是用这些谗言毁谤魏徵等人，以激起唐太宗的愤怒。于是唐太宗来到齐政殿，召集三品以上大官坐定，满脸怒气地说："我有一句话，要向各位说。以往的天子，就是天子。如今的天子，难道就不是天子了吗？过去天子的儿子，就是天子的儿子，如今天子的儿子，就不是天子的儿子了吗？我知道隋代的诸王，连高官都不免受他们欺侮。我的儿子，自然不准他们恣意横行，你们日子好过了，就一起轻视他们。我要是放纵他们，难道他们不能欺侮你们吗？"房玄龄等大臣听了这番责骂吓得战栗不止，都下拜谢罪。魏徵则严肃地说："如今朝廷中的大臣们，肯定没有人轻蔑越王。然而按礼来说，臣子与儿子应当一律看待，《春秋穀梁传》说，帝王的使者不论怎样低微，也要排位在各大诸侯之上。诸侯被天子任用为公，就是公；任用为卿，就是卿。如果未被天子任用为公卿，就是地位一般的诸侯。如今朝廷三品以上的大臣，都位列公卿，全是天子的大臣，陛下也给以尊重优待。就算他们有些小的不是，越王怎么能够随意摧抑侮辱他们呢？如果国家的法令制度已经破坏，我就无话说了。但是在当今陛下圣明之世，越王怎么能够这样对待大臣。而且当年隋高祖不懂得礼义，无原则地宠爱抬高诸王，使他们做出无礼之事，不久因其犯罪而加贬黜，这是不可以效法的，又有什么可称道的呢？"太宗听了这番话以后，喜形于色，对大臣们说："凡是人们讲的话合乎情理，就不能不服从。我刚才所说的话，那只是我的私爱，而魏徵发表的这一番议论，则关系到国家的根本大法。我刚才发脾气的时候，自以为理由充分没有疑问。等到听了魏徵的议论，才觉悟到自己实在没有道理。做人君的讲话，怎么可以轻率！"于是把房玄龄等人大加责备了一通，赏赐给魏徵绢一千匹。

宠异。或言三品以上，皆轻蔑王者，意在谮侍中魏徵等，以激上怒。上御齐政殿，引三品已上入坐定，大怒作色而言曰："我有一言，向公等道。往前天子，即是天子。今时天子，非天子耶？往年天子儿，是天子儿。今日天子儿，非天子儿耶？我见隋家诸王，达官已下，皆不免被其踬顿[③]。我之儿子，自不许其纵横，公等所容易过得相共轻蔑。我若纵之，岂不能踬顿公等！"玄龄等战栗，皆拜谢。徵正色而谏曰："当今群臣，必无轻蔑越王者。然在礼，臣、子一例，《传》称[④]，王人[⑤]虽微，列于诸侯之上。诸侯用之为公，即是公；用之为卿，即是卿。若不为公卿，即下士于诸侯也。今三品已上，列为公卿，并天子大臣，陛下所加敬异。纵其小有不是，越王何得辄加折辱？若国家纪纲废坏，臣所不知。以当今圣明之时，越王岂得如此，且隋高祖[⑥]不知礼义，宠树诸王，使行无礼，寻以罪黜，不可为法，亦何足道？"太宗闻其言，喜形于色，谓群臣曰："凡人言语理到，不可不伏。朕之所言，当身私爱。魏徵所论，国家大法。朕向者忿怒，自谓理在不疑。及见魏徵所论，始觉大非道理。为人君言，何可容易！"召玄龄等而切责之，赐徵绢一千匹。

注 ① 越王：名泰，太宗第四子，后改封魏王。
② 介弟：称人之弟为介弟，表示尊敬。
③ 踬顿：踬即顿，是摧残、欺侮的意思。
④ 传：指《穀梁传》。
⑤ 王人：王臣，帝王之使者。
⑥ 隋高祖：即隋文帝，庙号高祖。

贞观十一年，所司奏凌敬乞贷之状[1]。太宗责侍中魏徵等滥进人。徵曰："臣等每蒙顾问，常具言其长短。有学识，强谏诤，是其所长。爱生活，好经营，是其所短。今凌敬为人作碑文，教人读《汉书》，因兹附托，回易求利，与臣等所说不同。陛下未用其长，惟见其短，以为臣等欺罔，实不敢心伏。"太宗纳之。

译 贞观十一年，主管部门奏上凌敬请求借贷的文状。唐太宗责怪侍中魏徵等人当初推荐人员过滥。魏徵说："我等每次遇到陛下询问有关用人方面的问题，常是尽我们所知把每个人的优点和缺点都讲出来。就凌敬来说，很有学识，常能谏诤，这就是他的长处。生活奢侈，喜好经营，则是他的短处。如今凌敬在为别人写碑文，教人家读《汉书》的时候，借机拉拢请托，交换牟利。这与我们介绍他的情况还不一样。陛下没有用他的长处，只看到他的短处，以为我们在欺骗圣上，这实在不能使我心悦诚服。"太宗采纳了他的意见。

注 ① 凌敬：初为窦建德的谋臣，窦建德失败后降唐。

贞观十二年，太宗谓魏徵曰："比来所行得失，政化何如往前？"对曰："若恩威所加，远夷朝贡，比于贞观之始，不可等级而言。若德义潜通，民心悦服，比于贞观之初，相去又甚远。"太宗曰："远夷来服，应由德义所加。往前功业，何因益大？"徵曰："昔者四方未定，常以德义为心，旋以海内无虞，渐加骄奢自溢。所以功业虽盛，终不如往初。"太宗又曰："所行比往前何为异？"徵曰："贞观之初，恐人不言，导之使谏。三年已后，见人谏，悦而从之。一二年来，不悦人谏，虽黾勉[1]听受，而意终不平，谅有难色。"太宗曰："于何事如此？"对曰："即位之初，处元律师死罪[2]，孙伏伽谏曰[3]：'法不至死，无容滥加酷罚。'遂赐以兰陵公主园[4]，直钱百万。人或曰：'所言乃常事，而所赏太厚。'答曰：'我即位来，未有谏者，所以赏之。'此导之使言也。徐州司户柳雄于隋资妄加阶级[5]。人有告之者，陛下令其自首，不首与罪。遂固言是

译 贞观十二年，唐太宗对魏徵说："近来的措施有何得失，政治教化比过去怎么样？"魏徵回答说："如果从朝廷恩典和威望所及的情况看，边远四夷都赶来朝贡，比之于贞观初年，那是要好过不知几倍了。如果从道德仁义潜移默化的普遍性，人民心悦诚服的程度来说，比起贞观初年来，又要差得远了。"唐太宗说："既然远方蛮夷都诚心归服，那应该是道德仁义比以前好。德义没有搞好，以后的功业为什么能够发展呢？"魏徵说："以往因为四方蛮夷未曾归服，所以常常考虑到要讲道德仁义，不久因为四方安宁了，就逐渐滋长了骄傲奢侈的风气。所以近年的功业虽然很兴盛，但终不如当初。"唐太宗又说："我的行为比往年有哪些不同的地方呢？"魏徵说："贞观初年，恐怕别人不肯直言，所以尽力引导人们直谏。三年以后，看到别人来谏诤时，还能高兴地听从。最近一二年来，则是不大欢迎人们的谏诤了，虽然勉强听从接受，心里最终是不舒畅的，确实是脸上表现出为难的神色。"太宗说："在什么事情上表现得这个样子呢？"魏徵回答说："陛下即位之初，判元律师死罪，孙伏伽进谏说：'按照法律他不至于死，怎么可以这样滥加处罚呢！'陛下于是把价值百万的兰陵公主的园子赏给他。有人说：'孙伏伽所讲的只不过是很平常的事，而赏赐太优厚

实，竟不肯首。大理推得其伪，将处雄死罪，少卿戴胄奏法止合徒⑥。陛下曰：‘我已与其断当讫，但当与死罪。’胄曰：‘陛下既不然，即付臣法司。罪不合死，不可酷滥。’陛下作色遣杀，胄执之不已，至于四五，然后赦之。乃谓法司曰：‘但能为我如此守法，岂畏滥有诛夷。’此则悦以从谏也。往年陕县丞皇甫德参上书大忤圣旨，陛下以为讪谤，臣奏称上书不激切，不能起人主意，激切即似讪谤。于时虽从臣言，赏物二十段，意甚不平，难于受谏也。”太宗曰：“诚如公言，非公无能道此者。人皆苦不自觉，公向未道时，都自谓所行不变。及见公论说，过失堪惊。公但存此心，朕终不违公语。”

了吧！’您回答说：‘我即位以来，还没有过谏诤的人，所以要赏这许多。’这就是主动引导人们进谏。徐州司户柳雄把自己在隋朝的资历非法提高等级，有人揭发了他，陛下叫他自首，假如不自首就要治他死罪，但柳雄硬说是事实，不肯坦白自首。大理寺审理下来确证柳雄所说是假的，将要判他死罪，大理少卿戴胄上奏说按照法律只该判他徒刑，陛下说：‘我已经向他宣布过如果不自首是要判死罪的，现在只能处以死罪。’戴胄说：‘陛下既然不认为小臣说得对，就请把小臣交给执法部门议罪。但其罪行不该判死刑，就不能滥施酷罚。’陛下曾经怒形于色、一定要杀，戴胄仍然坚持自己的意见，这样一直坚持谏诤了四五次，陛下才决定赦柳雄不死。并且对司法机关的人说：‘你们如果都能像戴胄这样为我如此守法，那还用担忧滥加诛杀吗！’这就说明你还是能够高兴地听从谏诤的。近年陕县丞皇甫德参上书违背了圣上的心意，陛下以为这是犯了毁谤罪，我当时上奏说臣子上书如果不激烈直率，就引不起君主的注意，而激烈直率就近于毁谤。当时陛下虽然听了我的话，还赏我二十匹绸缎，但心里总是不舒服。这就是难于接受谏诤了。”太宗说：“确实像你所说的那样！除你恐怕没有人能讲这样的话。一个人苦于自己不认识自己，你没讲这番话之前，我一直以为自己所做的没有什么变化。直到听到了你这一番话，才认识到自己的过失已经相当惊人了。希望你能够保持这样的态度，我一定不违背你的忠言。”

注 ① 黾（mǐn 敏）勉：勉力。
② 元律师：姓元，名律师。
③ 孙伏伽：武城（今山东武城县）人，曾在隋任万年县法曹，后归唐，直言敢谏，唐高祖称之为“谊臣”。贞观中，历任御史、大理卿。
④ 兰陵公主：唐太宗女，名淑，字丽贞。
⑤ 司户：州属户曹，掌管户口、田赋、徭役等事。
⑥ 戴胄：安阳（今河南安阳）人，先仕隋，唐太宗时曾任大理少卿，执法公正。

贞观政要卷第三

君臣鉴戒第六

凡七章

贞观三年，太宗谓侍臣曰："君臣本同治乱，共安危，若主纳忠谏，臣进直言，斯故君臣合契[①]，古来所重。若君自贤，臣不匡正，欲不危亡，不可得也。君失其国，臣亦不能独全其家。至如隋炀帝暴虐，臣下钳口，卒令不闻其过，遂至灭亡，虞世基等寻亦诛死。前事不远，朕与卿等可得不慎，无为后所嗤！"

译 贞观三年，唐太宗对侍臣说："君臣本来就是同处治世、乱世，共度安全、危险的。如果君主采纳忠诚的规劝，臣子进奏正直的言论，那就君臣合心，为自古以来推重。如果君主自以为是，臣子又不纠正，那么要想国家不危亡，也不可能；君主丧失他的国家（权力），臣子也不能单独保全他的家庭。就像隋炀帝暴虐，臣子都闭口不言，终于使他不能知道自己的过失，导致国家灭亡，其臣子虞世基等不久也被杀死。前事不远，我和你们能不谨慎吗？不要被后人讥笑啊！"

注 ① 君臣合契：君臣同心合力，意气相投。契，投合。

贞观四年，太宗论隋日。魏徵对曰："臣往在隋朝，曾闻有盗发，炀帝令於士澄捕逐[①]，但有疑似，苦加拷掠，枉承贼者二千余人，并令同日斩决。大理丞张元济怪之[②]，试寻其状，乃有六七人，盗发之日，先禁他所，被放才出，亦遭推勘，不胜苦痛，自诬行盗。元济因此更事究寻，二千人内惟九人逗遛不明。官人有谙

译 贞观四年，唐太宗说起隋代的情况。魏徵对答说："我过去在隋朝时，曾听到过一起强盗案件，隋炀帝下令让隋将於士澄追捕，只要有点怀疑，就残酷地拷打他们，被屈打成招的人竟达二千多人，并下令在同一天内斩决，大理丞张元济感到奇怪，就试着查阅有关此案的文书档案，发现其中有六七个人，在这起盗案发生之日，都被关押在另外的处所，此案发生之后才被释放出来，可是他们也作为怀疑对象被抓起来审讯，因为实在忍受不住

酷刑的煎熬，只得自诬曾经参加过这起盗案。因此张元济进一步对牵连进此案的人作了追究调查，发现二千人中只有九个人在案发时行踪不明，官人有熟悉这些人的，可以证明九人之中有四人并不是贼。但主管部门因为隋炀帝已下令斩决，于是就不把这些真实情况上奏，还是把二千多人都杀掉了。”唐太宗说：“这不单是隋炀帝暴虐无道，臣子也不尽心办事，他们应当出来匡正谏诤帝王的过失，不要害怕因此而有杀身之祸，怎么能够只是谄媚奉迎，一味追求得到皇帝的欢快和赞誉。隋代的君臣都是这般模样，怎么可能不失败呢？我现在依靠你们共同出力辅佐，就能使监狱空虚无人，希望你们善始善终，常像今天一样。”

识[3]者，就九人内四人非贼。有司以炀帝已令斩决，遂不执奏，并杀之。”太宗曰：“非是炀帝无道，臣下亦不尽心，须相匡谏，不避诛戮，岂得惟行谄佞，苟求悦誉。君臣如此，何得不败？朕赖公等共相辅佐，遂令囹圄空虚，愿公等善始克终，恒如今日！”

注 ① 於士澄：姓於名士澄，为隋将，率领魏郡归降唐朝。

② 大理丞：大理寺属官。

③ 官人：隋官时对官府干事之人的称呼。谙（ān 安）识：熟悉认识。

译 贞观六年，唐太宗对侍臣说：“我听说周、秦两朝最初取得天下的事，没有什么两样。然而周朝建国后专做好事，积累功德，所以能够保持八百年的基业。秦朝就放纵其奢侈淫逸，好用刑罚，没有超过两代就灭亡了。难道不是做善事的帝业绵延长久、干恶事的寿命不长吗？我又听说桀和纣是帝王，但是把一个普通人与他们相比，普通人还觉得耻辱；颜回和闵损是普通百姓，把帝王与他们相比，帝王还觉得荣幸。这是帝王深感羞耻的事。我常把这些事引以为戒，常怕比不上颜、闵这样的贤人，被人讥笑。”魏徵回答说：“我听说鲁哀公对孔子说：‘有一个健忘的人，搬家就忘了他的妻子。’孔子说：‘还有健忘超过这个人的，我看桀、纣这样的君主就忘了自己。’希望陛下经常把这些事想想，以免后人笑话！”

贞观六年，太宗谓侍臣曰：“朕闻周、秦初得天下，其事不异。然周则惟善是务[1]，积功累德，所以能保八百之基。秦乃恣其奢淫，好行刑罚，不过二世而灭。岂非为善者福祚延长[2]，为恶者降年不永[3]？朕又闻桀、纣，帝王也，以匹夫比之，则以为辱。颜、闵[4]匹夫也，以帝王比之，则以为荣。此亦帝王深耻也。朕每将此事以为鉴戒，常恐不逮，为人所笑。”魏徵对曰：“臣闻鲁哀公[5]谓孔子曰：‘有人好忘者，移宅乃忘其妻。’孔子曰：‘又有好忘甚于此者，丘见桀、纣之君乃忘其身。’愿陛下每以此为虑，庶免后人笑尔！”

注 ① 惟善是务：即惟务善事，只做好事。

② 福祚延长：皇位绵延长久。

③ 降年不永：寿命不长久。

④ 颜、闵：即颜回与闵损。二人都是春秋时鲁国人，孔子的学生，以德行著称。颜回（前 521—前 490），字子渊。好学，安贫乐道，不迁怒，不犯同样的过失。闵损，字子骞。小时后母虐待他，给他用芦花假做棉衣。父亲知道后要休后母，被闵损劝止。后母深受感动，从此待他与亲子一样。

⑤ 鲁哀公：春秋时鲁国国君，姓姬名蒋。公元前 494 年至前 468 年在位。

贞观十四年，太宗以高昌[①]平，召侍臣赐宴于两仪殿，谓房玄龄曰："高昌若不失臣礼，岂至灭亡？朕平此一国，甚怀危惧，惟当戒骄逸以自防，纳忠謇以自正。黜邪佞，用贤良，不以小人之言而议君子，以此慎守，庶几[②]于获安也。"魏徵进曰："臣观古来帝王拨乱创业，必自戒慎，采刍荛之议[③]，从忠谠之言。天下既安，则恣情肆欲，甘乐谄谀，恶闻正谏。张子房[④]，汉王计画之臣，及高祖[⑤]为天子，将废嫡立庶[⑥]，子房曰：'今日之事，非口舌所能争也。'终不敢复有开说。况陛下功德之盛，以汉祖方之，彼不足准。即位十有五年，圣德光被，今又平殄高昌。屡以安危系意，方欲纳用忠良，开直言之路，天下幸甚。昔齐桓公与管仲、鲍叔牙[⑦]、宁戚[⑧]四人饮，桓公谓叔牙曰：'盍起为寡人寿乎[⑨]？'叔牙奉觞[⑩]而起曰：'愿公无忘出在莒时，使管仲无忘束缚于鲁时，使宁戚无忘饭牛车下时。'桓公避席[⑪]而谢曰：'寡人与二大夫能无忘夫子之言，则社稷不危矣！'"太宗谓徵曰："朕必不敢忘布衣时，公不得忘叔牙之为人也。"

译 贞观十四年，唐太宗因平定了高昌国，召见侍臣，在两仪殿设宴招待。太宗对房玄龄说："高昌如果对我国不失臣下应尽的礼节，怎会至于灭亡？我平定了这样一个国家，心里很感到恐惧。今后只有力戒骄奢淫逸来自己提防，采纳忠直之言来匡正自己，罢黜奸佞，进用贤良，不以小人的言论来评议君子，用这些方法来谨慎守业，也许可以使国家获得安定。"魏徵进言说："我看自古以来的帝王，在创业的时候，必定自己警戒谨慎，采纳平民的意见，听从忠直的言论。待到天下安定，就恣意放纵欲望，欢喜听奉承话，厌恶正直的劝谏。张良是汉王刘邦的主要谋臣，到刘邦当了皇帝，将要废掉嫡子刘盈而立庶子刘如意为太子时，张良说：'今天的事，不是凭口舌可以争辩的。'始终不敢再有话去开导刘邦。何况陛下功德的盛大，用汉高祖刘邦来相比，他是比不上的。陛下即位十五年，德泽普照天下，如今又平灭了高昌，还经常注意国家的安危，又想进用忠良，开直言之路，这是天下的大幸。过去齐桓公曾和管仲、鲍叔牙、宁戚在一起喝酒，齐桓公对鲍叔牙说：'为什么不向我祝酒呢？'叔牙举杯起身说：'祝愿主公不要忘记当年流亡在莒国的时候，管仲不要忘记被捕在鲁国的时候，宁戚不要忘记喂牛在车下的时候。'齐桓公离座而起答谢说：'我与二位大夫如能不忘先生的话，那么国家就不会有危险了！'"唐太宗对魏徵说："我一定不敢忘记当老百姓的时候，先生也不要忘记鲍叔牙的为人啊！"

注 ① 高昌：古城国名，在今新疆吐鲁番县东哈拉和卓堡。前凉统治者张骏（324—346在位）在此置郡。后来北凉统治者沮渠无讳（443—444在位）据有高昌郡，自立为凉王。公元460年，柔然（古族名）灭沮渠氏，立阚伯周为高昌王，此后就以高昌为国号。公元640年，唐灭高昌，以其地为西州。

② 庶几：也许可以。

③ 刍荛之议：草野之人的意见。刍，割草。荛，打柴。刍荛，指割草打柴的人，引申为草野之人。

④ 张子房：即张良，字子房（？—前189）。汉初大臣。其先人为韩国五世之相。秦朝灭韩后，他结交刺客，在博浪沙（今河南原阳东南）狙击秦始皇未中。秦末农民大起义，他辅佐汉高祖刘邦灭秦，又击败楚霸王项羽，建立汉朝，因功封为留侯。

⑤ 高祖：即汉高祖刘邦（前256—前195年），字季。沛县（今属江苏）人，曾在秦朝

任泗水亭长。秦末农民大起义，他起兵于沛，号为沛公。后与项羽分路伐秦，于前206年先攻占秦都咸阳，推翻秦朝。不久，又与项羽争战，经过五年，在谋士张良、萧何，大将韩信等人的辅佐下，终于击败项羽，于公元前202年称帝，建立汉朝，在位十二年去世，庙号高祖。

⑥ 废嫡立庶：汉高祖刘邦曾先立吕后之子刘盈为太子。后因宠爱戚姬，想废刘盈，立戚姬之子如意为太子。吕后向张良求计，张良让刘盈礼请“商山四皓”（隐居在商山的四位有名望的老人，素为刘邦看重）为辅。刘邦见此，就打消了废立的念头。嫡，嫡子，正妻之子。庶，庶子，妾之子。

⑦ 鲍叔牙：春秋时齐国大夫。以知人著称，曾向齐桓公举荐管仲，导致齐国大治，而成霸业。

⑧ 宁戚：春秋时卫国人，曾因家贫以为人拉车谋生。后至齐国，一次喂牛时唱歌，齐桓公听到后觉得他不是平常人，就召见他，拜为上卿。

⑨ 盍起为寡人寿乎：为何不向我祝酒呢？盍，何不。寡人，国君自谦之词。寿，祝福。

⑩ 奉觞：举杯。奉，通捧。觞，酒具。

⑪ 避席：古人席地而坐，离开席位称为“避席”。

贞观十四年，特进魏徵上疏曰：

臣闻君为元首，臣作股肱，齐契同心，合而成体，体或不备，未有成人。然则首虽尊高，必资手足以成体，君虽明哲，必藉股肱以致治。《礼》云：“民以君为心，君以民为体，心庄则体舒，心肃则容敬。①”《书》云：“元首明哉，股肱良哉，庶事康哉。”“元首丛脞哉，股肱惰哉，万事堕哉。②”然则委弃股肱，独任胸臆，具体成理，非所闻也。

夫君臣相遇，自古为难。以石投水，千载一合，以水投石，无时不有③。其能开至公之道，申天下之用④，内尽心膂⑤，外竭股肱，和若盐梅⑥，固同金石者，非惟高位厚秩，在于礼之而已。昔周文王游于凤凰之墟，袜系解，顾左右莫可使者，乃自结之。岂周文之朝尽为俊乂⑦，圣明之代独无君子者哉？但知与不知，礼与不礼耳！是以伊

译 贞观十四年，特进魏徵向唐太宗上了一道奏章说：

小臣听说，君主是人的头脑，臣子就是人的四肢，头脑与四肢协调同心，合成为一个完整的身体。身体器官不完备，就不能成为一个完整的人。那么，头脑虽然地位尊高，也必须借助手足才能成为整体；君主虽然明智，也必须要借助臣子以达到治理国家的目的。《礼记》说：“百姓把君主作为自己的心脏，君主把百姓作为自己的躯体。内心庄重则肢体舒畅，内心严肃则容貌恭敬。”《尚书》说：“君主英明啊，臣子贤良啊，诸事康宁啊！”“君主琐碎啊，臣子懈惰啊，万事不成啊！”那么，丢弃四肢，单用心胸，使国家机构完备而达到治理，没人听说过。

君臣意气相投，自古以来就是难得的。君主对臣下言听计从，千年一遇；君主对臣下谏劝不纳，无时不有。那些能开启大公无私的道路，尽展天下人才的作用，内尽心力，外用手足，调和得如同羹里的盐与梅，团结得如同金石一样牢固的时代，不是仅靠高官厚禄，而在于以礼相待罢了。过去周文王巡游于凤凰之墟，袜带散了，看看左尹[8]，有莘之媵臣[9]，韩信，项氏之亡命[10]，殷汤致礼，定王业于南巢[11]，汉祖登坛[12]，成帝功于垓下[13]。若夏桀不弃于伊尹，项羽垂恩于韩信，宁肯败已成之国为灭亡之虏乎？又微子，骨肉也，受茅土于宋[14]；箕子，良臣也，陈《洪范》于周[15]。仲尼称其仁，莫有非之者。《礼记》称："鲁穆公[16]问于子思[17]曰：'为旧君反服[18]，古欤？'子思曰：'古之君子，进人以礼，退人以礼，故有旧君反服之礼也。今之君子，进人若将加诸膝，退人若将坠诸渊。毋为戎首，不亦善乎，又何反服之礼之有[19]？'"齐景公问于晏子曰："忠臣之事君如之何？"晏子对曰："有难不死，出亡不送[20]。"公曰："裂地[21]以封之，疏爵[22]而待之，有难不死，出亡不送，何也？"晏子曰："言而见用，终身无难，臣何死焉？谏而见纳，终身不亡，臣何送焉？若言不见用，有难而死，是妄死也。谏不见纳，出亡而送，是诈忠也。"《春秋左氏传》[23]曰："崔杼弑齐庄公[24]，晏子立于崔氏之门外，其人曰：'死乎？'曰：'独吾君也乎哉！吾死也？'曰：'行乎？'曰：'吾罪也乎哉？吾亡也？故君为社稷死，则死之，为社稷亡，则亡之。若为己死，为己亡，非其亲暱，谁敢任之。'门启而入，枕尸股而哭[25]，兴，三踊而出[26]。"孟子曰："君视臣如手足，臣视君如腹心；君视臣如犬马，臣视君如国人；君视臣如粪土，臣视君如寇仇[27]。"虽臣之事君无二志，至于去就之节，当缘恩之厚薄，然则为人主者，安可以无礼

右没有可以使唤的人，就自己把袜带结上。难道周文王的朝代全是贤德之人，而现在的圣明时代偏偏没有君子吗？只是知道不知道，礼遇不礼遇罢了！所以，伊尹是有莘的陪嫁奴隶，商汤以礼相待，就在南巢奠定了王业；韩信是项羽的逃亡部下，汉高祖刘邦登坛拜他为大将，就在垓下成就了帝王之功。如果夏桀不舍弃伊尹，项羽加恩于韩信，怎么会毁败已建成的国家而成为灭国亡身之人呢？又如微子是商纣王的骨肉兄弟，接受了周朝分封的宋国；箕子是商纣王的贤良臣子，向周武王陈述了《洪范》。孔子称他们为仁人，没有非议的。《礼记》说："鲁穆公向子思问道：'流亡之臣为原来的国君服丧，是古来就有的吗？'子思说：'古代有德的君主，进用人按照礼节，斥退人也按照礼节，所以有为旧君服丧的礼仪。现在的君主，进用人好像要把他抱在膝上，斥退人好像要把他推入深渊。所以，流亡之臣不作攻打本国的谋主已经算好的了，又哪里会有为旧君服丧的礼节呢？'"齐景公问晏子说："忠臣是怎样侍奉国君的？"晏子回答说："国君有难不为他去死，国君流亡不为他送行。"齐景公说："分割土地来封赐他，分出官爵来对待他，却国君有难不死节，国君流亡不送行，这是什么道理呢？"晏子说："如果臣子进言而被采用，国君终身无难，臣子为何要死呢？如果臣子劝谏而被采纳，国君终身不会流亡，臣子为何要送行呢？如果进言不被采用，国君有难而为他去死，是瞎死。如果劝谏不被采纳，国君流亡而为他送行，是假忠。"《春秋左氏传》说："崔杼弑齐庄公，晏子站立在崔家的门外，他的从人问道：'要随国君死吗？'晏子说：'仅仅是我一人的君主吗？我为何去死？'从人又问：'逃走吗？'晏子说：'是我的罪吗？我为何要逃？死去的国君如果是为国家而死，我就为他而死；如果是为国家而流亡，我就随他流亡。如果国君是为自己而死，为自己而流亡，不是他亲近的人，谁敢担当这些事。'崔杼家的门开了，晏子就走进去，把齐庄公的头放在自己的大腿上

而哀哭，然后站起来，跳脚号哭了几下就走了。”孟子说：“君主看待臣子如同手足，臣子就看待君主如同腹心；君主看待臣子如同犬马，臣子就看待君主如同路人；君主看待臣子如同粪土，臣子就看待君主如同仇敌。”虽然臣子侍奉君主没有二心，但在离开还是留下的原则上，应当根据受恩的厚薄而定。那么，作为百姓的君主，怎么可以对臣下无礼呢！

于下哉！

注 ①“《礼》云”句：此处的《礼》指儒家经典《礼记》。所引的话见《缁衣》篇第三十三。

②“《书》云”句：《书》指儒家经典《尚书》。所引的话见于《益稷》篇第五。庶事，诸事。康，安宁。丛脞，琐碎。

③ 以石投水：比喻君臣互相投契。以水投石：比喻臣言不为君主听从。语见《文选》三国魏李康《运命论》。

④ 申天下之用：尽展天下人才的作用。申，同伸。

⑤ 心膂：文中意为心力。

⑥ 和若盐梅：比喻君臣投契。语本《尚书·说命》：“若作和羹，尔惟盐梅。”盐和梅为古时调味品。

⑦ 俊乂：德才兼备之人。

⑧ 伊尹：商朝贤相，名挚。是商汤妻的陪嫁奴隶。后得汤信用，全力助汤伐桀灭夏，建立商朝。汤死后，其孙太甲无道。伊尹把他放逐到桐宫，三年后待他悔过才迎回复位。

⑨ 有莘之媵臣：有莘，古国名。故地在今河南开封县旧陈留县东。媵臣：古时诸侯嫁女时陪嫁之人。

⑩ 项氏之亡命：项氏，楚霸王项羽。亡命，逃亡之人。韩信原属项羽，因不得重用，逃奔刘邦。

⑪ 南巢：古地名，即今安徽巢县。商汤曾放逐夏桀于此。

⑫ 汉祖登坛：指汉高祖刘邦登坛拜韩信为大将。

⑬ 成帝功于垓下：楚汉相争时，项羽在垓下（今安徽灵璧县东南）被汉军击败，突围奔至乌江（今安徽和县东北）自杀，刘邦遂统一中国，建立汉朝。

⑭“又微子”句：微子，商纣王庶兄，名启。因数谏纣不听，离去。周灭商后，称臣于周。周公后以他统率殷族，封于宋，为宋国的始祖。茅土，古时帝王社祭之坛以五色土建成，分封诸侯时，按封地所在方向取坛上某一色土，以茅包之，授予受封者。

⑮“箕子”句：商纣叔父，封国于箕，故称箕子。因谏纣被囚。周灭商后得释，归居镐京（今陕西西安西南）。《洪范》，《尚书》的篇名。相传箕子为周武王所作。

⑯ 鲁穆公：战国初期鲁国国君，姓姬名显。

⑰ 子思：孔子之孙，名伋（前483？—前402）。战国初期哲学家。

⑱ 为旧君反服：旧君，已脱离君臣关系的君主。反服，为服属关系已断的死者服丧。后亦指尊长为卑幼辈服丧。

⑲“毋为戎首”等三句：意为流亡的臣子不作攻打本国的谋主，就很好了，又何必为旧君服丧呢。语见《礼记·檀弓》。

⑳ 有难不死，出亡不送：意谓君主有难，臣子不为他死；君主流亡，臣子不送行。

㉑ 裂地：分割土地。

㉒ 疏爵：分予官爵。

㉓《春秋左氏传》:书名。亦称《左传》或《左氏春秋》,儒家经典之一,记自鲁隐公元年至鲁悼公四年共260年史事。相传为春秋时鲁国史官左丘明所撰。
㉔ 崔杼弑齐庄公:崔杼,春秋时齐国大臣。齐庄公,春秋时齐国国君,姓姜,名光。齐庄公六年(前548),崔杼因齐庄公与己妻私通,把他杀死。
㉕ 枕尸股而哭:把死者的头枕放在腿上而哭悼。
㉖ 三踊:向死者跳脚号哭表示哀痛,古代丧礼。
㉗"孟子曰"句:孟子,名轲(约前372—前289),邹(今山东邹县东南)人,战国时期思想家。主张实行仁政,认为人性本善,指出民贵君轻。文中所引语见其所著《孟子·离娄下》,文字略有异。

窃观在朝群臣,当主枢机之寄者①,或地邻秦、晋②,或业与经纶③,并立事立功,皆一时之选,处之衡轴④,为任重矣。任之虽重,信之未笃,则人或自疑。人或自疑,则心怀苟且。心怀苟且,则节义不立。节义不立,则名教⑤不兴。名教不兴,而可与固太平之基,保七百之祚,未之有也。又闻国家重惜功臣,不念旧恶,方之前圣,一无所间⑥。然但宽于大事,急于小罪,临时责怒,未免爱憎之心,不可以为政。君严其禁,臣或犯之,况上启其源,下必有甚,川壅而溃,其伤必多,欲使凡百黎元⑦,何所措手足!此则君开一源,下生百端之变,无不乱者也。《礼记》曰:"爱而知其恶,憎而知其善。⑧"若憎而不知其善,则为善者必惧。爱而不知其恶,则为恶者实繁。《诗》曰:"君子如怒,乱庶遄沮。⑨"然则古人之震怒,将以惩恶,当今之威罚,所以长奸,此非唐、虞之心也,非禹、汤之事也。《书》曰:"抚我则后,虐我则仇。⑩"荀卿子⑪曰:"君,舟也。民,水也。水所以载舟,亦所以覆舟⑫。"故孔子曰:

译 我私下观察在朝的大臣,其担当主管重要部门的委托的人,有的居于秦、晋等要地,有的参预处理国家大事,大家为国建功立业,都是一时的人选。让其担任朝廷要职,任务重大。委任重大,如果信任不深,就可能使人产生疑虑。人如果产生疑虑,就会心怀得过且过的态度。心怀得过且过的态度,就不会树立节操和义行。节操义行不树立,礼教就不会兴起。礼教不兴起,而能够和他们一起巩固太平的基业,保持七百年的皇位,是没有这种事的。我又听说,国家器重爱惜功臣,不记其过去的过失,比之于前朝的圣君,没有一点差别。然而只是对大事宽恕,对小罪却严紧,遇到不顺心的时候就责怪发怒,不能免除爱憎之心,不可以用来治国。君主严明禁令,臣子中还有人可能触犯,何况上边开了先例,下边一定有更过分的。河水壅塞而堤防崩溃,所伤害的人一定很多,要让天下百姓到哪里安身!这就是君主开了一个先例,下边生出多种多样的变化,国家没有不动乱的。《礼记》说:"自己喜爱的,要知道其短处;自己憎恨的,要知道其长处。"如果自己憎恨的人,不能知道其长处,那做好事的人一定感到恐惧。如果自己喜爱的人,不知道其短处,那么做坏事的人就会繁多。《诗经》上说:"君主如果对谗佞的小人怒责,作乱的事大概会很快停止。"那么,古人的震怒,是用来惩罚恶人的,现在的威严惩罚,却被用来助长奸邪,这不是唐尧、虞舜的本

“鱼失水则死，水失鱼犹为水也[13]。”故唐、虞战战栗栗，日慎一日。安可不深思之乎？安可不熟虑之乎？

意，也不是夏禹、商汤的行事了。《尚书》说：“抚养我的就是我的君主，虐杀我的就是我的仇敌。”荀子说：“国君是船，百姓是水。水可以浮载船，也可以使船翻。”所以孔子说：“鱼失去水就会死，水失去鱼还是水。”所以唐尧、虞舜总是战战栗栗，一天比一天谨慎。对这些道理，怎么可以不深思熟虑呢？

注 ① 当主枢机之寄者：担当主管机要部门的委托的人。枢机，枢为门臼，机为门槛，二者合称比喻事物的关键部分。寄，委托。

② 地邻秦、晋：指所居邻近秦、晋。秦、晋，今陕西、山西一带。

③ 业与经纶：事业是参预处理国家大事。与，参预。经纶，经为理清丝绪，纶为编丝成绳。二者合称引申为处理国家大事。

④ 衡轴：比喻朝廷要职。

⑤ 名教：礼教。

⑥ 一无所间：一点没有差别。间，差别。

⑦ 凡百黎元：天下百姓。凡百，泛指众多。黎元，黎民百姓。

⑧ “爱而知其恶”等二句：见《礼记·曲礼》。

⑨ “君子如怒”等二句：见《诗经·小雅·巧言》。大意为君王如能怒斥谗人，祸乱大概很快会终止。庶，庶几、差不多。遄，速、快。沮，终止。

⑩ “抚我则后”等二句：见《尚书·周书·泰誓》。意为抚养我（百姓）的就是我的国君，虐待我的就是我的仇敌。后，古代天子和列国诸侯。

⑪ 荀卿子：即荀子（前313？—前238），名况，战国时赵国人，思想家。五十岁时游学于齐国，担任稷下祭酒。后又至楚国，担任兰陵令。著有《荀子》，现存三十二篇。主张“人性本恶”，须以礼义矫正；在经济上要“开源节流”。

⑫ “君，舟也”句：见《荀子·王制》篇第九、哀公篇第三十一，文字略有异。

⑬ “鱼失水则死”等二句：见《尸子》卷下（清汪继培辑本）。原文是子夏答复孔子为君之道的话。

夫委大臣以大体[1]，责小臣以小事，为国之常也，为治之道也。今委之以职，则重大臣而轻小臣；至于有事，则信小臣而疑大臣。信其所轻，疑其所重，将求至治岂可得乎？又政贵有恒，不求屡易。今或责小臣以大体，或责大臣以小事，小臣乘非所据，大臣失其所守，大臣或以小过获罪，小臣或以大体受罚。职非其位，罚非其辜，欲其无

译 将大事委托于大臣，将小事责成于小臣，这是处理国事的常理，治理国家的方法。现在委任官职，则重视大臣而轻视小臣；到有事发生，则信任小臣而猜疑大臣。相信自己所轻视的，猜疑自己所重视的，用这种方法想求得完美的政治，怎么可能呢？另外，政治以稳定为重，不要求多变。现在，或者将大事责成于小臣，或者将小事责成于大臣，小臣利用不应有的地位，大臣却失去应有的职守，大臣或者因小错而得罪，小臣或者以大事而受罚。官职与地位不相称，惩罚与罪过不相当，想要他们无私，希

私，求其尽力，不亦难乎？小臣不可委以大事，大臣不可责以小罪。任以大官，求其细过，刀笔之吏[②]，顺旨承风，舞文弄法，曲成其罪。自陈也，则以为心不伏辜；不言也，则以为所犯皆实。进退惟谷，莫能自明，则苟求免祸。大臣苟免，则谲诈萌生。谲诈萌生，则矫伪成俗。矫伪成俗，则不可以臻至治矣！

又委任大臣，欲其尽力，每官有所避忌不言，则为不尽。若举得其人，何嫌于故旧。若举非其任，何贵于疏远。待之不尽诚信，何以责其忠恕[③]哉！臣虽或有失之，君亦未为得也。夫上之不信于下，必以为下无可信矣。若必下无可信，则上亦有可疑矣！《礼》曰："上人疑，则百姓惑。下难知，则君长劳[④]。"上下相疑，则不可以言至治矣。当今群臣之内，远在一方，流言三至而不投杼[⑤]者，臣窃思度，未见其人。夫以四海之广，士庶之众，岂无一二可信之人哉？盖信之则无不可，疑之则无可信者，岂独臣之过乎？夫以一介庸夫结为交友，以身相许，死且不渝，况君臣契合，寄同鱼水。若君为尧、舜，臣为稷、契[⑥]，岂有遇小事则变志，见小利则易心哉！此虽下之立忠未有明著，亦由上怀不信，待之过薄之所致也。岂君使臣以礼，臣事君以忠乎？以陛下之圣明，以当今之功业，诚能博求时俊，上下同心，则三皇可追而四，五帝可俯而六矣[⑦]。夏、殷、周、汉，夫何足数。

太宗深嘉纳之。

求他们尽力，不是很难的吗？小臣不能以大事委任，大臣不能因小罪责罚。委任大臣以大官，又寻求其小过，那么主办文案的官吏就会顺承旨意，挥舞文笔，玩弄法律，千方百计来构成其罪名。大臣如果自诉辩白，则认为他不服罪；如果不辩言，则又认为他犯罪都是事实。大臣进退两难，不能自己辨明冤屈，就只能随便寻求免祸，大臣采取这种态度，就会使奸诈萌发滋生。奸诈萌发滋生，就会使诈伪形成风气。诈伪形成风气，就不能达到完美的政治了！

再者，委任大臣，想使他们尽力，每当任官时有所避嫌顾忌不说，就是不尽力。如果举荐的人适当，何必因故人旧友避嫌；如果举荐的人不称职，何必以疏远的人为贵。如果对待大臣不诚心尽意，用什么来要求他们做到忠恕！这样臣下虽然有时有失误的地方，君主也谈不上得计。君上对臣下不信任，必然认为臣下没有可以信任的。如果臣下必然没有可以信任的，那么君上也有可疑了！《礼记》说："君上多疑，百姓就迷惑。对臣下不了解，君上就劳苦。"上下互相猜疑，就谈不上完美的政治了。现在群臣之中远在一方者，流言蜚语几次传来而君上不听信的，我私下思量，恐怕没有。以天下之大，士民之众，难道没有一二个可以信任的人吗？信任就没有不可信任的，猜疑就没有可以信任的，这难道只是臣下的过失吗？以一个平庸的人结为好友，也会以生命许诺，至死尚且不变，何况君臣意气相投，互相寄托如同鱼水。如果君主如同尧、舜，臣下如同稷、契，怎么会遇到小事就易志，见到小利就变心呢！这样虽然是臣下树立忠心不够明显，也由于君上心中不够信任，对待臣下过于刻薄所造成的。难道不是应该君主以礼任使臣下，臣下以忠侍奉君主吗？以陛下的圣明和当今的功业，如果真能广泛地寻求当世的俊杰，上下同心协力，那么三皇可以追增为四皇，五帝可以超越为六帝了。夏、商、周、汉诸朝，怎么可以相提并论。

太宗非常赞许并采纳了魏徵的意见。

注 ① 大体：在此处文中意为大事、重任。
② 刀笔之吏：指主办文案的官吏。刀、笔，古代的书写工具。
③ 忠恕：儒家道德规范。忠，尽心为人；恕，推己及人。
④“上人疑”四句：语见《礼记·缁衣》。意思是君主多疑，百姓就迷惑。对下情不了解，君主就劳苦。
⑤ 投杼：曾参是春秋时有名的贤人。一次，有与其同名者杀人，人告其母：“曾参杀人！”其母不信，纺织如故。至第三人来告，其母信而恐惧，投杼而逃。事见《战国策》秦二。比喻流言可以动摇正确的信心。杼，织具。
⑥ 稷、契（xiè 屑）：二人都是传说中的贤臣。稷，号后稷，名弃，别姓姬氏。古代周族的先祖，舜的农官。封于邰（今陕西武功）。契，商族始祖帝喾的儿子，舜时助大禹治水有功，任为司徒，赐姓子氏，封于商（今陕西商洛一带）。
⑦ 三皇，五帝：传说中的古代明君。三皇五帝具体是哪几位，则说法众多而不统一。

贞观十六年，太宗问特进魏徵曰：“朕克己为政，仰企前烈[1]。至于积德、累仁、丰功、厚利，四者常以为称首[2]，朕皆庶几自勉。人苦不能自见，不知朕之所行，何等优劣？”徵对曰：“德、仁、功、利，陛下兼而行之。然则内平祸乱，外除戎狄，是陛下之功。安诸黎元，各有生业，是陛下之利。由此言之，功利居多，惟德与仁，愿陛下自强不息[3]，必可致也。”

译 贞观十六年，唐太宗问特进魏徵说：“我约束自己处理国政，企盼达到前人的功业。对于积累道德、增加仁义、建立功业、为民谋利这四件事，我总认为是首要的，我都以差不多达到来自勉。但是，人苦于不能自己察觉过失，不知我的行为，优劣如何？”魏徵答道：“道德、仁义、功业、利益，陛下兼顾而行了。对内平定祸乱，对外征服戎狄，是陛下的功业；安抚百姓，使他们各有谋生的职业，是陛下的利益。从这个意义上说，功业、利益占多数，只是道德与仁义，愿陛下不断努力，一定可以达到。”

注 ① 仰企前烈：仰慕企盼（达到）前人的功业。前烈，前人的功业。
② 称首：首称、首要。
③ 自强不息：不断努力。

贞观十七年，太宗谓侍臣曰：“自古草创之主，至于子孙多乱，何也？”司空房玄龄曰：“此为幼主生长深宫，少居富贵，未尝识人间情伪[1]，治国安危，所以为政多乱。”太宗曰：“公意推过于主，朕则归咎于臣。夫功臣子弟多无才行，藉祖父资荫遂处大官[2]，德义不修，奢纵是好。主既幼

译 贞观十七年，唐太宗对侍从大臣们说：“从古以来开国皇帝，到他子孙的时候往往会出现乱世，这是什么原因啊？”司空房玄龄说：“这是因为这些帝王的子孙生长在深宫之内，从小过的是富贵生活，并不知道社会上种种情况的真真假假、治理国家安危的道理，所以当政之后就多出现祸乱。”唐太宗说：“你这话的意思是把过失归之于帝王，我则要归罪于臣下。那些功臣子弟多数既无才能也无德行，弱，臣又不才，颠而不扶，岂能无乱？隋炀帝录宇文述在藩之功[3]，擢化及于高位[4]，不思报效，翻行弑逆。此非臣下之过欤？朕发此言，欲公等戒勖子弟，使无愆过，即家国之庆也。”太宗又曰：“化及与玄感[5]，即隋大臣受恩深者子孙，皆反，其故何也？”岑文本对曰：“君子乃能怀德荷恩，玄感、化及之徒，并小人也。古人所以贵君子而贱小人。”太宗曰：“然。”

只是靠了祖上或父辈的资荫而位居高官，他们不讲究仁义道德，只晓得追求奢侈放纵的生活。君主已经是幼小软弱，大臣又是无才无德，遇到国家危急都不能匡扶，怎能不发生祸乱？当年隋炀帝根据宇文述在自己在藩为王时的功劳，提拔他的儿子宇文化及位居高官，岂知宇文化及并不想报效炀帝反而弑炀帝于江都，这难道不是臣下的罪过吗？我讲这番话，是希望你们都能好好训戒勉励自己的子弟，使他们不要犯严重的过错，就是家庭和国家都值得庆幸的。”太宗又说：“宇文化及与杨玄感，他们都是隋朝大臣中间受皇恩很深者的子孙，后来都谋反了，这又是什么原因呢？”岑文本回答说：“君子才能感恩戴德，杨玄感、宇文化及之流，都是小人。这也就是古人所以重视君子而轻视小人的道理。”唐太宗说：“对。”

注 ① 情伪：事情的真假。
② 资荫：子孙托庇祖父辈的官勋功劳，做官。
③ 宇文述：隋朝大臣。炀帝在藩做晋王时，宇文述帮助炀帝陷害太子杨勇有功。
④ 化及：宇文化及，宇文述之子，受炀帝宠信，大业十四年，在江都发动兵变，杀死炀帝，自立为帝，第二年被窦建德擒杀。
⑤ 玄感：即杨玄感。杨素之子，袭封楚国公。公元613年炀帝进攻高丽，玄感受命驻黎阳督粮运，趁机起兵反隋，围东都洛阳四十五日，兵败自杀。

择官第七

凡十一章

贞观元年，太宗谓房玄龄等曰："致治之本，惟在于审①。量才授职，务省官员。故《书》称：'任官惟贤才②。'又云：'官不必备，惟其人③。'若得其善者，虽少亦足矣。其不善者，纵多亦奚为？古人亦以官不得其才，比于画地作饼，不可食也④。《诗》曰：'谋夫孔多，是用不就⑤。'又孔子曰：'官事不摄，焉得俭⑥？'且'千羊之皮，不如一狐之腋'⑦。此皆载在经典，不能具道。当须更并省官员，使得各当其任，则无为而治⑧矣。卿宜详思此理，量定庶官员位。"玄龄等由是所置文武总六百四十员。太宗从之，因谓玄龄曰："自此傥有乐工杂类，假使术逾侪辈⑨者，只可特赐钱帛以赏其能，必不可超授官爵，与夫朝贤君子比肩而立，同坐而食，遣诸衣冠⑩以为耻累。"

译 贞观元年，唐太宗对房玄龄等大臣说："治国的根本，只在于确实。根据才能授与官职，务必减省职官的定员。所以《尚书》说：'任用官员惟选贤才。'又说：'官员不一定要齐备，只要任用恰当的人才。'如果得到好官，虽然少也足够了。官不好，纵然多又能干什么？古人也把选官得不到恰当的人才比作在地上画饼，不能吃。《诗经》说：'谋划的庸人多，所以事情办不成。'孔子又说：'管仲的家人一人一职不兼任别的事，怎么谈得上节俭？'而且'一千张羊皮，不如一只狐狸腋下的毛皮珍贵'。这些话都记载在经典上，说都说不完。应当（根据这些道理）进一步合并官职，省减定员，使其各自担当起所任之职，这样就能做到'无为而治'了。你们要仔细思索这个道理，衡量制定百官的员数。"房玄龄等因此设置文武官员总共六百四十员。唐太宗同意了这一方案，并对房玄龄说："今后如有乐工及从事其他杂务的人，技艺超过同行，只能特别赐以钱帛以奖赏其技能，一定不能破格授予他们官爵，让他们和朝廷上的贤良君子并肩而立，同坐吃饭，使士大夫感到耻辱。"

注 ① 审：确实。
② 任官惟贤才：见《尚书·咸有一德》。
③ "官不"两句：语见《尚书·周官》，意为官员不一定齐备，惟在得到恰当的人才。
④ "古人"三句：语本《三国志·魏志·卢毓传》。

⑤“谋夫”二句：语见《诗经·小雅·小旻》。意为谋划者虽多，但非贤能，所以事情办不成。
⑥“官事”二句：语见《论语·八佾》。意为（春秋时齐国相国管仲家人）做事不兼任，（一人一职）称不上节俭。摄，兼任。
⑦“千羊”二句：语见《史记·商君列传》。文中用来比喻选官贵在得到人才。
⑧无为而治：指避免繁琐政治，不打扰百姓，达到天下大治。
⑨侪辈：同辈，同列，同行。
⑩衣冠：士大夫，官员。

贞观二年，太宗谓房玄龄、杜如晦曰：“公为仆射，当助朕忧劳，广开耳目，求访贤哲。比闻公等听受辞讼[1]，日有数百。此则读符牒[2]不暇，安能助朕求贤哉？”因敕尚书省，细碎务皆付左右丞[3]，惟冤滞大事合闻奏者，关于仆射。

译 贞观二年，唐太宗对房玄龄、杜如晦说：“先生身为仆射，应当协助我操劳国事，大张视听，访求贤良明哲的人才。近来听说你们受理诉讼，每天达数百件。这样就读公文也已经没有空闲，怎么能帮助我访求贤士呢？”于是下诏命令尚书省，琐碎小事都交付左右丞处理，只有冤屈疑难、应该上奏的重大案件，才禀报仆射。

注 ①听受辞讼：受理诉讼。
②符牒：泛指公文。符，古代朝廷传达命令的凭证。牒，诉状。
③左右丞：官名。唐制，尚书省设左、右丞各一人，协助尚书省长官左、右仆射处理省内事务。

贞观二年，太宗谓侍臣曰：“朕每夜恒思百姓间事，或至夜半不寐。惟恐都督、刺史堪养百姓以否[1]。故于屏风上录其姓名，坐卧恒看，在官如有善事，亦具列于名下。朕居深宫之中，视听不能及远，所委者惟都督、刺史，此辈实治乱所系，尤须得人。”

译 贞观二年，唐太宗对侍从的大臣说：“我每天晚上常常想着民间的事情，有时候弄到半夜三更还睡不着觉，就是担心都督、刺史能否安抚好百姓，所以我就在屏风上面一一记录下了他们的名字，坐着或躺着都可以看到，他们在任上有值得称道的好事时，也都一一记录在他们的名下。我住在深宫之中，所能看到和听到的不可能达到很远的地方，所依靠的就是各地的都督、刺史这些地方官，这些人实在是关系到国家治乱的关键人物，所以特别要选择得当。”

注 ①都督：唐制，武德七年，改总管为都督，掌督府属诸州兵马、甲械、城隍、镇戍、粮廪，总判府事。刺史：州的行政长官。

贞观二年，太宗谓右仆射封德彝曰："致安之本，惟在得人。比来命卿举贤，未尝有所推荐。天下事重，卿宜分朕忧劳，卿既不言，朕将安寄？"对曰："臣愚岂敢不尽情，但今未见有奇才异能。"太宗曰："前代明王使人如器①，皆取士于当时，不借才于异代。岂得待梦傅说②，逢吕尚③，然后为政乎？且何代无贤，但患遗而不知耳！"德彝惭赧而退。

译 贞观二年，唐太宗对右仆射封德彝说："国家达到安定的根本，只在得到人才。近来命你举荐贤才，你未尝有所推荐。治理天下事关重大，你应该分担我的忧虑和辛劳，你不上言推荐人才，我将托付谁呢？"封德彝回答说："小臣虽然愚昧，怎么敢不尽心寻访，只是至今没有发现有特殊才能的人才。"太宗说："前代的圣明君王使用人才如同使用器具一样用其所长，都在当时选拔人才，而不向别的朝代借用人才。难道能等梦到傅说、遇见吕尚，然后才治理国家吗？况且哪个朝代没有贤才，只怕遗漏而不了解罢了！"封德彝惭愧地退出。

注 ① 使人如器：使用人才如同器具，各得其用，各取所长。
② 傅说（yuè）：商王武丁的大臣。相传他曾在傅岩筑墙，武丁因梦寻访到他，任为国相，商朝得以中兴。
③ 吕尚：周朝初年大臣。姜姓，吕氏，名尚，号太公望，俗称姜太公。相传他曾垂钓于渭水，周文王访贤得之，立为师。后辅佐周武王灭商，因功封于齐，为齐国始祖。

贞观三年，太宗谓吏部尚书杜如晦曰："比见吏部择人，惟取其言词刀笔，不悉其景行①。数年之后，恶迹始彰，虽加刑戮，而百姓已受其弊。如何可获善人？"如晦对曰："两汉取人，皆行著乡闾，州郡贡之，然后入用，故当时号为多士。今每年选集，向数千人，厚貌饰词②，不可知悉，选司但配其阶品③而已。铨简④之理，实所未精，所以不能得才。"太宗乃将依汉时法令，本州辟召⑤，会功臣等将行世封事，遂止。

译 贞观三年，唐太宗对吏部尚书杜如晦说："近来看到吏部选拔官员，只取其口才文笔，不了解其德行。这样往往几年之后，邪恶的行迹才显明，虽然加以刑罚，而百姓已深受其害。怎样才能得到德才兼备的人才？"杜如晦回答说："西汉和东汉时选拔的人才，都是德行称著于乡间和闾里，由州郡推荐贡献于朝廷，然后选入任用，所以当时号称人才众多。现在每年选拔官员，候选者会集一处接近数千人，这些人文饰言词，伪装忠厚，不可能完全了解，选拔人才的机构只是分配其一定的官阶品级罢了。量才授官的方法，实在不够精密，所以不能得到人才。"太宗于是想依照汉代选拔官吏的办法，命令由本州推荐征召，因遇上功臣等将进行世袭封爵，就中止了。

注 ① 景行：高尚的德行。
② 厚貌饰词：掩饰其词，伪装忠厚。
③ 阶品：古代的官阶品级。唐代有九品三十阶。
④ 铨简：量才授官。
⑤ 辟召：因推荐而征召为官。

贞观六年，太宗谓魏徵曰：“古人云，王者须为官择人，不可造次即用①。朕今行一事，则为天下所观；出一言，则为天下所听。用得正人，为善者皆劝，误用恶人，不善者竞进。赏当其劳，无功者自退，罚当其罪，为恶者戒惧。故知赏罚不可轻行，用人弥须慎择。”徵对曰：“知人之事，自古为难，故考绩黜陟，察其善恶。今欲求人，必须审访其行。若知其善，然后用之，设令此人不能济事，只是才力不及，不为大害。误用恶人，假令强干，为害极多。但乱世惟求其才，不顾其行。太平之时，必须才行俱兼，始可任用。”

注 ① 造次：仓卒。

译 贞观六年，唐太宗对魏徵说：“古人曾经说过，王者必须根据官职来选用人才，决不可以仓卒任用。我现在每做一件事，就被天下人看到；每说一句话，就被天下人听到。如果我任用到正人君子，做好事的人都得到劝勉；误用了坏人，行为不端的人都会钻营竞进。赏赐与劳绩相当，没有功劳的人就会自动退避；惩罚与罪恶相称，为非作歹的恶人就会有所戒惧。由此可知赏罚决不可以随便使用，用人更应当慎重选择。”魏徵对答说：“知人这件事，从古以来就是很困难的，所以考核官吏的成绩和决定升降奖惩的时候，要查看他们的是非和善恶。如今要求取人才，必须要审慎地去了解他的品行。假如了解到他是好的，然后再任用他，即使他事情办得并不成功，那也只是才干和能力还达不到要求，还没有大的害处。误用了品质恶劣的坏人，假使他又是一个精明强干的人，那害处可就多了。但在战时乱世，往往只求有才能的人，不顾他的品行。太平的时候，就必须才德兼备，方才可以任用。”

贞观十一年，侍御史马周上疏曰：“治天下者以人为本。欲令百姓安乐，惟在刺史、县令。县令既众，不可皆贤，若每州得良刺史，则合境苏息①。天下刺史悉称圣意，则陛下可端拱岩廊②之上，百姓不虑不安。自古郡守、县令，皆妙选贤德，欲有迁擢为将相，必先试以临民③，或从二千石④入为丞相及司徒、太尉⑤者。朝廷必不可独重内臣，外刺史、县令，遂轻其选。所以百姓未安，殆由于此。”太宗因谓侍臣曰：“刺史朕当自简择，县令诏京官五品以上，各举一人。”

注 ① 苏息：休养生息。

② 岩廊：高峻的廊。比喻朝廷和庙堂。

译 贞观十一年，侍御史马周上奏疏说：“治理国家以人才为根本。想让百姓安居乐业，只在于选用好刺史、县令。县令人数既多，不可能都贤良，如果每一个州能选得一个贤能的刺史，那就整个州境之内都能休养生息。全国的刺史都称陛下的心意，陛下就可以在朝廷上无为而治，不用担心百姓不安了。自古以来的郡守、县令，都要精心选拔贤德之人担任，有要提拔担任大将、丞相的，一定要先让他们试作地方官，或者就从郡守中选拔入朝担任丞相、司徒及太尉的人。朝廷一定不能只重视朝内的臣子，而把刺史、县令置之度外，轻视其人选。百姓之所以未安，大概原因就在这里。”唐太宗于是对侍臣说：“刺史我将亲自选拔，县令命令五品以上在京任职的官员各自推举一人。”

③ 临民：即临民之官，指地方官。
④ 二千石：汉代对郡守的通称。因其俸禄为二千石。
⑤ 太尉：官名，秦汉时为全国军事长官。后历代多沿置，但一般都为加官，无实权，明代废除。

贞观十一年，治书侍御史刘洎以为左右丞宜特加精简，上疏曰："臣闻尚书万机，实为政本，伏寻此选，授任诚难。是以八座比于文昌[①]，二丞方于管辖[②]，爰至曹郎[③]，上应列宿[④]，苟非称职，窃位兴讥。伏见比来尚书省诏敕稽停，文案壅滞，臣诚庸劣，请述其源。贞观之初，未有令仆[⑤]，于时省务繁杂，倍多于今。而左丞戴胄，右丞魏徵，并晓达吏方，质性平直，事应弹举，无所回避，陛下又假以恩慈，自然肃物。百司匪懈，抑此之由。及杜正伦续任右丞，颇亦厉下。比者纲维不举[⑥]，并为勋亲在位，器非其任，功势相倾，凡在官寮，未循公道，虽欲自强，先惧嚣谤。所以郎中予夺，惟事谘禀；尚书依违，不能断决。或纠弹闻奏，故事稽延，案虽理穷，仍更盘下。去无程限，来不责迟，一经出手，便涉年载。或希旨失情，或避嫌抑理。勾司以案成为事了，不究是非；尚书用便僻为奉公[⑦]，莫论当否。互相姑息，惟事弥缝。且选众授能，非才莫举，天工人代[⑧]，焉可妄加？至于懿戚元勋，但宜优其礼秩，或年高及耄[⑨]，或积病智昏，既无益于时宜，当置之以闲逸。久妨贤路，殊为不可。将救兹弊，且宜精简尚书左右丞及左右郎中[⑩]。如并得人，自然纲维备举，亦当矫正趋竞，岂惟息其稽滞哉！"疏奏。寻以洎为尚书左丞。

译 贞观十一年，治书侍御史刘洎认为尚书省左右丞应当特别精心挑选，上疏说："我知道尚书省日常事务十分繁重，实在是施政的中心，选择适当的人来主持这个部门也确实是一件相当困难的事。所以人们往往把这里的八座高官比作能治众务的文昌天府里的众星，左右二丞则比方为钥匙和控制车轮的销子，一直到各部的郎官，都是与上天各个星宿一一互相对应的，如果不能称职，只会招来窃居其位的讥评。我看到近来尚书省承受了诏敕命令而稽留停滞，执行不力、文件案卷壅塞滞留的不正常情况，我虽然平庸低劣，也请允许我来分析一下出现这种情况的根源。在贞观初年，没有设置尚书令和左、右仆射，当时尚书省的公务繁杂，甚至超过今天好几倍。那时的左丞戴胄与右丞魏徵，都通晓而且熟练掌握尚书省事务，他们的素质品性公平正直，遇到应当弹劾举报的事情，从不回避，陛下对他们又格外倚重，自然能够使得纲纪振肃，各个主管部门不敢懈怠，都是因为这样做了的缘故。到杜正伦继任右丞以后，也能够注意督促下属。近来纲纪不举，都是由于元勋亲贵窃居高位，他们的才干不能胜任，只是以功勋势力互相倾轧排挤。其他在位官佐，也不能秉公办事，即使有的人想要自强振作，也首先害怕众人的诽谤。所以郎中处理事务时，只是往上禀报，六部尚书也是摇摆不定，不能断决。或者是害怕人家参奏弹劾，故意拖拖拉拉，案卷虽然审理得很清楚了，仍然压在那里不作处理，公文发出没有期限，复文迟回也不指责，一经出手，就成年累月地拖着不办。或者是迎合圣上的旨意而不惜违背实际情况，或者是为了自己避免嫌疑而不怕违理乖张；办案的部门只求结案了事，不去深究处理得是对还是错；尚书只以逢迎谄媚作为办

注 ① 八座：封建王朝高级官员，隋唐时以尚书省的六部尚书、左右仆射合称八座，或作八坐。文昌：星名，斗魁前六星，各有名。此指道教梓潼帝君。道家谓玉帝命梓潼掌文昌府及人间功名、禄位事，因此称为梓潼帝君。

② 二丞：二丞为尚书左丞、右丞。管辖：管是钥匙，辖是固定车轮与车轴位置，插入轴端的销子。

③ 曹郎：职官治事分科叫曹，隋唐时期，部曹兼置，或改部为曹；郎为官名，隋唐后六部皆有侍郎、郎中（隋但称郎）及员外郎，曹郎是郎中和员外郎的统称。

④ 列宿：宿指星的位次；列宿指众星宿。

⑤ 令仆：指尚书令及仆射。

⑥ 纲维：亦作维纲，指国家法度。

⑦ 便僻：或作便辟、便嬖，形容逢迎谄媚貌，或指逢迎谄媚之人。

⑧ 天工人代：言人君代天理物，官所治皆天事。这里是说尚书省的官员是代天办事。

⑨ 耄：七十、八十岁。一称八十、九十岁为耄。

⑩ 左右郎中：唐制，尚书左右二丞的副手。

事的标准，不论应当不应当。互相姑息，遇事只求掩盖弥合。而且各级官吏都应当在众多的人中选拔，没有才能不能举用，官吏是代天行事，怎能随便给人？至于功臣元勋皇亲国戚，只应当给他们优厚的待遇，他们或者已是八九十岁的老人，或者长期患病、智力昏庸，既然已经不可能为当今作出贡献了，那就应当安排他们一个安闲舒适的位置。让他们长期妨碍贤人之路，极为不可。为了纠正这类弊端，就应当精心挑选尚书左、右丞和左、右郎中，如果都找到称职的人，自然纲纪健全，也能够纠正那种歪门邪道、投机钻营的歪风，不单单是解决一点办事拖拉的问题啊！”奏章上达后不久，刘洎便被任命为尚书左丞。

贞观十三年，太宗谓侍臣曰：“朕闻太平后必有大乱，大乱后必有太平。大乱之后，即是太平之运也。能安天下者，惟在用得贤才。公等既不知贤，朕又不可遍识。日复一日，无得人之理。今欲令人自举，于事何如？”魏徵对曰：“知人者智，自知者明。知人既以为难，自知诚亦不易。且愚暗之人，皆矜能伐善[①]，恐长浇竞之风[②]，不可令其自举。”

译 贞观十三年，唐太宗对侍臣说：“我听说，太平以后一定会有大乱，大乱以后一定会有太平。现在大乱之后，就将是太平的气数了。能够使天下安定的，只在于得到贤才。先生等既不知道贤才在何处，我又不可能遍识天下之人，这样一天又一天过去，没有得到人才的道理。我现在想让人自我推荐，这对于选拔贤才怎么样？”魏徵回答说：“了解别人的人聪明，了解自己的人明智。了解别人既为难事，具有自知之明确实也不容易。况且愚昧昏庸的人都会自以为能夸耀自己。这样做恐怕会助长浮薄躁进的风气，不能让人自我推荐。”

注 ① 矜能伐善：自以为能夸耀自己。
② 浇竞之风：浮薄躁进的风气。

贞观十四年，特进魏徵上疏曰：

臣闻知臣莫若君，知子莫若父。父不能知其子，则无以睦一家；君不能知其臣，则无以齐万国。万国咸宁，一人有庆[1]，必藉忠良作弼，俊乂在官[2]，则庶绩其凝[3]，无为而化矣。故尧、舜、文、武见称前载，咸以知人则哲[4]，多士盈朝，元、凯[5]翼巍巍之功，周、召[6]光焕乎之美。然则四岳[7]、九官[8]、五臣[9]、十乱[10]，岂惟生之于曩代，而独无于当今者哉？在乎求与不求，好与不好耳！何以言之？夫美玉明珠，孔翠犀象，大宛之马[11]，西旅之獒[12]，或无足也，或无情也，生于八荒之表，途遥万里之外，重译入贡[13]，道路不绝者，何哉？盖由乎中国之所好也。况从仕者怀君之荣，食君之禄，率之以义，将何往而不至哉？臣以为与之为孝，则可使同乎曾参[14]、子骞[15]矣。与之为忠，则可使同乎龙逄[16]、比干[17]矣。与之为信，则可使同乎尾生[18]、展禽[19]矣。与之为廉，则可使同乎伯夷、叔齐[20]矣。

译 贞观十四年，特进魏徵上奏疏说：

小臣听说了解臣下的莫过于君主，了解儿子的莫过于父亲。父亲不能了解儿子，就无法使一家和睦；君主不能了解臣子，就无法使全国达到治理。全国安宁，君主有善，必须靠忠诚贤良的人辅佐，贤能的人在朝作官，那就各种事业都会成功，君主不烦劳而使天下大治。所以尧、舜、周文王、周武王被前代称颂，都是因为具有知人之明，朝中拥有众多贤士。八元、八恺辅佐舜建立巍巍功业，周公、召公使周武王的美名发扬光大。那么“四岳”、“九官”、“五臣”、“十乱”这样的贤臣，难道只生长在过去的朝代，而唯独今天没有吗？在于君主寻求不寻求，喜好不喜好罢了！为什么这样说呢？那美玉、明珠、孔雀、翡翠、犀角、象牙，大宛国的名马、西夷国的猛犬，有的没有脚，有的没有感情，出产在八方荒远之地，路途遥远在万里之外，要经过多重翻译才能到中国进贡，进贡人却一路上络绎不绝，这是为什么呢？这是由于中国喜好这些东西啊。何况为官的人想着君主给予的荣华，吃着君主给予的俸禄，如果用大义来统率，他们哪里会不来呢？小臣认为，使他们为孝，就可使他们同于曾参、闵子骞；使他们为忠，就可使他们同于关龙逄、比干；使他们为信，就可使他们同于尾生、展禽；使他们为廉，就可使他们同于伯夷、叔齐。

注 ① 一人有庆：语出《礼记·缁衣》：“一人有庆，兆民赖之。”孔颖达疏：“庆，善也。”

② 俊乂在官：语出《尚书·皋陶谟》，意为贤能的人担任官职。

③ 庶绩其凝：语出《尚书·皋陶谟》，意为诸事都得到成功。庶绩，各种事功。凝，形成。

④ 知人则哲：语出《尚书·皋陶谟》。意为能鉴察人的品行才能，就可谓之明智。

⑤ 元、凯：《左传·文公十八年》云古时高辛氏有才子八人称为八元；高阳氏有才子八人称为八凯。后人于是称皇帝的辅佐大臣为元凯。又《史记·五帝本纪》：“舜举八恺，使主后土；举八元，使布五教于四方。”凯，同恺。文中“元、凯”指舜时的贤臣。

⑥ 周、召（shào 绍）：周公与召公。周武王时的贤臣，曾辅武王灭商建立周朝，武王死后，又辅佐成王巩固政权。

⑦ 四岳：相传为唐尧的大臣。因分管四方的诸侯，所以叫四岳。

⑧ 九官：传说舜置九官，即伯禹作司空，弃为后稷，契作司徒，皋陶作士，垂为共工，

益作虞，伯夷作秩宗，夔为典乐，龙为纳言。见《尚书·舜典》。

⑨ 五臣：指舜的大臣禹、稷、契、皋陶、伯益。《论语·泰伯》："舜有臣五人而天下治。"

⑩ 十乱：指周武王的大臣周公旦、召公奭（shì 式）、太公望、毕公、荣公、太颠、闳夭、散宜生、南公适、文母。《尚书·泰誓》中："予（周武王）有乱臣十人，同心同德。"乱，治也。

⑪ 大宛之马：大宛，古西域国名，盛产名马汗血马。

⑫ 西旅之獒：西旅，西夷国；獒，猛犬。

⑬ 重译入贡：重译，多重翻译。贡，献。意谓朝贡的使者因路途遥远，语言不通，要经过多重翻译才能将贡品送到中国。

⑭ 曾参（前505—前435）：字子舆，春秋时鲁国人，孔子学生。

⑮ 子骞：春秋时鲁国人，孔子学生，姓闵，名损，字子骞。少时后母以芦花为他做衣。其父知道后欲休后母，为子骞劝止，后母因此改悔。

⑯ 龙逄：即关龙逄，夏代末年大臣。夏桀荒淫暴虐，关龙逄多次直谏，被桀囚禁杀死。

⑰ 比干：商代末年大臣。因劝谏商纣王，被剖心而死。

⑱ 尾生：战国时鲁国人。与女子约会桥下，女子未来，河水上涨，仍守约不去，抱桥柱淹死。

⑲ 展禽：春秋时鲁国大夫，字季。封于柳下，谥惠。

⑳ 伯夷、叔齐：商代孤竹君的两个儿子。孤竹君临死遗命立次子叔齐。叔齐欲让位给兄伯夷，伯夷不受。二人都不登位，先后逃奔周国。周武王伐纣，二人认为是"以暴易暴"，曾叩马谏阻。周灭商后，二人以食周粟为耻，逃入首阳山采薇而食，饿死于山中。

然而今之群臣，罕能贞白卓异[1]者，盖求之不切，励之未精故也[2]。若勖之以公忠，期之以远大，各有职分，得行其道。贵则观其所举，富则观其所养，居则观其所好，习则观其所言，穷则观其所不受，贱则观其所不为。因其材以取之，审其能以任之，用其所长，掩其所短。进之以六正，戒之以六邪，则不严而自励，不劝而自勉矣。

译 然而现在的群臣，少有正直廉洁、才能优异的，大概是要求他们不严、磨炼他们不够的缘故吧。如果用大公无私、忠心为国来勉励他们，用远大理想来要求他们，使他们各有职责，施展才能；显贵时观察其所举荐的，富有时观察其所蓄养的，平居时观察其所喜好的，学习时观察其所言说的，穷困时观察其所不接受的，贫贱时观察其所不干的；根据他们的才干选拔，审查他们的能力任用，用其所长，避其所短，用"六正"使他们向上，用"六邪"使他们警戒，就会不严厉督察而使他们自己振奋，不加劝勉而使他们自己努力。

注 ① 贞白：正直清廉。卓异，优异特出。
② 励之未精：磨炼不够。励：通砺，磨炼。

译 所以《说苑》里边讲："臣子的行为，有六正与六邪两类。按六正去做就很光荣，犯了六邪的毛病就非常可耻。什么叫作六正呢？第一种人是在事物刚开始萌芽还没有开展，各种情况的征兆还不显著的时候，能够清醒和敏锐地发现国家存亡的关键、朝廷得失的要害，及时采取措施，防患于未然，使得帝王能够超然处于显赫荣耀的地位，这样的臣子，可以称为圣臣。第二种人是自己虚心尽意，不断提出好的意见，勉励帝王行礼义，告知帝王好计策，对帝王好的言行积极推行，对错误的言行尽力挽救和匡正，这样的臣子，可以称为良臣。第三种人是起得很早、睡得很晚，日夜操劳，坚持不懈地推荐贤良之臣，一再引用历史的经验教训，来鞭策帝王奋发向上，这样的臣子，可以称为忠臣。第四种人是对于朝廷事业的成败能够看得很清楚，并采取措施及早防止而挽救它，堵塞它的漏洞、断绝它的根源，做到转祸为福，使得帝王终于解除忧虑，这样的臣子，可以称为智臣。第五种人是能够奉公守法，照章办事，勤勤恳恳，不收受礼物，推辞禄位谦让赏赐，平时生活节俭，这样的臣子，可以称为贞臣。第六种人是在昏君当道的乱世时，不阿谀逢迎，而且还敢于冒犯帝王的疾言厉色，当面指出帝王的错误和过失，这样的臣子，可以称为直臣。这就叫作六正。什么叫作六邪呢？第一种人是安于官位，贪求俸禄，心思根本不在办好公事，随波逐流，左右观望，这样的臣子，称之为具臣。第二种人是只会跟着帝王转，帝王所说的一切他都说对，帝王所做的一切他都说好，背后专门打听帝王的特别爱好并加以进奉，让帝王满足耳目声色之好，只想让帝王感到高兴，他自己也能够得到好处，全不顾将来对国家有什么害处，这样的臣子，称之为谀臣。第三种人是内心险恶邪佞，外表小心谨慎，他们善于用中听的话和颜悦色对人，妒嫉善良贤能之人，他们想要提拔进用的人，就只讲长处，掩盖短处；他们想要排挤斥退的人，就专讲过错，隐藏美德；使得帝王因被蒙骗而

故《说苑》曰[①]："人臣之行，有六正六邪。行六正则荣，犯六邪则辱。何谓六正？一曰，萌芽未动，形兆未见，昭然独见存亡之机，得失之要，预禁乎未然之前，使主超然立乎显荣之处，如此者，圣臣也。二曰，虚心尽意，日进善道，勉主以礼义，谕主以长策，将顺其美，匡救其恶，如此者，良臣也。三曰，夙兴夜寐，进贤不懈，数称往古之行事，以厉主意，如此者，忠臣也。四曰，明察成败，早防而救之，塞其间，绝其源，转祸以为福，使君终以无忧，如此者，智臣也。五曰，守文奉法，任官职事，不受赠遗，辞禄让赐，饮食节俭，如此者，贞臣也。六曰，家国昏乱，所为不谀，敢犯主之严颜，面言主之过失，如此者，直臣也。是谓六正。何谓六邪？一曰，安官贪禄，不务公事，与世浮沉，左右观望，如此者，具臣也。二曰，主所言皆曰善，主所为皆曰可，隐而求主之所好而进之，以快主之耳目，偷合苟容，与主为乐，不顾其后害，如此者，谀臣也。三曰，内实险诐，外貌小谨，巧言令色，妒善嫉贤，所欲进，则明其美、隐其恶，所欲退，则明其过、匿其美，使主赏罚不当，号令不行，如此者，奸臣也。四曰，智足以饰非，辩足以行说，内离骨肉之亲，外构朝廷之乱，如此者，谗臣也。五曰，专权擅势，以为轻重，私门成党，以富其家，擅矫主命，以自贵显，如此者，贼臣也。六曰，谄主以佞邪，陷主于不义，朋党比周，以蔽主明，使白黑无别，是非无间，使主恶布于境内，闻于四邻，如此者，

亡国之臣也。是谓六邪。贤臣处六正之道，不行六邪之术，故上安而下治，生则见乐，死则见思，此人臣之术也。”《礼记》曰②：“权衡诚悬，不可欺以轻重。绳墨诚陈，不可欺以曲直。规矩诚设，不可欺以方圆。君子审礼，不可诬以奸诈。”然则臣之情伪，知之不难矣。又设礼以待之，执法以御之，为善者蒙赏，为恶者受罚，安敢不企及乎？安敢不尽力乎？

国家思欲进忠良，退不肖，十有余载矣，徒闻其语，不见其人，何哉？盖言之是也，行之非也。言之是，则出乎公道，行之非，则涉乎邪径。是非相乱，好恶相攻。所爱虽有罪，不及于刑。所恶虽无辜，不免于罚。此所谓爱之欲其生，恶之欲其死者也。或以小恶弃大善，或以小过忘大功。此所谓君之赏不可以无功求，君之罚不可以有罪免者也。赏不以劝善，罚不以惩恶，而望邪正不惑，其可得乎？若赏不遗疏远，罚不阿亲贵，以公平为规矩，以仁义为准绳，考事以正其名，循名以求其实，则邪正莫隐，善恶自分。然后取其实，不尚其华，处其厚，不居其薄，则不言而化，期月而可知矣！若徒爱美锦，而不为民择官。有至公之言，无至公之实，爱而不知其恶，憎而遂忘其善，徇私情以近邪佞，背公道而远忠良，则虽夙夜不怠，劳神苦思，将求至理，不可得也。

书奏，甚嘉纳之。

注 ① 说苑：书名，凡二十卷。汉刘向

赏罚不当、号令不行，这样的臣子，称之为奸臣。第四种人是他们的才智足以掩饰自己的错误，能言善辩足以实行他的主张，在帝王宗室内部离间骨肉之亲，外部造成朝廷的混乱，这样的臣子，称之为谗臣。第五种人是专揽大权，擅权独行，以轻为重，结党营私，使自家富起来，借用君主的名义行事，来使自己尊贵显赫，这样的臣子，称之为贼臣。第六种人是用花言巧语讨好帝王，让帝王陷于不义，结党营私，蒙蔽帝王的视听，使之黑白不分，是非不明，从而让帝王丑恶的名声不仅在国内到处传布，还在四邻臭名远扬，这样的臣子，称为亡国之臣。这六种臣子就叫做六邪。凡是贤良的臣子都是身处六正的正道，不行六邪的邪术的，所以能够做到上安而下治。他们活着给人以快乐，死了也被人怀念，这是为人臣的正道。”《礼记》里讲到：“称量物体的称具挂在那里，就不可能在轻重方面受欺谩；测量物体的绳墨放在那里，就不可能在曲直方面受欺谩；校正圆形和方形的规矩摆在那里，就不可能在方圆方面受欺谩。君子懂得各种礼度规范，不可能为奸诈所欺骗。”由此可知臣子的是非真伪情况，要知道也并不困难。如果能够用礼度规范对待他们，用执行法制控制他们，有功的受赏，作恶的受罚，哪个敢不思上进，哪个敢不尽力去做？

朝廷考虑进用忠良之臣，斥退不肖之臣，已经有十多年了，但是只听见这样的话，并没有看见这样的人，这是什么缘故呢？那是因为讲得是对的，做得并不对。讲得对，那就符合于公道，做得不对，就要走到邪路上去。这样一来，势必是非混乱，好恶互相对立。其表现有：凡所喜爱之人，虽然有罪，也并不受刑罚；凡所憎恶之人，尽管无辜，也难免受罚。这就是所谓“爱之欲其生，恶之欲其死”的表现；或者是因为小错误而否定显著的成绩，或者是因为小缺点而忘掉巨大的功劳。这就是所谓君王的赏赐不可以无功而求得，君王的惩罚不可以有罪而得免。如果行赏不能做到劝善，处罚不能做到惩恶，而又希望邪正分明，这怎么可能呢？假如能够行赏不遗漏疏远之人，处罚不包庇亲近贵幸之人，以公平作为规矩，以仁义作为准绳，考察所做的事情辨正他的名分，依照名分责求他的实际工作，这样就能使邪与正都隐蔽不住，善与恶都分得清清楚楚。然后就可以取得实效，而不崇尚浮华的空谈，处于淳厚的气氛之中，而不是处于浇薄的歪风之下，就是不说也能实现教化，很快就可以看到效果。假如只是喜爱美好的声誉，而并不去为民选择官吏，只有要求公正的言论，并无实现公正的事实，自己喜爱的人就看不见他的毛病，自己憎恶的人就忘记他的长处；讲私情而接近和重用邪佞之臣，背离公道而疏远和排斥忠良之臣，那么虽然日夜辛劳，苦思苦想，希望达到国家大治，也是不可能的。

这道奏疏呈进之后，太宗十分嘉许地采纳了。

撰。所录皆轶闻琐事，凡二十篇，一说三十篇。

② 礼记：书名，儒家经典十三经之一。亦称《小戴记》，汉戴圣所记。此引《礼经解》篇之辞。

贞观二十一年，太宗在翠微宫①，授司农卿②李纬户部尚书③。房玄龄是时留守京城。会有自京师来者，太宗问曰："玄龄闻李纬拜尚书，如何？"对曰："但云'李纬大好髭须'，更无他语。"由是改授洛州刺史。

译 贞观二十一年，唐太宗在翠微宫任命司农卿李纬为户部尚书。房玄龄当时在京城留守。恰巧有从京城来的人，太宗问道："玄龄听说李纬任户部尚书，有什么表示？"来人回答："只说'李纬一把大胡子长得好'，再没有其他的话。"太宗因此改任李纬为洛州刺史。

注 ① 翠微宫：唐宫名。在今陕西西安市南终南山中。唐高祖武德八年始建，名太和宫，太宗贞观十年废。二十一年重修，改名翠微宫。

② 司农卿：司农寺长官。司农寺掌管粮食积储、京官禄米等。

③ 户部尚书：户部长官。户部，官署名，唐代六部之一，掌管户口、财赋等。

封建第八

凡二章

贞观元年，封中书令房玄龄为邗国公①，兵部尚书杜如晦为蔡国公，吏部尚书长孙无忌为齐国公，并为第一等，食邑实封一千三百户②。皇从父淮安王神通上言③："义旗初起，臣率兵先至④，今玄龄等刀笔之人，功居第一，臣窃不服。"太宗曰："国家大事，惟赏与罚。赏当其劳，无功者自退。罚当其罪，为恶者咸惧，则知赏罚不可轻行也。今计勋行赏，玄龄等有筹谋帷幄，画定社稷之功，所以汉之萧何，虽无汗马，指纵推毂，故得功居第一⑤。叔父于国至亲，诚无爱惜，但以不可缘私滥与勋臣同赏矣！"由是诸功臣自相谓曰："陛下以至公，赏不私其亲，吾属何可妄诉。"初，高祖举宗正籍，弟侄、再从、三从孩童已上封王者数十人⑥。至是，太宗谓群臣曰："自两汉已降，惟封子及兄弟，其疏远者，非有大功，如汉之贾、泽⑦，并不得受封。若一切封王，多给力役，乃至劳苦万姓，以养己之亲属。"于是宗室先封郡王其间无功者，皆降为县公⑧。

译 贞观元年，唐太宗封中书令房玄龄为邗国公、兵部尚书杜如晦为蔡国公、吏部尚书长孙无忌为齐国公，都封的是第一等，封给他们的实封食邑分别为一千三百户。于是唐太宗的堂叔父淮安王李神通说："当年高祖在太原起兵时，是我首先带兵赶来响应，攻克京师。如今房玄龄等舞文弄墨的文人，竟然功居一等，我心里实在不服。"唐太宗说："处理国家大事，最要紧的是做好赏与罚。所赏与其劳绩相当，无功的人都会自然退避不争，所罚符合其所犯的罪，作恶的人就都会感到害怕。由此可知赏罚决不可随便施行的。如今我们正在按照功勋的大小分别给以适当的奖赏，房玄龄等人有为国家出谋划策、统筹全局的大功劳，就像当年汉高祖评定萧何的功劳一样，虽然没有骑马打仗，但起了发布指示、定夺天下的重要作用，所以确定他功居第一。叔父你是我的至亲，我当然没有什么爱惜的东西舍不得赏你，但现在决不能因为亲私的缘故而滥与功勋卓著的大臣同样赏赐！"因此功臣们都相互诉说道："陛下能够这样秉公处理，封赏一点也不偏私自己的亲属，我们还有什么可以妄自争诉。"当初，高祖李渊曾经根据宗正寺所管的宗室名册，把弟弟、侄儿以及再从、三从亲属关系的孩童以上的人都封了王，多达几十人。到这时，唐太宗对群臣说："自从两汉以来，封建分封都只封到儿子和兄弟，其他疏远的亲属中，非得要有大的功劳，像汉高祖的从兄弟刘贾，从祖兄弟刘泽那样，其他都不能受封。如果一切亲属都得封王，要给他们多拨力役，就会成劳苦百姓来供养我的亲属了。”于是对李氏宗室中过去被封为郡王而又没有什么功劳的人，都降格为郡公。

注 ① 邗国公：其他史籍记载为“邢国公”。

② 食邑实封：唐太宗即位后，为了革除武德封赏弊病，始定功臣实封差第，按其功之大小，以定实封户数多寡，当时得实食封的功臣有四十三人。

③ 淮安王神通：唐高祖李渊的堂兄弟，从高祖平京师，典兵宿卫，封淮安王。当时李神通仅得实封五百户。

④ 臣率兵先至：隋大业十三年五月，高祖起兵太原，六月，传檄关中，李神通自长安入鄠南山，举兵响应，从平长安有功。

⑤ 汉之萧何……功居第一：汉高祖论功行封，群臣争功不决，汉高祖因萧何功大，先封酂侯。功臣们都说：“萧何无汗马功劳，不过是写写文书发表，而在臣等上，为什么？”汉高帝说：“打猎时，追杀野兽的是狗，指挥猎犬的是人，诸君不过能捉得野兽，功劳好比是狗，萧何的功劳，好比是发令指示的人。”群臣都不敢再说了。指纵：这是猎人的动作。指是指示猎物，纵是放出猎犬。推毂：推车前进，此指助人举事夺天下。

⑥ 高祖……数十人：武德初，李渊因四海未定，欲威镇天下，就封亲子分掌兵权，如封李世民为秦王、李元吉为齐王等；又广树宗室，遍封宗子，不仅恩及弟侄，而且使再从、三从弟及兄弟之子皆封为王，数达几十人。三从：同祖的叫从，同曾祖的叫再从，同高祖的叫三从。

⑦ 汉之贾、泽：汉高祖封从兄弟刘贾为荆王，从祖昆弟刘泽为燕王，两人都在战争中立功。

⑧ 县公：根据正史看，县字可能是衍误，当为郡公。

译 贞观十一年，唐太宗认为周朝分封皇室子弟，政权保持八百多年；秦朝罢除诸侯分封制，二世灭亡；汉朝吕后想危害刘氏，最后靠宗室子弟的力量获得安定；分封皇亲和贤臣，应当是使子孙长治久安的方法。于是规定制度，将皇室子弟荆州都督荆王李元景、安州都督吴王李恪等二十一人，以及功臣司空赵州刺史长孙无忌、尚书左仆射宋州刺史房玄龄等一十四人，一并封为世袭刺史。礼部侍郎李百药上奏驳议世袭封爵一事说：

小臣听说：治理国家，保护百姓，是君王通常的规范；尊奉君主使之安稳，是百姓最大的原则。考虑阐扬治国安邦的规划，用来发展长治久安的事业，是千古不变、人同此心的。但是各朝政权的时间有长短的差异，国家的政治有安定和动乱的不同。

贞观十一年，太宗以周封子弟，八百余年，秦罢诸侯，二世而灭，吕后欲危刘氏①，终赖宗室获安②，封建亲贤，当是子孙长久之道。乃定制，以子弟荆州都督荆王元景③、安州都督吴王恪④等二十一人，又以功臣司空赵州刺史长孙无忌、尚书左仆射宋州刺史房玄龄等一十四人，并为世袭刺史。礼部侍郎李百药⑤奏论驳世封事，曰：

臣闻经国庇民，王者之常制；尊主安上，人情之大方⑥。思阐治定之规，以弘长世之业，万古不易，百虑同归。然命历有赊促之殊⑦，

邦家有治乱之异。遐观载籍，论之详矣。咸云周过其数[⑧]，秦不及期[⑨]，存亡之理，在于郡国。周氏以鉴夏、殷之长久，遵皇王之并建，维城磐石[⑩]，深根固本，虽王纲弛废，而枝干相持，故使逆节不生，宗祀不绝。秦氏背师古之训，弃先王之道，践华恃险，罢侯置守，子弟无尺寸之邑，兆庶[⑪]罕共治之忧，故一夫号呼而七庙隳圮[⑫]。

远看古代典籍，对此论述得很周详了。都说周朝享国超过了预计的年数，秦朝则没有达到预期的年限，其存亡的道理，就在于分封制和郡县制。周朝因鉴于夏朝、商朝享国长久的经验，遵行分封制度，使皇室子弟像城墙一样坚如磐石地捍卫国家，使国家根基深厚牢固，后来虽然王室的权威丧失，法纪废弛，但诸侯与王室像树木的枝和干一样互相扶持，所以能让叛乱不生，宗庙祭祀不断。秦人背离师法古代的准则，抛弃古代明君的方法，依仗华山的险要，罢免诸侯设置郡守，使皇室子弟没有一寸封地，亿万百姓缺乏共同治理国家的忧患意识，所以一人号召起义就政权崩溃。

注 ①“吕后”句：吕后，名雉，汉高祖刘邦妻。高祖死后，子刘盈（惠帝）即位，吕后掌握实权。惠帝死后，吕后临朝当政，分封吕氏家族多人，控制军队。其死后，太尉周勃等尽灭诸吕，迎立高祖子代王刘恒为帝，才恢复刘汉政权。

②“终赖”句：宗室，皇族。吕后当政时，吕氏子弟骄横不可一世。刘汉宗室刘章在一次酒宴上以军法监酒，斩吕氏一人，使诸吕畏惧。后刘章又参与周勃等消灭诸吕的行动。

③ 荆王元景：唐高祖李渊之子。唐高宗永徽初年，官司徒。因其子与谋反的房遗爱往来，一起下狱赐死。

④ 吴王恪：唐太宗之子。文武双全，有名望，太宗曾想立为太子。唐高宗永徽年间，房遗爱谋反，高宗因怕李恪被利用来争取人心，遂诛杀之。

⑤ 礼部侍郎：官名，礼部的副长官。李百药（565—648）：字重规。曾仕隋。入唐后，贞观初年曾任中书舍人。撰有《北齐书》五十卷。

⑥ 大方：大道理，大原则。

⑦ 命历：运数。赊促：长短。

⑧ 周过其数：周朝经历的时间超过了预计的年数。周成王定鼎后曾占卜到周可享国三十世，七百年。后来实际上周朝经历了三十七主，八百六十七年，故说周过其数。

⑨ 秦不及期：秦朝未到预定的期限就灭亡了。秦始皇曾说：“朕为始皇帝，后世以计数，二世三世至于万世，传之无穷。”而实际上仅传到二世就灭亡了。

⑩ 维城磐石：连接城邑保卫国家如同磐石一样坚固。《诗经·大雅·板》：“宗子维城。”

⑪ 兆庶：万民。

⑫ 一夫号呼而七庙隳圮：一个普通百姓出来号召，国家就灭亡了。一夫号呼：指陈胜在大泽乡起义。七庙：借指国家政权。《礼记·王制》：“天子七庙。”隳圮：毁坏。

臣以为自古皇王，君临宇内，莫不受命上玄①，册名帝录，缔构遇兴王之运，殷忧属启圣之期。虽魏武携养之资②，汉高徒役之贱③，非止意有觊觎，推之亦不能去也。若其狱讼不归④，菁华已竭⑤，虽帝尧之光被四表，大舜之上齐七政⑥，非止情存揖让，守之亦不可焉！以放勋⑦、重华⑧之德，尚不能克昌厥后⑨。是知祚之长短，必在于天时，政或兴衰，有关于人事。隆周卜世三十，卜年七百，虽沦胥⑩之道斯极，而文、武之器⑪尚存，斯龟鼎⑫之祚，已悬定于杳冥矣。至使南征不返⑬，东迁避逼⑭，禋祀阙如⑮，郊畿不守，此乃陵夷之渐⑯，有累于封建焉。暴秦运距闰余⑰，数终百六⑱。受命之主，德异禹、汤，继世之君，才非启、诵⑲。借使李斯⑳、王绾㉑之辈盛开四履㉒，将闾㉓、子婴㉔之徒俱启千乘㉕，岂能逆帝子㉖之勃兴，抗龙颜㉗之基命者也！

译 小臣认为，自古以来的帝王，居君位而统治全国，无不是受命于上天、列名于帝录的，缔造国家时都遇到好运，碰到忧患实际上是锻炼非凡才能的时机。即使像魏武帝那样靠别人抚养长大，汉高祖为押送徒役的那样低微的人，不只是企图夺取帝位，就是想推让也不能推掉。如果百姓不归附，时机已过，即使像帝尧那样光芒照于四海，大舜那样高尚如同七星，不只是存心推让帝位，就是想保守也不能守住！以尧、舜的美德，尚且不能使其后代继承帝位，由此可以知道帝业的长短，一定在于天时，政治的兴衰，才与人事有关。兴隆的周朝占卜得到的结果是传位三十世、七百年，虽然沦落到了极点，而文王、武王留下的政权还在，那龟鼎象征的帝位，早已决定于冥冥之中了。至于周昭王南巡不返，周平王迁都避逼，祭祀的礼节欠缺，京郊的土地不能保守，这就是衰落的征兆，而受累于分封制。残暴的秦朝乘着一时的运气而得天下，但其气数终是厄运。受命于天的国君，德行不同于夏禹和商汤，继承帝位的君主，才能比不上夏启和周成王。即使李斯、王绾这些人大大开拓疆域，将闾、子婴这些人全都受封诸侯，难道就能抗拒汉高祖刘邦的兴起和取得天下吗！

注 ① 上玄：上天。
② 魏武：即曹操(155—220)，字孟德，小字阿瞒，谯(今安徽亳县)人，三国时政治家、军事家。东汉末年，曾参加镇压黄巾起义。建安元年(196)迎汉献帝建都于许(今河南许昌市一带)，挟天子以令诸侯，逐步统一黄河流域，位至丞相、大将军，进封魏王。他死后，其子曹丕代汉称帝，追尊他为武帝。携养之资：曹操之父曹嵩原姓夏侯，后为东汉中常侍(宦官)曹腾养子，改姓曹，故称。
③ “汉高”句：意指汉高祖刘邦是低贱的徒役出身。
④ 狱讼不归：诉讼案件的人不归向(请你判案)。意即百姓不信任、不归附。
⑤ 菁华已竭：精华已尽。菁华通精华。此句出自《尚书大传》—《帝载歌》：“菁华已竭，褰裳去之。”
⑥ 上齐七政：上，高尚。上通尚。齐，如同。七政，日、月和金、木、水、火、土五星。
⑦ 放勋：帝尧的名。
⑧ 重华：大舜的名。
⑨ 克昌厥后：能使他的后代昌盛。克，能。厥，其。
⑩ 沦胥：意为相互牵连而受苦难。后泛指沦陷、沦落。

⑪ 器：此处意为政权。
⑫ 龟鼎：元龟与九鼎。都是国家重器，比喻帝位。
⑬ 南征不返：周昭王南巡渡汉水，百姓厌恶他无德，故意以胶粘的船给他乘，至中流，胶溶船解，昭王淹死。
⑭ 东迁避逼：公元前771年，西周的末代国君周幽王被犬戎（西部少数民族）所杀。其子宜臼即位，是为平王。周平王为了避免犬戎的威胁，于前770年将国都从镐京（今陕西长安县西南）东迁至洛邑（今河南洛阳市）。
⑮ 禋祀阙如：禋祀，古代祭天的一种礼仪，将牲口和玉帛置于柴上焚烧。后泛指祭祀。阙如，欠缺。
⑯ 陵夷之渐：陵夷，衰落。渐，征兆。
⑰ 运距闰余：运，国运。距，踞。闰余，非正统的帝位，或作闰位。
⑱ 数终百六：数，气数。终，终结。百六，厄运。
⑲ 才非启、诵：不是启、诵之才。启，大禹之子。相传禹曾选定伯益为继承人。禹死后，伯益推让，启遂继王位。一说启杀伯益自立，确立传子制度。诵，周成王的名。
⑳ 李斯（？—前208）：秦代政治家。战国末楚上蔡（今河南上蔡县西南）人，曾从荀卿（荀子）学习，为吕不韦（秦相）舍人，后被秦王政（秦始皇）任为客卿，辅佐秦始皇统一中国，官至丞相。秦统一后，他定郡县制，禁《诗》、《书》，统一文字。秦始皇死后，他与赵高伪造遗诏，逼令始皇继承人公子扶苏自杀，立始皇少子胡亥为帝。后被赵高诬陷，下狱腰斩。
㉑ 王绾：秦始皇时秦国丞相。
㉒ 四履：四面边境。履，足迹所至的地界。
㉓ 将闾：秦公子。秦二世胡亥即位后将其杀害。
㉔ 子婴（？—前206）：秦始皇长子扶苏之子。秦二世三年（前207），赵高杀秦二世，立子婴，去帝号，称王。子婴设计杀赵高。刘邦（汉高祖）兵至，子婴出降，在位仅46天。后被项羽（楚霸王）所杀。
㉕ 千乘：千辆兵车。古时以一车四马为一乘。此处代指拥兵千乘的诸侯国。
㉖ 帝子：汉高祖刘邦。传说刘邦是赤帝（神）之子。
㉗ 龙颜：汉高祖刘邦。《史记·高祖纪》："高祖为人隆准（高鼻）而龙颜。"龙颜，意谓眉骨圆起。

然则得失成败，各有由焉。而著述之家，多守常辙①，莫不情忘今古，理蔽浇淳②，欲以百王之季③，行三代④之法，天下五服⑤之内，尽封诸侯，王畿千里之间，俱为采地⑥。是则以结绳之化行虞、夏之朝⑦，用象刑之典治刘、曹之末⑧，纪纲弛紊，断可知焉。锲船求剑，

译 那么可以说事情的得失成败，各有其原因。而著书立说的人，大多墨守常规，无不忘了今天和古代的情势，不明浇薄和淳朴的道理。想在后代帝王的时期，推行夏、商、周三代的制度，把天下五服之内，全部分封诸侯，王城千里之间，俱作大夫食邑。这就是把上古结绳计事的教化在虞舜、夏禹的朝代推行，用尧舜象征刑罚的法制，在汉、魏时代治国，法制混乱，断然可知。刻舟求剑，不见得可行，胶柱奏乐，更增加疑惑。只知道楚庄王问鼎、晋文公请隧，霸主的军队可怕；以及秦王子婴白马素车出降，没有宗室的援救。不明白秦二世被赵高杀害于望夷宫的祸乱，不理解后羿被寒浞杀害的灾难；曹魏高贵乡公的祸殃，难道与申侯联结缯人、犬戎杀害周幽王不同？这其实是英明或昏庸，所造成的安定或危亡，并不是郡守县令或公侯藩王，造成的兴旺或覆灭。况且如果实行分封制，几代之后，王室逐渐衰微，诸侯开始自然是国家的护卫，后来却变化为仇敌。各大夫家习俗不同，各诸侯国政治不同，强大的侵凌弱小的，势众的欺侮人少的，对峙疆埸，大动干戈。狐骀战役，鲁国妇女尽孝，崤陵战役，秦国全军覆没。这只是稍举几个例子，其余多得不可胜数。陆士衡还泥古不化地说："虽然周王丢弃九鼎流亡，叛党窃据国都，但天下安定，以安定对付动乱。"这话是多么荒谬啊！而设置官吏分掌职守，任用贤能之士，用奉公守法的人才，担当共同治国的委托，考察任用，哪个时代没有人才。这样可使大地呈祥，上天降瑞，民众称为父母，政绩好比神明。曹元首还自以为然地说："与别人同享欢乐的人，别人一定分担他的忧患；与别人分享安全的人，别人一定拯救他的危难。"难道只有分封诸侯才能共济安危，任用官吏就不能同享忧乐？这话是何等的荒谬啊！

未见其可；胶柱成文[9]，弥多所惑。徒知问鼎请隧[10]，有惧霸王之师；白马素车[11]，无复藩维之援。不悟望夷之衅[12]，未堪羿、浞之灾[13]；既罹高贵之殃[14]，宁异申、缯之酷[15]。此乃钦明昏乱，自革安危，固非守宰公侯，以成兴废。且数世之后，王室浸微，始自藩屏，化为仇敌。家殊俗，国异政，强陵弱，众暴寡，疆埸彼此，干戈侵伐。狐骀之役，女子尽髽[16]；崤陵之师，只轮不反[17]。斯盖略举一隅，其余不可胜数。陆士衡方规规然[18]云："嗣王委其九鼎[19]，凶族据其天邑[20]，天下晏然，以治待乱[21]。"何斯言之谬也！而设官分职，任贤使能，以循良之才[22]，膺共治之寄，刺举分竹[23]，何世无人。至使地或呈祥，天不爱宝[24]，民称父母，政比神明。曹元首方区区然[25]称："与人共其乐者人必忧其忧，与人同其安者人必拯其危。"岂容以为侯伯则同其安危，任之牧宰则殊其忧乐？何斯言之妄也！

注 ① 常辙：常规。辙，车轮行过的痕迹。
② 理蔽浇淳：道理上分不清风气浇薄和淳朴的时期。
③ 百王之季：此处意为后代帝王的时期。
④ 三代：夏、商、周。
⑤ 五服：古代王城外围每五百里为一区划，按距离分为五等地带：侯服、甸服、绥服、要服、荒服，称作五服。服，服事天子之意。
⑥ 采地：卿大夫的封地。采地的收入为卿大夫的俸禄。
⑦ 结绳之化：结绳记事时代的教化。虞、夏之朝：虞舜、夏禹的朝代。
⑧ 象刑之典：尧舜时代的法令制度。象刑，传说尧舜时没有肉刑，而是用一定的服饰象征刑罚，称为象刑。刘、曹之末：刘汉、曹魏的后期。
⑨ 胶柱成文：用胶粘住瑟（古乐器）的弦柱，想奏出和谐优美的乐章。比喻不知变通。
⑩ 问鼎：春秋时期，周王室衰落。周定王元年（前 606），楚庄王攻打陆浑之戎，至洛阅兵。周王派大夫王孙满去劳军，楚庄王就问起周朝宗庙中九鼎的大小轻重。九

鼎为大禹所铸，象征天下九州，夏、商、周三代都作为传国之宝。楚庄王问鼎，表示他有取代周室、夺取天下的野心。陆浑之戎，古代西部少数民族，原居陆浑（今甘肃敦煌市一带），春秋时被秦、晋二国迁于伊川（今河南伊川县）。请隧：请求隧葬。隧葬，天子的葬礼，即挖地道至墓穴入葬。《左传·僖公二十五年》记载，晋文公请求周天子允许自己死后隧葬。暴露了他也有图谋天子之位的野心。

⑪ 白马素车：古代凶丧舆服，用白色的马拉着涂以白土的车。公元前206年，刘邦进攻至秦国首都咸阳，秦王子婴以白马素车出降。

⑫ 望夷之衅：望夷，秦宫名。以可望北夷命名，故址在今陕西泾阳县东南。秦末赵高杀二世胡亥于此宫。衅，祸乱。

⑬ 羿、浞之灾：羿，夏代有穷氏首领，善射。因夏君太康荒淫取而代之。但后来以不修政事，被家臣寒浞所杀。

⑭ 高贵之殃：指三国时魏国皇帝曹髦被司马昭杀害。曹髦，（241—260），字彦士，魏文帝曹丕孙，曾被封为高贵乡公。甘露五年（260），因不甘司马昭专政，率宫中卫士攻司马昭，反被兵权在握的司马昭杀害。

⑮ 申、缯之酷：指周幽王被杀。西周末年，周幽王宠幸褒姒而废申后，立褒姒之子伯服而废太子宜臼。申后之父申侯大怒，联合缯及犬戎攻周，杀周幽王于骊山。

⑯ “狐骀”二句：《左传·襄公四年》记载，邾（春秋时诸侯国。故地在今山东邹县）、莒（诸侯国。故地在今山东莒县）伐鄫（诸侯国。故地在今山东枣庄市），鲁军救鄫，入邾境，大败于狐骀而回，全国女子都戴孝。狐骀，春秋时邾地，在今山东滕县东南。髽，古代妇人的丧仪，以麻和头发合结。

⑰ “崤陵”二句：《左传·僖公三十二年》记载，晋文公死，秦穆公不听老臣蹇叔哭谏，派兵攻袭晋的盟国郑。秦军后以郑有备而还，在崤陵中了晋军埋伏大败，三员大将全部被俘。

⑱ 陆士衡：即陆机（261—303），西晋吴郡吴（今江苏吴县）人，字士衡。其祖父陆逊、父陆抗都是三国时吴国名将。吴亡后陆机闭门读书十年。太康末年，与弟陆云同游洛阳，以文才名重一时。后被成都王司马颖所杀。规规然，浅陋拘泥貌。

⑲ “嗣王”句：指周惠王、襄王、悼王出外流亡。嗣王，继位之君。委，丢弃。

⑳ “凶族”句：指叛乱的周王室子弟子颓、叔带、子朝窃据国位。天邑，京都。

㉑ 这段话出自陆机《五等论》。李百药引用时有所省略。原文在“天下晏然”前，尚有“钲鼙震于阃宇，锋镝流乎绛阙。然祸止畿甸，害不覃及”。意为上文所言叛乱的兵祸只在王城，而不害及四方。

㉒ 循良：奉公守法。

㉓ 刺举：检举奸恶，举荐有功。分竹：即分符，古代将竹一剖为二，授官时一给本人，一留官府。

㉔ 此二句意为如任用贤良，则天地都会出现祥瑞。

㉕ 曹元首：三国时魏人，曾作《六代论》。区区然，自得之貌。

封君列国，藉其门资①，忘其先业之艰难，轻其自然之崇贵，莫不世增淫虐，代益骄侈。离宫别馆，

译 受分封的诸侯列国，凭借其先人的门第和资格，忘记了先辈创业的艰难，轻视自然得到的显贵，无不世代增加荒淫暴虐和骄横奢侈。供其玩乐的离宫别馆，高入云霄，有的使用民力将至尽头，有的邀约诸侯寻欢作乐。陈灵公君臣违礼淫乱，欺辱夏徵舒；卫宣公则父娶子妻，杀子寿、伋。如果说他们也想为自己治理好国家，难道应该如此作为吗？如果内外群官，都由朝廷选拔，提拔士人百姓来任用，以如澄静的水面清澈照人那样的知人之明来鉴别官吏，根据任职的年数和劳绩提高官员的官阶品秩，考察其政绩以决定其升降，那么他们一定会急切进取，愿意磨炼的。有人有富余的俸禄而不取回家，有人不带妻子进官府，有人身居高官，却常吃干粮，有人肩负重任，却只饮当地之水。东汉南阳太守常穿破衣；莱芜县令经常断粮。如果只说他们做官是为利图财，是多么错误啊！总而言之，官爵不是世袭，任用贤才的道路才能宽广；百姓没有固定的君主，依附于下的感情就不巩固。这是愚昧和聪明的人都能分辨的道理，怎么可以迷惑呢？至于封国被灭，国君被杀，扰乱伦常，干犯纪法，春秋时期二百多年，几乎没有安宁的年份。宋襄公竟杀了鄫国国君作为祭品；鲁桓公夫人竟与其兄齐襄公淫乱。即使在西汉的哀帝、平帝和东汉的桓帝、灵帝时期，官吏的荒淫暴虐，也必定不会达到如此地步。所以治理国家的道理，可以用一句话就概括了。

切汉凌云，或刑人力而将尽[2]，或召诸侯而共乐。陈灵则君臣悖礼，共侮徵舒[3]；卫宣则父子聚麀，终诛寿、朔[4]。乃云为己思治，岂若是乎？内外群官，选自朝廷，擢士庶以任之，澄水镜以鉴之[5]，年劳[6]优其阶品，考绩明其黜陟。进取事切，砥砺情深，或俸禄不入私门[7]，妻子不之官舍[8]。班条之贵，食不举火[9]；剖符之重，居惟饮水[10]。南阳太守，弊布裹身[11]；莱芜县长，凝尘生甑[12]。专云为利图物，何其爽欤！总而言之，爵非世及，用贤之路斯广；民无定主，附下之情不固。此乃愚智所辨，安可惑哉？至如灭国弑君，乱常干纪[13]，春秋二百年间[14]，略无宁岁。次睢咸秩，遂用玉帛之君[15]；鲁道有荡，每等衣裳之会[16]。纵使西汉哀、平之际[17]，东洛桓、灵之时[18]，下吏淫暴，必不至此。为政之理，可以一言蔽焉。

注 ① 门资：门第资格。

② 刑人力而将尽：使用民力几乎到达极点。

③“陈灵”二句：春秋时鲁宣公九年（前 600），陈灵公与大臣孔宁、仪行父和夏姬淫乱。第二年，夏姬之子夏徵舒愤而杀死陈灵公，孔宁、仪行父逃往楚国。

④“卫宣”二句：春秋时卫宣公（前 719—前 700 在位）纳子伋之聘妻宣姜，生寿、朔。后朔与宣姜诋毁伋，卫宣公即派伋出使齐国，并另派人伪装盗贼埋伏在半路打算杀伋。寿知道后让伋逃跑，伋不肯，说：“这是君主的命令，不能逃。”寿决心救伋，就偷走他出使的符节先行，被卫宣公所派之人杀死。伋赶到后，又被杀。聚麀，乱伦。寿、朔，当作伋、寿。

⑤ 澄水镜以鉴之：澄清水镜以鉴别。水镜，常用以表示知人之明。

⑥ 年劳：任职的年数和劳绩。

⑦ 俸禄不入私门：东汉时杨秉为豫章太守，按日受禄，多余的俸禄不入私门。

⑧ 妻子不之官舍：东汉时魏霸为巨鹿太守，何并为颍川太守，到任办公时妻子不入官舍。

⑨ 东汉时冀州刺史左雄经常不烧火做饭，只吃干粮。
⑩ 晋朝邓攸为吴郡太守，自己带米到任，不受俸禄，只饮当地之水。
⑪ 东汉南阳太守羊续平常总穿破衣服。
⑫ 东汉范冉(一作范丹)字史鱼，曾被任为莱芜县令，后辞官，贫甚，有时断炊。所居里巷民歌："甑中生尘范史鱼，釜中生鱼范莱芜。"甑，煮饭瓦器。
⑬ 乱常干纪：扰乱伦常，干犯法纪。
⑭ 春秋二百年间：一般认为春秋时期始于公元前770年周平王东迁，终于公元前476年，共295年。又孔子编《春秋》，记事从鲁隐公元年(前722)至哀公十四年(前481)，共242年。文中称二百年间，是举其概数。
⑮ "次睢"二句：据《左传》载，鲁僖公十九年(前641)夏，宋襄公让邾文公杀死鄫子(鄫国国君)，以之作为祭品用于次睢之社。
⑯ "鲁道"二句："鲁道有荡"出自《诗·齐风·载驱》，意为大道平坦而宽广。过去一般认为该诗是讽刺鲁桓公夫人文姜与其兄齐襄公淫乱的。衣裳之会，相对于兵车之会，原指诸侯国之间的友好会见。
⑰ 哀、平：汉哀帝(前6—前1在位)和汉平帝(1—5在位)。
⑱ 东洛桓、灵之时：东洛，东汉都洛阳，故称。桓、灵之时，桓帝(147—167在位)、灵帝(168—189在位)时期。

伏惟陛下握纪御天①，膺期启圣②，救亿兆之焚溺，扫氛祲③于寰区。创业垂统④，配二仪⑤以立德；发号施令，妙万物而为言⑥。独照神衷⑦，永怀前古。将复五等⑧而修旧制，建万国以亲诸侯。窃以汉、魏以还，余风之弊未尽；勋、华既往，至公之道斯乖。况晋氏失驭⑨，宇县崩离；后魏乘时⑩，华夷杂处。重以关河分阻，吴、楚悬隔，习文者学长短纵横之术⑪，习武者尽干戈战争之心，毕为狙诈之阶，弥长浇浮之俗。开皇在运，因藉外家⑫。驱御群英，任雄猜之数；坐移明运，非克定之功。年逾二纪⑬，民不见德。及大业嗣立⑭，世道交丧，一时人物，扫地将尽。虽天纵神武，削平寇虐，兵威不息，劳止未康⑮。

译 陛下掌握纲纪，统治天下，顺承时运，开创大业，拯救亿万人民于水深火热之中，扫除凶云妖氛于四海之内。开创基业，留传后代，立德媲美天地；发布号召，施行命令，出言顺应万物之理。圣心独察，经常缅怀前古圣贤。将恢复五等爵位而遵循古代的制度，建立邦国以亲爱诸侯。但小臣私下认为汉魏以来，分封诸侯余风的弊病未尽，尧舜既逝，天下至公的思想已变。况且晋朝丧失统治，天下分崩离析，后魏乘机而起，中原华夷杂处。加上关、河分阻，吴、楚远隔，国家形成南北朝的分裂局面。在这种形势下，百姓中习文的就学长短纵横之术，学武的全怀武力争战之心，这些都是阴险狡诈的阶梯，更加增长浇薄浮嚣的风俗。隋文帝取得天下，是凭借了北周外戚的有利地位。他驱使英雄，只用权术，夺取帝位，不是战争胜利的结果。他在位时间超过二纪，百姓没觉得他的恩德。到了隋炀帝即位，社会风气道德俱丧，当时人物，扫地将尽。虽然陛下以天赋的神勇平定祸乱，而战争遗留的创伤尚未恢复，人民疲苦，未得安宁。

注 ① 握纪御天：掌握纲纪，驾驭天下。
② 膺期启圣：顺承时运，开创帝业。
③ 氛祲：凶云妖氛。
④ 垂统：把基业（皇位）传给子孙。
⑤ 配：媲美。二仪：天地。
⑥ 妙万物而为言：皇帝发号施令，所说的话曲尽万物之理。
⑦ 独照神衷：圣心独察。照，察知。神衷，帝王之意。
⑧ 五等：爵位的五个等级，即公、侯、伯、子、男。
⑨ 晋氏失驭：晋朝丧失统治。晋氏，指司马氏取代三国之魏所建立的晋朝。失驭，指丧失政权。
⑩ 后魏乘时：后魏乘着时机建立政权。后魏（386—534），北朝之一。国号魏，都平城（今山西大同市）。史称北魏或后魏，以别于三国之魏。493 年迁都洛阳，改姓元，史又或称元魏。后分裂为东、西魏，分别为北齐、北周所取代。
⑪ 长短纵横之术：游说君王图王争霸之术。长短，得失。又反映战国时期各国争霸情况的《战国策》又名《短长》，故将图王争霸的策略称为长短之术。纵横，合纵连横的缩略语。战国时，苏秦游说六国诸侯联合抗秦，称合纵；张仪游说诸侯奉事秦国，称连横。
⑫ “开皇”二句：开皇是隋文帝杨坚的年号，共 20 年，当公元 581—600 年。杨坚初仕北周，其女嫁北周宣帝为皇后。宣帝死后静帝即位。公元 581 年，杨坚废静帝，建立隋朝。
⑬ 年逾二纪：统治的年数超过二纪。纪，古代纪年单位，一纪为 12 年。隋文帝在位时间共 24 年，故称。
⑭ 大业嗣立：隋炀帝即位。大业，隋炀帝年号，当公元 605—618 年。
⑮ 劳止未康：人民疲劳未获安宁。语本《诗经·大雅·民劳》：“民亦劳止，汔可小康。”止，语助词。康，安宁。

自陛下仰顺圣慈[1]，嗣膺宝历[2]，情深致治，综核前王。虽至道无名[3]，言象所纪，略陈梗概，实所庶几。爱敬烝烝[4]，劳而不倦，大舜之孝也。访安内竖[5]，亲尝御膳，文王之德也。每宪司谳罪[6]，尚书奏狱[7]，大小必察，枉直咸举，以断趾之法，易大辟之刑[8]，仁心隐恻，贯彻幽显，大禹之泣辜也[9]。正色直言，虚心受纳，不简鄙讷，无弃刍荛，帝尧之求谏也。弘奖名教[10]，劝励学徒，既擢明经于青紫[11]，将开硕儒于卿相，圣人之善

译 自从陛下仰顺太上皇的旨意，继承皇位，综合考察前代君王的经验，一心治国。虽然您至善的道德难以用语言来表达，但愿我的话就像丝缕的头绪，也许可以大略陈述梗概。您爱敬父母，淳厚侍奉，劳苦而不知疲倦，这是大舜的孝心。您早晚请安，亲自尝试太上皇的膳食，这是周文王的美德。每当法司定罪，官员奏狱，案件大小都必加审察，冤枉与否都予以指出，用断趾的方法取代杀头的刑罚，仁慈怜悯，贯彻于阴阳两界，这是大禹见罪人而流泪的心怀。您表情庄重，说话直率，虚心听取意见，不简慢鄙俗之言，不忽视山野之人，这是帝尧的求谏。您提倡礼教，勉励学生，既通过科

诱也。群臣以宫中暑湿，寝膳或乖，请移御高明，营一小阁。遂惜十家之产⑫，竟抑子来之愿⑬，不吝阴阳之感⑭，以安卑陋之居。顷岁霜俭⑮，普天饥馑，丧乱甫尔⑯，仓廪空虚。圣情矜愍⑰，勤加赈恤⑱，竟无一人流离道路，犹且食惟藜藿⑲，乐彻簨虡⑳，言必凄动，貌成癯瘦。公旦喜于重译㉑，文命矜其即叙㉒。陛下每见四夷款附㉓，万里归仁，必退思进省，凝神动虑，恐妄劳中国，以求远方，不藉万古之英声，以存一时之茂实㉔。心切忧劳，志绝游幸，每旦视朝，听受无倦，智周于万物，道济于天下。罢朝之后，引进名臣，讨论是非，备尽肝膈，惟及政事，更无异辞。才日昃㉕，必命才学之士，赐以清闲，高谈典籍，杂以文咏，间以玄言，乙夜㉖忘疲，中宵不寐。此之四道，独迈往初，斯实生民以来，一人而已。弘兹风化，昭示四方，信可以期月之间，弥纶天壤㉗。而淳粹尚阻，浮诡未移，此由习之久，难以卒变。请待斫雕成器，以质代文，刑措㉘之教一行，登封之礼㉙云毕，然后定疆理㉚之制，议山河之赏㉛，未为晚焉。《易》称："天地盈虚，与时消息，况于人乎？"㉜美哉斯言也。

举选拔官吏，又将大儒任为卿相，这是圣人的循循善诱。群臣曾认为宫中炎热潮湿，有碍食宿，请您移往高敞明亮之处，建一小阁居住。您终因珍惜相当于十户人家财产的费用，抑止了臣民的愿望，不顾冷热的影响，安于卑陋的居室。近年因霜灾歉收，全国饥荒，灾难很大，仓库空虚。您怜悯百姓，多加救济，竟无一人离家逃荒，而您尚且只吃野菜，不听音乐，说话总是凄惨动容，面貌已经消瘦。当年周公欣喜远方来人朝贡，大禹也为四方安定而自豪。现在陛下每见到四方外族诚心归附，不远万里归服于我仁德之邦，总是精心竭虑，反复思考，恐怕过分劳弊中原，来经营远方，不在乎万代的英明声誉，而保全现时的美政。心急于天下的忧患劳苦，意绝于自身的游玩巡幸。每天清早临朝理事，听取和接受群臣的意见毫不懈怠，智慧遍及万物，道义救济天下。罢朝之后，还召进著名大臣，讨论治国得失，全出肺腑之言，只涉及政事，再没有别的话。午后太阳开始偏西，必命才学渊博之士进宫，赐其以清闲之职，与之畅谈典籍，其间杂以作文咏诗，探讨理论，直到夜深，忘记疲倦，半夜尚不安寝。这四方面，陛下超越以往任何时代的贤君，您实在是有史以来的第一人。弘扬这样的美德，教化臣民，昭示四方，一定可以在短时间内改天换地。而目前淳朴完美的道德未行，浮薄诡诈的风气未去，这是由于积习太久，难以急遽改变。且请等到移风易俗，以质朴取代华丽，刑罚不用，教化大行，登泰山、祭天地的典礼举行完毕，然后再制定分疆治理的制度，讨论诸侯土地的封赏，也不为晚。《周易》说："天地万物都会如日月圆缺，随时消长，何况人呢？"这话说得多好啊！

注 ① 仰顺圣慈：上承太上皇的旨意。圣慈，指唐高祖李渊。
② 嗣膺宝历：继承皇位。宝历，国祚。
③ 至道无名：至善之道难以说明。
④ 烝烝：淳厚貌。
⑤ 访安内竖：向宦官（内竖）打听君王安否。周文王为太子时，一日三至父王门前通过宦官问安。

⑥ 宪司谳罪：宪司，掌管法令的官员。谳罪，定罪。
⑦ 尚书奏狱：尚书，此处借指一般官员。奏狱，向君王汇报案件诉讼情况。
⑧ “以断”二句：谓用斩断脚趾的刑罚代替死刑。大辟，死刑。
⑨ “大禹”句：谓大禹看见罪人而哭泣自己未把臣民教育好。
⑩ 弘奖名教：弘扬劝勉礼教。名教，以正名定分为中心的封建礼教。
⑪ 擢明经于青紫：通过科举选拔人才担任官职。擢，选拔。明经，科举的一科，考试儒家经典。青紫，汉代高官的服饰，此处借指高官。
⑫ 十家之产：十户人家的财产。《汉书》记载，汉文帝欲修露台，召匠人计算费用，答需百金。汉文帝说：“中人（中等人家）十家之产也。吾奉先帝宫室，常恐羞之，何以台为？”遂不修。
⑬ 子来之愿：臣民的心愿。子来，谓臣民如子女奉事父母，不召自来。语出《诗·大雅·灵台》：“终始勿亟，庶民子来。”
⑭ 不吝阴阳之感：不顾冷热的影响。吝，顾惜。阴阳，日光的背向，引申为气候的冷热。感，影响。
⑮ 霜俭：因霜灾粮食歉收。
⑯ 丧乱甫尔：灾祸很大。丧乱，祸乱。甫，大。《诗·小雅·甫田》：“倬彼甫田，岁取十千。”
⑰ 矜愍：也作“矜悯”，怜惜。
⑱ 赈恤：也作“赈卹”，救济。
⑲ 藜藿：野菜。
⑳ 乐彻簨虡：撤去钟鼓之乐不听。彻，原作“徹”，通“撤”。簨虡，古代悬挂钟鼓的木架。
㉑ 公旦喜于重译：公旦，周公。重译，多重翻译。据《史记》记载，周公摄政，天下太平。南方越裳国经多重翻译前来朝贡。
㉒ 文命矜其即叙：文命，大禹名。即叙，就序。据《尚书》记载：大禹平定中国，波及四方，使西戎就序。
㉓ 款附：诚心归附。
㉔ 茂实：完美的政绩。
㉕ 日昃：太阳开始偏西，约为未时，即下午二时左右。
㉖ 乙夜：二更，约为夜间十时。
㉗ 弥纶天壤：弥补天地之缺。
㉘ 刑措：因无人犯法，刑罚搁置不用。措，置。
㉙ 登封之礼：登山封禅。古代一般认为天下太平可行此礼。
㉚ 疆理：划分疆界。
㉛ 山河之赏：分封诸侯的土地。
㉜ “《易》称”三句：《易》即《周易》。引文出于《易·丰卦·彖传》。大意为天地万物如日月圆缺，与时消长，何况人世的兴衰呢？

中书舍人马周又上疏曰：

伏见诏书令宗室勋贤作镇藩部，贻厥子孙，嗣守其政，非有大故，无或黜免。臣窃惟陛下封植①

译 中书舍人马周又上奏疏说：

小臣见到陛下诏书，命令宗室亲属和有功之臣镇守分封的邦国，并传给其子孙，世代保守其政权，没有大的变故，不能罢免。

之者，诚爱之重之，欲其绪裔承守，与国无疆。何则？以尧、舜之父，犹有朱、均②之子？况下此以还，而欲以父取儿，恐失之远矣。倘有孩童嗣职，万一骄逸，则兆庶③被其殃，而国家受其败。政欲绝之也，则子文之治④犹在；政欲留之也，而栾黡之恶⑤已彰。与其毒害于见存之百姓，则宁使割恩于已亡之一臣，明矣。然则向之所谓爱之者，乃适所以伤之也。臣谓宜赋以茅土⑥，畴其户邑⑦，必有材行，随器方授⑧，则翰翮⑨非强，亦可以获免尤累⑩。昔汉光武不任功臣以吏事，所以终全其世者，良由得其术也。愿陛下深思其宜，使夫得奉大恩，而子孙终其福禄也。

太宗并嘉纳其言。于是竟罢子弟及功臣世袭刺史。

小臣私下认为陛下封立之人，实在是爱惜器重他们，想让其后代继承职守，和国家一起万年无疆。那么为什么如此呢？以尧、舜这样的父亲，尚有丹朱、商均这样的不肖之子，何况等而下之之辈，而想根据父亲选取儿子，恐怕失之太远了。倘若有孩童承袭父职，万一骄奢淫逸，则百姓被其祸害，国家受其败坏。要灭绝其封国吧，其先人的功劳尚在；要保留其封国吧，其本人的过恶已明。与其毒害于现在的百姓，则不如断恩于已死的一臣，这是很明显的道理。这样一来则过去所谓的爱重，恰恰是伤害啊。所以小臣认为应该对宗室和功臣仅分封以土地，酬赏以封邑，确有才能者，根据其特长授以官职，则即使其能力不强，也可以免除过失。过去东汉光武帝不让功臣担任政事，所以最终保全其一生，实在是由于方法得当啊。希望陛下深思有关事宜，使宗室和功臣能够承受大恩，其子孙也能长享福禄。

太宗一并称赞采纳了李百药、马周的意见，于是终于停止实行宗室子弟及功臣世袭刺史的诏令。

注 ① 封植：封立。植，立也。

② 朱、均：即丹朱、商均。丹朱，帝尧之子。尧因其不贤，禅位于舜。商均，帝舜之子。舜因其不贤，禅位于禹。

③ 兆庶：万民。兆，万亿。庶，民。

④ 子文之治：子文，春秋时楚国令尹（最高的官职，相当于宰相），姓鬬，名穀於菟。不谋私利，忠心为国。后其孙有罪，楚王想到子文治国之功，不予追究。

⑤ 栾黡之恶：栾黡，春秋时晋国大夫，其祖、父皆为晋国大夫，有大功。栾黡不顾大局，曾因与别的将帅意见不合，伐秦时临阵自退；又曾因私怨，诬陷别人。

⑥ 赋以茅土：分封王侯以土地。赋，授予。茅土，古代帝王社祭之坛用五色土建成：东青、南赤、西白、北黑、上黄。分封诸侯时，按封地所在方向取一色土，以茅包之，称为茅土，授予受封者。

⑦ 畴其户邑：酬赏他们以封邑。畴，通酬。

⑧ 随器方授：根据才能授予官职。器，才能。

⑨ 翰翮：鸟的羽翼。文中指能力。

⑩ 尤累：过失的牵累。尤，过失。

太子诸王定分第九

凡四章

贞观七年，授吴王恪齐州都督[①]。太宗谓侍臣曰："父子之情，岂不欲常相见耶！但家国事殊，须出作藩屏[②]。且令其早有定分[③]，绝觊觎之心，我百年后，使其兄弟无危亡之患也。"

译 贞观七年，任命吴王李恪为齐州都督。太宗对侍臣说："父子之情，难道不想经常相见吗！但是家与国事情不同，要让他出去作国家的藩屏。而且让他早有确定的名分，断绝觊觎皇位之心，我死以后，使他们兄弟没有危亡的后患。"

注 ① 齐州都督：齐州，州名。春秋时齐国地域，汉为齐郡，北魏皇兴三年(469)改为齐州，治所历城(今山东济南市)。都督，地方军政长官。
② 藩屏：国家的藩篱屏障。比喻诸侯的封国。
③ 定分：确定的名分。

贞观十一年，侍御史马周上疏曰："汉、晋以来，诸王皆为树置失宜，不预立定分，以至于灭亡。人主熟知其然，但溺于私爱，故前车既覆而后车不改辙也。今诸王承宠遇之恩有过厚者，臣之愚虑，不惟虑其恃恩骄矜也。昔魏武帝宠树陈思[①]，及文帝即位，防守禁闭，有同狱囚，以先帝加恩太多，故嗣王从而畏之也。此则武帝之宠陈思，适所以苦之也。且帝子何患不富贵，身食大国，封户不少，好

译 贞观十一年，侍御史马周上疏说："汉、晋以来，分封诸王都因为所给的权势失当，不预先确立名分，以至于灭亡。君主们熟知这些历史情况，但是沉溺于个人私爱，所以前面的车子已经翻车而后面的车子还不改辙。今天诸王所承受的恩宠待遇有过于优厚的。我所忧虑的，不仅仅是他们依仗恩宠而骄傲自负。从前魏武帝宠爱陈思王曹植，到文帝即位后，对曹植防范禁闭，如同监牢的囚犯，就是由于死去的魏武帝加恩太多，继位的皇上因而畏惧他。这说明魏武帝宠爱陈思王，正是害苦了他。而且皇帝的儿子何愁不富贵，受封的

衣美食之外，更何所须？而每年别加优赐，曾无纪极。俚语曰：‘贫不学俭，富不学奢。’言自然也②。今陛下以大圣创业，岂惟处置见在子弟而已，当须制长久之法，使万代遵行。”疏奏，太宗甚嘉之，赐物百段。

是大国，食邑户数不少，穿好的吃好的以外，还有什么需要？而每年另外给予优厚的赏赐，全无规定限制。俗话说：‘穷了不用学节俭，富了不用学奢侈。’这是自然而然的事实。如今陛下以大智慧来创业，难道仅仅是安顿现在的子弟罢了？应当制定长久之法，使万代遵照执行。”此疏上奏后，太宗十分赞许，赏赐他绢帛等物百段。

注 ① 魏武帝：曹操。陈思：曹操的三子曹植，有才华，为曹操所宠爱，曹丕（文帝）受汉禅称帝后，被封陈王，死后谥思，后亦称陈思王。

② 俚语曰……言自然也：这里是说皇子加恩太多，会使他们自然骄奢。

贞观十三年，谏议大夫褚遂良以每日特给魏王泰府料物，有逾于皇太子，上疏谏曰：“昔圣人制礼，尊嫡卑庶。谓之储君①，道亚霄极②，甚为崇重，用物不计，泉③货财帛，与王者共之。庶子体卑，不得为例，所以塞嫌疑之渐，除祸乱之源。而先王必本于人情，然后制法，知有国家，必有嫡庶。然庶子虽爱，不得超越嫡子，正体④特须尊崇。如不能明立定分，遂使当亲者疏，当尊者卑，则佞巧之徒，承机而动，私恩害公，惑志乱国。伏惟陛下功超万古，道冠百王，发号施令，为世作法。一日万机，或未尽美，臣职谏诤，无容静默。伏见储君料物，翻⑤少魏王，朝野见闻，不以为是。《传》曰：‘臣闻爱子教以义方。’⑥忠、孝、恭、俭，义方之谓。昔汉窦太后⑦及景帝⑧并不识义方之理，遂骄恣梁孝王⑨，封四十余城，苑方三百里，大营宫室，复道弥望⑩，积财镪⑪巨万计，出警入跸⑫，小不得意，发病而死。宣帝⑬亦骄恣淮阳王⑭，几至于败，赖其辅以退让之臣，仅乃获免。且魏王既新出阁⑮，伏愿

译 贞观十三年，谏议大夫褚遂良因为每天特别供给魏王李泰府的物资超过了皇太子，上疏劝谏说：“从前圣人制定礼仪，尊重嫡子，轻视庶子。立嫡子为储君，名分仅次于至尊，非常推崇尊重，所用物资不予核算，钱货财帛与君王共同享用。庶子出身卑微，不得以嫡子为例，以此来防止嫌疑的开端，消除祸乱的根源。而先王必定是根据人之常情，制定礼法的，有国有家，必有嫡庶。然而庶子虽受宠爱，不能超越嫡子，因为正统须要特别尊崇。如果不能明白地设立确定的名分，就会使应当亲近者疏远，应当尊贵者卑贱，那么阿谀奸诈之徒就会乘机活动，以私恩损害公道，迷惑人心，扰乱国家。小臣认为，陛下功业超越万古，道德冠于百王，发号施令，为世立法。陛下日理万机，或者未能尽善，小臣职责在于谏诤，不容沉默不言。臣见供应太子的物资，反而少于魏王，朝廷和民间的看法，都不以为是。《左传》说：‘爱子女要教他以正道。’忠、孝、恭、俭，就是做人的正道。过去汉朝窦太后和景帝都不懂得这个道理，于是放纵梁孝王，封赐他四十多座城邑，其苑囿方圆达三百里。梁孝王大肆营建宫室，楼阁复道，满目都是，积聚钱财以百万计，进出僭用皇帝的警跸仪式，但稍遇挫折，就病发身死。汉宣帝也放纵淮阳王，几乎至于败坏国家，全靠有谦逊之风的大臣辅佐，才仅得免于灾难。况且魏王既是新近离朝到自己的封地就任，小臣希望

恒存礼训，妙择师傅，示其成败；既敦之以节俭，又劝之以文学。惟忠惟孝，因而奖之；道德齐礼[16]，乃为良器。此所谓‘圣人之教，不肃而成’[17]者也。”太宗深纳其言。

经常以礼义教导他，为他妥善选择师傅，告诉他成败的道理；既用节约俭朴督促他，又以文章学问劝勉他。是忠是孝，就予奖励；以道德引导、礼仪约束，才能成为良才美器。这就是所谓‘圣人的教化，不疾言厉色就能使人成器’。”太宗深以为是，采纳了他的意见。

注 ① 储君：君位的继承者。多指太子。
② 道亚霄极：名分仅次于至尊。道，名分。亚，仅次于。
③ 泉：古代钱币的名称。
④ 正体：正统。指太子。
⑤ 翻：反而。
⑥ “《传》曰”句：见《左传·隐公三年》。义方，做人的正道。
⑦ 窦太后：汉文帝皇后，生景帝和梁孝王。
⑧ 景帝(前188—前141)：名启，汉文帝子。在位时，削诸侯封地，平定了造反的吴楚等七国，巩固了中央集权政体；重农抑商；整顿吏治。
⑨ 梁孝王：名武，汉文帝次子。母窦太后宠之，欲立为嗣，诸大臣议阻之，梁孝王竟使人刺杀了持阻议的爰盎。后入朝，欲留，未得允许，回到自己封国后，不久死去。
⑩ 复道弥望：复道，楼阁之间架空的上下两重通道。弥望，满目都是。
⑪ 财镪：钱财。镪，钱贯，引申为钱。
⑫ 出警入跸：古时帝王出行的礼仪。侍卫为警，清道为跸。
⑬ 宣帝(前91—前49)：名询，汉武帝曾孙。即位后，任用贤能，重视吏治，减轻赋税徭役。
⑭ 淮阳王：名钦，汉宣帝庶子。
⑮ 出阁：皇子离开朝廷到自己的封地作藩王。
⑯ 道德齐礼：用道德来引导，用礼仪来约束。道，通导。语出《论语》：“道以以德，齐之以礼，有耻且格。”
⑰ 圣人之教，不肃而成：意为圣人的教化，不严厉就能成功。语出《孝经》。

贞观十六年，太宗谓侍臣曰：“当今国家何事最急？各为我言之。”尚书右仆射高士廉曰[1]：“养百姓最急。”黄门侍郎刘洎曰：“抚四夷急。”中书侍郎岑文本曰：“《传》称：‘道之以德，齐之以礼。’由斯而言，礼义为急。”谏议大夫褚遂良曰：“即日四方仰德，不敢为非，但太子、诸王，须有定分，陛下宜为万代法以遗子孙，此最当今日之急。”太宗曰：“此言是也。朕年将五十，已觉衰怠。既以长子守

译 贞观十六年，唐太宗对侍从的大臣说：“当今国家什么事情最紧急？请大家谈谈各自的看法。”尚书右仆射高士廉说：“当以养育好百姓万民为最急的事。”黄门侍郎刘洎说：“当以安抚四夷为急务。”中书侍郎岑文本说：“《传》称‘道之以德，齐之以礼’，由此可见，当以提倡礼义为最急之务。”谏议大夫褚遂良则说：“如今天下四方都仰慕圣上大德，已经进入了谁也不敢为非作歹的太平盛世。但对于太子和所封诸王，须有确定的名分，陛下应当考虑制定一个适合于子孙万代遵照执行的完善办法，这是当今最为紧急的一件大事。”唐太宗听了就说：“这话可说对了。我现在快五

器东宫[2]，诸弟及庶子数将四十，心常忧虑在此耳。但自古嫡庶无良佐，何尝不倾败家国。公等为朕搜访贤德，以辅储宫，爰及诸王，咸求正士。且官人事王，不宜岁久。岁久则分义情深，非意窥阙[3]，多由此作。其王府官寮，勿令过四考[4]。”

十岁了，已经感觉到衰老疲弱。现在既然已经确定了长子作为守护神器的东宫太子，还有我的兄弟和其他的儿子们总计有四十来人，我心中常常忧虑的就是这件事情。因为从古以来子孙如果没有贤良辅佐，没有不国破家亡的。诸位要着意搜访贤德之士，以辅佐太子，宗室诸王也都要找到正人君子来教导。而且辅导太子、诸王的官员，任职时间也不宜太长，因为时间长了以后就会产生过分深的私情，窥伺大位，图谋不轨的非分之想，大多由此发生。所以在王府任职的官僚，任期不得超过四年。”

注 ① 高士廉：名俭。高祖时，经秦王推荐为治中，后来历任右庶子、吏部尚书、仆射、太傅，死后谥“文献”。著有《氏族志》。

② 守器东宫：器指护国重器，守器即国家守护的宝器，东宫太子的职守在守护宗庙之器，所以称太子为守器东宫。

③ 窥阙：同窥窬，意为窥伺机会。这里指的是窥视帝位，图谋不轨。

④ 考：官员考核。唐制，官员一年考核一次。

尊敬师傅第十

凡六章

贞观三年，太子少师[1]李纲[2]，有脚疾，不堪践履。太宗赐步舆[3]，令三卫[4]举入东宫，诏皇太子引[5]上殿，亲拜之，大见崇重。纲为太子陈君臣父子之道，问寝视膳之方，理顺辞直，听者忘倦。太子尝商略[6]古来君臣名教，竭忠尽节之事。纲懔然曰："托六尺之孤，寄百里之命[7]，古人以为难，纲以为易。"每吐论发言，皆辞色慷慨，有不可夺之志，太子未尝不耸然礼敬。

译 贞观三年，太子少师李纲脚有病，不能穿鞋走路。太宗赐给他乘坐步舆进东宫的待遇，诏令皇太子搀扶他上殿并亲自拜见，显得十分尊重。李纲为太子陈说君臣父子的道理，问寝视膳的礼节，说理中肯，言辞恳切，使听者忘记了疲倦。太子曾经探讨自古以来君臣规范和竭忠尽节之事，李纲大义凛然地说："接受托孤，辅佐幼君，代理国政。古人认为困难，我认为容易。"他每当发表言论，言辞、态度都慷慨激昂，有不可屈服的意志。太子无不肃然起敬。

注 ① 太子少师：东宫官，太子六傅之一，以辅导太子为职。西晋惠帝时始置，北魏、北齐、隋、唐沿设。

② 李纲：蓨（河北景县）人，字文纪。为人有气节。曾仕北周。唐高祖李渊即位后，拜礼部尚书、太子詹事。因谏李建成不听，辞官。贞观初拜太子少师，五年卒。谥贞。

③ 步舆：又名版舆，即轿。木制，以皮为襻而抬之。

④ 三卫：唐沿隋制，设有亲卫、勋卫、翊卫，合称三卫。每卫置中郎将一人统领，掌宫庭禁卫之事。

⑤ 引：牵挽，搀扶。

⑥ 商略：探讨。

⑦ 托六尺之孤，寄百里之命：可以托付幼君和国家。六尺，形容小，古时尺短，六尺约等于1.38米。孤，孤儿，意指幼君。百里，诸侯的封国。命，政令。语出《论语·泰伯》。

贞观六年，诏曰：“朕比寻讨经史，明王圣帝，曷尝无师傅哉？前所进令遂不睹三师之位①，意将未可。何以然？黄帝学大颠，颛顼学录图，尧学尹寿，舜学务成昭，禹学西王国，汤学威子伯，文王学子期，武王学虢叔。前代圣王，未遭此师，则功业不著乎天下，名誉不传乎载籍。况朕接百王之末，智不同圣人，其无师傅，安可以临兆民者哉？《诗》不云乎：‘不愆不忘，率由旧章②。’夫不学，则不明古道，而能政致太平者未之有也！可即著令，置三师之位。”

译 贞观六年，太宗诏令说：“我近来研讨经典史籍，发现圣明的帝王何尝没有师傅呢？前些时候所进奏的职官法令竟不见三师的职位，想来不妥。为什么这样说呢？黄帝曾向大颠学习，颛顼曾向录图学习，尧曾向尹寿学习，舜曾向务成昭学习，禹曾向西王国学习，汤曾向威子伯学习，周文王曾向子期学习，周武王曾向虢叔学习。前代圣王如果没有遇到这些老师，那么功业就不会显扬于天下，名誉就不会传于史籍。何况我承接在历代帝王之后，智慧不同于圣人，如果没有师傅指教，怎么可以管理亿万百姓呢？《诗经》不是说过么：‘不犯过失不忘本，遵循过去的规章制度。’不学习，就不明白古代治国的道理，这样而能使政治太平的从来没有过！应当立即拟定法令，设置三师的职位。”

注 ① 三师之位：三师的职位。三师，太师、太傅、太保的合称，是与天子坐而论道之官。

② 不愆不忘，率由旧章：见《诗·大雅·嘉乐》，意为不犯过失不忘本，遵循以前的规章制度。愆，过失。率由，遵循。

贞观八年，太宗谓侍臣曰：“上智之人①，自无所染，但中智之人无恒，从教而变，况太子师保②，古难其选。成王幼小③，周、召为保傅④。左右皆贤，日闻雅训，足以长仁益德，使为圣君。秦之胡亥⑤，用赵高作傅⑥，教以刑法，及其嗣位，诛功臣，杀亲族，酷暴不已，旋踵而亡。故知人之善恶诚由近习。朕今为太子、诸王精选师傅，令其式瞻礼度⑦，有所裨益。公等可访正直忠信者，各举三两人。”

译 贞观八年，唐太宗对侍从大臣说：“凡是天生的上智圣人，当然不可能沾染不良的习气，但中智常人不稳定，会随着教育而变化，况且太子的师保之官，从古以来就很难选择适当的人选。周成王幼小的时候，有周公、召公这样的贤人做他的保傅，周围也都是贤明之人，使周成王能够每天听到许多有益的教导，足以增长仁义加强德行，因而后来能成为一个圣明的君主。而秦代的二世皇帝胡亥，小时候是以宦官赵高做师傅，教他的是刑律法规，所以到他继位之后，诛戮功臣，杀害亲族，残酷暴虐到了极点，很快就灭亡了。由此可知人的善恶确实由于平时日积月累所受的影响而形成。我现在想为太子和诸王认真挑选好的师傅，让太子和诸王能够懂得和熟悉礼节法度，受到一些教益。你们可以访求正直忠信的人，各自推荐三两人。”

注 ① 上智之人：或作上知，意指天生圣人。

② 师保：古人教导太子，有师有保，统称师保。唐设太子太师、太傅、太保，都是从一品；太子少师、少傅、少保，都是从二品。
③ 成王：周成王，西周国王，姓姬，名诵。父武王去世时年尚幼，由叔父周公旦摄政。后亲政分封诸侯，奠定西周王朝统治基础。
④ 周、召：周公和召公，周公为周武王弟，姓姬名旦，曾助武王灭商，武王去世，成王年幼，由他摄政；召公姓姬名奭，成王时任太保，治理西部，和周公同为重要大臣。
⑤ 胡亥：即秦二世。
⑥ 赵高（？—前207）：秦始皇时为中车府令，秦始皇死后，谋立胡亥为二世皇帝，专擅朝政。后又杀死二世，立子婴为秦王，不久为子婴所杀。
⑦ 式瞻礼度：意思是向师傅学习礼节法度。式，向某种榜样学习；瞻，尊敬地观看。

贞观十一年，以礼部尚书王珪兼为魏王①师。太宗谓尚书左仆射房玄龄曰："古来帝子，生于深宫，及其成人，无不骄逸，是以倾覆相踵②，少能自济。我今严教子弟，欲皆得安全。王珪我久驱使，甚知刚直，志存忠孝，选为子师。卿宜语泰：每对王珪，如见我面，宜加尊敬，不得懈怠。"珪亦以师道自处，时议善之也。

译 贞观十一年，任命礼部尚书王珪兼任魏王的师傅。太宗对尚书左仆射房玄龄说："自古以来帝王的儿子，生长于深宫，及其长大成人，无不骄奢淫逸，所以一个接一个失败灭亡，少有能够自救的。我现在严格教育子弟，希望他们都得以安全。王珪，我曾长期任用，非常了解他的刚毅正直，心存忠孝，所以选择他为儿子的师傅。你应该告诉魏王：每次见到王珪，如同见到我一样，应加以尊敬，不可懈怠。"王珪也以为师之道要求对待自己，舆论予以好评。

注 ① 魏王：唐太宗第四子李泰。
② 倾覆相踵：失败相随。踵，跟随。

贞观十七年，太宗谓司徒长孙无忌、司空房玄龄曰："三师以德道人者也①。若师体卑，太子无所取则。"于是诏令撰太子接三师仪注②：太子出殿门迎，先拜三师，三师答拜，每门让三师。三师坐，太子乃坐。与三师书，前名，"惶恐"；后名，"惶恐再拜"。

译 贞观十七年，唐太宗对司徒长孙无忌和司空房玄龄说："三师是以德行来诱导别人的。假如师长身份卑微，太子就无法确认尊师的准则。"于是下诏命令拟订太子接待三师时需要遵循的礼仪细则。仪注中规定：太子应当走出殿门来迎接三师，太子先拜，三师答拜；每进门时要让三师先行；三师坐下后，太子才可坐下；给三师的书信，前边应该写上名字，称"惶恐"，后边署名之后，再写上"惶恐再拜"。

注 ① 三师：辅佐教育太子的太师、太傅、太保简称三师。
② 仪注：礼仪细则。

贞观十八年，高宗初立为皇太子[①]，尚未尊贤重道，太宗又尝令太子居寝殿之侧，绝不往东宫。散骑常侍刘洎上书曰：

臣闻郊迎四方，孟侯所以成德[②]；齿学三让[③]，元良由是作贞[④]。斯皆屈主祀之尊，申下交之义。故得刍言咸荐[⑤]，睿问旁通[⑥]，不出轩庭，坐知天壤，率由兹道，永固鸿基者焉。至若生乎深宫之中，长乎妇人之手，未曾识忧惧，无由晓风雅。虽复神机不测，天纵生知[⑦]，而开物成务[⑧]，终由外奖[⑨]。匪夫崇彼干籥[⑩]，听兹谣颂[⑪]，何以辨章庶类[⑫]，甄核彝伦[⑬]？历考圣贤，咸资琢玉[⑭]。是故周储上哲，师望、奭而加裕[⑮]；汉嗣深仁，引园、绮而昭德[⑯]。原夫太子，宗祧[⑰]是系，善恶之际，兴亡斯在，不勤于始，将悔于终。是以晁错[⑱]上书，令通政术；贾谊[⑲]献策，务知礼教。窃惟皇太子玉裕挺生[⑳]，金声夙振[㉑]，明允笃诚[㉒]之美，孝友[㉓]仁义之方，皆挺自天姿，非劳审谕[㉔]，固以华夷仰德，翔泳希风[㉕]矣。然则寝门视膳，已表于三朝[㉖]；艺宫论道，宜弘于四术[㉗]。虽富于春秋[㉘]，饬躬有渐[㉙]，实恐岁月易往，堕业兴讥，取适晏安[㉚]，言从此始。臣以愚短，幸参侍从，思广储明[㉛]，暂愿闻彻[㉜]，不敢曲陈故事[㉝]，切请以圣德言之。

译　贞观十八年，高宗刚立为皇太子，还没有开始教导他尊敬贤人、重视道德，太宗又让太子居住在自己寝殿旁边的屋子里，从来不去东宫。散骑常侍刘洎上书说：

小臣听说：郊迎四方，太子所以养成好的道德；学会尊敬年长之人，太子因此养成正直的作风。这都是委屈主持祭祀的君主，表明与低下者交往的仁义。因此得以民意上闻，圣听通达，不出宫庭，坐而可知天下之事，遵循这个方针，永远巩固帝王的大业。如果生于深宫之中，长于妇人之手，不曾知道忧愁恐惧，无从通晓诗书风雅，即使圣智难测，天生英明，但明理成事，终究需要别人的辅佐。如果不重视礼乐诗书的教化，怎能辨明万物，分清道理。遍察前代圣贤，都靠教育成才。因此周成王德才非凡，师法太公望、召公奭而增加才干；汉惠帝深怀仁义，礼迎东园公、绮里季而彰明道德。推究太子的身份，关系到国家的命运，国家兴亡，在于太子的善恶。不努力于开始，将后悔于终结。因此晁错上书，要求太子通晓治国方略；贾谊献策，谋求太子懂得礼教。小臣认为，皇太子资质杰出，美名早传，清明公允、笃厚诚实的美德，孝敬父母、友爱兄弟的仁义，都出自天性，不须教导，本来已经中外仰慕其德行、上下向往其风度了。然而太子问寝视膳的孝心，已显示于每日的三次朝见；讨论学术的好学，还应扩展到诗、书、礼、乐四门学问。虽然青春年少，修身有进，实恐岁月易逝，学业荒废，讥讽兴起，寻求适意安逸，从此开始。臣以愚陋之资，有幸参与侍从，心想有所扩展太子的明智，愿其不久名闻四方。臣不敢唠叨旧事，恳请以陛下的圣德为例来作说明。

注　① 高宗初立为皇太子：贞观十七年，废皇太子李承乾，立晋王李治（后为高宗）为皇太子。

②“臣闻”二句：语本《尚书大传略说》：“天子太子年十八曰孟侯。孟侯者，于四方诸侯来朝，迎于郊者。”

③ 齿学三让：谓太子在学受业时，与同学者根据年齿（岁）以礼相让。齿学，在学受

业时据年齿排位。三让，古代礼节，三次揖让尊者。见《礼记·文王世子》孔颖达疏、《礼记·乡饮酒义》。

④ 元良由是作贞：太子由此为正。元良，太子。贞，正。语本《礼记·文王世子》："一有元良，万国以贞。世子之谓也。"

⑤ 刍言咸荐：小民的言论都能奏闻。刍言，刍荛之言，即小民言论。咸，都。荐，献，进奏。

⑥ 睿问旁通：帝王的听闻都能通达。睿问，圣听。旁通，四方通达。

⑦ 天纵生知：天赋的生而知之。

⑧ 开物成务：开发万物之理，成就天下之事。《易·系辞上》："夫《易》，开物成务，冒天下之道，如斯而已者也。"

⑨ 外奖：外界的辅助。奖，辅助。

⑩ 干籥：干，古时舞者手执的盾。籥，古管乐器。有吹籥舞籥二种，舞籥长三尺，六孔，竹制，可执作舞具。文中意指礼乐教化。

⑪ 谣颂：歌谣诗颂。文中意指诗歌教化。

⑫ 辨章庶类：辨明万物。

⑬ 甄核彝伦：分清道理。甄，鉴别、分析。核，核实。彝伦，道理。

⑭ 琢玉：雕琢玉器，比喻教育。《礼记·学记》："玉不琢不成器，人不学不知道。"

⑮"是故"二句：意为周成王德才非凡，师法姜太公、召公而更增加道德。周储，周的储君，指周成王。上哲，德才非凡。望，太公望，俗称姜太公。奭，召公名。裕，道。《方言》卷三："裕，道也。东齐曰裕。"

⑯"汉嗣"二句：意为汉惠帝深怀仁义，引进东园公、绮里季而彰明道德。汉嗣，汉的嗣君，指汉惠帝刘盈。园，东园公；绮，绮里季。据《史记》、《汉书》记载：园、绮与夏黄公、甪里先生四人汉初隐居商山，并称商山四皓，素为汉高祖刘邦仰慕。刘盈为太子时，汉高祖曾想废之而改立赵王刘如意。刘盈生母吕后请教张良，迎商山四皓辅佐刘盈，汉高祖见到后遂打消了改立太子的念头。

⑰ 宗祧：宗庙。祧，远祖之庙。

⑱ 晁错(前 200—前 154)：汉颍川(今河南省中、南部)人。文帝时，为太子家令。景帝即位，迁御史大夫。建议削诸侯封地，加强中央集权。吴、楚等七国借口诛晁错起兵谋反，景帝误信人言，遂杀晁错。七国继续叛乱，终被平定。

⑲ 贾谊：见第二卷纳谏第五贞观八年条注②。

⑳ 玉裕挺生：形容太子资质杰出，温裕如玉。

㉑ 金声夙振：形容太子美名早传。

㉒ 明允笃诚：清明公允，笃厚诚信。

㉓ 孝友：孝敬父母，友爱兄弟。

㉔ 非劳审谕：不须教导。

㉕ 翔泳希风：上下都仰慕其作风。翔泳，飞鸟游鱼。引申为上下。希，仰慕。

㉖"然则"二句：见第三卷封建第八贞观十一年条第六段注⑤。

㉗ 四术：《诗》、《书》、《礼》、《乐》四种经术。

㉘ 富于春秋：年龄尚少。春秋，年龄。

㉙ 饬躬有渐：修身渐进。饬躬，修身。

㉚ 取适晏安：寻求适意安逸。

㉛ 思广储明，想扩展太子的英明。储，储君，太子。
㉜ 暂愿闻彻：希望不久闻名四方。暂，不久。闻彻，闻名四方。
㉝ 不敢曲陈故事：不敢（故意）详述旧事。此处为谦词。

伏惟陛下诞睿膺图[①]，登庸历试[②]。多才多艺，道著于匡时[③]；允文允武[④]，功成于纂祀[⑤]。万方即叙[⑥]，九围清晏[⑦]。尚且虽休勿休，日慎一日，求异闻于振古[⑧]，劳睿思于当年。乙夜观书，事高汉帝[⑨]；马上披卷，勤过魏王[⑩]。陛下自励如此，而令太子优游弃日，不习图书，臣所未谕一也。加以暂屏机务，即寓雕虫[⑪]。纡宝思于天文，则长河韬映[⑫]；摛玉华于仙札[⑬]，则流霞成彩。固以锱铢万代[⑭]，冠冕百王[⑮]，屈、宋不足以升堂[⑯]，钟、张何阶于入室[⑰]。陛下自好如此，而太子悠然静处，不寻篇翰，臣所未谕二也。陛下备该众妙[⑱]，独秀寰中，犹晦天聪，俯询凡识[⑲]。听朝之隙[⑳]，引见群官，降以温颜，访以今古。故得朝廷是非，闾里好恶，凡有巨细，必关闻听。陛下自行如此，而令太子久趋入侍，不接正人，臣所未谕三也。陛下若谓无益，则何事劳神；若谓有成，则宜申贻厥[㉑]。蔑而不急，未见其可。伏愿俯推睿范[㉒]，训及储君，授以良书，娱之嘉客。朝披经史，观成败于前踪；晚接宾游，访得失于当代。间以书札，继以篇章，则日闻所未闻，日见所未见。副德俞光[㉓]，群生之福也。

译 陛下天生睿知，承受天命；登上帝位，历经考验。多才多艺，德行显著于匡救艰危时局；文昌武盛，大功成就于继承帝王大业。万方有序，九州清平。且政治休美而不以休美自居，一天比一天谨慎。求新知于往古，劳神思于当今。深夜读书，事迹高于汉光武；马上阅文，勤奋超过曹魏王。陛下如此自励，却让太子悠闲游乐，荒废时日，不学习图书典籍，这是小臣第一点不理解的。此外，陛下暂时放下政务，即将心思寄寓于文章书法。舒圣思于天文，则使银河失色；展美辞于仙札，则似流霞成彩。实在是可以藐视万代人物，盖过历朝帝王，屈原、宋玉的辞赋不能说已入门，钟繇、张芝的书法何能算很精深。陛下如此自强，而太子却悠然闲居，无所事事，不探究文章书法，这是小臣第二点不理解的。陛下具备众多才能，独步天下，尚且掩藏圣智，不耻下问，听朝的空闲，接见百官，赐以温颜和色，问以今古事理。所以能够得知朝廷政令的得失，民间百姓的好恶，举凡大小事务，必定关心过问。陛下如此自行，却让太子长久入宫侍奉，不接近正人君子，这是小臣第三点不理解的。陛下如果认为以上这些事无益，那么自己何必劳神；如果认为以上这些事有益，那么应该申明留给子孙作为榜样。轻视而不急于此事，恐怕不可以。小臣希望陛下扩展自己的榜样，训导太子，授给他好书，让他接近贤人。使太子朝阅经史，观察前朝的成败；晚见宾客，询问当代的得失。有空时写写书信，然后写写文章，那就可以每天都有新知，闻所未闻，见所未见。太子的道德会更加光大，这将是百姓的福气。

注 ① 诞睿膺图：天生睿知，承受天命。

② 登庸历试：登上帝位，历经考验。
③ 匡时：匡救艰危时局。
④ 允文允武：文事、武功兼全。
⑤ 纂祀：继承帝王大业。纂，继承。祀，祭祀，国家大典。
⑥ 即叙：就序。
⑦ 九围清晏：九州清平。
⑧ 振古：往昔。
⑨ 乙夜观书，事高汉帝：谓太宗深夜读书，比汉光武帝还要勤奋。
⑩ 马上披卷，勤过魏王：谓太宗在戎马倥偬中读书，勤奋超过曹操。
⑪ 雕虫：雕琢章句。指文学。
⑫ 韬映：掩藏光芒。
⑬ 摛玉华于仙札：摛，展布。玉华，玉的精华，形容优美的辞藻。仙札，皇帝书札的美称。
⑭ 锱铢万代：使万代人物显得渺小，锱铢，古代极小的重量单位。
⑮ 冠冕百王：盖过历代帝王。冠冕，盖过，居于首位。
⑯ 屈、宋不足以升堂：屈、宋，屈原、宋玉。战国时期楚国人，古代最好的辞赋家。升堂，比喻学问入门。
⑰ 钟、张何阶于入室：钟、张，钟繇、张芝。钟为三国时魏国人，精隶书；张为东汉时人，精草书。二人都是一代书法大师。入室，比喻学问精深。
⑱ 备该众妙：具备众多才能。该，通“赅”。
⑲ 犹晦天聪，俯询凡识：不炫耀聪明，向普通人请教。晦，掩藏。天聪，圣明。凡识，普通见识的人。
⑳ 隟：同“隙”，空闲。
㉑ 宜申贻厥：应该申明留给子孙作榜样。贻厥，贻厥子孙的省语，语出《书·五子之歌》：“有典有则，贻厥子孙。”贻，遗留，留传。厥，其。
㉒ 睿范：圣上的典范（榜样）。
㉓ 副德俞光：太子的道德更加光辉。俞，同“愈”，更加。

窃以良娣之选①，遍于中国。仰惟圣旨，本求典内②，冀防微，慎远虑，臣下所知。暨乎征简人物③，则与聘纳相违，监抚二周，未近一士④。愚谓内既如彼，外亦宜然者。恐招物议⑤，谓陛下重内而轻外也。古之太子，问安而退，所以广敬于君父；异宫而处，所以分别于嫌疑。今太子一侍天闱⑥，动移旬朔⑦，师傅已下，无由接见。假令供奉有隙，暂还东朝⑧，拜谒既疏，且事俯仰，规谏之道，固所未

译 臣因良娣的选择，遍及全国，理解陛下的圣旨，在于寻求掌管太子宫内事务之人，希望防微杜渐，慎重长远打算，这是臣下所知道的。至于选拔人材，则与聘娶太子嫔妃不同，太子监国抚军两年，没有接近过一个贤士。愚臣以为选取内宫之人都如此重视，选拔外朝之人也应当这样。否则恐怕招致世人议论，说陛下重内而轻外。古时候的太子，向君父问安后就退出，以此更加尊敬父王；与君父分住在不同宫殿，以此避免嫌疑。如今太子一进陛下寝宫侍奉，动辄十天半月，无从接见太师、太傅等人。即使太子侍奉陛下的空闲，暂回东宫，其属官

暇。陛下不可以亲教，宫寀[⑨]无因以进言，虽有具寮[⑩]，竟将何补？

伏愿俯循前躅[⑪]，稍抑下流[⑫]，弘远大之规，展师友之义。则离徽克茂[⑬]，帝图斯广[⑭]，凡在黎元，孰不庆赖。太子温良恭俭，聪明睿哲，含灵所悉[⑮]，臣岂不知。而浅识勤勤[⑯]，思效愚忠者，愿沧溟益润，日月增华也。

太宗乃令洎与岑文本、马周递日[⑰]往东宫，与皇太子谈论。

拜见机会也少，而且要依礼仪周旋，规谏之道，实在无暇顾及。陛下不能亲自教诲，属官没有机会进谏，虽有职官，竟有何用？

臣希望太子遵循前人的典范，稍微抑制一下品位不高的行事，扩展远大的规划，伸张与师友切磋的道理，则太子美德更盛，帝业宏图更大，所有的百姓，谁不庆幸依赖。太子温和善良，恭敬俭朴，聪明圣哲，世人皆知，小臣岂不知道。臣见识浅薄但恳切进言，想效愚忠，希望太子如大海而更加深广，如日月而增加光辉。

太宗于是命令刘洎与岑文本、马周每天轮流去东宫，与皇太子谈论。

注 ① 良娣之选：太子嫔妃的人选。良娣，太子之妾。

② 典内：掌管（宫庭）内务。典，掌管。

③ 征简人物：选拔人材。

④ “监抚”二句：谓太子两年没有接近过一个贤士。监抚，监国（代理国政）、抚军（慰问军队），太子的职责。二周，两年。

⑤ 物议：世人的议论。

⑥ 天闱：皇帝的寝宫。

⑦ 动移旬朔：动不动十天或一月。旬，十天。朔，一月。

⑧ 东朝：太子所住的东宫。

⑨ 宫寀：太子的属官。

⑩ 具寮：职官。

⑪ 前躅：前人的典范。躅，足迹。

⑫ 下流：品位不高之事。

⑬ 离徽克茂：保有美德能够盛大。徽，美德。克，能。

⑭ 帝图斯广：帝业弘图于是宽广。

⑮ 含灵所悉：世人皆知。含灵，人。

⑯ 勤勤：恳切至诚。

⑰ 递日：按日交替。

教戒太子诸王第十一

凡七章

贞观七年，太宗谓太子左庶子于志宁[①]、杜正伦曰："卿等辅导太子，常须为说百姓间利害事。朕年十八，犹在民间，百姓艰难，无不谙练。及居帝位，每商量处置，或时有乖疏，得人谏诤，方始觉悟。若无忠谏者为说，何由行得好事？况太子生长深宫，百姓艰难，都不闻见乎！且人主安危所系，不可辄为骄纵。但出敕云，有谏者即斩，必知天下士庶无敢更发直言。故克己励精，容纳谏诤，卿等常须以此意共其谈说。每见有不是事，宜极言切谏，会有所裨益也。"

译 贞观七年，唐太宗对左庶子于志宁和杜正伦说："你们辅导太子，应该常给他讲些民间的疾苦。我到十八岁的时候，还生活在民间，百姓的艰难困苦，无不熟悉。到了坐上帝位，每当商量处理事情，还会产生差错和粗疏，得到人家谏诤，才开始醒悟。如果没有忠谏之人对我直言，如何能办得好事情？何况太子从小生长在深宫，对于百姓的艰难困苦都没有看过听过呢！而且君主关系到天下安危，不能专做骄奢放纵之事。只要发出敕令说，有谏诤的就杀头，可以肯定天下官民没有人再讲真话。所以要克制自己励精图治，容纳谏诤，你们常要用这层意思与太子讲说，每当看到他有不对的事情，应该极言切谏，使他得到补益。"

注 ① 于志宁：字仲谧，京兆人，贞观三年为中书侍郎，迁左庶子，上《谏苑》，不久兼任太子詹事。晋王李治为皇太子时，又再任左庶子。

贞观十八年，太宗谓侍臣曰："古有胎教世子[①]，朕则不暇。但近自建立太子，遇物必有诲谕。见其临食将饭，谓曰：'汝知饭乎？'对曰：'不知。'曰：'凡稼穑艰难，皆出人力，不夺其时，常有此饭。'见其乘马，又谓曰：

译 贞观十八年，唐太宗对侍从的大臣说："古时候曾有胎教世子的说法，我还没有时间考察此事。但近来从确定太子以后，遇到事情都注意对他进行教诲劝谕。看到他将要吃饭时，我就说：'你知道饭是怎样来的吗？'他回答说：'不知道。'我就讲：'凡是耕作稼穑都

‘汝知马乎?’对曰:‘不知。’曰:‘能代人劳苦者也,以时消息,不尽其力,则可以常有马也。’见其乘舟,又谓曰:‘汝知舟乎?’对曰:‘不知。’曰:‘舟所以比人君,水所以比黎庶,水能载舟,亦能覆舟。尔方为人主,可不畏惧?’见其休于曲木之下,又谓曰:‘汝知此树乎?’对曰:‘不知。’曰:‘此木虽曲,得绳则正,为人君虽无道,受谏则圣。此傅说所言②,可以自鉴。’”

是很艰难的,全靠农夫出力,只有不去侵夺农时,才能常有饭吃。’看到他骑马时,我就说:‘你知道骑马的道理吗?’他回答:‘不知道。’我就说:‘马能够代替人做许多劳苦的工作,所以骑马要懂得顺其自然,有劳有逸,不去耗尽它的力气,这样就可以常有马骑。’看到他乘船时,我又问他:‘你知道船的道理吗?’他回答说:‘不知道。’我就讲:‘船好比是帝王,水就好比是黎民百姓,水能够载船,也能够翻船。你将要做君主了,能不畏惧吗?’我看到他在树身弯曲的树下休息,又跟他说:‘你知道树的道理吗?’他回答说:‘不知道。’我就讲:‘这树木虽长得弯曲,用绳尺量好,就会取得平正的材料,帝王虽然无道,能够接受谏诤也会成为圣明之君。这是傅说讲的道理,可以作为自己的鉴戒。’”

注 ① 胎教:古代一种对胎儿施行教育的方法。传说文王之母大任,为人端庄,行动符合道德规范。当她怀上文王时,“目不视恶色,耳不听淫声,口不出傲言。”因此生下文王成为圣明的人,人们认为大任能施行胎教。

② 傅说所言:见《尚书·商书》,傅说曾对高宗说:“惟木从绳则正,后从谏则圣。”后,指君王。

贞观七年,太宗谓侍中魏徵曰:“自古侯王能自保全者甚少,皆由生长富贵,好尚骄逸,多不解亲君子远小人故尔。朕所有子弟欲使见前言往行,冀其以为规范。”因命徵录古来帝王子弟成败事,各为《自古诸侯王善恶录》,以赐诸王。其序曰:

观夫膺期受命①,握图御宇②,咸建懿亲③,藩屏王室,布在方策④,可得而言。自轩分二十五子⑤,舜举一十六族⑥,爰历周、汉,以逮陈、隋,分裂山河,大启磐石⑦者众矣。或保乂王家⑧,与时升降;或失其土宇,不祀忽诸⑨。然考其隆替⑩,察其兴灭,功成名立,咸资始封之君,国丧身亡,多因继体之后⑪。其故何哉?始封之

译 贞观七年,太宗对侍中魏徵说:“自古以来,王侯能够自己保全自己的甚少,都是由于生长于富贵之中,喜欢骄奢淫逸,多不懂得亲近君子疏远小人的道理,所以如此。我想使所有的子弟知道前人的言行,希望他们用来作为规范。”于是命令魏徵采录自古以来帝王子弟成败事迹,命名为《自古诸侯王善恶录》,赐给诸王。其序言说:

观察那些承受大运接受天命,掌握符命统治天下的君主,无不分封皇室宗亲,来护卫王室。这都记载在史册上,可以得知而讨论研究。自从黄帝分封二十五子,舜任用八元、八凯,经历周代、汉代,直到陈代、隋代,分割国土,大封诸侯的多啦。这些诸侯有的保国安邦,随着时代沉浮;有的失去封国,忽然灭亡。然而考察其盛衰兴亡,功成名就的,都靠初始分封的君王;国灭身亡的,多因后世继位的子孙。其原因

是什么呢？初始分封的君王，遭逢国家草创时期，看见王业的艰难险阻，知道父兄的忧愁劳苦，因此在位不骄，终日不懈，有的准备甜酒招待贤人，有的餐时吐饭接待名士。所以甘受逆耳的忠言，得到百姓的欢心。生前树立至高的德行，身后遗留后世的恩泽。到了其子孙继位，多属太平盛世，从深宫之中出生，在妇人之手长大，不以高位的危险为忧惧，怎知耕种和收获的艰难？亲近小人，疏远君子，宠爱美妇，轻视美德，违背礼义，荒淫无度，不遵法令，超越本分。倚仗皇帝一时的恩宠，便生抗敌嫡子的野心；自负一事的功劳，就有无穷的欲望。抛弃忠贞的正道，踏上为非作歹的邪路。不听劝谏，违背天意，迷途不返。虽有汉代梁孝王刘武、晋代齐王司马冏的功勋，汉代淮南王刘安、魏朝东阿王曹植的才华，也折断了摩天的健翅，变成了涸辙的枯鱼。丢弃齐桓公、晋文公那样的伟大功业，落得梁冀、董卓那样的处死示众。留作后世的鉴戒，能不可惜吗？皇帝陛下以圣哲的才能，拯救倾危的世道，显耀七德，廓清宇宙，统一天下，众生来朝，招抚四方，亲睦九族。吟咏《棠棣》之诗，顾念兄弟之情；寄望连城卫国，分封皇室宗亲。心存友爱，无日不思，遂命小臣，考察典籍，广寻借鉴，留传子孙。臣即尽愚诚，考察前代的训诫。凡是诸侯藩镇、有封国有家族的，其兴盛必由于积善，其灭亡都在于积恶。因此可知，善不积不能够成就功名，恶不积不招致毁灭自身。那么祸福无定，吉凶在于自己，由人招致，这岂是空话！现摘录自古以来诸侯行事的得失，分别其善恶各成一篇，命名为《诸王善恶录》，希望能使诸王见贤思齐，得以扬名不朽；知恶能改，以便避免大过。从善就会得到赞誉，改过则能没有灾祸。这关系到国家的兴亡，能不自勉吗？

太宗阅后连声称好，对诸王说："这应当放在你们座右，作为立身处世的准则。"

君，时逢草昧，见王业之艰阻，知父兄之忧勤。是以在上不骄，夙夜匪懈，或设醴以求贤[12]，或吐飧而接士[13]。故甘忠言之逆耳，得百姓之欢心。树至德于生前，流遗爱于身后。暨夫子孙继体，多属隆平[14]，生自深宫之中，长居妇人之手，不以高危为忧惧，岂知稼穑之艰难？昵近小人，疏远君子，绸缪哲妇[15]，傲狠明德[16]。犯义悖礼，淫荒无度，不遵典宪[17]，僭差越等[18]。恃一顾之权宠，便怀匹嫡之心[19]；矜一事之微劳，遂有无厌之望。弃忠贞之正路，蹈奸宄[20]之迷涂。愎谏违卜[21]，往而不返。虽梁孝、齐冏之勋庸[22]，淮南、东阿之才俊[23]，摧摩霄之逸翮，成穷辙之涸鳞[24]，弃桓、文之大功[25]，就梁、董之显戮[26]。垂为炯戒，可不惜乎？皇帝以圣哲之资，拯倾危之运，耀七德以清六合[27]，总万国而朝百灵[28]，怀柔四荒[29]，亲睦九族。念华萼于《棠棣》[30]，寄维城于宗子[31]。心乎爱矣，靡日不思，爰命下臣，考览载籍，博求鉴镜，贻厥孙谋。臣辄竭愚诚，稽诸前训。凡为藩为翰[32]，有国有家者，其兴也必由于积善，其亡也皆在于积恶。故知善不积不足以成名，恶不积不足以灭身。然则祸福无门，吉凶由己，惟人所召，岂徒言哉！今录自古诸王行事得失，分其善恶各为一篇，名曰：《诸王善恶录》，欲使见善思齐，足以扬名不朽；闻恶能改，庶得免乎大过。从善则有誉，改过则无咎。兴亡是系，可不勉欤？

太宗览而称善，谓诸王曰："此宜置于

座右，用为立身之本。”

注 ① 膺期受命：承运接受天命。

② 握图御宇：掌握符命统治天下。

③ 懿亲：皇室宗亲。

④ 方策：典籍。方，木板。策，竹简。古代发明纸张以前，以竹木记事。

⑤ 自轩分二十五子：自从黄帝分封二十五子。事见《国语》。轩，轩辕氏，即黄帝。

⑥ 一十六族，即八元八凯。参见第三卷《择官》第七贞观十四年条注。

⑦ 大启磐石：大封皇室宗亲。《史记·孝文帝纪》：“高帝封王子弟，地犬牙相制，此所谓磐石之宗也。”《索隐》：“言其固如磐石。此语见《太公六韬》。”

⑧ 保乂王家：保国安邦。

⑨ 不祀忽诸：忽然灭亡。不祀，不为人奉祀，比喻亡国。诸，助词。

⑩ 隆替：盛衰。

⑪ 继体之后：继位之王。古代天子和诸侯皆称后。

⑫ 或设醴以求贤：汉楚元王刘交每设宴，特为贤士穆生准备甜酒。

⑬ 或吐飧而接士：周公一餐三吐哺来接见贤士。飧，同飱(sūn)，饭。

⑭ 隆平：太平之世。

⑮ 绸缪哲妇：与多谋乱国的妇人缠绵备至。

⑯ 傲狠明德：对道德高尚的贤士倨傲凶狠。

⑰ 典宪：典章制度。

⑱ 僭差越等：超越本分、等级。僭，越分。差(cī 疵)，等级。

⑲ 匹嫡之心：与嫡子相匹敌的念头。

⑳ 奸宄：为非作歹。

㉑ 愎谏违卜：不听劝谏违背天意。卜，古时以火灼龟甲看裂纹以预测吉凶。

㉒ 梁孝、齐冏之勋庸：梁孝，即汉梁孝王刘武。参加平定七国之乱有功。齐冏，晋齐王司马冏。司马伦篡位，冏起兵讨平。勋庸，功勋。

㉓ 淮南、东阿之才俊：淮南，即汉淮南王刘安。安好文学，曾招宾客编成《淮南子》。东阿：即魏东阿王曹植。植以文才著称。

㉔ 成穷辙之涸鳞：即成为干涸的车辙之中的死鱼。

㉕ 弃桓、文之大功：桓、文，即齐桓公、晋文公。二人是春秋时期的霸主，有尊王室匡天下的大功业。

㉖ 就梁、董之显戮：梁，梁冀，东汉桓帝时大将军，因谋反，被迫自杀。董，董卓，汉献帝时丞相，作乱被诛。显戮，处死示众。

㉗ 耀七德以清六合：七德，禁暴、戢兵、保大、定功、安民、和众、丰材。六合，东、西、南、北、上、下。

㉘ 总万国而朝百灵：统领万国，使四方民众来朝。

㉙ 怀柔四荒：招抚四方边远之民。

㉚ 念华萼于《棠棣》：华萼，华同花；萼为环列花朵外部的叶状薄片。华萼相承，比喻兄弟之爱。意本于《诗·小雅·棠棣》：“棠棣之华，鄂不韡韡。凡今之人，莫如兄弟。”棠棣，棠梨，又名杜梨。蔷薇科落叶乔木。鄂，同萼。不，花蒂。韡韡(wěi 伟)，鲜明的样子。

㉛ 寄维城于宗子：维城，联结城邑以保卫国家。宗子，文中意指皇族子弟。意本于《诗·大雅·板》："宗子维城。"
㉜ 为藩为翰：藩，篱笆。翰，通幹，栋梁。二者比喻受分封、保国家的皇族子弟。

贞观十年，太宗谓荆王元景①、汉王元昌②、吴王恪③、魏王泰④等曰："自汉已来，帝弟帝子，受茅土、居荣贵者甚众，惟东平及河间王最有令名⑤，得保其禄位。如楚王玮⑥之徒，覆亡非一，并为生长富贵，好自骄逸所致。汝等鉴诫，宜熟思之。拣择贤才，为汝师友，须受其谏诤，勿得自专。我闻以德服物，信非虚说。比尝梦中见一人云虞舜，我不觉悚然敬异，岂不为仰其德也！向若梦见桀、纣，必应斫之。桀、纣虽是天子，今若相唤作桀、纣，人必大怒。颜回、闵子骞、郭林宗⑦、黄叔度⑧，虽是布衣，今若相称赞道类此四贤，必当大喜。故知人之立身，所贵者惟在德行，何必要论荣贵。汝等位列藩王，家食实封⑨，更能克修德行，岂不具美也？且君子小人本无常，行善事则为君子，行恶事则为小人，当须自克励⑩，使善事日闻，勿纵欲肆情，自陷刑戮。"

译 贞观十年，太宗对荆王李元景、汉王李元昌、吴王李恪、魏王李泰等说："从汉代以来，皇帝的兄弟和儿子，受分封、享受荣华富贵者非常多，只有东汉的东平王和西汉的河间王名声最好，得以保守其禄位。如西晋的楚王司马玮这类人，灭亡的不止一例，都是因为在富贵中生长，喜好骄奢淫逸所造成的。你们应该以之作为鉴诫，反复思考。选择贤才，作为你们的师友，必须接受他们的规劝，不要自以为是。我听说以德服人，这确实不是空话。近日曾经梦见一人自称虞舜，我不觉肃然起敬，岂不是因为仰慕其德行！当时如果梦见桀、纣，一定要拿刀砍他。桀、纣虽然是天子，现在如果称某人为桀、纣，其人必大怒。颜回、闵子骞、郭林宗、黄叔度虽然是普通百姓，现在如果称赞某人像这四位贤人，他一定会大喜。由此可知人之立身处世，所贵者惟在德行，何必要论荣华富贵。你们位列藩王，在家坐食实封租税，再能努力修养德行，岂不完美？况且君子和小人本来不是固定不变的，做善事就是君子，做恶事就是小人。应当自己克制私欲、奋发上进，使善事每天增加，不要放纵情欲，使自己遭受刑罚。"

注 ① 荆王元景：见第三卷封建第八贞观十一年条注③。
② 汉王元昌：唐高祖李渊子。有勇力，曾数次犯法，太宗手诏告诫，元昌因此怨恨。后附太子李承乾谋反，事败赐死。
③ 吴王恪：见第三卷封建第八贞观十一年条注④。
④ 魏王泰：见第二卷任贤第三魏徵条注⑬。
⑤ 惟东平及河间王最有令名：东平，东汉东平王刘苍。光武帝第八子。好学有才。曾有名言"为善最乐"。河间王，西汉河间王刘德。景帝第三子。好整理古籍，与儒者交游。令名，美名。
⑥ 楚王玮：西晋楚王司马玮。武帝子。因矫诏杀大臣被处斩。
⑦ 郭林宗：东汉界休（今山西介休市东南）人郭泰，字林宗。博通经典，有弟子数千人。善品评人物，名震京师，士林以为典范。

⑧ 黄叔度：东汉慎阳（今河南正阳县）人黄宪，字叔度。德才非凡，为天下名士所敬服。
⑨ 家食实封：在家食用实封的租税。实封，唐代封爵实际给予封户以食租税的，称为加实封。
⑩ 克励：克制私欲，奋发上进。

贞观十年，太宗谓房玄龄曰："朕历观前代拨乱创业之主，生长民间，皆识达情伪[1]，罕至于败亡。逮乎继世守文[2]之君，生而富贵，不知疾苦，动至夷灭[3]。朕少小以来，经营多难，备知天下之事，犹恐有所不逮。至于荆王[4]诸弟，生自深宫，识不及远，安能念此哉？朕每一食，便念稼穑之艰难；每一衣，则思纺绩之辛苦。诸弟何能学朕乎？选良佐以为藩弼[5]，庶其习近善人，得免于愆过尔。"

译 贞观十年，太宗对房玄龄说："我一一观察前代拨乱反正、创立帝业的君主，生长于民间，都洞察民情真伪，很少至于败亡。待到继位守业的君主，生而富贵，不知民间疾苦，往往至于灭亡。我从小以来，创业多难，完全了解天下之事，尚且恐怕有所不及之处。至于荆王等诸弟，生自深宫，见识不远，怎能考虑到这些事呢？我每一吃饭，便念及耕种庄稼的艰难；每一穿衣，就想到纺线织布的辛苦。诸弟怎么才能学得像我这样呢？要选择贤良的臣佐作为藩王的助手，希望诸弟经常接近善人，得以免除过失。"

注 ① 情伪：真假。
② 守文：遵守成法。文，法度。
③ 夷灭：灭亡。
④ 荆王：即太宗弟李元景。
⑤ 藩弼：藩王的辅佐。

贞观十一年，太宗谓吴王恪曰："父之爱子，人之常情，非待教训而知也。子能忠孝则善矣！若不遵诲诱，忘弃礼法，必自致刑戮，父虽爱之，将如之何？昔汉武帝既崩，昭帝[1]嗣立，燕王旦[2]素骄纵，诪张[3]不服，霍光遣一折简诛之[4]，则身死国除。夫为臣子不得不慎。"

译 贞观十一年，太宗对吴王李恪说："父亲爱儿子，是人之常情，不须教训就可知道。儿子能够忠孝就好啦！如果不听教诲，忘掉礼法，必然自己招致刑罚，父亲虽然爱他，将怎么办呢？从前汉武帝死后，昭帝继位，燕王刘旦向来骄纵，放肆不服，霍光以一封皇帝玺书声讨，他就自身死亡，封国废除。作为臣子的不能不谨慎啊。"

注 ① 昭帝：汉昭帝刘弗陵。武帝幼子。
② 燕王旦：汉武帝四子刘旦。汉昭帝即位后，刘旦与左将军上官桀等谋废昭帝，事败自杀。
③ 诪（zhōu）张：放肆。
④ 霍光遣一折简诛之：霍光（？—前68），字子孟，西汉河东平阳（今山西临汾县）

人。汉武帝时为奉车都尉。昭帝八岁即位，霍光以大司马大将军受武帝遗诏辅政。折简：书信。燕王刘旦与上官桀谋反事败，汉昭帝以书信责之，刘旦遂自杀。

贞观中，皇子年小者多授以都督刺史，谏议大夫褚遂良上疏谏曰："昔两汉以郡国①治人，除郡以外，分立诸子，割土封疆，杂用周制。皇唐郡县，粗依秦法。皇子幼年，或授刺史。陛下岂不以王之骨肉，镇捍四方，圣人造制，道高前古？臣愚见有小未尽。何者？刺史师帅，人仰以安。得一善人，部内苏息；遇一不善人，阖州劳弊。是以人君爱恤百姓，常为择贤。或称河润九里，京师蒙福②；或与人兴咏③，生为立祠④。汉宣帝⑤云：'与我共理者，惟良二千石⑥乎！'如臣愚见，陛下子内年齿尚幼，未堪临民者，请且留京师，教以经学。一则畏天之威，不敢犯禁；二则观见朝仪，自然成立⑦。因此积习，自知为人，审堪临州，然后遣出。臣谨按汉明、章、和三帝⑧，能友爱子弟，自兹以降，以为准的⑨。封立诸王，虽各有土，年尚幼小者，召留京师，训以礼法，垂以恩惠。讫三帝世，诸王数十百人，惟二王⑩稍恶，自余皆冲和深粹⑪。惟陛下详察。"太宗嘉纳其言。

译 贞观年间，皇子年纪幼小的多被授以都督、刺史之职，谏议大夫褚遂良上疏劝谏说："过去两汉时候以郡国制度治理人民，除了郡以外，分立皇室诸子，划分土地疆界，参用周代的制度。今我大唐的郡县制度，大致依照秦代的办法。皇子年纪尚小，往往就被授以刺史。陛下难道不是认为骨肉之亲镇捍四方，是圣人创立的制度，古代的此种方法是高明的吗？不过臣愚见以为这种方法尚有不尽完善之处。为什么呢？刺史和都督，人民仰仗他们得以安居乐业。这些职务如果得到善人担任，则其管辖范围之内的百姓都能休养生息；如果遇到一个不善的人，则全州人民都将劳累疲弊。因此国君爱惜百姓，经常为他们选择贤能之人。有的刺史被称颂为如同河流润泽一方，京城连同受益；有的刺史深得民心，为人歌颂，活着就被立祠纪念。汉宣帝曾说：'与我共同治理天下的，是贤良的太守吧！'依臣愚见，陛下诸子之中年龄尚小、未能治理百姓者，请暂且留在京城，教他们以经典学问。使他们一则畏惧陛下天威，不敢违犯禁令；二则观摩朝廷礼仪，自然成长自立。由此逐渐养成习惯，自己懂得为人处世，确实可以治理州郡，然后派遣出去。臣谨说明，汉代明、章、和三帝能够友爱子弟，从此以后，作为准则。封立诸王虽然各有领地，但是年龄尚小的召留京城，以礼法训导，以恩惠垂赐。终三帝之世，诸王上百人中只有二王稍有过恶，其余都品德高尚。希望陛下详察。"太宗称赞并采纳了他的意见。

注 ① 郡国：汉朝的地方行政区划。郡直属中央，国分封诸王（称王国）、侯（称侯国）。

② 河润九里，京师蒙福：汉光武帝时颍川盗贼兴起，于是征拜郭伋为颍川太守，光武帝召见他并慰劳说："贤能太守，去帝城不远，河润九里，冀京师并蒙福也。"郭伋到郡，招安群盗。河润九里，语出《庄子·列御寇》："河润九里，泽及三族。"意为施恩于人，如河水浸润土地。

③ 与人兴咏：深得民心，为人歌咏。与人，得人之心。兴咏，歌咏。

④ 生为立祠：汉明帝时西羌侵扰巴郡。拜王堂为巴郡太守，地方平定，人民为之立

祠纪念。生，活着。

⑤ 汉宣帝：刘询（前91—前49），汉武帝曾孙。幼时养于民间。即位后励精图治，任贤用能。在位25年。

⑥ 二千石：郡守。因汉代郡守俸禄为二千石，故称。

⑦ 成立：成长自立。

⑧ 汉明、章、和三帝：东汉明帝（58—75在位）、章帝（76—88在位）、和帝（89—105在位）。

⑨ 准的：箭靶，引申为准则。

⑩ 二王：指楚王刘英、广陵王刘荆。二王为光武帝第六、第九子，皆因谋反失败自杀。

⑪ 冲和深粹：指品德高尚。冲和，淡泊平和。深粹，深厚纯粹。

规谏太子第十二

凡四章

贞观五年，李百药为太子右庶子。时太子承乾颇留意典坟[①]，然闲宴[②]之后，嬉戏过度。百药作《赞道赋》以讽焉，其词曰：

下臣侧闻先圣之格言，尝览载籍之遗则。伊天地之玄造[③]，洎皇王之建国。曰人纪与人纲[④]，资立言与立德[⑤]。履之则率性成道[⑥]，违之则罔念作忒[⑦]。望兴废如从钧[⑧]，视吉凶如纠纆[⑨]。至乃受图膺箓[⑩]，握镜[⑪]君临。因万物之思化，以百姓而为心。体大仪之潜运[⑫]，阅往古于来今。尽为善于乙夜，惜勤劳于寸阴。故能释层冰于瀚海[⑬]，变寒谷于蹛林[⑭]。总人灵以胥悦[⑮]，极穹壤而怀音[⑯]。

译 贞观五年，李百药任太子右庶子。当时太子承乾对三坟五典等古代典籍相当感兴趣，但悠闲安逸之后，玩乐过度。于是李百药作《赞道赋》婉言劝谕他。赋文说：

下臣听说前代圣贤的格言，阅览古代书籍的遗训。自从天地开辟，帝王建立国家，便有人伦与纲纪，助成立言与立德。履行它就能自然地成就道德，违背它就会无意间造成过错。看历代的兴废如同自然的运转，观人事的吉凶如同绳索的纠缠。于今我大唐皇帝承受天命，应运而兴，手握明镜，君临天下。因万物思教化，以百姓为中心。体察天地的运行，研究古今的历史。为善直到深夜，勤劳珍惜分秒。因此能够消融瀚海的厚冰，把阴冷的山谷变为欢乐的祭社。凡是生灵都喜悦，整个天地怀德音。

注 ① 典坟：三坟五典的省称。泛指古代文籍。
② 闲宴：悠闲安逸。
③ 伊天地之玄造：伊，发语词。玄造，造化。
④ 人纪与人纲：即人伦纲纪，指为人处世的道德规范。
⑤ 立言与立德：立言，谓著书立说。立德，谓建立功德。语出《左传·襄公二十四年》："太上有立德，其次有立功，其次有立言，虽久不废，此之谓不朽。"
⑥ 履之则率性成道：履，行。率性，任性，随意。成道，成就道德。
⑦ 罔念作忒：罔念，不思，无意。忒，差错，邪恶。

⑧ 从钧:随从天工造化。
⑨ 纠缨:绳索。引申为缠绕联结。
⑩ 受图膺箓:谓帝王承受天命,应运而兴。图,河图。箓,符命。
⑪ 握镜:手握明镜。比喻秉承清明之道。
⑫ 体大仪之潜运:体,体察。大仪,太极,指形成天地万物的混沌之气。潜运,默默运转。
⑬ 释层冰于瀚海:层冰,厚冰。瀚海,即翰海,唐代泛指蒙古高原大沙漠以北及今准噶尔盆地一带广大地区。
⑭ 变寒谷于蹛林:寒谷,阴冷的山谷。蹛林,古时匈奴秋天绕林而行祭礼,称为蹛林。蹛,环绕。
⑮ 总人灵以胥悦:总,凡。人灵,生灵,人民。胥,都。
⑯ 极穹壤而怀音:极,穷尽。穹壤,天地。

赫矣圣唐,大哉灵命①;时维大始②,运钟上圣③。天纵皇储,固本居正;机悟宏远④,神姿凝映⑤。顾三善而必弘⑥,祇四德而为行⑦。每趋庭而闻礼⑧,常问寝而资敬。奉圣训以周旋⑨,诞天文之明命⑩。迈观乔而望梓⑪,即元龟与明镜⑫。自大道云革⑬,礼教斯起。以正君臣,以笃父子⑭。君臣之礼,父子之亲,尽情义以兼极⑮,谅弘道之在人⑯。岂夏启与周诵,亦丹朱与商均⑰。既雕且琢,温故知新。惟忠与敬,曰孝与仁。则可以下光四海,上烛三辰⑱。昔三王之教子⑲,兼四时以齿学;将交发于中外⑳,乃先之以礼乐。乐以移风易俗,礼以安上化人㉑。非有悦于钟鼓,将宣志以和神㉒。宁有怀于玉帛,将克己而庇身。生于深宫之中,处于群后之上㉓;未深思于王业,不自珍于匕鬯㉔。谓富贵之自然,恃崇高以矜尚㉕。必恣骄狠,动愆礼让㉖。轻师傅而慢礼仪,狎奸谄而纵淫放。前星之耀遽

译 显赫的圣唐,伟大的皇帝;时当创业,运逢圣人。天赋皇储,巩固国本,居于正位;机智深远,丰采照人。念三善而必然弘扬,敬四德而为之实行。经常听从父训而学礼仪,问候起居以表敬爱。信奉英明的圣旨应酬礼仪。遵行父子之道,依照前事之鉴。自从大同社会改变,礼教兴起,使君臣之礼端正,使父子之情笃厚。君臣之礼,父子之亲,都是情义兼至,实为弘道靠人。岂能说夏启与周诵,也和丹朱与商均一样?精雕细琢,温故知新。拥有忠、敬、孝、仁,就可以此美德照耀天地。过去三王教子之法,以四时按年学习。将让太子出宫就位,就先以礼乐教化。乐可以移风易俗,礼可以安定君上,教化人民。学乐并非欢喜音乐,而是以之表明志向,和悦心神。学礼难道想要玉帛?只是以之克制欲望,保护自身。如果生在深宫之中,处于诸侯之上,不深思虑帝业,不自珍惜宗庙,以为富贵来于自然,依仗高位从而自大,必然放纵骄狠,往往丧失礼让,轻视师傅而简慢礼仪,亲近奸佞而淫逸放肆,太子的光辉就会遽然隐没,道德就会遭到败坏。虽然太子以天下为家,但遭遇却安危不同。有的因才能而升登帝位,有的被诬陷而遭受废黜。这些事例完全可以观察其吉凶得失。请允许下臣粗略地陈述，希望殿下分析考察。

隐[27]，少阳之道斯谅[28]。虽天下之为家，蹈夷险之非一。或以才而见升，或见谗而受黜。足可以省厥休咎[29]，观其得失。请粗略而陈之，觊披文而相质[30]。

注 ① 灵命：天命。借指帝位。
② 大始：即太始。指开创帝业。
③ 运钟上圣：钟，当，逢。上圣，德才高超之人。
④ 机悟宏远：机悟，机智。宏远，深远。
⑤ 神姿凝映：丰采照人。神姿，风度。凝映，凝聚闪耀。
⑥ 三善：指臣事君、子事父、幼事长三种道德规范。《礼记·文王世子》："行一物而三善皆得者，唯世子而已……父子、君臣、长幼之道得而国治。"
⑦ 祗四德而为行：祗，敬。四德，元、亨、利、贞。《易·乾·文言》："君子行此四德者，故曰乾，元、亨、利、贞。"
⑧ 趋庭而闻礼：用孔子教导其子孔鲤的典故，表示太子承乾接受太宗的教导。《论语·季氏》："鲤趋而过庭。（孔子）曰：'学礼乎？'对曰：'未也。''不学礼，无以立。'鲤退而学礼。"
⑨ 周旋：应酬礼仪。
⑩ 诞天文之明命：诞，信。天文，此处意同圣旨。明命，圣明的命令。
⑪ 迈观乔而望梓：谓奉行父子之道。《尚书大传·梓材》载，商子曰：乔者，父道也。……梓者，子道也。后世于是以乔梓比喻父子。迈，行。
⑫ 即元龟与明镜：即，按照。元龟，古代用以占卜的大龟。引申为可作借鉴的前事。明镜，此处也为借鉴之意。因镜可鉴物。
⑬ 大道云革：大道，指古代政治理想中的天下为公的大同社会。云，语助词。革，改变。
⑭ 以正君臣，以笃父子：使君臣之礼端正，使父子之情笃厚。
⑮ 尽情义以兼极：尽，皆。极，至。
⑯ 谅弘道之在人：谅，实。弘道之在人，语本《论语·卫灵公》："子曰：'人能弘道，非道弘人。'"弘道，弘扬正道。
⑰ "岂夏启"二句：岂能说夏启与周诵和丹朱与商均一样？夏启，大禹之子；周诵，周武王之子。二人都是继承父业的贤君。丹朱，尧之子；商均，舜之子。皆不肖。
⑱ 上烛三辰：烛，照耀。三辰，日、月、星。
⑲ 三王：夏禹、商汤、周文王。
⑳ 将交发于中外：指太子长大成人后，将其发遣于朝庭内外任职。
㉑ 安上化人：安定君上，教化人民。
㉒ 宣志以和神：宣泄志向而和悦心神。
㉓ 群后：诸侯。古代天子和诸侯皆称后。
㉔ 匕鬯：匕，羹匙。鬯，香酒。二者皆宗庙祭祀用物。此处指宗庙。
㉕ 矜尚：自大。
㉖ 动愆礼让：动，常常。愆，丧失。

⑰ 前星：太子。《汉书·五行志》："心，大星，天王也；其前星太子，后星庶子也。"
⑱ 少阳之道斯谅：少阳，太子。谅：此处用同"凉"，薄。
⑲ 省厥休咎：省，察。厥，其。休咎，吉凶。
⑳ 觊披文而相质：觊，希望。披文，分析文辞。相质，观察实质。

在宗周[1]之积德，乃执契[2]而膺期；赖昌、发而作式[3]，启七百之鸿基。逮扶苏之副秦[4]，非有亏于闻望[5]；以长嫡之隆重，监偏师于亭障[6]。始祸则金以寒离[7]，厥妖则火不炎上[8]；既树置之违道[9]，见宗祀之遄丧。伊汉氏之长世，固明两之递作[10]。高惑戚而宠赵[11]，以天下而为谑。惠结皓而因良[12]，致羽翼于寥廓[13]。景有惭于邓子[14]，成从理之淫虐[15]；终生患于强吴，由发怒于争博[16]。彻居储两，时犹幼冲[17]，防衰年之绝议，识亚夫之矜功[18]；故能恢弘祖业，绍三代之遗风[19]。据开博望，其名未融。哀时命之奇舛，遇谗贼于江充；虽备兵以诛乱，竟背义而凶终[20]。宣嗣好儒[21]，大猷行阐[22]，嗟被尤于德教[23]，美发言于忠謇[24]。始闻道于匡、韦[25]，终获戾于恭、显[26]。太孙杂艺，虽异定陶，驰道不绝，抑惟小善[27]。犹见重于通人，当传芳于前典[28]。中兴上嗣，明、章济济，俱达时政，咸通经礼[29]。极至情于敬爱[30]，惇友于于兄弟[31]；是以固东海之遗堂[32]，因西周之继体[33]。五官在魏，无闻德音[34]。或受讥于妲己[35]，且自悦于从禽[36]。虽才高而学富，竟取累于荒淫。暨贻厥于明皇[37]，构崇基于三世[38]。得秦帝之奢侈，亚汉武之才艺。遂驱役于群臣，亦无救于凋弊[39]。

译 由于周朝的积德，于是把握契机而承受天命；依靠文王、武王的兴起，开启了七百年的帝业。扶苏作为秦之太子，并非名望有亏；却以嫡长子的重要身份，到边塞去监督偏师。祸患发生太子被疏远，灾难降临太子被杀害。及至置立君主违背正道，使见宗庙祭祀迅速丧亡。汉朝刘氏的世代长存，实因太子的继起。高祖惑于戚夫人而宠赵王，恰似以天下为儿戏。惠帝以张良之计结纳商山四皓，便得羽翼丰满九天翱翔。景帝侍奉父皇不如宠臣，造成了邓通的淫乱暴虐；终生以强吴为患，由于博局争执时发怒失手杀了吴太子。武帝为太子时，年尚幼小，却有防备帝王晚年的高论，能识大臣周亚夫的居功自傲。所以能够光大祖业，继承三代的传统。戾太子刘据开设博望苑交往宾客，名望尚未显著。哀伤其命运的不幸，遭到江充的诽谤中伤；虽然带兵诛杀乱贼，终被认为违背君臣之义而不得善终。元帝爱好儒学，大道得以显明。感叹他因道德教化而被指责，赞美他发表的意见忠诚正直。起初从匡衡、韦玄成懂得道理，终究因任用弘恭、石显造成过错。成帝的才艺虽然不如定陶共王，但为太子时不穿越御道，则还是小小的善行。仍为有识之人所看重，且在典籍中流芳。东汉的太子中，明帝、章帝端庄恭敬，都通达政务和儒学。对尊长极尽真情，对兄弟恪守友爱。因此能巩固东海王的遗业，遵循西周的传位制度。曹丕为魏世子时，没有好的声誉。或因私纳美女而受讥，而且自我沉醉于狩猎。虽然高才而博学，终究受累于荒淫。及至传位给明帝，明帝在御花园中建筑土山达三年之久。有秦皇之奢侈，无汉武之才艺。驱使群臣服役，无济民生中抚宽爱，相表多奇。重桃符而致惑，纳巨鹿之明规[40]。竟能扫江表之氛秽，举要荒而见羁[41]。惠处东朝，察其遗迹。在圣德其如初，实御床之可惜[42]。悼愍怀之云废，遇烈风之吹沙。尽性灵之狎艺，亦自败于凶邪[43]。安能奉其粢盛，承此邦家[44]。

凋弊。晋武帝司马炎宽厚仁爱，相貌奇异。其父虽曾看重其弟而为立世子而迷惑，终究采纳大臣裴秀的规谏而立司马炎。司马炎即位后，终能代魏平吴，统一天下。惠帝为太子时，观其作为，其德行还是如本来那样昏庸愚昧，即帝位实在让人叹息可惜。伤感愍怀太子被废置，如同狂风吹沙崩散无痕。但他将聪明全用于嬉戏，面对凶狠邪恶而自遭败亡。如此之人怎能奉行祭祀，继承国家。

注 ① 宗周：指周王朝。因为周是其所封诸侯国的宗主国，故称。
② 执契：把握契机。
③ 赖昌、发而作式：依靠周文王、周武王二人的兴起。昌，周文王姬昌。发，周武王姬发。作，兴起。
④ 副秦：为秦之副主(太子)。
⑤ 闻望：名望。
⑥ 监偏师于亭障：在边塞城堡任非主力部队的监军。秦始皇长子扶苏劝始皇勿坑儒生，始皇怒，派其至北方边防监军。
⑦ 金以寒离：指欲废太子。《左传》载，闵公二年，晋侯派太子申生伐东山皋落氏，并让他佩带金玦(有缺口的金环)。大臣狐突认为金性寒而玦表决绝，知道晋侯要废太子。
⑧ 厥妖则火不炎上：厥，乃。妖，为祸。火不炎上，谓太子被杀。《五行传》："弃法律，逐功臣，杀太子，以妾为妻，则火不炎上。"
⑨ 既树置之违道：既，及。树置，树立。违道，违背正义。此句指秦二世矫诏杀太子扶苏，立为秦君。
⑩ 明两之递作：明两，太子。递作，继起。
⑪ 高惑戚而宠赵：指汉高祖被戚夫人所惑，而宠爱其所生赵王如意。
⑫ 惠结皓而因良：指汉惠帝为太子时，用张良之计，结纳商山四皓，终使汉高祖打消了废己改立赵王如意为太子的念头。
⑬ 致羽翼于寥廓：羽翼，此处为羽翼丰满之意。寥廓，辽阔的天空。
⑭ 景有惭于邓子：汉景帝为太子时，父皇文帝生痈疽。文帝宠臣邓通经常以口吸脓，而景帝面有难色。
⑮ 成从理之淫虐：造成了邓通的淫乱暴虐。从理，纵纹。古时相术认为人面部有纵纹达口角者当饿死。曾有相士说邓通会贫饿而死，汉文帝宠幸邓通，特赐他铜山，使他能自己铸钱，富贵骄横。
⑯ "终生患于"二句：汉景帝为太子时，曾与吴王刘濞的太子饮酒玩博局。吴太子玩时争执不恭，景帝怒，用博局击杀之。吴王因此怨恨，后终造反。博，古代的一种局戏。
⑰ "彻居储两"二句：彻，汉武帝刘彻。储两，太子。幼冲，年龄幼小。
⑱ 识亚夫之矜功：亚夫，周亚夫，汉代名将，曾助景帝讨平吴楚七国之乱。汉武帝欲废戾太子，周反对，武帝认为他居功傲慢，不愿为幼主之臣。
⑲ 绍三代之遗风：绍，继承。三代，汉高祖、文帝、景帝之世。遗风，传统。

⑳“据开博望”六句：汉武帝为戾太子刘据开设博望苑交往宾客，刘据名望尚未显著，被权臣江充谗毁。刘据捕杀江充，造成长安军乱，众人传说太子造反。武帝怒，刘据畏罪自杀。融，显明。时命，命运。舛，不幸。凶终，不得善终。
㉑ 宣嗣好儒：宣嗣，汉宣帝的太子，后即位为元帝。好儒，爱好儒家学术。
㉒ 大猷行阐：大猷，大道。行，将。阐，显明。
㉓ 嗟被尤于德教：嗟，感叹。被尤，遭到责怪。德教，道德教化。
㉔ 美发言于忠謇：美，赞美。发言，发表的意见。忠謇，忠诚正直。
㉕ 始闻道于匡、韦：闻道，领悟道理。匡、韦，匡衡，字稚圭。精通《诗》。元帝时为相。韦玄成，字少翁。精通儒家经学。元帝时亦曾为相。
㉖ 终获戾于恭、显：获戾，得咎。恭、显，弘恭，石显。二人都少时因罪受宫刑，后为宦官。元帝时得信任，谮杀大臣萧望之等，权倾一时。
㉗“太孙杂艺”四句：谓汉成帝虽然才艺不如定陶共王，但遵守礼仪，为太子时虽有急事也不穿越皇帝专用的御道，也是小的善行（事见《汉书·成帝纪》）。太孙，汉成帝字，即位前为元帝太子。杂艺，各种技艺。定陶，定陶共王，元帝庶子。驰道，皇帝专用的御道。绝，跨越。抑，则。惟，是。
㉘“犹见重于”二句：见重，被看重。通人，学识渊博、通达事理之人。传芳，流芳。前典，前代的典籍。
㉙“中兴上嗣”四句：谓东汉的太子们，明帝、章帝端庄恭敬，都通达政务和儒学。中兴，复兴。西汉皇朝灭亡后，汉光武帝重建刘氏的东汉皇朝，史称“光武中兴”。上嗣，太子。明、章，汉明帝、汉章帝。明帝名庄，即位前为光武帝太子。章帝名炟，即位前为明帝太子。济济，端庄恭敬貌。
㉚ 极至情于敬爱：极，尽。至情，真情。敬爱，文中意为敬爱者（尊长）。
㉛ 惇友于于兄弟：惇，恪守。友于，兄弟友爱。典出《书·君陈》：“惟孝友于兄弟。”
㉜ 固东海之遗堂：使东海王的遗业得以固守。东海，东海王，汉明帝兄，与汉明帝非常友爱。
㉝ 因西周之继体：遵循西周的继位制度。因，因袭，遵循。继体，继位。
㉞“五官在魏”二句：谓魏文帝曹丕为太子时，没有好的声誉。五官，曹丕即位前曾为五官中郎将。德音，美好的声誉。
㉟ 或受讥于妲己：曹操击败袁绍后，曹丕私纳袁绍之子袁熙的妻子甄氏。孔融杜撰周武王伐纣胜利后，把纣后妲己赐予功臣周公，加以讽刺。
㊱ 且自悦于从禽：而且自己欢喜打猎。从禽，追逐禽兽。
㊲ 暨贻厥于明皇：暨，及。贻厥，传位。明皇，魏明帝曹叡，魏文帝太子。
㊳ 构崇基于三世：构，建造。崇基，土山。三世，三年。
㊴“遂驱役于”二句：景初元年(237)，魏明帝在芳林园筑土山，命群臣负土栽树，捕捉禽兽放养其中。搞得群臣劳苦，民生凋弊。
㊵“中抚宽爱”四句：中抚，指晋武帝司马炎，为晋王司马昭之子，曾仕魏为中抚军。相表，形貌。桃符，晋武帝之弟齐王司马攸的小名。巨鹿，指裴秀，晋武帝时封巨鹿郡公。司马昭曾欲立攸为世子，因裴秀等规谏，终立炎为世子。后司马炎代魏，创立晋朝。
㊶“竟能扫”二句：江表，长江以南地区，当时为东吴孙皓占据。氛秽，邪恶肮脏之气，比喻战乱。要荒，边远地区。见羁，被控制。晋武帝司马炎代魏后，派兵攻灭吴

国，统一天下。

㊷“惠处东朝”四句：惠，指晋惠帝司马衷，晋武帝第三子。处东朝，指为太子。东朝即东宫。惠帝为太子时昏愚，尚书令卫瓘欲谏而不敢，遂在侍宴时佯醉，跪于武帝前手抚御床说：“此座可惜。”

㊸“悼愍怀”四句：愍怀，司马遹，晋惠帝太子。少时聪明，但不好学，惟与左右嬉戏。被惠帝皇后贾氏派人害死。后册复太子，谥愍怀。性灵，聪慧。

㊹“安能”二句：粢盛，盛在祭器内的谷物。奉其粢盛谓奉行祭祀，即保其祖业。邦家，国家。

惟圣上之慈爱，训义方于至道[1]。同论政于汉幄[2]，修致戒于京鄗[3]。鄙《韩子》之所赐[4]，重经术以为宝。咨政理之美恶，亦文身之黼藻[5]。庶有择于愚夫，惭乞言于遗老[6]。致庶绩于咸宁，先得人而为盛。帝尧以则哲垂谟[7]，文王以多士兴咏。取之于正人，鉴之于灵镜[8]。量其器能[9]，审其检行[10]。必宜度机而分职[11]，不可违方以从政[12]。若其惑于听受[13]，暗于知人，则有道者咸屈，无用者必伸。谗谀竞进以求媚，玩好不召而自臻。直言正谏，以忠信而获罪；卖官鬻狱[14]，以货贿[15]而见亲。于是亏我王度，斁我彝伦[16]。九鼎遇奸回而远逝，万姓望抚我而归仁。盖造化之至育，惟人灵之为贵。狱讼不理，有生死之异涂；冤结不伸，乖阴阳之和气。士之通塞，属之以深文[17]；命之修短，悬之于酷吏。是故，帝尧画像，陈恤隐之言[18]；夏禹泣辜，尽哀矜之志。因取象于《大壮》，乃峻宇而雕墙[19]。将瑶台以琼室[20]，岂画栋以虹梁。或凌云以遐观，或通天而纳凉[21]。极醉饱而刑人力，命痿蹷[22]而受身殃。是以言惜十家之产，汉帝以昭俭而垂

译 皇上对您十分慈爱，以至高无上的道德准则教您为人处事之理。如同汉朝的论政，遵循周朝的致戒。鄙视晋元帝赐《韩非子》给太子的做法，看重儒家经术将其作为修身治国之宝。学习儒家经典，可以了解政治的得失，亦是修养自身的学问；欣幸知书达理，可以辨别愚夫；惭愧不知故事，需要请教遗老。要使天下万事妥当，以先得人才而为兴盛。尧帝以知人善任留下典范，文王以人材众多为人歌颂。从正直的人中选取人材，用观测的“灵镜”加以鉴别。衡量其才能，审察其品行。必须根据情况分派职务，不可违反法制执掌政事。如果迷惑于传闻，暗昧于知人，那就贤能之士都被黜退，无用之人必得进用。谗谀之辈竞相进前以求宠幸，玩好之物不待召唤自己到来。直言正谏者，因为忠实诚信而遭致罪过；受贿枉法者，因为财物众多而得到亲近。于是损害王法，败坏伦常。传国之宝遇到奸邪而丧失，天下百姓盼望贤君而归附。天生万物，惟人为贵。诉讼不治，有生死的不同结果；冤屈不伸，违天地的阴阳和气。士人前途的通达或阻塞，付之于苛法；百姓生命的长寿或夭折，悬之于酷吏。因此，尧帝陈述顾念百姓之言，画像于衣象征刑罚；大禹极尽哀怜犯人之心，哭泣于道反省自身。因为依照《大壮》的卦象，于是建造高楼、雕饰墙壁。夏桀建瑶台、商纣建琼室，岂止画栋与雕梁。魏文帝建凌云台以望远，汉武帝造通天台以纳凉。穷极醉饱而滥用民力，生命痿弱而自身遭殃。因此

裕[23]；虽成百里之囿，周文以子来而克昌[24]。彼嘉会而礼通，重旨酒之为德[25]。至忘归而受祉，在齐圣而温克[26]。若其酗蓄[27]以致昏，酖湎而成忒[28]，痛殷受与灌夫，亦亡身而丧国[29]。是以伊尹以酣歌而作戒[30]，周公以乱邦而贻则[31]。咨幽闲之令淑，实好逑于君子[32]。辞玉辇而割爱，固班姬之所耻[33]；脱簪珥而思愆，亦宣姜之为美[34]。乃有祸晋之骊姬[35]，丧周之褒姒[36]。尽妖妍于图画，极凶悖于人理。倾城倾国[37]，思昭示于后王；丽质冶容，宜永鉴于前史。复有蒐狩之礼[38]，驰射之场，不节之以正义，必自致于禽荒[39]。匪外形之疲极，亦中心而发狂。夫高深不惧，胥靡之徒[40]；韝绁[41]为娱，小竖[42]之事。以宗社之崇重，持先王之名器，与鹰犬而并驱，凌艰险而逸辔[43]。马有衔橛[44]之理，兽骇不存之地[45]，犹有靦于获多，独无情而内愧。

汉文帝言惜十家之产，以昭示俭朴而美名留传；周文王虽建百里之囿，因百姓自愿帮助而能够昌盛。宾主宴会礼仪往来，要重视酒德。饮至忘返而得福的境界，在于聪明而自制。如果酗酒以致昏乱、嗜饮而犯过错，就会像商纣与灌夫一样亡国丧身，为人痛惜。因此伊尹为饮酒歌舞而作出训诫，周公因醉酒致乱而遗下准则。温柔娴静的女子，实在是君子的好配偶。谢绝与皇帝同辇游玩而割舍宠爱，当本是班姬耻于仅作嬖女；脱卸首饰自作反省而劝谏君王，也是宣姜的美德。然而也有祸乱晋国的骊姬，丧亡周朝的褒姒。她们都比图画还美丽妩媚，对道德却凶恶悖逆。因此遇到倾国倾城、丽质美貌的女子，应该想到昭示后代帝王的史实，永远将其作为鉴戒。还有狩猎的礼制，驰马射箭的场合如果不以正当的道义加以节制，必然导致自己沉迷于游猎。不仅身体会极其疲劳，内心也会放纵失常。对高山深谷不知惧怕，乃是囚徒之类；把放鹰驱犬作为娱乐，则是僮仆之事。身负宗庙社稷的重任，手持先王遗付的政权，而与鹰犬一起驰驱，凌艰险纵马飞奔，马有失蹄，困兽犹斗，却不念及此，而仅惭愧于猎物之多少，不知内心自我忏悔。

注 ① 训义方于至道：训，教诲。义方，行事做人的规范和道理。至道，最高的道德、准则。

② 同论政于汉幄：汉武帝召对贤良文学之士，决定罢黜百家，独尊儒术，设五经博士教授子弟。汉幄，汉家帷幄，代指汉朝。

③ 修致戒于京鄗：修，学习，遵循。致戒，高明周密的告诫。京鄗，鄗同镐，西周王朝首都。代指周朝。

④《韩子》之所赐：晋元帝好用刑法，曾将《韩非子》赐予太子学习。《韩子》，即《韩非子》，共五十五篇二十卷，为战国末期韩非集先秦法家学说大成的著作。

⑤“咨政理”二句：咨，征询。政理，政治。美恶，利弊。文身，此处意为修身。黼藻：此处意为华美的文章辞藻。

⑥“庶有择”二句：承上谓学习经术，欣幸能对愚人之言作出判断抉择，惭愧不知故事询问遗老。庶，欣幸。

⑦ 帝尧以则哲垂谟：则哲，知人。语出《书·皋陶谟》：“知人则哲。”垂，留传。谟，谋略。

⑧ 灵镜：古代观测星象的仪器。

⑨ 器能：才能。

⑩ 检行：操行。
⑪ 度机而分职：度机，度量时机。分职，分掌职务。
⑫ 违方以从政：违方，违法。从政，执政。
⑬ 听受：听从接受，听取。
⑭ 鬻狱：因受贿错判官司。
⑮ 货贿：财帛。
⑯“亏我王度”二句：亏，损害。王度，王法。斁，败坏。彝伦，伦常。
⑰ 深文：刑法苛刻。
⑱“帝尧画像”二句：传说尧时仅在犯人衣上画像，以象征刑罚。恤隐，顾念百姓疾苦。
⑲“取象于《大壮》”二句：按照《大壮》之象，建造宫殿。《易·大传》：“上古穴居而野处，后世圣人易之以宫室，上栋下宇以待风雨，盖取诸《大壮》。”《大壮》《易》之卦名，为阳刚盛长之象。
⑳ 将瑶台以琼室：夏桀建瑶台，商纣建琼室，都是极尽奢华的楼台。
㉑“凌云以遐观”二句：魏文帝建凌云台，汉武帝建通天台。
㉒ 痿蹷：手足无力、行动不便的病症。
㉓“言惜十家”二句：汉文帝因惜十家之产罢建露台。参见《封建》篇注。昭俭，昭示俭朴。垂裕，留下美名。
㉔“虽成”二句：周文王的园林方圆百里，因百姓自愿帮助建成。因此得以昌盛。囿，有围墙的园林。
㉕ 重旨酒之为德：仪狄造酒，大禹饮后觉得甘美，但告诫说：“后世必有以酒亡国者。”于是疏远仪狄并戒酒。旨，美味。
㉖ 齐圣而温克：齐圣，聪明。温克，温和自持。语出《诗·小雅·小宛》：“人之齐圣，饮酒温克。”
㉗ 酗蒈(yǒng 永)：酗酒。
㉘ 耽湎：沉湎嗜酒。
㉙“痛殷受”二句：殷受，即商纣。因商朝中期迁都于殷(今河南安阳小屯村)，故亦称殷。受为纣王之名。商纣曾用酒作池，终至亡国。灌夫，西汉大臣。参与平定吴楚七国之乱，有军功。为人刚直任侠，但好酒。一次宴会上借酒骂坐，为丞相田蚡所劾，以不敬罪被族诛。
㉚ 伊尹以酣歌而作戒：《书·商书·伊训》：“敢有恒舞于宫，酣歌于室，时谓巫风。”大意为经常歌舞饮酒是不正之风。
㉛ 周公以乱邦而贻则：《书·周书·酒诰》：“越小大邦用丧，亦罔非酒惟辜。”意为大小诸侯丧亡，无不因酒而致。
㉜“咨幽闲”二句：咨，叹词。表示赞赏。幽闲，温柔闲静。令淑，美女。好逑，好配偶。《诗·周南·关雎》：“窈窕淑女，君子好逑。”
㉝“辞玉辇”二句：汉成帝曾欲与班姬同辇游后庭，班姬谢绝说：“观古图画，圣贤之君皆有名臣在侧；三代末主乃有嬖女。今欲同辇，得无近似之乎？”成帝纳其言而止。
㉞“脱簪珥”二句：周宣王曾晚起床，王后宣姜脱簪珥，请罪说：“王乐色而忘德，失礼而晏起，乱之兴自婢子始，敢请罪。”宣王惭愧，从此勤于政事，终成中兴之主。簪

珥，首饰。

㉟ 祸晋之骊姬：晋献公伐骊戎，获骊姬而宠之。骊姬欲立己子，遂谮毁献公其余诸子，使太子自杀，晋国大乱。

㊱ 丧周之褒姒：周幽王宠爱褒姒，废申后及太子宜臼，立褒姒为后，其子伯服为太子。后又因取悦褒姒，烽火戏诸侯，终被西夷犬戎杀于骊山，西周灭亡。

㊲ 倾城倾国：形容绝色美女。典出《汉书·外戚传》李延年歌："北方有佳人，绝世而独立；一顾倾人城，再顾倾人国。宁不知倾城与倾国，佳人难再得。"

㊳ 蒐狩之礼：打猎的规章制度。蒐狩，春猎为蒐，冬猎为狩，泛指打猎。

㊴ 禽荒：沉迷于打猎。

㊵ 胥靡之徒：服劳役的犯人。

㊶ 韝緤：韝，皮制臂套，可用于架猎鹰。緤，拴系猎犬的绳子。韝緤，游猎。

㊷ 小竖：僮仆。

㊸ 逸辔：纵马飞奔。

㊹ 衔橛：车马倾覆之祸。

㊺ 兽骇不存之地：典出《史记·司马相如传》："卒然遇轶材之兽，骇不存之地。"卒然，同"猝然"。轶材，能力出众。不存之地，险境。

以小臣之愚鄙，忝不赀之恩荣①。擢无庸于草泽，齿陋质于簪缨②。遇大道行而两仪泰，喜元良会而万国贞③。以监抚之多暇，每讲论而肃成④。仰惟神之敏速，叹将圣之聪明。自礼贤于秋实⑤，足归道于春卿⑥。芳年淑景，时和气清。华殿邃兮帘帏静，灌木森兮风云轻，花飘香兮动笑日，娇莺啭兮相哀鸣。以物华之繁靡⑦，尚绝思于将迎⑧。犹允蹈⑨而不倦，极耽玩以研精⑩。命庸才以载笔，谢摛藻于天庭⑪。异洞箫之娱侍⑫，殊飞盖之缘情⑬。阙雅言以赞德，思报恩以轻生。取下拜而稽首，愿永树于风声。奉皇灵之遐寿⑭，冠振古之鸿名⑮。

太宗见而遣使谓百药曰："朕于皇太子处见卿所作赋，述古来储贰事以戒太子，甚是典要⑯。朕选卿以辅弼太子，正为此事，大称所委，但须善

译 以小臣的愚昧浅陋，愧受难以计量的恩宠光荣。从草野之间提拔录用我这平庸无能之辈，进列于官员的序班。幸遇大道行时而天下安宁，欣喜太子相会而万方归正。因监国抚军的余暇，常讨论学问于书房。仰慕您如神的敏捷，叹服您如圣的聪明。自从在德行方面礼遇贤人，足以在礼仪方面归向道德。良辰美景，时和气清。华美的宫殿深广而帘帷静垂，林木茂盛，风云轻行。鲜花飘香，竞相开放；娇莺宛啭，相对啼鸣。面对如此繁华的景物，您尚无心留连。仍然恪守德行，孜孜不倦；迷恋学问，精心钻研。命我庸才执笔作文，铺陈词藻在朝廷。这有异于王褒作《洞箫赋》，侍候汉元帝娱乐；也不同于曹植赋"飞盖相追随"的诗篇，描写魏文帝宴游。我缺乏优美的文辞以赞颂您的道行，只想以自己的生命报答您的恩情。请允许小臣下拜叩头，祝愿您永远保持美好的名声。好好侍奉皇上，英名冠于古今。

太宗见到这篇赋后，派遣使者对李百药说："我在皇太子那里见到你所作的赋，陈述自古以来储君的事迹以劝诫太子，很是简要得法。

始令终耳。”因赐厩马一匹，彩物三百段。

我选拔你来辅佐太子，正是为此。你非常称职，只是要善始善终啊。”于是赏赐李百药御马一匹，丝帛三百段。

注 ① 忝不赀之恩荣：忝，愧。谦词。不赀，不可计量。
② “擢无庸”二句：无庸，平庸无用。齿，录用。簪缨，古代官吏的冠饰。借指官吏。
③ “遇大道行”二句：两仪，天地。泰，安宁。元良，太子。贞，正。
④ 肃成：太子讲学之处。典出《三国志·魏志·文帝纪》注引《魏书》：“帝初在东宫集诸儒于肃成门内，讲论大义，侃侃无倦。”
⑤ 秋实：比喻德行。典出《三国志·魏志·邢颙传》：“采庶子之春华，忘家丞之秋实。”
⑥ 春卿：礼部长官。因《周礼》以宗伯为春官，掌邦礼，故称。
⑦ 以物华之繁靡：物华，景物。繁靡，繁华。
⑧ 尚绝思于将迎：绝思，无心。将迎，送迎。将，送。
⑨ 允蹈：恪守，遵循。
⑩ 极耽玩以研精：耽玩，迷恋、赏玩。研精，精心研究。
⑪ “命庸才”二句：庸才，自谦之词。载笔，执笔为文。摛藻，铺陈词藻。天庭，朝廷。
⑫ 洞箫之娱侍：汉元帝为太子时，好吹洞箫，王褒上《洞箫赋》，于是令后宫皆诵读之。
⑬ 飞盖之缘情：魏文帝为世子时，其弟曹植赋《公宴诗》云：“清夜游西园，飞盖相追随。”飞盖，飞车；盖，车篷。缘情，抒发感情，借指作诗。
⑭ 皇灵之遐寿：皇灵，皇帝。遐寿，长寿。
⑮ 振古之鸿名：振古，自古。鸿名，大名，英名。
⑯ 典要：扼要而有法度。

贞观中，太子承乾数亏礼度，侈纵日甚，太子左庶子于志宁撰《谏苑》二十卷讽之。是时太子右庶子孔颖达每犯颜进谏①。承乾乳母遂安夫人谓颖达曰：“太子长成，何宜屡得面折？”对曰：“蒙国厚恩，死无所恨。”谏诤愈切。承乾令撰《孝经义疏》②，颖达又因文见意，愈广规谏之道。太宗并嘉纳之，二人各赐帛五百匹，黄金一斤，以励承乾之意。

译 贞观年间，太子承乾的所作所为往往有违礼教，一天比一天奢侈骄纵，太子左庶子于志宁撰写了二十卷《谏苑》对他进行劝教。当时太子右庶子孔颖达也多次对他直言谏劝。承乾的乳母遂安夫人对孔颖达说：“太子已经长大成人了，怎么还可以这样屡次当面批评呢？”孔颖达回答说：“我深受朝廷厚恩才这样做的，即使因此而死也决不悔恨。”于是谏诤得更加激切。承乾命孔颖达撰写《孝经义疏》，孔颖达又借经文表达自己的意见，进一步在书中对承乾规谏。唐太宗对二人的做法深为嘉许采纳，每人赏赐绢帛五百匹，黄金一斤，以表示激励承乾之意。

注 ① 孔颖达：字仲达，冀州人，八岁就学，日记千余言，隋时得中明经高第。贞观初，为右庶子。曾撰集《五经义疏》。
②《孝经义疏》：《孝经》战国后期成书，内容讲孝道。宋以后成为《十三经》之一。义疏，对经典阐发讲解。

贞观十三年，太子右庶子张玄素[①]以承乾颇以游畋[②]废学，上书谏曰：

臣闻皇天无亲，惟德是辅[③]。苟违天道，人神同弃。然古三驱之礼[④]，非欲教杀，将为百姓除害，故汤罗一面，天下归仁[⑤]。今苑内娱猎，虽名异游畋，若行之无恒[⑥]，终亏雅度[⑦]。且傅说曰："学不师古，匪说攸闻[⑧]。"然则弘道在于学古，学古必资师训。既奉恩诏，令孔颖达侍讲[⑨]，望数存顾问[⑩]，以补万一。仍博选有名行学士，兼朝夕侍奉。览圣人之遗教，察既往之行事，日知其所不足，月无忘其所能[⑪]。此则尽善尽美，夏启、周诵焉足言哉！夫为人上者，未有不求其善，但以性不胜情[⑫]，耽惑成乱[⑬]。耽惑既甚，忠言尽塞，所以臣下苟顺，君道渐亏。古人有言："勿以小恶而不去，小善而不为。"故知祸福之来，皆起于渐[⑭]。殿下地居储式，当须广树嘉猷[⑮]。既有好畋之淫[⑯]，何以主斯匕鬯[⑰]？慎终如始，犹恐渐衰，始尚不慎，终将安保！

译 贞观十三年，太子右庶子张玄素因为承乾经常打猎荒废学业，上书劝谏说：

小臣听说上天对人不分亲疏，只是祐助有德之人。如果谁违背天道，人和神都要抛弃他。古代打猎三驱的礼制，不是想教人杀戮，而是想为百姓除害。所以商汤张布罗网仅止一面，天下都归服于他的仁义。如今您在御苑内打猎娱乐，虽然名义上不同于野外游猎，但是如果没有节制，终究有损于您的风度。况且傅说曾经说过："学习而不效法古代，我没有听说过。"既然如此，那么弘扬道德在于学习古礼，学习古礼必须依靠师傅的教导。既然已经奉圣上恩诏，令孔颖达为您讲学，希望您尽快留意咨询，以便弥补万一的不足。再广选有名望有德行的饱学之士，早晚侍读。阅览圣人的遗训，审察过往的行事，每天得知自己不足的地方，每月不忘自己学会的东西。这样就会尽善尽美，夏启、周诵这些贤太子何足称道！为人君主的人，没有不追求为善的，只是因为理性不能控制感情，沉溺迷惑才造成昏乱。沉溺迷惑厉害了，忠言全被堵塞，因此臣下随便顺从迎合，君主之道逐渐亏损。古人说过："不要因为小恶而不改，小善而不为。"祸福的发生，都是逐渐发展造成的。殿下居于太子的地位，应当广泛地建树善行。既有喜好打猎的放纵，如何主持国家事务？谨慎从事，至终如始，尚且恐怕逐渐衰退；如果开始尚且不谨慎，其终将怎么保持！

注 ① 张玄素：见第二卷《纳谏》第五贞观四年条注④。
② 游畋：游玩打猎。畋，打猎。
③ 皇天无亲，惟德是辅：语见《尚书·周书·蔡仲之命》。意为：上天对人不分亲疏，只是祐助有德之人。
④ 三驱之礼：打猎的礼制。参见第一卷《君道》第一篇注。
⑤ 汤罗一面，天下归仁：据《史记·殷本纪》载，商汤出猎，见四面张网，汤不愿赶尽

杀绝，就命令撤去三面之网，并祷告说："想往左的，就往左；想往右的，就往右。不从天命的，才入我网。"诸侯听说后，都认为汤的德行至高，甚至及于禽兽，于是归服。

⑥ 无恒：无常。

⑦ 雅度：高雅的风度。

⑧ 学不师古，匪说攸闻：意为学习而不效法古代，我没听说过。这是略引《尚书·商书·说命下》的话。原文为："学于古训，乃有获，事不师古，以克永世，匪说攸闻。"匪，通"非"。攸，所。

⑨ 孔颖达：见上条注①。侍讲，为太子讲学。

⑩ 数存顾问：数，通速。存，留意。顾问，咨询。

⑪ "日知"二句：语本《论语·子张》："子夏曰：'日知其所亡，月无忘其所能，可谓好学也已矣。'"子夏，孔子的学生。他的话大意是：每天（学习）知道原所未知的，每月（复习）不忘原所已能的，可以说是好学了。

⑫ 性不胜情：理性不能克制感情。

⑬ 耽惑成乱：耽惑，沉溺迷惑。乱，昏乱，糊涂。

⑭ 渐：逐渐发展。

⑮ 嘉猷：善道，善法。

⑯ 淫：放纵。

⑰ 匕鬯：匕，羹匙；鬯，香酒。二者皆祭祀用物，代指宗庙祭祀。

承乾不纳。玄素又上书谏曰：

臣闻称皇子入学而齿胄[①]者，欲令太子知君臣、父子、尊卑、长幼之道。然君臣之义，父子之亲，尊卑之序、长幼之节，用之方寸[②]之内，弘之四海之外者，皆因行以远闻，假言以光被[③]。伏惟殿下，睿质已隆[④]，尚须学文以饰其表。窃见孔颖达、赵弘智[⑤]等，非惟宿德鸿儒[⑥]，亦兼达政要。望令数得侍讲，开释物理[⑦]，览古论今，增辉睿德。至如骑射畋游，酣歌妓玩，苟悦耳目，终秽心神。渐染既久，必移情性。古人有言："心为万事主，动而无节即乱。"恐殿下败德之源，在于此矣。

承乾览书愈怒，谓玄素曰："庶子患风狂邪？"

译 承乾不听。张玄素又上书劝谏说：

臣听说皇子入学与同学以年龄大小排列次序，是希望使太子知道君臣、父子、尊卑、长幼的道理。然而君臣之义、父子之亲、尊卑之序、长幼之礼，将它奉行于内心，光大于天下的，都依靠行为而久远闻名，凭借言辞而广泛传布。现在殿下已经长大成人，还应该学习文化以加强修养风度。臣觉得孔颖达、赵弘智等人，不仅是有道德、有学问的学者，也通达政治的要领。希望您让他们经常侍候讲授学问，解释事物的道理，披览历史，讨论现实，使圣德增辉。至于像骑马射箭游猎，饮酒歌舞玩妓，暂时娱悦耳目，终究污染精神。沾染久了，必然会改变性情。古人说过："心是万事的主宰，如果妄动而没有节制就会混乱。"臣担心殿下败坏德行的起源，就在于此。

承乾看了谏书，更加恼怒，对张玄素说："先生你得了神经病吗？"

注 ① 齿胄:指太子与公卿之子依年龄为序。齿,年龄。
② 方寸:指心。
③ 假言以光被:凭借言辞而广布。
④ 睿质已隆:谓太子的体质已经长成。
⑤ 赵弘智:通《三礼》、《史记》、《汉书》。高宗时进封国子祭酒。卒谥宣。有文集。
⑥ 宿德鸿儒:有德博学之士。
⑦ 开释物理:开释,解释。物理,事物的道理。

十四年,太宗知玄素在东宫频有进谏,擢授银青光禄大夫[①],行[②]太子左庶子。时承乾尝于宫中击鼓,声闻于外,玄素叩閤[③]请见,极言切谏。乃出宫内鼓对玄素毁之,遣户奴伺玄素早朝,阴以马檛[④]击之,殆至于死。是时承乾好营造亭观,穷极奢侈,费用日广。玄素上书谏曰:

臣以愚蔽,窃位两宫[⑤],在臣有江海之润,于国无秋毫之益[⑥],是用[⑦]必竭愚诚,思尽臣节者也。伏惟储君之寄[⑧],荷载殊重,如其积德不弘,何以嗣守成业?圣上以殿下亲则父子,事兼家国,所应用物不为节限。恩旨未逾六旬,用物已过七万,骄奢之极,孰云过此。龙楼[⑨]之下,惟聚工匠;望苑[⑩]之内,不睹贤良。今言孝敬,则阙侍膳问竖之礼[⑪];语恭顺,则违君父慈训之方[⑫];求风声[⑬],则无学古好道之实;观举措,则有因缘诛戮[⑭]之罪。宫臣正士,未尝在侧,群邪淫巧,昵近深宫。爱好者皆游伎杂色[⑮],施与者并图画雕镂。在外瞻仰,已有此失;居中隐密,宁可胜计哉!宣猷禁门[⑯],不异阛阓[⑰],朝入暮出,恶声渐远。右庶子赵弘智经明行修[⑱],当今善士,臣每请望数召进,与之谈论,庶广徽猷[⑲]。

译 贞观十四年,太宗得知张玄素在东宫屡有进谏,提拔授予他银青光禄大夫,兼任太子左庶子。当时承乾曾经在宫中击鼓作乐,鼓声在宫外都听得见,玄素敲门求见,极力劝谏。承乾竟然拿出宫内的鼓对着玄素毁掉,而派遣奴才趁玄素清早上朝,暗中用马鞭打他,几乎打死。那时承乾喜好营建亭台楼观,穷极奢侈,费用逐日增加。玄素上书劝谏说:

臣以愚昧之质,窃据朝廷和东宫的职位,国家对臣有江海一样深厚的恩惠,而臣对国家无秋毫一样细小的补益,因此臣一定要竭尽忠诚,想尽到臣子的责任。太子的使命,任务非常之重,如果积德不宏大,如何继承保守祖宗的基业?圣上因为殿下论亲则为父子,论事则兼家国,一应用物不加限制。但此恩旨颁布未超过六十天,殿下所用财物已超过七万,骄纵奢侈到了极点,还有什么超过这个的。太子宫殿之下,只聚工匠;东宫内苑之中,不见贤良。如今说到孝敬,则缺少侍膳问安的礼节;说到恭顺,则违背君父教导的道理;求名声,则没有学习古人喜好道德的事实;观举动,则有枉法杀人的罪过。东宫的直臣正士,未曾在身边;成群的邪恶小人,亲近于深宫。喜好的都是杂技戏剧,赏赐的都是图画雕刻。在外观看,已有如此过失;宫中隐密,岂能数得清楚!宣布法令的宫门,不异于街市,各色人物早晚出入,丑闻渐渐远播。右庶子赵弘智通晓经学,行为端正,是当今的贤良之士。臣屡次请示殿下,希望经常召他进宫,和他谈论,以增加殿下的美德。殿下的旨意反而有所猜疑,说臣是胡乱推荐。

听从好意见如同流水一样迅速，尚且担心来不及；掩饰过失拒绝劝谏，必然会招致损失。古人说："苦药有利于治病，苦口有利于行事。"希望殿下居安思危，一天比一天谨慎。

奏书送入东宫，承乾看了大怒，派遣刺客将要加害张玄素。不久承乾被废。

令旨[20]反有猜嫌，谓臣妄相推引。从善如流，尚恐不逮；饰非拒谏，必是招损。古人云："苦药利病，苦口利行。"伏愿居安思危，日慎一日。

书入，承乾大怒，遣刺客将加屠害，俄属宫废[21]。

注 ① 银青光禄大夫：官名。从三品散官。以其银印青绶，故名。

② 行：高官任低级职务者称"行"。

③ 叩阁：敲门。阁，宫中小门。

④ 马棰：马鞭。

⑤ 窃位两宫：意谓自己兼任朝廷和太子东宫的职位。窃，自谦之辞。

⑥"在臣"二句：意谓国家对自己有深重的恩惠，而自己对国家没有什么贡献。润，恩惠。秋毫，鸟兽在秋天长的细毛，比喻事物的微小。

⑦ 是用：因此。是，此。用，以、为。

⑧ 储君之寄：托付给太子的使命。寄，托付。

⑨ 龙楼：汉太子宫门名。后泛指太子所居之宫。

⑩ 望苑：即博望苑。汉武帝为戾太子立，使交往宾客。

⑪ 侍膳问竖之礼：周文王为太子时，侍候父王进膳自己先尝，并一日三次向内竖（宦官）打听父王安否。

⑫ 慈训之方：慈训，父母的教导。方，道理。

⑬ 风声：名声。

⑭ 因缘诛戮：枉法杀人。

⑮ 游伎杂色：杂技戏剧。

⑯ 宣猷禁门：宣猷，宣布法令。禁门，宫门。

⑰ 阛阓：街市。

⑱ 经明行修：通晓经学，行为端正。

⑲ 庶广徽猷：希望增加（您的）美德。徽猷，美德。

⑳ 令旨：指太子的旨意。

㉑ 俄属宫废：不久太子被废。属宫，指太子。

译 贞观十四年，太子詹事于志宁因为太子承乾大造宫室，奢侈过度，沉溺音乐，上书劝谏说：

臣听说节俭省用，实是弘扬道德的开端；崇尚奢侈、放纵情欲，乃是败坏德行的根源。因此，秦穆公显示宫殿凌云摩日，戎人由余予以讥笑；高大的宫室、雕饰的墙壁，《夏书》将其作为危亡的警诫。过去赵

贞观十四年，太子詹事[1]于志宁，以太子承乾广造宫室，奢侈过度，耽好声乐[2]，上书谏曰：

臣闻克俭节用，实弘道之源；崇侈恣情，乃败德之本。是以凌云概日，戎人于是致讥[3]；峻宇雕墙，《夏书》以之作诫[4]。昔赵盾匡晋，

吕望师周，或劝之以节财，或谏之以厚敛[5]。莫不尽忠以佐国，竭诚以奉君，欲使茂实[6]播于无穷，英声被乎物听[7]。咸著简策，用为美谈。且今所居东宫，隋日营建，睹之者尚讥其侈，见之者犹叹其华。何容于此中更有修造，财帛日费，土木不停，穷斤斧之工，极磨砻[8]之妙？且丁匠官奴入内，比者曾无复监。此等或兄犯国章，或弟罹王法，往来御苑，出入禁闱，钳凿缘其身，槌杵在其手。监门本防非虑，宿卫以备不虞，直长[9]既自不知，千牛[10]又复不见。爪牙在外，厮役在内，所司何以自安，臣下岂容无惧？

盾匡扶晋国，吕望为周太师，或者劝谏君王节省财物，或者劝谏君王勿征重税。无不尽忠辅佐国家，竭诚侍奉君主，希望使功业传播于无穷，英名遍及于众论；载入史册，成为美谈。况且现在殿下所居住的东宫，是隋朝营建的，看见的人犹然谴责它的奢侈，感叹它太豪华。哪用在其中再加修建，天天耗费财物，土木工程不停，穷极砍削琢磨的精妙？而且工匠奴仆进入宫内，近来竟没人再予监视。这些人有的是兄弟犯法而沦为奴隶的，却往来御苑，出入禁闱，钳凿带在身上，棒槌拿在手中。守门值夜为防意外，而这种情况直长既不知、千牛又不见。武臣在外，奴隶在内，禁卫部门怎么能够安心，臣下岂能不忧虑害怕？

注 ① 太子詹事：官名。其职掌《旧唐书·职官志三》云："统东宫三寺十率府之政令。"

② 耽好声乐：耽好，特别爱好，沉溺。声乐，音乐。

③"凌云概日"二句：秦穆公曾向西戎使者由余显示自己的宫室，却被讥笑。详见第二卷《纳谏》第五贞观四年条注。凌云概日，形容宫室高大。概，相摩，相接。

④"峻宇雕墙"二句：谓《夏书》把宫室高大、墙壁雕饰作为国家危亡的警诫。语本《尚书·夏书·王子之歌》："甘酒嗜音、峻宇雕墙，有一于此，未或不亡。"

⑤"赵盾匡晋"四句：赵盾，春秋时晋国大臣。当时晋君灵公无道，赵盾屡谏之。吕望，即姜太公。厚敛，征收重税。

⑥ 茂实：盛美的业绩。

⑦ 物听：众人的言论。

⑧ 磨砻：磨治。

⑨ 直长：官名。唐殿中省下辖尚舍等六局，各局皆设直长，为主官之副式，正七品上或正七品下。

⑩ 千牛：官名。参见第二卷纳谏第五贞观七年条注。

又郑、卫之乐，古谓淫声[1]。昔朝歌之乡，回车者墨翟[2]；夹谷之会，挥剑者孔丘[3]。先圣既以为非，通贤将以为失。顷闻宫内，屡有鼓声，大乐伎儿[4]，入便不出。

译 又郑国、卫国的音乐，古代称为淫乱的音乐。从前朝歌之乡，墨子闻名回车而去，夹谷之会，孔子挥剑斩杀戏子。歌舞失礼，先前的圣人已认为是错误，通达的贤士也认为是过失。近来听见宫内屡有鼓声，大乐艺人入宫不出。听到的两腿发抖，说起的胆战心惊。往年圣上的教谕，敬请殿下重温。圣旨关注，明训恳切。在于殿下，不可不考虑；至于微臣，不能不担心。

闻之者股栗，言之者心战。往年口敕⑤，伏清重寻，圣旨殷勤⑥，明诫恳切。在于殿下，不可不思；至于微臣，不得无惧。

注 ①“又郑、卫之乐”二句：春秋战国时郑、卫国的民间音乐，被儒家认为是乱世之音，淫靡之声。

②“昔朝歌之乡”二句：朝歌，殷商末年的别都，故址为今河南淇县。传说墨子至此，听说地名朝歌，回车而去。

③“夹谷之会”二句：夹谷，春秋时齐国地名，故址说法不一，多数认为即今山东莱芜市。《孔子家语》云：鲁定公与齐侯会于夹谷。齐国奏乐，使俳优侏儒演戏。鲁相孔子说：“匹夫戏弄诸侯，罪应诛。”于是斩侏儒。齐侯惧，有惭色。

④ 大乐伎儿：大乐，官署名，亦称太乐。掌管奏乐，以供祭享。伎儿，歌舞艺人。

⑤ 口敕：皇帝的口谕。

⑥ 殷勤：关注。

译 臣自从在宫庭奔走任职，已有不少年月。犬马能记住受到的恩惠，木石也知道感戴情义；臣所有的狭小见识，岂敢不尽量进言。如蒙明察臣的忠诚，则臣有生路；如责臣违背旨意，则臣是罪人。只是取悦求容于人，臧孙比作是疾病；冒犯尊严，言语逆耳，《春秋》比作是药石。希望殿下停止工匠的营建，释放久做劳役之人，禁绝郑、卫的淫靡音乐，斥退那些邪佞的小人。如此，则事君、事父、事长这三善允当完备，天下万国归于中正了。

承乾读了奏书，很不高兴。

臣自驱驰宫阙，已积岁时，犬马尚解识恩，木石犹能知感，臣所有管见，敢不尽言。如鉴以丹诚，则臣有生路；若责其忤旨，则臣是罪人。但悦意取容，臧孙方以疾疢；犯颜逆耳，《春秋》比之药石①。伏愿停工巧之作，罢久役之人，绝郑、卫之音，斥群小之辈。则三善允备②，万国作贞矣。

承乾览书不悦。

注 ①“但悦意取容”四句：悦意取容，取悦别人的意愿以求容于人。臧孙，春秋时鲁国大夫，名纥，即臧武仲。方，比喻。疾疢（chèn 衬），病害。典出《左传·襄公二十三年》：“臧孙曰：‘季孙之爱我，疾疢也；孟孙之恶我，药石也。美疢不如恶石。夫石犹生我，疢之美，其毒滋多。’”

② 三善允备：三善，指臣事君、子事父、幼事长这三种道德规范。允备，允当完备。

译 贞观十五年，承乾在农忙季节召用驾士等人服劳役，并不许分组轮番值勤，使服役的人心怀怨恨。他又私下召引许多突厥童仆进宫。于志宁上书规谏道：

臣听说，上天最高，日月显耀它的德行；

十五年，承乾以务农之时，召驾士①等役，不许分番②，人怀怨苦。又私引突厥群竖③入宫。志宁上书谏曰：

臣闻上天盖高，日月光其德；明君至圣，辅佐赞其功。是以周诵升储，见匡毛、毕④；汉盈居震⑤，取资黄、绮。姬旦抗法于伯禽⑥，贾生陈事于文帝，咸殷勤于端士⑦，皆恳切于正人。历代贤君，莫不丁宁于太子者，良以地膺上嗣，位处储君⑧。善则率土⑨沾其恩，恶则海内罹其祸。近闻仆寺⑩、司驭⑪、驾士、兽医，始自春初，迄兹夏晚，常居内役，不放分番。或家有尊亲，阙于温凊⑫；或室有幼弱，绝于抚养。春既废其耕垦，夏又妨其播殖。事乖存育，恐致怨嗟。傥闻天听，后悔何及？又突厥达哥支等，咸是人面兽心，岂得以礼义期，不可以仁信待。心则未识于忠孝，言则莫辩其是非，近之有损于英声，昵之无益于盛德。引之入阁，人皆惊骇，岂臣庸识，独用不安？殿下必须上副至尊圣情，下允黎元⑬本望，不可轻微恶而不避，无容略小善而不为。理敦⑭杜渐之方，须有防萌之术。屏退不肖，狎⑮近贤良。如此，则善道日隆，德音自远。

承乾大怒，遣刺客张师政、纥干承基就舍杀之。是时丁母忧⑯，起复⑰为詹事。二人潜入其第，见志宁寝处苫庐⑱，竟不忍而止。

及承乾败，太宗知其事，深勉劳之。

注 ① 驾士：为帝王大臣驾御车辆的吏人。

② 分番：分组轮班值勤。

③ 竖：旧称童仆。

明君最为圣贤，辅佐之臣赞助他的功业。因此，周代姬诵升为太子，得到毛叔、郑毕公的匡助；西汉刘盈位居太子，得到夏黄公、绮里季等四位贤人的支持。周公姬旦拿世子应守的法规要求伯禽，贾谊向汉文帝直言规劝，都要求其对品德端正的人亲近，对正直的人恳切。历代贤明的君主，没有不再三告诫太子的，实在是因为他作为天子的继承人，居于太子的重要地位。太子善良，则天下就能沾濡他的恩惠；太子邪恶，则百姓将要遭受他的祸害。近来闻听仆寺、司驭、驾士、兽医等人，从初春开始，直到现今夏末，长期在内宫服役，不让他们轮番值勤。有的人家中有父母双亲，由此而得不到儿子的侍奉；有的人家中有幼弱的儿女，由此而断绝了父亲的抚育。春天既已荒废了他们耕田垦地，夏天又妨碍了他们播种繁殖。事情违背养育，恐怕会引起怨恨。倘若消息传到天子的耳中，殿下就是后悔又如何来得及？再说突厥达哥支等人，都是人面兽心的，岂能用礼义期望他们，也不可以用仁信来对待他们。从他们的本心而言，则不能识别忠孝，而他们的言语也不能辨别是非，接近他们有损于殿下的美好名声，亲昵他们无益于增加殿下的盛德。召引他们入宫，众人都深感惊骇，岂只是臣见识平庸，独自感到不安？殿下必须上副至尊圣情，下与黎民百姓的根本愿望相符，不可轻视小恶微过而不避开，不能忽略小小善行而不去做。殿下理应制定杜渐的方法，采取防萌的措施。屏退不贤的小人，亲近贤良的君子。如若这样做，那好的德行将日益隆盛，美的名声自会传至远方。

承乾大怒，派遣刺客张师政、纥干承基到于志宁家里去刺杀他。当时于志宁守母丧，被起复为太子詹事。张、纥干两人潜入于志宁住宅，看见他睡草苫、枕土块守丧礼，终于不忍心下手而作罢。

等到承乾事情败露，太宗知道了于志宁的这件事，对他大加勉励慰劳。

④ 毛、毕：指毛叔、郑毕公，都是周代的辅佐大臣。
⑤ 居震：此指居太子之位。《国语·晋语》："震，长男也。"
⑥ 姬旦抗法于伯禽：姬旦，即周公旦。伯禽，周公之子。据《礼记》记载：成王年幼，周公辅佐，以世子应守的法规要求伯禽。成王有过失，周公就挞伯禽，由此向成王表明世子的规矩。
⑦ 端士：品德端正之士。
⑧ 上嗣、储君：都指皇帝的继承人。
⑨ 率土：为"率土之滨"的省语。《诗·小雅·北山》："率土之滨，莫非王臣。"率，循。率土之滨，犹言四海之内。
⑩ 仆寺：仆，古代对奴隶或差役的称谓。寺，指古代宫中供使令的小臣。
⑪ 司驭：管理、驾驭马匹、车辆的小官吏。
⑫ 温凊(qìng 庆)：凊，凉。《礼记·典礼上》："凡为人子之礼，冬温而自凊。"后以温凊指侍父母之礼。
⑬ 黎元：黎，黎民；元，老百姓。黎元，犹言众民。
⑭ 敦(duī 堆)：治理。
⑮ 狎：亲近；亲热。
⑯ 丁母忧：遭母丧。旧称遭父母之丧为"丁忧"。丁忧期间官吏要离任守丧。
⑰ 起复：指守丧期满再复职。
⑱ 寝处苫庐：在草庐中寝苫枕块。苫(shān 山)，草织的覆盖物。庐，守丧的草庐。

贞观政要卷第五

仁义第十三

凡四章

贞观元年，太宗曰："朕看古来帝王以仁义为治者，国祚延长，任法御人者[①]，虽救弊于一时，败亡亦促。既见前王成事，足是元龟，今欲专以仁义诚信为治，望革近代之浇薄也。"黄门侍郎王珪对曰："天下雕丧日久，陛下承其余弊，弘道移风，万代之福。但非贤不理，惟在得人。"太宗曰："朕思贤之情，岂舍梦寐[②]！"给事中杜正伦进曰："世必有才，随时所用，岂待梦傅说，逢吕尚，然后为治乎？"太宗深纳其言。

译 贞观元年，太宗说："我看自古以来的帝王，以仁义治理国家的，国运长久；用刑法统治百姓的，虽然能够救治一时的弊病，败亡也迅速。既见前代帝王的往事，足可作为借鉴。现在我想专用仁义诚信治理国家，希望革除近代浮薄的风气。"黄门侍郎王珪回答说："天下仁义道德衰亡很久了，陛下制止其遗弊，弘扬道德，移风易俗，是百姓万代之福。但没有贤人不能治理国家，关键在于得到贤人。"太宗说："我思念贤人的心情，睡梦中也没忘记！"给事中杜正伦进言说："世上必有人才，随时代所用，难道要等待梦见傅说，遇到吕尚，然后才治理国家吗？"太宗很同意他的意见。

注 ① 任法御人：用法统治百姓。任，用。御，制，统治。
② 岂舍梦寐：即"梦寐岂舍"，梦中也不忘记。

贞观二年，太宗谓侍臣曰："朕谓乱离之后，风俗难移，比观百姓渐知廉耻，官民奉法，盗贼日稀，故知人无常俗，但政有治乱耳。是以为国之道，必须抚之以仁义，示之以威信，因人之心，去其苛刻，不作异端[①]，自然

译 贞观二年，唐太宗对侍从的大臣说："我原来以为在国家乱离以后，不良的风俗是很难改变的，近来看到万民百姓都渐渐知道廉耻了，官员百姓都能奉公守法，盗贼一日比一日稀少，于是才知道社会上的风俗并不是固定不变的，只是施政有治乱好坏之分而已。

所以说治国之道，必须用仁义来教育百姓，同时要显示出声威和信用，顺应人们的心意，去除苛刻的法令，不搞违背正道的事情，国家自然会平安无事。你们要共同努力来做好这件事。”

安静。公等宜共行斯事也！”

注 ①异端：背离正道的称异端。这是从封建儒家的角度所作出的评论，语出《论语·为政》。

译 贞观四年，房玄龄上奏说：“最近检阅武库中的兵器铠甲，已经远远超过隋朝的规模了。”唐太宗说：“整治兵事准备御寇虽然也是紧要的事情，然而我主要是希望你们用心于治国之道，务必各尽忠心，使老百姓都能安居乐业，这就是我最强有力的武器铠甲。隋炀帝岂是因为甲仗不足，以至于灭亡的，正是因为不以仁义教人，而使广大百姓纷纷怨叛的结果。你们应该理解我这层意思。”

贞观四年，房玄龄奏言：“今阅武库甲仗，胜隋日远矣。”太宗曰：“饬兵备寇虽是要事，然朕唯欲卿等存心理道，务尽忠贞，使百姓安乐，便是朕之甲仗。隋炀帝岂为甲仗不足，以至灭亡，正由仁义不修，而群下怨叛故也。宜识此心。”

译 贞观十三年，唐太宗对侍从的大臣说：“树林深密就有百鸟来栖集，河水深广就有群鱼来游弋，仁义之政积累多了百姓自然归附。人们都知道害怕而躲避灾害，但不知道广行仁义就能使灾害不生。这个仁义之道，应当经常在心中考虑，常让它持续不断，假如过了一会儿就懈怠，那么就会离开仁义之道很远。这就好像需要依靠饮食来滋养身体，只有经常吃饱肚子，才可以保存性命。”王珪叩头拜谢说：“陛下能够知道这一层道理，真是天下的大幸！”

贞观十三年，太宗谓侍臣曰：“林深则鸟栖，水广则鱼游，仁义积则物自归之。人皆知畏避灾害，不知行仁义则灾害不生。夫仁义之道，当思之在心，常令相继，若斯须懈怠，去之已远。犹如饮食资身，恒令腹饱，乃可存其性命。”王珪顿首曰：“陛下能知此言，天下幸甚！”

忠义第十四

凡十四章

冯立，武德中为东宫率①，甚被隐太子亲遇。太子之死也，左右多逃散，立叹曰："岂有生受其恩，而死逃其难！"于是率兵犯玄武门，苦战，杀屯营将军敬君弘②。谓其徒曰："微以报太子矣。"遂解兵遁于野。俄而来请罪，太宗数之③曰："汝昨者出兵来战，大杀伤吾兵，将何以逃死？"立饮泣而对曰："立出身事主④，期之效命⑤，当战之日，无所顾惮。"因歔欷悲不自胜⑥，太宗慰勉之，授左屯卫中郎将⑦。立谓所亲曰："逢莫大之恩幸而获免，终当以死奉答。"未几，突厥至便桥⑧，率数百骑与虏战于咸阳，杀获甚众，所向皆披靡⑨，太宗闻而嘉叹之。时有齐王元吉府左车骑谢叔方⑩率府兵与立合军拒战，及杀敬君弘、中郎将吕衡⑪，王师不振，秦府护军尉尉迟敬德⑫乃持元吉首以示之，叔方下马号泣，拜辞而遁。明日出首，太宗曰："义士也。"命释之，授右翊卫郎将⑬。

译 冯立武德年间任东宫率，很为隐太子李建成亲近宠遇。隐太子死时，其左右部下多数逃散，冯立叹息说："岂能在其生前受恩，而在其死后逃难！"于是率兵攻玄武门，艰苦奋战，杀死屯营将军敬君弘。然后，冯立对其部下说："稍微可以报答太子了。"于是解散军队，自己逃跑到野外。不久冯立回到朝廷请罪，太宗责备他说："你先前领兵来作战，造成我军很大伤亡，怎能逃过一死？"冯立哭泣着回答说："我出仕侍奉主人，决心舍命报效。在作战的时候，没有什么顾虑害怕。"悲哀得难以自制。太宗安慰他，任命他为左屯卫中郎将。冯立对亲近者说："我遭逢皇上莫大的恩惠，幸而被赦免罪过，一定要以死报答。"不久，突厥人进犯到便桥，冯立率数百名骑兵与敌军在咸阳作战，毙、俘敌人甚多。挥军所向，敌军都溃散逃窜。太宗听到后很赞赏他。

当时还有齐王李元吉府左车骑谢叔方，率府兵和冯立合军抗拒。当杀死敬君弘、中郎将吕衡后，官军士气不振，秦王府护军尉尉迟敬德就拿出李元吉的头颅来给他看，谢叔方下马号哭，下拜告辞，然后逃走。第二天出来自首，太宗说："是义士。"命令释放他，任命他为右翊卫郎将。

注 ① 东宫率：官名。职掌为东宫兵仗、仪卫。

② 敬君弘：绛（治所在今山西新绛县）人。
③ 数：数落，责备。
④ 出身：出仕做官。事主：侍奉主人。
⑤ 期：决心。效命：舍命报效。
⑥ 歔欷：悲叹抽泣。悲不自胜：悲伤到自己不能承受。
⑦ 左屯卫中郎将：武官名。职掌为宿卫等。
⑧ 便桥，亦称“便门桥”，在今陕西咸阳市南渭水上。因东南与汉长安城西门便门相对，故名。始建于西汉建元之年（前138）。
⑨ 披靡：草木随风倒伏，比喻军队溃散。
⑩ 左车骑，武官名。谢叔方：万年（治所在今陕西西安市西北）人。
⑪ 中郎将：武官名。吕衡：史作吕世衡。此避唐太宗讳，除世字。
⑫ 护军尉：武官名。尉迟敬德（585—658）：名恭，以字行。朔州（治所在今山西省朔州市）人。隋朝末年，随刘武周起兵。后降唐，有军功。玄武门之变，杀李建成、李元吉有功，后封鄂国公。
⑬ 右翊卫郎将：武官名。职掌为供奉侍卫等。

贞观元年，太宗尝从容[1]言及隋亡之事，慨然叹曰：“姚思廉[2]不惧兵刃，以明大节，求诸古人，亦何以加也！”思廉时在洛阳，因寄物[3]三百段，并遗其书曰：“想卿忠节之风，故有斯赠。”初，大业末，思廉为隋代王侑侍读[4]，及义旗克京城时，代王府僚多骇散，惟思廉侍王，不离其侧。兵士将升殿，思廉厉声谓曰：“唐公[5]举义兵，本匡王室，卿等不宜无礼于王！”众服其言，于是稍却，布列阶下。须臾，高祖至，闻而义之，许其扶代王侑至顺阳阁下，思廉泣拜而去。见者咸叹曰：“忠烈之士，仁者有勇[6]，此之谓乎！”

译 贞观元年，太宗曾随便谈到隋朝灭亡的事，感慨地叹息说：“姚思廉不怕武力威胁，显示了临难不苟的节操。在古人中寻求，也没有超过他的！”姚思廉当时在洛阳，太宗于是寄赠他杂帛三百段，并写信给他说：“想念你的忠义之风，所以赠送这些东西。”早先于隋大业末年，姚思廉任隋代王杨侑的侍读。到起义军队攻克京城时，代王府属官大多害怕逃散，只有姚思廉侍候代王，不离左右。义军兵士将要登上宫殿时，思廉厉声对他们说：“唐公举兵起义，本来是为了匡救王室，你们不应对代王无礼！”众兵信服他的话，于是稍稍退却，排列在阶下。一会儿，唐高祖来到，听说此事后认为姚思廉忠义，允许他搀扶代王杨侑到顺阳阁下。姚思廉哭泣下拜，然后离去。看见的人都感叹说：“真是忠烈之士。仁义的人有勇气，说的就是这种人吧！”

注 ① 从容：此处意为随便。
② 姚思廉（557—637）：唐万年人。本名简，以字行。初仕隋为代王杨侑侍读。后入唐，太宗时累官弘文馆学士，与魏徵同撰《梁书》、《陈书》。
③ 物：杂帛。
④ 代王侑：隋炀帝孙，元德太子杨昭子。名侑，封代王。隋炀帝大业十三年（617），唐高祖李渊入京师长安，立杨侑为帝，年号义宁。在位一年，禅帝位于李渊，隋亡。唐武德二年（619）崩，谥恭。侍读：官名。为太子、诸王属官，职掌讲学。

⑤ 唐公：指唐高祖李渊，仕隋时封唐公。
⑥ 仁者有勇：语出《论语·宪问》："仁者必有勇。"

贞观二年，将葬故息隐王建成、海陵王元吉，尚书右丞魏徵与黄门侍郎王珪，请预陪送。上表曰："臣等昔受命太上①，委质东宫②，出入龙楼③，垂将一纪④。前宫结衅宗社⑤，得罪人神，臣等不能死亡，甘从夷戮，负其罪戾，寘录周行⑥，徒竭生涯，将何上报？陛下德光四海，道冠前王，陟冈有感⑦，追怀棠棣⑧，明社稷之大义，申骨肉之深恩，卜葬二王⑨，远期有日⑩。臣等永惟畴昔⑪，忝曰旧臣，丧君有君⑫，虽展事君之礼；宿草将列⑬，未申送往之哀。瞻望九原⑭，义深凡百⑮，望于葬日，送至墓所。"太宗义而许之，于是宫府旧僚吏，尽令送葬。

译 贞观二年，将要安葬死去的息隐王李建成、海陵王李元吉。尚书右丞魏徵和黄门侍郎王珪请求参加送葬，上表说："臣等往昔受太上皇帝任命，供职东宫，出入太子宫殿，将近十二年。前东宫太子对国家造成祸乱，得罪人神。臣等不能引罪而死，甘受杀戮；背负罪责，仍被录用。徒然竭尽一生，怎能上报天恩？陛下道德光耀天下，超越前代君王。登山有感，怀念兄弟；显示国家的大义，表明骨肉的深情。卜定时地安葬二王，长远的期望实现有日。臣等常念往昔，有幸称为旧臣。失去旧君而有了新君，虽然尽了人臣事君之礼；而隔年的墓草将要成列，还未抒发送葬旧君之哀。瞻望墓地，情义深于常人。希望在安葬的那天，送到墓地。"太宗认为他们有情义而允许了，于是李建成宫中李元吉府中的旧部僚属，都允许去送葬。

注 ① 太上：指唐高祖李渊。唐太宗即帝位后，李渊称太上皇。
② 委质东宫：任职东宫。委质：献身，臣附。
③ 龙楼：汉成帝为太子时所居宫门名，后泛指太子所居之宫。
④ 一纪：十二年。
⑤ 前宫结衅宗社：前宫，指前东宫太子李建成。结衅，造成祸乱。宗社，宗庙和社稷，代称国家。
⑥ 寘录周行：寘录，安置录用。周行，朝官的行列。典出《诗·周南·卷耳》："嗟我怀人，寘彼周行。"毛传："行，列也。思君子，官贤人，置周之列位。"
⑦ 陟冈有感：《诗·魏风·陟岵》："陟彼冈兮，瞻望兄兮。"后人因此以陟冈作为怀念兄弟的典故。陟，登。
⑧ 追怀棠棣：《诗·小雅·常棣》歌咏兄弟宴乐。后人因此以棠棣作为兄弟之情的典故。棠棣，通常棣。
⑨ 卜葬：通过占卜选择时地安葬死者。
⑩ 远期：长远的期望。
⑪ 永惟：深思，常念。畴昔：往日。
⑫ 丧君有君：语出《春秋左传·僖公十五年》，此处文中借用。前之"君"指隐太子，后之"君"指唐太宗。
⑬ 宿草：隔年之草。《礼记·檀弓上》："朋友之墓，有宿草而不哭焉。"孔颖达疏："宿草，

陈根也，草经一年则根陈也。朋友相为哭一期，草根陈乃不哭也。”后多用为悼亡之辞。
⑭ 九原：春秋时晋国卿大夫的墓地。后泛指墓地。
⑮ 凡百：众人。

译 贞观五年，太宗对侍臣说：“忠臣义士，哪个朝代没有。你们知道隋朝谁是忠贞之士？”王珪说：“臣听说太常丞元善达在京城留守，见群贼横行，就单人独马辗转远道赶往江都，劝谏炀帝，请其返回京师。炀帝不接受他的劝告，他又流着泪极力苦谏，炀帝发怒，派他到远方征调军队，结果他死在南方湿热瘟疫之地。又有虎贲郎中独孤盛在江都行宫担任警卫，宇文化及造反，独孤盛一人抵抗而死。”太宗说：“屈突通任隋将时，与我军在潼关作战，听到京城陷落，就带领军队向东奔走。我义军在桃林追上了他，我派他的家人前往招降，他立刻杀了家人。我又派他儿子去，他竟说：‘我蒙隋朝任用，已经奉事两代皇帝，现在是我为节操而死的时候了。你原来和我是父子，现在则是我家的仇人了。’于是用箭射他儿子，他儿子避开逃走。屈突通所率领的士兵都溃散了，只剩他一人，向东南方痛哭极尽悲哀，说：‘我受国恩，任职将帅，智谋和勇力都用完了，遭此失败，不是我对国家不尽忠。’话刚说完，追兵就擒住了他。太上皇授他官职，他总是推托有病坚决辞谢。这样的忠诚节操，实在值得推崇。”于是命令有关部门，查访隋朝大业年间直言劝谏而被诛死者的子孙，报告朝廷（予以抚恤）。

贞观五年，太宗谓侍臣曰：“忠臣烈士，何代无之。公等知隋朝谁为忠贞？”王珪曰：“臣闻太常丞元善达在京留守[1]，见群贼纵横，遂转骑远诣江都[2]，谏炀帝，令还京师。既不受其言，后更涕泣极谏，炀帝怒，乃远使追兵[3]，身死瘴疠之地[4]。有虎贲郎中独孤盛在江都宿卫[5]，宇文化及起逆，盛惟一身，抗拒而死。”太宗曰：“屈突通为隋将[6]，共国家战于潼关，闻京城陷，乃引兵东走。义兵追及于桃林[7]，朕遣其家人往招慰，遽杀其奴。又遣其子往，乃云：‘我蒙隋家驱使，已事两帝，今者吾死节之秋[8]，汝旧于我家为父子，今则于我家为仇雠。’因射之，其子避走，所领士卒多溃散。通惟一身，向东南恸哭尽哀。曰：‘臣荷国恩，任当将帅，智力俱尽[9]，致此败亡，非臣不竭诚于国。’言尽，追兵擒之。太上皇授其官，每托疾固辞。此之忠节，足可嘉尚。”因敕所司，采访大业中直谏被诛者子孙，闻奏。

注 ① 太常丞：官名。掌判太常寺日常公务，从五品上。
② 转：辗转。骑：一人一马。江都：郡名。治所在江阳（今江苏扬州市）。隋炀帝三游其地，大治宫苑，定为行都，后在此被宇文化及所杀。
③ 追兵：征召，调集军队。
④ 瘴疠之地：指我国南部或西南部山林湿热、疾病多发之地。
⑤ 虎贲郎中：武官名。职掌侍卫。独孤盛：复姓独孤，名盛。
⑥ 屈突通：复姓屈突，名通。原仕隋为虎贲郎将，左骁卫大将军。后兵败降唐，历任兵部尚书、洛州都督。死后因功画像于凌烟阁。
⑦ 桃林：又名桃林塞、桃原。约当今河南灵宝市以西、陕西潼关以东地区。
⑧ 死节之秋：为节操而死的时候。

⑨ 智力俱尽：智谋和力气都用完了。

贞观六年，授左光禄大夫陈叔达礼部尚书①，因谓曰："武德中，公曾进直言于太上皇，明朕有克定大功②，不可黜退③云。朕本性刚烈，若有抑挫，恐不胜忧愤，以致疾毙之危。今赏公忠謇，有此迁授。"叔达对曰："臣以隋氏父子自相诛戮，以至灭亡，岂容目睹覆车，不改前辙④？臣所以竭诚进谏。"太宗曰："朕知公非独为朕一人，实为社稷之计。"

译 贞观六年，任命左光禄大夫陈叔达为礼部尚书，太宗就此事对他说："武德年间，先生曾向太上皇直言进谏，说明我有平定天下的大功，不能降职罢免等等。我生性刚烈，如果受到压抑挫折，恐怕经受不了忧郁愤懑，造成生病死亡的危险。现在奖赏你忠诚正直，给予这次提升任命。"陈叔达回答说："臣因为隋朝父子自相残杀，导致灭亡，岂能容许眼看前车倾覆，后车仍不改道？臣因此竭尽忠诚进谏。"太宗说："我知你不是只为我一人，实在是为国家打算。"

注 ① 左光禄大夫：官名。唐朝为从二品文散官，职掌议论及顾问，应对诏命。陈叔达：字子聪，南朝陈宣帝子，封义阳王。隋大业年间，为绛郡通守。唐高祖李渊起兵，叔达以郡降。

② 克定：平定天下。

③ 黜退：贬黜，斥退。

④ "岂容"二句：岂可眼看前车倾覆，后车仍不改道？意为岂能眼看前人失败，后人仍不吸取教训？

贞观八年，先是桂州都督李弘节以清慎闻①，及身殁后，其家卖珠。太宗闻之，乃宣于朝曰："此人生平，宰相皆言其清，今日既然，所举者岂得无罪？必当深理之②，不可舍也。"侍中魏徵承间③言曰："陛下生平④言此人浊，未见受财之所，今闻其卖珠，将罪举者，臣不知所谓。自圣朝以来，为国尽忠，清贞慎守⑤，终始不渝，屈突通、张道源⑥而已。通子三人来选⑦，有一匹羸马，道源儿子不能存立⑧，未见一言及之。今弘节为国立功，前后大蒙赏赉⑨，居官殁后，不言贪残，妻子卖珠，未为有罪。审其清者，无所存问⑩，疑其浊者，旁责

译 贞观八年，此前桂州都督李弘节以清廉谨慎闻名，当他死后，他家出卖珍珠。太宗听说此事，就在朝廷上宣谕说："此人一生，宰相都说他清廉。今天既然家中卖珠，当初举荐他的人岂能无罪？一定要严惩，不能放过。"侍中魏徵找机会对太宗说："陛下平素说此人为官不清，没有发现他收受财物之事，现今听说其家卖珠，将要加罪于荐举他的人，臣不知是什么意思。从本朝建国以来，为国尽忠，清廉慎守，始终不渝者，只有屈突通、张道源。屈突通的三个儿子来候选官，只有一匹瘦马；张道源的儿子不能生存自立，没见陛下有一句话说到他们。如今李弘节为国立功，前后大蒙陛下赏赐，在任死后，没人说他贪污；他妻子卖珠，不算有罪。明知清廉的，无所慰问；怀疑贪污的，连带责罚推荐人。虽说是疾恶如仇，但如此也是好善不深。臣私下思量，觉得其不可行，恐怕有识之士听到此事，一定要有非议。”太宗拍手说：“匆忙间未加思索，说了这样的话，现在才知道说话不能随便。不要再追究李弘节家卖珠这事了。屈突通、张道源的儿子，应该各授与一个官职。”

举人，虽云疾恶不疑，是亦好善不笃。臣窃思度，未见其可，恐有识闻之，必生横议[11]。”太宗抚掌曰：“造次不思，遂有此语，方知谈不容易。并勿问之，其屈突通、张道源儿子，宜各与一官。”

注 ① 以清慎闻：以清廉谨慎闻名。
② 深理：严厉惩治。
③ 承间：趁机会。间：空隙。
④ 生平：素来。
⑤ 清贞慎守：清白坚贞，谨慎操守。
⑥ 张道源：并州人。官大理卿。以清廉闻名，死时家中只有余粟二斛。
⑦ 选：候选授官。
⑧ 存立：生存自立。
⑨ 赏赉：赏赐。
⑩ 存问：慰问。
⑪ 横议：非议。

译 贞观八年，唐太宗将要派遣各道黜涉使，而畿内道还没有适当的人选，唐太宗要亲自选定，就询问房玄龄等大臣说：“这一道的事务最重，谁可以担任黜涉使？”右仆射李靖说：“畿内道事关重大，非魏徵不可。”唐太宗正颜厉色说：“我现在正想去九成宫，这也决不是小事，怎么可以派遣魏徵出使呢？我每次外出巡行时都不愿和他分离的道理，就在于他看得到我的是非得失。你们也能谏正我吗？为什么要讲这样的话呢，太没有道理了。”于是就命令李靖充任畿内道黜陟使。

贞观八年，太宗将发诸道黜陟使[1]，畿内道未有其人[2]，太宗亲定，问于房玄龄等曰：“此道事最重，谁可充使？”右仆射李靖曰：“畿内事大，非魏徵莫可。”太宗作色曰：“朕今欲向九成宫，亦非小，宁可遣魏徵出使？朕每行不欲与其相离者，适为其见朕是非得失。公等能正朕不？何因辄有所言，大非道理。”乃即令李靖充使。

注 ① 黜陟使：唐官名。贞观八年以李靖等十三人为黜陟大使，巡行诸道，督察官吏，后不常置，名称亦不一。降官曰黜，升官曰陟。
② 畿内道：即关内道，唐建都之地，相当现在陕西终南山以北、甘肃陇山（六盘山南段）以东及宁夏以北地域。

译 贞观九年，萧瑀为尚书左仆射。太宗曾在宴会时对房玄龄说：“武德六年以后，太上

贞观九年，萧瑀为尚书左仆射。尝因宴集，太宗谓房玄龄曰：“武德

六年已后，太上皇有废立之心①，我当此日，不为兄弟②所容，实有功高不赏之惧③。萧瑀不可以厚利诱之，不可以刑戮惧之，真社稷臣④也。”乃赐诗曰：“疾风知劲草，板荡识诚臣⑤。”瑀拜谢曰：“臣特蒙诫训，许臣以忠谅，虽死之日，犹生之年⑥。”

皇有废隐太子立我为太子的打算。我在当时不为兄弟所容，实在有功高不赏的恐惧。萧瑀不能用厚利引诱，不能用刑戮恐吓，真是国家的栋梁之臣。”于是赐诗给萧瑀云：“疾风知劲草，板荡识诚臣。”萧瑀拜谢说：“臣特别蒙受陛下的训诫，称许臣忠实诚信。臣即使死也如同活着一样。”

注 ① 太上皇有废立之心：太上皇：唐高祖李渊。废立之心：谓李渊因次子世民功业日盛，欲废太子建成而立世民为太子。

② 兄弟：指太子李建成、齐王李元吉。

③ 功高不赏之惧：惧怕功劳太高，不被赏赐，反被加害。

④ 社稷臣：关系国家安危的大臣。

⑤ 疾风知劲草，板荡识诚臣：比喻在危难时才显示意志坚定、忠诚正直。板荡：乱世的代称。《诗经·大雅》中有《板》、《荡》篇，讽刺周厉王无道。

⑥ 虽死之日，犹生之年：意同“虽死犹生”。

贞观十一年，太宗行至汉太尉杨震①墓，伤其以忠非命，亲为文以祭之。房玄龄进曰：“杨震虽当年夭枉，数百年后方遇圣明，停舆驻跸②，亲降神作，可谓虽死犹生，没而不朽。不觉助伯起幸赖欣跃于九泉之下矣③。伏读天文④，且感且慰，凡百君子，焉敢不勖励⑤名节，知为善之有效！”

译 贞观十一年，太宗出行，到汉朝太尉杨震的墓地，哀伤他因为忠贞死于非命，亲自作文祭奠他。房玄龄进言说：“杨震虽然当年含冤而死，几百年后才遇到圣明天子，停止车驾，亲赐御文，可说是虽死犹生，死而不朽。杨震幸遇天恩当欢欣雀跃于九泉之下，臣亦不禁为之高兴。拜读圣上的祭文，既感慨又慰藉。天下的君子，怎能不在名誉节操上自勉，认识到做好事有效验！”

注 ① 汉太尉杨震：太尉：全国军事长官，位等丞相。杨震：字伯起，东汉弘农华阴（今属陕西）人。通晓群经，时称“关西夫子”。汉安帝时任太尉，居官清正。后为中常侍谗谮，遣归，愤而自杀。

② 停舆驻跸：帝王出行途中暂住。舆、跸：帝王车驾。

③ “不觉助伯起”句：意谓杨震幸遇圣恩，当欢欣雀跃于九泉之下，臣（我）亦不禁为之高兴。

④ 天文：此处指太宗所作祭文。

⑤ 勖励：勉励，自勉。

贞观十一年，太宗谓侍臣曰："狄人杀卫懿公①，尽食其肉，独留其肝。懿公之臣弘演呼天大哭，自出其肝，而内②懿公之肝于其腹中。今觅此人，恐不可得。"特进魏徵对曰："昔豫让为智伯报仇③，欲刺赵襄子④，襄子执而获之，谓之曰：'子昔事范、中行氏乎⑤？智伯尽灭之，子乃委质智伯，不为报仇；今即为智伯报仇，何也？'让答曰：'臣昔事范、中行，范、中行以众人遇我，我以众人报之。智伯以国士⑥遇我，我以国士报之。'在君礼之而已，亦何谓无人焉？"

译 贞观十一年，太宗对侍臣说："狄人杀卫懿公，吃光他的肉，只留下他的肝。他的大臣弘演呼天大哭，挖出自己的肝，把卫懿公的肝放进自己腹中。如今要找这样的人，恐怕找不到了。"特进魏徵答道："从前豫让为智伯报仇，想刺杀赵襄子。赵襄子抓住他，对他说：'你过去侍奉过范氏、中行氏吧？智伯把他们全灭了，你就投靠智伯，不为他们报仇；现在却要为智伯报仇，为什么呢？'豫让回答说：'我昔日侍奉范氏、中行氏，范氏、中行氏对待我像普通人一样，我就像普通人一样报答他们。智伯对待我像国士一样，我就像国士一样报答他。'关键在于君主如何礼遇臣下罢了，怎么能说没有忠诚的人呢？"

注 ① 狄人：北方少数民族。卫懿公：春秋时卫国国君，名赤。好养鹤，让鹤享有大夫待遇。鲁闵公二年（前660），狄人攻卫，国人都说：可让鹤出战。卫懿公遂被杀。
② 内：同"纳"，放入。
③ 豫让：战国时晋国人，智伯的家臣。智伯为赵襄子灭后，屡次欲刺赵襄子为智伯报仇，不成而死。智伯：一作知伯，名瑶，号襄子。智氏是春秋时晋国六卿（智氏、韩氏、赵氏、魏氏、范氏、中行氏）之一，后为韩、赵、魏联手而灭。
④ 赵襄子：名无恤，一作毋恤。晋出公二十年（前455），智伯向韩、魏、赵索地，独赵不与。智伯率韩、魏攻赵，赵襄子固守三年，并使家臣说服韩、魏共灭智伯。
⑤ 范、中行氏：晋出公十七年（前458），范氏、中行氏被智氏、韩氏、魏氏、赵氏所灭，封地被瓜分。
⑥ 国士：一国之中才能出众之士。

贞观十二年，太宗幸蒲州，因诏曰："隋故鹰击郎将尧君素①，往在大业，受任河东，固守忠义，克终臣节。虽桀犬吠尧②，有乖倒戈之志③，疾风劲草，实表岁寒之心④。爰践兹境，追怀往事，宜锡⑤宠命，以申劝奖。可追赠蒲州刺史，仍访其子孙以闻。"

译 贞观十二年，太宗巡幸蒲州，下诏说："隋朝已故鹰击郎将尧君素，往昔在大业年间，受任于河东，坚守忠义，能尽到臣子的大节。虽然是各为其主，违背了反戈一击的原则，但坚定不移，显示出逆境不变的节操。今来此地，追念往事，应该特赐宠遇，以表示奖励。可以追赠他为蒲州刺史，并查访其子孙上报。"

注 ① 鹰击郎将：武官名。隋初，府兵军府称骠骑将军府，以骠骑将军统领，置车骑将军副之。大业三年（607）改为鹰扬府，车骑将军改称鹰扬副郎将。大业五年又改称鹰击郎将，为从五品武官。尧君素：隋魏郡汤阴（今河南汤阴东）人。大业十三年（617），从屈突通统领河东，拒李渊。屈突通被俘后，尧仍守城不降。其妻至城下劝降，以箭射之。后为部下所杀。
② 桀犬吠尧：比喻各为其主。桀，夏朝的暴君。吠，狗叫。
③ 倒戈之志：反戈一击的原则。
④ 岁寒之心：逆境不移的操守。
⑤ 锡：赐与。

贞观十二年，太宗谓中书侍郎岑文本曰："梁、陈名臣，有谁可称？复有子弟堪招引否？"文本奏言："隋师入陈①，百司奔散，莫有留者，惟尚书仆射袁宪独在其主之傍。王世充将受隋禅②，群僚表请劝进，宪子国子司业承家托疾独不署名。此之父子，足称忠烈。承家弟承序今为建昌令③，清贞雅操，实继先风。"由是召拜晋王友④，兼令侍读，寻授弘文馆学士⑤。

译 贞观十二年，唐太宗对中书侍郎岑文本说："梁、陈两朝有名望的大臣，有谁值得称道？他们还有子弟可以召来任用吗？"岑文本奏道："隋军攻灭陈朝时，陈朝百官奔逃离散，没有留下的人，只有尚书仆射袁宪独自在他的主子身旁。王世充将受隋主禅位时，百官上表劝说他当皇帝，只有袁宪的儿子国子司业袁承家假托有病没有在劝进表上签名。这样的父子，足可称为忠烈。袁承家的弟弟袁承序，今天做建昌县令。节操清雅，实是继承父兄家风。"于是召入袁承序任命为晋王友，让他兼任侍读，不久又授予他弘文馆学士。

注 ① 隋师入陈：公元589年隋军攻灭陈朝。
② 王世充将受隋禅：公元618年隋炀帝在江都被杀，王世充在洛阳立炀帝孙杨侗为帝，次年迫杨侗禅位，自为皇帝。
③ 建昌：今江西省永修县。
④ 晋王：唐高宗李治被立皇太子之前封为晋王。
⑤ 弘文馆学士：官名，主管详正图书，教授学生；朝廷制度沿革、礼仪变化，皆参加讨论。

贞观十五年，诏曰："朕听朝之暇，观前史，每览前贤佐时，忠臣徇国，何尝不想见其人，废书钦叹！至于近代以来，年岁非远，然其胤绪，或当见存，纵未能显加旌表①，无容弃之遐裔。其周、隋二代名臣及忠节子孙，有贞观已来犯罪配流者，宜令所司具录奏闻。"于是多从矜宥。

译 贞观十五年，唐太宗下诏说："我在处理朝政的余暇，常读前朝的史书，每当我看到前贤辅佐时政，忠臣为国殉难，我何尝不想见其人，而丢下书本钦佩叹息不止啊！至于近代以来的史事，离开现在的年代并不久远，这种人的子孙后代，或许还在，我们纵然不能大规模地对他们进行表彰，也决不应该把他们丢弃远方。北周、隋二代的名臣和忠孝节义之人的子孙后代，凡是有贞观以来犯罪配流的，当令各主管部门把名单抄录上报。"于是对这些人大多宽恕了。

注 ① 旌表：封建统治者对所谓忠孝节义的人，用立牌坊赐匾额等方式加以表扬，叫做旌表。

贞观十九年，太宗攻辽东安市城①，高丽人众皆死战。诏令耨萨延寿、惠真等降众止其城下以招之②，城中坚守不动。每见帝幡旗，必乘城鼓噪③。帝怒甚，诏江夏王道宗④筑土山，以攻其城，竟不能克。太宗将旋师，嘉安市城主坚守臣节，赐绢三百匹，以劝励事君者。

译 贞观十九年，太宗攻辽东安市城，据守此城的高丽军民都拼死作战。太宗命令先已投降的高丽酋长延寿、惠真等人到其城下招降，城中军民坚守不动。每当见到太宗的旗帜，守军必定登上城头击鼓呐喊。太宗愤怒极了，诏令江夏王李道宗筑土山攻城，始终不能攻克。太宗将要退兵时，赞赏安市城守将坚守忠臣的节操，赠其三百匹绢，以劝勉忠臣。

注 ① 安市城：西汉置。今辽宁海城市东南，当辽东交通要道。

② 耨萨：高丽部落酋长。据《资治通鉴》：贞观十九年六月，高丽北部耨萨延寿、惠真率兵来救安市，被唐太宗击败后投降。

③ 乘城：登城。鼓噪：击鼓呐喊。

④ 江夏王道宗(603—653)：唐高祖族侄，字承范。十七岁起从太宗征战有功。贞观中，封江夏王。

孝友第十五

凡五章

司空房玄龄事继母，能以色养[1]，恭谨过人。其母病，请医人至门，必迎拜垂泣。及居丧[2]，尤甚柴毁。太宗命散骑常侍刘洎就加宽譬，遗寝床、粥食、盐菜。

译 司空房玄龄侍奉继母，能够和颜悦色，恭敬谨慎超过一般人。继母生病时，请医生上门，他必定流泪迎拜。到居丧期间，更是悲伤过度，骨瘦如柴。唐太宗命令散骑常侍刘洎前往宽慰劝解，并送去寝床、粥食和盐菜。

注 ① 色养：谓服侍老人周到。色，指和颜悦色对待老人；另说是指顺承老人脸色。
② 居丧：指在直系亲长丧期之中。

虞世南，初仕隋，历起居舍人[1]，宇文化及杀逆之际[2]，其兄世基时为内史侍郎[3]，将被诛，世南抱持号泣，请以身代死。化及竟不纳，世南自此哀毁骨立者数载，时人称重焉。

译 虞世南，初在隋朝为官，任起居舍人，宇文化及杀死隋炀帝时，虞世南的哥哥虞世基当时担任内史侍郎，将要被牵连诛杀，虞世南抱着哥哥号哭不止，请求能让自己代替哥哥去死。宇文化及没有答应，虞世南从此以后哀痛不堪骨瘦如柴有好几年，被当时人所尊重称道。

注 ① 起居舍人：皇帝左右记录言行的官员。
② 宇文化及杀逆之际：指大业十四年，宇文化及在江都发动兵变，杀死炀帝事。
③ 内史侍郎：隋改中书为内史，改中书省为内史省，内史侍郎就是中书侍郎。

韩王元嘉[1]，贞观初，为潞州刺史[2]。时年十五，闻太妃[3]有疾，便涕泣不食，及至京师发丧，哀毁过礼。

译 韩王李元嘉，贞观初年任潞州刺史。当时年纪十五岁，听说太妃生病，就哭泣不吃饭。到京师来送丧时，悲伤得超过礼节的要求。太宗赞赏他天性纯厚，多次安慰勉励他。元嘉治家有礼，类似家境贫寒的读书人，与其同母弟鲁哀王李灵夔非常友爱，兄弟聚会用平民的礼节。他的洁身自好，内外如一，当时诸王没有能比得上的。

太宗嘉其至性④，屡慰勉之。元嘉闺门修整⑤，有类寒素士大夫⑥，与其弟鲁哀王灵夔⑦甚相友爱，兄弟集见，如布衣之礼。其修身洁己，内外如一，当代诸王莫能及者。

注 ① 韩王元嘉：唐高祖第十一子。少好学，藏书万卷。封韩王。武则天临朝时，李元嘉谋兵变，事败自杀。
② 潞州：唐初治上党县（今山西长治市）。
③ 太妃：指韩王之母，隋大将军宇文述之女，为唐高祖昭仪。
④ 至性：天性纯厚。
⑤ 闺门：内室之门。闺门修整谓治家有礼。
⑥ 寒素士大夫：此谓家境贫寒的读书人。
⑦ 鲁哀王灵夔：唐高祖第十九子，韩王同母弟。善书法、音乐。封鲁王。武则王临朝时，坐谋兵变被流放，自杀。谥哀。

译 霍王李元轨，武德年间先封为吴王。贞观七年，任寿州刺史。到高祖逝世时，离职，悲伤过度而消瘦，超过礼节的要求。自那以后常穿布衣，表示有终身的悲哀。太宗曾经问侍臣说：“我的子弟中谁最贤能？”侍中魏徵回答说：“臣愚昧，不能完全知道他们的才能。只是吴王几次与臣交谈，臣总是自愧不如。”太宗说：“你认为可以和前代谁相比？”魏徵说：“学问风度，像汉代的河间献王刘德、东平宪王刘苍；至于孝道德行，就像古代的曾参、闵损。”从此太宗更加宠遇元轨，并令他娶魏徵之女为妻。

霍王元轨①，武德中，初封为吴王，贞观七年，为寿州②刺史。属③高祖崩，去职，毁瘠过礼。自后常衣布服，示有终身之戚。太宗尝问侍臣曰：“朕子弟孰贤？”侍中魏徵对曰：“臣愚暗，不尽知其能，惟吴王数与臣言，臣未尝不自失④。”太宗曰：“卿以为前代谁比？”徵曰：“经学文雅，亦汉之间、平⑤，至如孝行，乃古之曾、闵也⑥。”由是宠遇弥厚，因令妻徵女焉。

注 ① 霍王元轨、唐高祖第十四子。封霍王。多才多艺，善于骑射，为高祖、太宗所亲重。武则天临朝时，坐与谋兵败，死于流放途中。
② 寿州：唐初治寿春县（今安徽寿县）。
③ 属（zhǔ 主）：及，至。
④ 自失：茫然自失，即自愧不如。
⑤ 汉之间、平：指西汉景帝第三子河间献王刘德、东汉光武帝第八子东平宪王刘苍，二人皆好学有德行。
⑥ 古之曾、闵：指孔子的学生曾参、闵损，二人皆以孝行著称。

贞观中，有突厥史行昌直玄武门①，食而舍肉，人问其故，曰："归以奉母。"太宗闻而叹曰："仁孝之性，岂隔华夷？"赐尚乘马一匹②，诏令给其母肉料。

译 贞观年间，有个突厥人史行昌在玄武门值班，吃饭的时候把肉挑出来不吃，别人问他这是什么缘故，他说："拿回家去奉献给母亲。"唐太宗听到以后感叹说："仁孝的品性，哪里会因为华夏与四夷而有所区别呢？"于是赏赐给他皇室的马一匹，还下诏命令给他母亲供应肉食。

注 ① 突厥史行昌：突厥族人，姓阿史那，进入中原后改汉姓史，行昌是他的名字。② 尚乘：尚乘局，管理皇室车马的机构。

公平第十六

凡八章

太宗初即位，中书令房玄龄奏言："秦府旧左右未得官者，并怨前宫及齐府左右处分之先己[①]。"太宗曰："古称至公者，盖谓平恕无私。丹朱、商均，子也，而尧、舜废之[②]。管叔、蔡叔，兄弟也，而周公诛之[③]。故知君人者，以天下为公，无私于物。昔诸葛孔明，小国之相，犹曰'吾心如称[④]，不能为人作轻重'，况我今理大国乎？朕与公等衣食出于百姓，此则人力已奉于上，而上恩未被于下，今所以择贤才者，盖为求安百姓也。用人但问堪否，岂以新故异情？凡一面尚且相亲，况旧人而顿忘也！才若不堪，亦岂以旧人而先用？今不论其能不能，而直言其嗟怨，岂是至公之道耶？"

译 唐太宗刚即位的时候，中书令房玄龄上奏说："原来秦王府故旧如今没有做到官的一些人，都在埋怨前宫和齐王府的部下在自己之前安排了官职。"唐太宗说："古时候所说的大公无私，是说的公平宽恕而无私心。丹朱和商均，是尧和舜的儿子，尧、舜因为他们不肖而废弃不用；管叔与蔡叔，都是周公的兄弟，周公因为他们参与叛乱而加以诛杀或流放。由此可知治理百姓的君主，以天下为公，不讲私情。过去诸葛亮只是一个小国的丞相，尚且能够说'我的心就好像一杆公平秤，不能因为不同的人而称起来轻重不一样'，何况我现在是在治理这样一个大国呢！我与你们都要依靠老百姓来供给衣食，这就是说百姓已经把他们的力量奉献给朝廷了，而帝王的恩泽现在还没有遍及百姓，如今所以要选择贤才，就是为了要让他们去安抚百姓。用人只问是否能够胜任，怎么能够以新人旧人而不一样对待呢？有一面之交的人尚且互相亲爱，何况对旧人怎么可能一下子就忘记了呢！如果他的才干不堪胜任职务的话，也怎能因为他是故旧下属而先加任用？如今你不去说他们能不能胜任，而只说他们有怨言，这难道是至公的道理吗？"

注 ① 前宫及齐府：此指前太子李建成的东宫及齐王李元吉的齐王府。
② 尧、舜废之：尧知道儿子丹朱不肖，不足托付天下，于是传位于舜。舜之子商均亦不肖，就把天下传位于禹。
③ 周公诛之：管叔名鲜，蔡叔名度，都是文王之儿子。武王克殷，封鲜于管，封度于

蔡，武王死时，成王年幼，管叔、蔡叔联合纣王子武庚一起作乱。周公奉周王命，诛杀武庚、管叔，流放蔡叔。

④ 称：同秤。

贞观元年，有上封事者，请秦府旧兵并授以武职，追入宿卫①。太宗谓曰："朕以天下为家，不能私于一物，惟有才行是任，岂以新旧为差？况古人云：'兵犹火也，弗戢将自焚。'汝之此意，非益政理。"

译 贞观元年，有个上书言事的人，要求把原来秦王府中的旧兵都授予武职，调进宫城来值宿警卫。太宗对他说："我是以天下为家的，决不能偏私于一人。只要有才能德行就任用，怎么能够按照新人与旧人来分别对待呢？况且古人说过：'兵就像火一样，不收敛就要烧到自己。'你说的这层意思，对治理国家没有益处。"

注 ① 宿卫：值宿警卫。

贞观元年，吏部尚书长孙无忌尝被召，不解佩刀入东上阁门，出阁门后，监门校尉始觉①。尚书右仆射封德彝议，以监门校尉不觉，罪当死，无忌误带刀入，徒二年，罚铜二十斤。太宗从之。大理少卿戴胄驳曰："校尉不觉，无忌带刀入内，同为误耳。夫臣子之于尊极，不得称误，准律云：'供御汤药、饮食、舟船，误不如法者，皆死。'陛下若录其功，非宪司所决②；若当据法，罚铜未为得理。"太宗曰："法者非朕一人之法，乃天下之法，何得以无忌国之亲戚，便欲挠法耶？"更令定议。德彝执议如初，太宗将从其议，胄又驳奏曰："校尉缘无忌以致罪，于法当轻，若论其过误，则为情一也，而生死顿殊，敢以固请。"太宗乃免校尉之死。

是时，朝廷大开选举，或有诈伪阶资者③，太宗令其自首，不首，罪至于死，俄有诈伪者事泄，胄据法断流以奏之④。太宗曰："朕初下敕，不首者死，今断从流，是示天下以不信

译 贞观元年，吏部尚书长孙无忌被皇上召见，没有解下佩刀就进入了东上阁门，出阁门后，守门的监门校尉方才发觉。对此事件，尚书右仆射封德彝认为：守门的监门校尉没有发觉，严重失职，罪当处死，长孙无忌误带刀入禁地，应判处徒刑二年，并罚铜二十斤。唐太宗同意了他的意见。大理少卿戴胄反驳说："监门校尉没有发觉，长孙无忌带刀入宫，这两者都属于无意的失误。然而臣子对于皇上来说，是不能用无意失误解释的，按照法律条文中讲到的：'凡是供给皇上需要的汤药、饮食、舟船之类，因为失误而不符合法律规定的，一律处以死刑。'假如陛下考虑到长孙无忌过去的功劳，就不是我们司法部门所能决定的了；如果根据法律来定罪名，让他罚铜并不算合理。"唐太宗说："法律并不是我一个人的法律，而是为天下人制定的法律，怎么可以因为长孙无忌是皇亲国戚，就可以扰乱法律呢？"于是下令重新讨论定罪。封德彝仍然坚持原议，唐太宗又准备同意他的意见，戴胄再次提出反驳说："监门校尉是因为长孙无忌的缘故才犯罪的，从法律上讲应当比长孙无忌处理得轻些，假若要分析他们的过错，那么情况是相同的，而如今对他们的判决竟是一个生一个死，相差如此悬殊，为此我再次提出要求重新判决。"唐太宗终于免除了监门校尉的死罪。

这时候，朝廷大开选拔举荐之路以求人才，有伪造官阶资历的事被发现，太宗下令让他们自首，如不自首，就要判处死罪。不久有的人伪造官阶进行欺骗的事泄露了出来，戴胄根据法律规定判他流刑并上奏太宗。太宗说："我当初下令，不自首的处以死刑，如今你根据法律条文判他流刑，这是向天下表示我说的话不算数了。"戴胄说："陛下当时立即把他杀了，不是我所管得到的，既然已经交给司法部门处理，我不敢违背法律。"太宗说："你自己守法，而叫我失信吗？"戴胄说："法律是国家用来向天下颁布最重大信用的，陛下的话是因当时喜怒而发的啊！陛下发一时之怒，说要杀他，既然知道不可以，而依法律处置，这是忍耐小的忿怒而保存最重大的信用，我私下为陛下珍惜这种精神。"太宗说："我对法有所失误，你能纠正，我还有什么可以担忧的呢？"

矣。"胄曰："陛下当即杀之，非臣所及，即付所司，臣不敢亏法。"太宗曰："卿自守法，而令朕失信耶？"胄曰："法者国家所以布大信于天下，言者当时喜怒之所发耳！陛下发一朝之忿，而许杀之，既知不可，而置之以法，此乃忍小忿而存大信，臣窃为陛下惜之。"太宗曰："朕法有所失，卿能正之，朕复何忧也？"

注 ① 监门校尉：隋初有左右监门府将军各一人，掌宫殿门禁及守卫事，炀帝改将军为郎，唐为左右监门卫。校尉为武散官，位次将军。

② 宪司：指刑部、大理寺等司法部门。

③ 诈伪阶资：伪造官阶资历。

④ 流：即流刑，流放，古五刑之一。

译 贞观二年，唐太宗对房玄龄等人说："我近来看到隋代的一些遗老，都称赞高颎是一个善于为相的人，于是就去看他的本传，确实可以说是公平正直，尤其懂得治理国家的道理。隋室的安危，跟他的生死进退有很大的关系。他被隋炀帝这个无道昏君冤枉诛死。读书到这里，我何尝不想见到这个人，于是放下书来对他仰慕而感叹。又看到史书记载，汉、魏以来，诸葛亮做丞相，也非常公平正直，他曾经上表建议废黜廖立、李严，放逐到南中。后来廖立听到诸葛亮逝世的消息，哭着说：'我要终身成为蛮荒的人了！'李严听到诸葛亮逝世，竟至于发病而死。所以陈寿说：'诸葛亮做丞相，开诚心、布公道，尽忠国家，有益于当时的人，虽是仇人一定奖赏；违犯法纪玩忽职守的人，虽是至亲也一定惩罚。'你们岂能不仰慕学习他们？我今天常常仰慕前代帝王中的好皇帝，你们也应当仰慕历代宰相中的贤能者，假若能够这样做，那么荣耀的名声和崇高的爵位，就可以长久地保持下去。"房玄龄对答道："我听说治理国家最重要

贞观二年，太宗谓房玄龄等曰："朕比见隋代遗老，咸称高颎善为相者①，遂观其本传，可谓公平正直，尤识治体，隋室安危，系其存没。炀帝无道，枉见诛夷，何尝不想见此人，废书钦叹！又汉、魏已来，诸葛亮为丞相，亦甚平直，尝表废廖立、李严于南中②，立闻亮卒，泣曰：'吾其左衽矣③！'严闻亮卒，发病而死。故陈寿称：'亮之为政④，开诚心，布公道，尽忠益时者，虽仇必赏；犯法怠慢者，虽亲必罚。'卿等岂可不企慕及之？朕今每慕前代帝王之善者，卿等亦可慕宰相之贤者，若如是，则荣名高位，可以长守。"玄龄对曰："臣闻理国要道，在于公平正直，故《尚书》云：'无偏无党，王道荡荡。无党无偏，王道平平⑤。'又孔子称'举直错诸枉，则民服'⑥。今圣虑所尚，诚足以极政教

之源，尽至公之要，囊括区宇，化成天下。”太宗曰：“此直朕之所怀，岂有与卿等言之而不行也？”

的原则，在于公平正直，所以《尚书》里说：‘不结党营私，王道浩浩荡荡，不结党营私，王道平平坦坦。’还有孔子说‘举用正直的人而废弃邪恶的人，百姓就心服’。现在圣上考虑所要倡导的，确实是足以达到最高的政教的根本，极尽大公无私的要义，包容寰宇，教化天下。”太宗说：“这正是我所想的，怎能只跟你们说说而不实行呢？”

注 ① 高颎：字昭玄，史称隋之贤相。炀帝以他的忠谏为谤讪，反而加以诛杀。
② 廖立：字公渊，武陵人，仕蜀为长水使者。李严：字正方，南阳人，仕蜀为中都护。南中：泛指我国南部，今川黔滇一带。
③ 吾其左衽矣：衽是衣襟。左衽：有的少数民族衣襟在左边，古人常把国破沦于异族统治称左衽。语出《论语·宪问》。
④ 陈寿：晋安汉人，字承祚。初仕蜀，为观阁令史，为黄皓所忌，屡被谴黜。晋灭蜀后，任为著作郎、御史治书，撰《三国志》。
⑤ 无偏无党，王道荡荡，无党无偏，王道平平：语出《尚书·洪范》。
⑥ 举直错诸枉，则民服：语出《论语·为政》。

长乐公主，文德皇后所生也[①]。贞观六年将出降[②]，敕所司资送倍于长公主。魏徵奏言：“昔汉明帝欲封其子[③]，帝曰：‘朕子岂得同于先帝子乎？可半楚、淮阳王[④]。’前史以为美谈。天子姊妹为长公主，天子之女为公主，既加长字，良以尊于公主也，情虽有殊，义无等别。若令公主之礼有过长公主[⑤]，理恐不可，实愿陛下思之。”太宗称善。乃以其言告后，后叹曰：“尝闻陛下敬重魏徵，殊未知其故，而今闻其谏，乃能以义制人主之情，真社稷臣矣！妾与陛下结发为夫妻，曲蒙礼敬，情义深重，每将有言，必俟颜色，尚不敢轻犯威严，况在臣下，情疏礼隔？故韩非谓之说难[⑥]，东方朔称其不易[⑦]，良有以也。忠言逆耳而利于行，有国有家者深所要急，纳之则世治，杜之则政乱，诚愿陛下详之，则天下幸甚！”因请遣中使赍帛五百匹，诣徵宅以赐之。

译 长乐公主，太宗文德皇后所生。贞观六年将下嫁给长孙冲为妻，太宗敕命主管部门资送财礼的规模，要为当年高祖之女永嘉长公主出嫁时的一倍。魏徵上奏说：“过去东汉明帝准备封赏他的儿子，他说：‘我的儿子怎么可以得到与先帝的儿子同样多的封赏呢？可以按给楚王、淮阳王封赏的一半赐给。’以前的史家以此作为美谈。如今天子的姊妹称为长公主，天子的女儿称为公主，既然前边加上一个长字，意思就是要尊于公主，具体情况虽有不同，但道理是一个，不应当再分等区别。假如让公主的礼节规模超过了长公主，道理上恐怕说不过去，希望陛下能够考虑。”太宗表示赞同。于是就把这番话告诉了文德皇后，文德皇后听了叹息道：“曾经听说过陛下很敬重魏徵，但是始终不知道是什么缘故。如今听到了他谏诤此事的话，他能够用道理来克制帝王的私情，真是社稷的忠臣啊！我跟陛下是少年夫妻，多蒙陛下敬重，以礼相待，情深义重，然而当我想要讲些规劝你的话时，也总要观察你的脸色，尚且不敢轻犯陛下的威严，何况他作为一个普通臣子，情疏礼隔？所以过去韩非把这种情况称之为‘说难’，东方朔也把这种情况称为‘不易’，实在是有道理的。常言道，忠言逆耳而利于行，这对于有国有家的人来说是最为紧要的事，采纳这种忠言，国家就大治，杜绝这种忠言，政治局面就要混乱，我真诚地希望陛下仔细体会这个道理，那就是天下的大幸了。”因而请求派遣中使带上五百匹帛，送到魏徵的家里去赏赐给他。

注 ① 长乐公主：唐太宗第五女，封长乐郡，下嫁长孙冲。文德皇后：河南洛阳人，其先魏拓跋氏，性素约，采古妇人事约《女则》十篇。李世民登基后立为皇后。于636年逝世，葬于昭陵，谥文德。太宗去世，与之同葬，谥文德圣皇后。

② 出降：公主下嫁。

③ 汉明帝：东汉光武帝第四子，名庄，善刑名，明法理，在位时，尊重儒术。

④ 楚、淮阳王：楚王英、淮阳王昺，都是东汉光武帝子。

⑤ 若令公主之礼有过长公主：公主即指文德皇后所生之长乐公主，长公主指唐高祖之女永嘉长公主。参见《资治通鉴》。礼，指嫁妆和礼仪规格。

⑥ 韩非：韩非为战国时韩之诸公子，与李斯都师从荀卿，后来为秦王嬴政聘用，被李斯所害。今存《韩非子》有《说难》篇。

⑦ 东方朔：字曼倩，平原人，汉武帝时为大夫。

刑部尚书张亮坐谋反下狱，诏令百官议之，多言亮当诛，惟殿中少监李道裕奏亮反形未具[①]，明其无罪。太宗既盛怒，竟杀之。俄而刑部侍郎有阙，令宰相妙择其人，累奏不可。太宗曰：“吾已得其人矣，往者李道裕议张亮云‘反形未具’，可谓公平矣。当时虽不用其言，至今追悔。”遂授道裕刑部侍郎。

译 刑部尚书张亮因谋反罪关进监狱，诏令百官讨论，很多人说张亮应该杀头，只有殿中少监李道裕奏说张亮谋反的证据不足，说明他无罪。太宗既在大怒之下，竟把张亮杀了。不久刑部侍郎空缺，叫宰相选拔出色的人充任，但多次奏上的人选都没被太宗同意。太宗说：“我已得到这个人了，前不久李道裕在讨论张亮一案时说‘证据不足’，可说是公平的。当时虽没有采用他的意见，到今天也还追悔不及。”于是就任命李道裕为刑部侍郎。

注 ① 殿中少监：殿中省主管皇帝饮食、医药、衣服、车马等事务，长官为少监。反形未具：谋反的迹象不全，即证据不足。

贞观初，太宗谓侍臣曰：“朕今孜孜[①]求士，欲专心政道[②]，闻有好人，则抽擢驱使[③]。而议者多称‘彼者皆宰臣亲故[④]’，但公等至公，行事勿避此言，便为形迹[⑤]。古人‘内举不避亲，外举不避仇’，而为举得其真贤故也[⑥]。但能举用得才，虽是子弟及有仇嫌，不得不举。”

译 贞观初年，太宗对侍臣说：“我现在孜孜不倦地寻求德才兼备之士，想专心致力于为政之道，听说有好人，就提拔任用，而议论的人往往说‘这些人都是大臣的亲戚朋友’。只要先生们大公无私，行事不要顾虑这些话就被拘束。古人‘推荐自己人不回避是亲戚、推荐外人不回避是仇人’，是因为推荐真正的贤人的缘故。只要能举荐得到贤才，即使是自己的子弟和有仇嫌的人，也不能不举荐。”

注 ① 孜孜：勤勉不懈。
② 政道：为政之道。
③ 抽擢：提拔。驱使：任用。
④ 宰臣：大臣。亲故：亲戚故友。
⑤ 形迹：拘束。
⑥“古人”三句：春秋时晋国大夫祁奚告老退休时，曾先后举荐仇人解狐和儿子祁午接任。人问其故，祁奚说我但看其是否称职，不管是否仇人或儿子。

贞观十一年，时屡有阉宦充外使[①]，妄有奏，事发，太宗怒。魏徵进曰：“阉竖虽微，狎近左右，时有言语，轻而易信，浸润之谮[②]，为患特深。今日之明，必无此虑，为子孙教，不可不杜绝其源。”太宗曰：“非卿，朕安得闻此语？自今已后，充使宜停。”魏徵因上疏曰：

臣闻为人君者，在乎善善而恶恶，近君子而远小人。善善明，则君子进矣；恶恶著，则小人退矣。近君子，则朝无粃政[③]；远小人，则听不私邪。小人非无小善，君子非无小过。君子小过，盖白玉之微瑕；小人小善，乃铅刀之一割[④]。铅刀一割，良工之所不重，小善不足以掩众恶也；白玉微瑕，善贾之所不弃，小疵不足以妨大美也。善小人之小善，谓之善善，恶君子之小过，谓之恶恶，此则蒿兰同臭，玉石不分，屈原所以沉江[⑤]，卞和所以泣血者也[⑥]。既识玉石之分，又辨蒿兰之臭，善善而不能进，恶恶而不能去，此郭氏所以为墟[⑦]，史鱼所以遗恨[⑧]也。

注 ① 阉宦充外使：阉宦即太监宦官，通常不任朝廷外官，故此称充外使。
② 浸润之谮：点滴而来、日积月累的谮

译 贞观十一年，屡次让宦官去执行宫廷之外的差使，他们往往有一些虚妄的奏议，事情暴露以后，太宗大为震怒。魏徵进言：“宦官虽很低微，但经常侍奉在帝王左右，常常会在帝王面前说一些昧心的话，也往往容易被听信，这些日积月累不易察觉的谮言，为害也就特别严重。如今陛下如此圣明，当然不必有此顾虑，然而为使子孙受到教诲，不可不杜绝这个根源。”唐太宗说：“不是你，我哪能听得到这样的话？从今以后，宦官充使的事一律停止。”魏徵因而又上疏说：

我听说做君主的，最重要的是要提倡善反对恶、接近君子而远离小人。如果提倡善作得明确，那么君子就能进用；如果反对恶作得显著，那么小人就会被斥退。接近君子，朝廷就不会出现不良政局；远离小人，听取意见时就不会偏听谮言。小人并非没有一点小的长处，君子也并非没有一点小的过错。君子的小错误，就好像是白玉上的一点斑点，小人的一点长处，那只不过像不锋利的铅刀只能一割。铅刀一割，好的工匠是不会重视的，因为这一点点好处无法掩盖它的许多坏处；白玉上有一点斑点，有经验的商人是不会丢弃它的，因为一点小斑点是不足以妨害美玉的大美的。喜欢小人的一点长处，称为喜欢好人，厌恶君子的一点过失，称为厌恶坏人，这就是把蒿草与兰花的气味等同，美玉和顽石不加区分。屈原所以投江，卞和所以泣血正在于此。既认识美玉和顽石的不同，又辨出蒿草与兰花的气味，喜欢好人而不能进用，厌恶坏人而不能弃去，这正是郭国所以灭亡、史鱼所以遗恨尸谏的原因啊。

言。语出《论语·颜渊》。

③ 粃政:或作秕政,谓不良之政也。

④ 铅刀之一割:铅刀是不锋利的刀,文中比喻没有大用。

⑤ 屈原所以沉江:屈原名平,楚国大夫,楚王信谮言而不用他,于是屈原自沉汨罗江而死。

⑥ 卞和:楚人。得玉璞献给楚厉王,王以为不是玉,斫去他的双脚。卞和抱璞而哭泣,久而流出血来。

⑦ 郭氏所以为墟:事见《纳谏》篇注。

⑧ 史鱼:史鱼因为灵公没有听从他的谏劝,用蘧伯玉而退弥子瑕,病重将死时,命儿子在他死后将尸体摆在窗下,不要收敛。灵公来吊丧,他的儿子将这一切告知灵公,灵公于是进用伯玉而斥退弥子瑕。语见《家语》。

陛下聪明神武,天姿英睿[1],志存泛爱,引纳多途[2],好善而不甚择人,疾恶而未能远佞。又出言无隐,疾恶太深,闻人之善或未全信,闻人之恶以为必然。虽有独见之明,犹恐理或未尽。何则?君子扬人之善,小人讦人之恶。闻恶必信则小人之道长矣,闻善或疑则君子之道消矣。为国家者急于进君子而退小人,乃使君子道消,小人道长,则君臣失序,上下否隔[3],乱亡不恤[4],将何以治乎?且世俗常人,心无远虑,情在告讦,好言朋党[5]。夫以善相成谓之同德,以恶相济谓之朋党,今则清浊共流,善恶无别,以告讦为诚直,以同德为朋党。以之为朋党,则谓事无可信;以之为诚直,则谓言皆可取。此君恩所以不结于下,臣忠所以不达于上。大臣不能辩正,小臣莫之敢论,远近承风,混然成俗,非国家之福,非为治之道。适足以长奸邪,乱视听,使人君不知所信,臣下不得相安。若不远虑,深绝其源,则后患未之息也。今之幸而未败

译 陛下聪明威武,天姿英睿,心存博爱,用人多方。但好善而不太选择人材,憎恶而未能疏远小人。又说话太直,疾恶太深,听说别人的善行有时未必全信,听说别人的过失认为必定如此。即使有独到的圣明,仍恐怕不尽合理。为什么这样说呢?君子表扬别人的善行,小人攻讦别人的过恶。听说过恶一定相信,那么小人的方式就会增长;听说善行有所怀疑,那么君子的方式就会消减。治理国家的人以引进君子黜退小人为先,却使君子方式消减,小人方式增长,就会丧失君臣秩序,上下隔塞不通,乱亡尚难救助,将用什么去治理国家呢?况且世俗的常人,心无远虑,只注意告发,好说别人结党营私。用善行互相成全称为同心同德,用邪恶互相救助称为结党营私。如今则清浊同视,善恶无别,以告发为诚实正直,以同德为结党营私。以同德为结党营私,则认为无事可以相信;以告发为诚实正直,则认为凡言都可听取。这就是君主的恩泽不能施于臣下,臣下的忠诚不能表达于君主的原因。对此大臣不能辩明,小臣无人敢论,到处承袭这种风气,混然形成习惯,不是国家的福分,不是政治的道理。这只能够助长奸邪,混淆视听,使君主不知什么可信,臣下不得相安。对此如不远虑,深深杜绝它的根源,那么后患难以止息。现在幸运而没有败坏的,是由于君主有深

者，由乎君有远虑，虽失之于始，必得之于终故也。若时逢少隳⑥，往而不返，虽欲悔之，必无所及。既不可以传诸后嗣，复何以垂法将来？且夫进善黜恶，施于人者也；以古作鉴，施于己者也。鉴貌在乎止水⑦，鉴己在乎哲人。能以古之哲王，鉴以己之行事，则貌之妍丑宛然在目，事之善恶自得于心，无劳司过⑧之史，不假刍荛之议，巍巍之功日著，赫赫之名弥远。为人君者可不务乎？

谋远虑，虽然开始时有过失，而终究必有所得。如果时事稍乱，难以改正，即使后悔，也来不及了。如此行事既不可以传之后代，更怎么为将来示范？况且进用善人黜退邪恶，是施予别人；以古史作借鉴，是用于自己。察看相貌要对照静止之水，省察自己要对照贤哲之人。如果能以古代的贤王，对照自己的行事，则如相貌的美丑就在眼前，行事的善恶自心明白，不劳司过的记载，不须百姓的议论，巍巍大功日益显著，赫赫威名更加远扬。为人君主者能不致力于此吗？

注 ① 英睿：英明。
② 引纳：引进纳用。多途：多种途径，多方。
③ 否(pǐ 匹)隔：闭塞不通。
④ 恤：救济。
⑤ 朋党：此谓结党营私。
⑥ 时逢少隳：谓世道稍乱。隳：毁坏。
⑦ 鉴貌在乎止水：照相貌要对着静止的水。鉴：照。止水：静止不动的水。
⑧ 司过：古代官名。掌谏正过失。

臣闻道德之厚，莫尚于轩、唐①；仁义之隆，莫彰于舜、禹。欲继轩、唐之风，将追舜、禹之迹，必镇之以道德，弘之以仁义，举善而任之，择善而从之。不择善任能，而委之俗吏②，既无远度，必失大体，惟奉三尺③之律，以绳四海之人，欲求垂拱④无为，不可得也。故圣哲君临，移风易俗，不资严刑峻法，在仁义而已。故非仁无以广施，非义无以正身。惠下以仁，正身以义，则其政不严而理，其教不肃而成矣。然则仁义，理之本也；刑罚，理之末也。为理之有刑罚，犹执御之有鞭策也。人皆从化，而刑罚无所施；

译 臣听说，道德的淳厚，没有超过黄帝、唐尧时期的；仁义的兴盛，没有比虞舜、大禹时期更彰明的。后世准备继承黄帝、唐尧时期的风俗，将要追踪虞舜、大禹时期的功绩，必须用道德镇伏风俗，弘扬仁义，荐举贤良善人加以重任，选择善计良策加以依从推行。若不选择善人，重任能人，而把政事委托给俗吏，俗吏既无远见卓识，必定会丢失国家大体，只知奉行三尺法律，用来绳纠四海百姓，这样做而要求得垂衣拱手，无为而治，天下太平，那是不可能成功的。所以圣人哲者君临天下，移风易俗，并不依靠严刑峻法，而仅依靠仁义而已。因此不是仁就无法广泛施行恩惠，不是义就无从端正自身。通过仁给臣下带来恩惠，通过义来端正自身，那么其政事就能不严厉而得到治理，其教化就能不肃杀而得成功了。

如此则仁义为治国的根本，刑罚为治民的末事。治理国家需要有刑罚的原因，如同赶马驾车需要有马鞭一样。百姓全都服从教化，那么刑罚就无所施展；马匹全都竭尽其能力，那么虽然有马鞭也就无所施用了。由此而论，刑罚不能使国家得以治理的道理，也已经非常显明了。所以《潜夫论》中谈到："人君治理国家，没有比道德教化更为重大的事情。百姓有性、有情、有化、有俗。情与性，是心，是根本；教化与风俗，是行为，是末节。所以圣君明主抚治世事，是先从根本着手，而后做末节的事，顺从其心而后行动。心与情如果端正了，那么奸佞之事就无从发生，邪恶就无所发展了。因此，贤君圣人没有不致力于治理民心的，所以孔子说：'处理刑狱之事，我与别人也没有什么不同，一定要做的，是不让刑狱之事发生吧？'用礼引导百姓，务必要使民性民情淳厚清明。百姓互相爱护，那么就不会有互相伤害的意思；行动时以义为准绳，那么就不会蓄积奸佞邪恶之心了。像这样的成绩，并不是用法律治理的结果，这是通过道德教化所达到的。圣人非常尊重道德礼义而卑视刑罚，所以虞舜首先敕令契恭敬推行五教之义，然后再任用皋陶实行五刑之法。大凡建立法律的目的，不是用来纠察百姓的短处，诛伐过错失误，而是用来防范奸恶的发生，救治祸灾的危害；检举淫侈邪恶的行为，而归于正道。百姓承蒙向善的教化，那么人都有士君子的心情；百姓遭受恶劣的刑政，那么人都会怀有奸邪暴乱的想法。所以使民趋善的教化在养育百姓中所起的作用，就如同工匠在做酒曲、豆豉一样。天下百姓，犹如处于同一庇荫之下，庶民之属，犹如做酒曲、豆豉的原料大豆、麦子，变化转移他们的言论行为，就在于统治者的作为如何而已！遇到贤良清正的好官，那么百姓就会心怀忠信，行为仁义淳厚；遭受恶吏统治，那么庶民就会心怀奸邪，行为浅薄，缺少爱心。忠厚的言行不断积聚，将会使天下太平；浅薄的言行不断积累，

马尽其力，则有鞭策无所用。由此言之，刑罚不可致理，亦已明矣。故《潜夫论》[5]曰："人君之治莫大于道德教化也。民有性、有情、有化、有俗。情性者，心也，本也；化俗者，行也，末也。是以上君抚世，先其本而后其末，顺其心而履其行。心情苟正，则奸慝无所生，邪意无所载矣。是故上圣无不务治民心，故曰'听讼，吾犹人也，必也使无讼乎？'[6]道之以礼，务厚其性而明其情。民相爱，则无相伤害之意；动思义，则无畜奸邪之心。若此，非律令之所理也，此乃教化之所致也。圣人甚尊德礼而卑刑罚，故舜先敕契以敬敷五教[7]，而后任咎繇以五刑[8]也。凡立法者，非以司民短，而诛过误也，乃以防奸恶而救祸患，检淫邪而内正道。民蒙善化，则人有士君子之心；被恶政，则人有怀奸乱之虑。故善化之养民，犹工之为曲豉[9]也。六合[10]之民，犹一廢[11]也，黔首[12]之属，犹豆麦也，变化云为[13]，在将者耳！遭良吏，则怀忠信而履仁厚；遇恶吏，则怀奸邪而行浅薄。忠厚积，则致太平；浅薄积，则致危亡。是以圣帝明王，皆敦德化而薄威刑也。德者，所以循己也，威者，所以治人也。民之生也，犹铄金在炉，方圆厚薄，随镕[14]制耳。是故世之善恶，俗之薄厚，皆在于君。世之主诚能使六合之内、举世之人，感忠厚之情而无浅薄之恶，各奉公正之心，而无奸险之虑，则醇酽[15]之俗，复见于兹矣。"后王虽未能遵，专尚仁义，当慎刑恤典，哀敬无私，故管子曰："圣君任法不任智，任公不任

私。"故王天下，理国家。

注 ① 轩、唐：轩是轩辕氏之略，指黄帝；唐为陶唐氏之略，指尧帝。
② 俗吏：眼光浅短、不学无术的官吏。
③ 三尺：古时把法律条文写在三尺长的竹简上，称作三尺法，简称"三尺"。
④ 垂拱：古代形容天下太平无事，帝王可垂衣拱手，无为而治。《尚书·武成》："惇信明义，崇德报功，垂拱而天下治。"
⑤《潜夫论》：东汉王符所撰。
⑥ 听讼，吾犹人也，必也使无讼乎？ 此句为孔子所说，见《论语》。
⑦ 敕契以敬敷五教：契(xiè)，舜帝之臣，掌管教化之事。敷，散布。五教，指父子有亲，君臣有义，夫妇有别，长幼有序，朋友有信。
⑧ 任咎繇以五刑：咎繇，也作皋陶，舜帝之臣，掌管刑法之事。五刑，指墨(刺面)、劓(割鼻)、剕(断足)、宫、大辟(死刑)。
⑨ 曲豉：曲，酒母，酿酒原料。豉，用大豆制成的一种食品。
⑩ 六合：天地和东南西北四方的合称，就是"宇宙"的意思。
⑪ 廕：通"荫"，庇护，庇荫。
⑫ 黔首：秦代称百姓作黔首。
⑬ 云为：作为；言论和行事。
⑭ 镕：铸造器物的模型。
⑮ 醇醲：醇，味道淳厚的酒；醲，味道浓厚的茶汤。

将会造成国家危亡。因此，圣贤清明的帝王，都从事于敦厚道德教化，而卑视淫威、苛刑严法。道德是君主用来劝诱百姓服从自己的手段，刑罚是君主用来镇服百姓的工具。人的生长过程，就像是用炉子镕化金属，其形状的方圆与厚薄，都完全符合模型的样子而已。所以世间的善恶，风俗的厚薄，都取决于君主的意向。世上的君主真能使六合之内、举世之人都为忠厚之情所感激，而没有浅薄的恶习，各自怀有奉公循正之心，而没有奸邪阴险的想法，那么像醇酒清茶一样醇醲的民俗，一定会在今天再次出现了。"后世君主虽然不能遵循这种说法，只是崇尚仁义，但应当谨慎用刑，施行抚恤百姓的制度，养育幼弱之人，礼敬长者，无有私心，所以管子曾说："圣明的君主治理国事，根据法律而不是根据自己的智慧，听从公论而不曲从私见。"所以能称王于天下，使国家得到大治。

贞观之初，志存公道，人有所犯，一一于法。纵临时处断或有轻重，但见臣下执论，无不忻然受纳。民知罪之无私，故甘心而不怨；臣下见言不忤，故尽力以效忠。顷年[①]以来，意渐深刻[②]，虽开三面之纲，而察见渊中之鱼，取舍在于爱憎，轻重由乎喜怒。爱之者，罪虽重而强为之辞；恶之者，过虽小而探其意。法无定科[③]，任情以轻重；人有执论，疑之以阿伪。故受

译 贞观初年，陛下心存公道，臣下若有违法乱政的行为，都一一被置之于法。纵然临时处理决断有时轻惩有时重罚，然而遭到臣下谏劝反对，没有不忻然接受的。百姓知道皇上惩罚他们并不是出自私心，所以都甘心受刑罚而没有怨愤；臣下看见自己直言谏劝并没有触怒天子，所以就竭尽心力来效忠陛下。近年以来，陛下处事渐渐苛刻严峻，虽然如同汤一样将捕鸟的罗网撤去了三面，但仍然过分明察，像能见深渊中潜游的小鱼，根据自己的爱憎来判断事情、人物的取舍，随着自己的好恶来决定刑

赏的轻重。喜爱的人，他犯下的罪状虽然很严重，仍然勉强为他编造理由来躲避惩罚；厌恶的人，他的过失虽然非常微细，却深文周纳来加重刑罚。执法没有确定的定罪条款，只是凭着自己心情的好恶来减轻或加重他的罪名；臣下如若执言谏诤，就怀疑他是附私结党，欺瞒天子。因此，受到刑罚的人没有地方可以控告申诉，当事的官员也都不敢秉公直言。不想使他们心服，只是逼迫他们闭口，那么欲加之罪，难道会没有借口吗？再说五品以上官员触犯法令，都让有关曹司上奏报告。其本意是想省察其情状，酌情加以宽恕减刑；现今却曲意探求小节，有的甚至因此加重了刑罚，使执掌司法的官员对那些犯法官吏大加攻击，只为自己攻击不够深刻而感到遗憾。有些事情，虽然并没有予以重罪的法律条文，就在法律之外寻找根据，加以重责，这样的处理十有六七，所以近年触犯法律的官员都惧怕被皇上知道，一旦知道自己已被交付法司处理，大多以为侥幸。告讦的人接续而来，加以穷治却不能平息，君主在上面行施私意，官吏在下面播弄奸邪，苛求细微的过失，忘记了国家大体，对一人施行刑罚，却引起众人犯法舞弊，这是因为违背了公平之道，乖离了大禹对罪人哀怜哭泣的本意，如此想让人们和平相处，讼狱平息，是不可能得到的。

罚者无所控告，当官者莫敢正言。不服其心，但穷其口，欲加之罪，其无辞乎？又五品已上有犯，悉令曹司闻奏。本欲察其情状，有所哀矜；今乃曲求小节，或重其罪，使人攻击惟恨不深。事无重条，求之法外所加，十有六七，故顷年犯者惧上闻，得付法司④，以为多幸。告讦无已，穷理不息，君私于上，吏奸于下，求细过而忘大体，行一罚而起众奸，此乃背公平之道，乖泣辜之意，欲其人和讼息，不可得也。

注 ① 顷年：近年。
② 深刻：苛刻严峻。
③ 定科：定罪。
④ 法司：执掌司法纠察的官署。

译 所以《体论》说：“淫泆偷盗，为百姓所厌恶，我随从百姓的心意加以刑罚，虽然有时太过苛刻了，百姓也不因此认为我施行了暴政，是因为我出于公心的缘故。鳏寡饥寒，也是百姓所厌恶的事情，为了摆脱鳏寡饥寒的处境而陷入法网，我体谅他们的苦衷而宽宥他们，百姓也不因此认为我用刑偏重，是因为我出自公心的缘故。我加以重罚的，正是百姓所憎恶的；我加以宽宥的，正是百姓所怜悯的。因此，奖赏轻微却能劝诱百姓向善，刑罚省减却能禁止百姓作恶。”由此而言，出于公心施行刑法，没有不可以的，就是有量刑过重或过轻的行为

故《体论》云：“夫淫泆盗窃，百姓之所恶也，我从而刑罚之，虽过于当，百姓不以我为暴者，公也。怨旷① 饥寒，亦百姓之所恶也，遁②而陷之法，我从而宽宥之，百姓不以我为偏者，公也。我之所重，百姓之所憎也；我之所轻，百姓之所怜也。是故赏轻而劝善，刑省而禁奸。”由此言之，公之于法，无不可也，过轻亦可。私之于法无可也，过轻则纵奸，过重则伤善。圣

人之于法也公矣，然犹惧其未也，而救之以化，此上古所务也。后之理狱者则不然：未讯罪人，则先为之意，及其讯之，则驱而致之意，谓之能；不探狱之所由，生为之分，而上求人主之微旨[3]以为制，谓之忠。其当官也能，其事上也忠，则名利随而与之，驱而陷之，欲望道化之隆，亦难矣。

注 ① 怨旷：怨，指无夫之女子。旷，指无妻之男子。
② 遁：逃走；躲避。
③ 微旨：隐含未露的旨意。

也是许可的。施行刑法之时夹杂私心就没有好处了，量刑过轻就会纵容奸恶行为，量刑过重就会伤害善良的人。圣人施行刑法纯粹出于公心，但是仍然担心不能达到预期的效果，就加上道德教化来补救刑罚之失，这是上古圣王贤君所关注的地方。后世治理刑狱的人却不是这样的：还没有审讯过犯人，就已预先拟定了罪名，等到审讯之后，就逼迫犯人承认预先拟定的罪名，这种行为反而被称为有才干；不去探明犯人犯罪下狱的原因，却硬将他们加以分类，根据上面天子的意旨分别加以重刑或轻宥，并认为这种行为就是对皇上忠心。他们做官处事有才干之名，侍奉天子有忠心之名，那么名和利就随即给予他们，他们再驱逐百姓陷入法网，如此而希望道德教化的兴盛，也就很难了啊。

凡听讼理狱，必原[1]父子之亲，立君臣之义，权轻重之序，测浅深之量。悉其聪明，致其忠爱，疑则与众共之。疑则从轻者，所以重之也。故舜命咎繇曰："汝作士，惟刑之恤。"[2]又复加之以三讯[3]，众所善，然后断之。是以为法，参之人情。故《传》曰："小大之狱，虽不能察，必以情。"而世俗拘愚苛刻之吏，以为情也者取货者也，立爱憎者也，右亲戚者也，陷怨仇者也。何世俗小吏之情，与夫古人之悬远乎？有司以此情疑之群吏，人主以此情疑之有司，是君臣上下通相疑也，欲其尽忠立节，难矣。

注 ① 原：推求；察究。
② 汝作士句：此语出《尚书·虞书》。
③ 三讯：《周礼》以三讯判决庶民狱讼，一讯群臣，二讯群吏，三讯万民。讯，审问，查问。

译 大凡判决诉讼治理刑狱，一定要推究父子之情，树立君臣之义，权衡轻重之序，考核浅深之量。要充分施展自己的聪明才能，发扬自己忠君爱民之心，若有疑问就与众人一起推究。有疑问就从轻量刑的做法，就是为了尊重刑法。所以舜命令皋陶说："你担任司法官，要怜恤刑狱。"又加上向大臣、群吏和庶民三次查讯，众人都认为正确，然后进行判决。这就是法律必须参以人情。所以《左传》解释道："大小刑狱，虽然不能全部正确判决，但一定要体恤人情。"但是世俗拘执愚蠢苛刻的官吏，认为所谓体恤人情，就是索取贿赂，就是根据自己的爱憎断狱，就是偏袒亲戚朋友，就是陷害怨家仇人。为什么世俗小吏的想法，与古代圣贤的愿望相距如此遥远啊？主管部门因为这人情而怀疑司法众官营私，天子因为这人情怀疑主管部门舞弊，这是君臣上下互相猜疑啊，这样的话，想要臣下竭尽忠诚建立气节，困难啊。

凡理狱之情，必本所犯之事以为主，不严讯，不旁求，不贵多端，以见聪明，故律正其举劾之法，参伍[①]其辞，所以求实也，非所以饰实也，但当参伍明听之耳，不使狱吏锻炼[②]饰理成辞于手。孔子曰："古之听狱，求所以生之也；今之听狱，求所以杀之也。"故析言[③]以破律，任案以成法，执左道[④]以必加也。又《淮南子》[⑤]曰："沣水[⑥]之深十仞[⑦]，金铁在焉，则形见于外。非不深且清，而鱼鳖莫之归也。"故为上者以苛为察，以功为明，以刻下为忠，以讦多为功，譬犹广革，大则大矣，裂之道也。夫赏宜从重，罚宜从轻，君居其厚，百王通制。刑之轻重，恩之厚薄，见思与见疾，其可同日言哉！且法，国之权衡也，时之准绳也。权衡所以定轻重，准绳所以明曲直。今作法贵其宽平，罪人欲其严酷，喜怒肆志，高下在心，是则舍准绳以正曲直，弃权衡而定轻重者也。不亦惑乎？诸葛孔明[⑧]，小国之相，犹曰："吾心如秤，不能为人作轻重。"况万乘之主[⑨]，当可封之日[⑩]，而任心弃法，取怨于人乎？

译 大凡治理刑狱之事，一定要根据其所犯之事作为主要定罪依据，不严刑逼供，不旁求枝节末端，不因为所定罪名繁复为能干，以此显示自己的聪明敏锐，所以法律规定了举证、审讯的制度，交互检验其供词，因此而求得事实真相，不是因此而掩盖事实真相，只是应该交互比验、明辨听断而已，不让职任司法的狱吏上下其手，弄奸枉法，伪造判案文书。孔子说："古代听断刑狱案件，寻求让罪人得以获生的理由；今日听断刑狱案件，却在苛求诛杀罪人的罪状。"所以就会离析语言对法律断章取义，因案件判例来替代法律，通过左道邪法陷人于罪。又《淮南子》也说："沣水水深十仞，金属沉到水底，其形状仍然可从水面上看出。这不是因为河水不深，而是由于水质太过清澈的缘故，但鱼鳖也因此不去那里生活。"所以做天子的将苛刻看成是明察，将断狱多看成是聪明能干，将刻剥百姓看成是忠心，将攻讦众人看成是功劳，就好像是一张很大的皮革，大虽然确实很大，但这却是容易破裂的原因。奖赏应该要重，惩罚应该要轻，君王要养成淳厚的民风，这是古今百世君王通行不变的制度。刑罚轻与刑罚重，恩惠厚与恩惠薄，被百姓称颂与被百姓痛恨，其中的区别难道可以同日而语吗！而且法律是治理国家的权衡，衡量时俗的准绳。权衡是用来确定物品轻重的，准绳是用来判断物品曲直的。今天制定法律是以其宽恕公平为宝贵，但惩罚人却是追求严刑酷吏，对人喜怒完全由着自己的意志，定罪轻重完全根据自己的情绪，这种做法，就像是舍弃准绳而去判断曲直，舍弃权衡而去确定轻重一样，不也是太糊涂了吗？诸葛孔明，只是一个小国的丞相，犹且说道："我的心就像一杆秤，不能因为别人的好恶而改变轻重。"何况万乘之天子，正处在教化成就的升平时代，怎能任心治国，舍弃法制，而取怨于百姓啊？

注 ① 参伍：交互错杂；错综比验。《易·系辞上》："参伍以变，错综其数。"
② 锻炼：比喻枉法陷人于罪。
③ 析言：断章取义。
④ 左道：邪道。
⑤《淮南子》：西汉淮南王刘安撰。
⑥ 沣(fēng 丰)水：河名，源出陕西长安县西南秦岭山中，北流至西安市西北入渭河。
⑦ 仞：古时七尺称仞。
⑧ 诸葛孔明：三国蜀丞相诸葛亮，字孔明。

⑨ 万乘之主：天子畿内地方千里，兵车万乘，故名万乘之主。
⑩ 可封之日：尧舜之时，天下向化，民风淳朴，据其德行，可比屋而封爵官。

又时有小事，不欲人闻，则暴作威怒，以弭谤议。若所为是也，闻于外，其何伤？若所为非也，虽掩之，何益？故谚曰："欲人不知，莫若不为；欲人不闻，莫若勿言。"为之而欲人不知，言之而欲人不闻，此犹捕雀而掩目，盗钟而掩耳者，只以取诮[①]，将何益乎？臣又闻之，无常乱之国，无不可理之民者。夫君之善恶由乎化之薄厚，故禹、汤以之理，桀、纣[②]以之乱；文、武以之安，幽、厉[③]以之危。是以古之哲王，尽己而不以尤[④]人，求身而不以责下。故曰："禹、汤罪己，其兴也勃焉；桀、纣罪人，其亡也忽焉。"[⑤]为之无已，深乖恻隐之情，实启奸邪之路。温舒[⑥]恨于曩日[⑦]，臣亦欲惜不用，非所不闻也。臣闻尧有敢谏之鼓[⑧]，舜有诽谤之木[⑨]，汤有司过之史[⑩]，武有戒慎之铭[⑪]。此则听之于无形，求之于未有，虚心以待下，庶下情之达上，上下无私，君臣合德者也。魏武帝[⑫]云："有德之君乐闻逆耳之言、犯颜[⑬]之诤，亲忠臣，厚谏士，斥谗慝[⑭]，远佞人者，诚欲全身保国，远避灭亡者也。"凡百君子，膺期统运[⑮]，纵未能上下无私，君臣合德，可不全身保国，远避灭亡乎？然自古圣哲之君，功成事立，未有不资同心，予违汝弼[⑯]者也。

注 ① 诮：责备；讥讽。
② 桀、纣：桀为夏代亡国之君，纣为商代

译 又有时对一些小事，陛下不想让人知道，就突然发威作怒，用来消弭诽谤的议论。如果所做的事情是正确的，就是被外人知晓，又有什么妨碍呢？如果所做的事情是错误的，虽然极力加以掩盖，又怎么能成功？所以民谚说道："若要人不知，莫若己不为；若要人不闻，莫若己不言。"自己做了却想让人不知道，自己说了却想让人不听到，这就好像捕猎鸟雀时却遮住自己的眼睛、偷窃铜铃时捂住自己的耳朵的人一样，只会被人取笑，又有什么好处呢？臣又听说，没有永远政治混乱的国家，也没有不能治理的百姓。道德教化所形成的风俗厚薄，决定了君王施行的政令是善还是恶的，所以夏、商二代开国之君禹、汤因此而使国家得到了治理，夏、商二代亡国之君桀、纣因此而造成天下大乱；周文王、周武王因此而安定了江山，周幽王、周厉王因此而给社稷带来了危害。因此，古代的圣贤君王，严格要求自己而不怨恨别人，反求自身不足而不责备下属。所以说："大禹、商汤归罪于自己，所以其兴旺的过程十分迅速；桀、纣归罪于别人，所以其灭亡就忽然到来。"这种掩目塞耳的事情不停止，不但深深违背了世人都具有的恻隐之情，而且这实在是开启一条通向邪恶的道路。往昔温舒对狱吏营私舞弊的危害大为痛恨，臣对汉帝没有采用他的意见而深感遗憾，并不是没有听说。臣听说尧曾设置了鼓励臣民上谏的谏鼓，舜树立了让臣民书写谏诤之言的诽谤木，商汤设立了规劝过失的史臣，周武王书写了儆戒自己言行的座右铭。这是倾听还未流传的怨言，寻求还未形成危害的过失，虚心对待臣民的谏诤，由此使下面的民情传给君王，上下无私，君臣同心同德。魏武帝说："有德之君喜欢听逆耳的忠言，犯颜直谏的诤言，亲近忠诚的大臣，厚待谏诤的士大夫，斥责谗言，远离奸佞之人，实在是想保全自己和国家，远远避开亡国杀身的灾祸。”大凡承应天命控驭国运的君子，纵然没有能够做到上下无私，君臣同心同德，但可以不保全自己和国家，远远避开杀身亡国的灾祸吗？因而自古以来的圣贤君王，建功立业，没有不依靠同心同德的大臣辅佐，反而违背辅弼大臣意见的。

的亡国之君。桀、纣在位期间，政治黑暗，刑法严酷，暴戾荒淫，是我国古代有名的暴君。

③ 幽、厉：西周两位暴君幽王与厉王。周厉王（？—前 828 年）实行“专利”，监视“国人”，杀死议论他的人，终于引起“国人”发难，他只得逃出京都，最后死于流亡地。周幽王（？—前 771 年）剥削严重，再加地震与旱灾，百姓流离失所；又进攻六济之戎，大败；因宠爱褒姒，而废掉申后与太子，故申侯联合戎族等杀死幽王，西周灭亡。

④ 尤：怨恨。

⑤ 此为臧文仲告鲁国君的话，语出《左传》。

⑥ 温舒：西汉人，曾上书论狱吏营私舞弊的危害。

⑦ 曩日：从前。

⑧ 敢谏之鼓：相传尧时曾设鼓于庭，使民击之以进谏。《淮南子·主术训》云：“故尧置敢谏之鼓。”

⑨ 诽谤之木：相传舜时竖立木牌于交通要道，让人在上面书写谏言。《淮南子·主术训》云：“舜立诽谤之木。”

⑩ 司过之史：据《淮南子》载，商汤设置了进谏君王的史官。

⑪ 戒慎之铭：据《大戴礼记》载，姜太公述《丹书》之言：“敬胜怠者吉，怠胜敬者灭，义胜欲者从，欲胜义者凶。”周武王闻之，退而为戒，写在几案、鉴、盂等器物上作为座右铭。

⑫ 魏武帝：即曹操，三国魏建立后，被追谥曰武帝。

⑬ 犯颜：对上级提出劝谏，而不管他脸色如何。

⑭ 慝：藏在心里的恶意。

⑮ 膺期统运：膺，承应；统，控制，驾驭；运，世运，国运。

⑯ 弼：辅助。

昔在贞观之初，侧身励行，谦以受物。盖闻善必改，时有小过，引纳忠规，每听直言，喜形颜色。故凡在忠烈，咸竭其辞。自顷年海内无虞，远夷慑服，志意盈满，事异厥①初。高谈疾邪，而喜闻顺旨之说；空论忠说，而不悦逆耳之言。私嬖②之径渐开，至公之道渐塞，往来行路，咸知之矣。邦之兴衰，实由斯道。为人上者，可不勉乎？臣数年以来，每奉明旨，深惧群臣

译 往昔贞观初年，陛下兢兢业业身体力行，谦诚待人。因为陛下闻善必从，偶尔有小过失，都能引纳忠言规谏，每当听到直言说论，都喜形于色。所以凡是忠诚正直之人，都尽心竭诚呈告自己心底之言。可是近年以来，海内安宁，远人降服，于是陛下却志满意得，处理事情也就与当初不同了。口中高谈阔论如何痛恨邪佞行为，却一心爱听顺从自己心意的话；奢言倡导敢谏直谏行为，却不喜欢听逆耳犯颜之语。于是宠信私人嬖佞的路途渐渐打开，至公正直的大门却日见堵塞，道路往来行走的普通百莫肯尽言。臣切思之，自比来[③]人或上书，事有得失，惟见述其所短，未有称其所长。又天居自高，龙鳞难犯[④]，在于造次，不敢尽言，时有所陈，不能尽意，更思重竭，其道无因。且所言当理，未必加于宠秩，意或乖忤，将有耻辱随之，莫能尽节，实由于此。虽左右近侍，朝夕阶墀[⑤]，事或犯颜，咸怀顾望。况疏远不接，将何以极其忠款哉？又时或宣言云："臣下见事，只可来道，何因所言，即望我用？"此乃拒谏之辞，诚非纳忠之意。何以言之？犯主严颜，献可替否，所以成主之美，匡主之过。若主听则惑，事有不行，使其尽忠谠之言，竭股肱[⑥]之力，犹恐临时恐惧，莫肯效其诚款。若如明诏所道，便是许其面从，而又责其尽言，进退将何所据？欲必使乎致谏，在乎好之而已。故齐桓[⑦]好服紫，而合境无异色；楚王好细腰[⑧]，而后宫多饿死。夫以耳目之玩，人犹死而不违，况圣明之君求忠正之士，千里斯应，信不为难。若徒有其言，而内无其实，欲其必至，不可得也。

注 ① 厥：其。

② 私嬖：私，私人，亲戚故旧。嬖，宠幸的近侍等。

③ 比来：近来。

④ 龙鳞难犯：《韩非子·说难》以龙比喻君主，称龙喉下有逆鳞，"若有人婴之者，则必杀人"。后因称臣下直谏触犯君主为"婴逆鳞"或"犯龙鳞"。

⑤ 阶墀(chí 迟)：墀，阶上平地。此指宫殿。

⑥ 股肱：原指手脚，多比喻左右相辅佐的人。

姓，也都知道了这种变化。国家的兴盛衰微，就是从这儿开始的。作为万民之上的君主，能不深思而自勉么？臣数年以来，每每承听陛下贤明的诏旨，深深担忧群臣不肯竭诚尽言国政的得失。臣认真思考了这个问题，自近来有人上书言事，如若所说事情有些出入，只见陛下抨击那人的短处，却没见有表扬其长处的。加上陛下高高在上，龙鳞难以逆触，臣下偶尔遇上机会，也就不敢轻率进言，即使有时上陈奏疏，也不能尽意，事后再想重新竭诚上言，却没有了这种机会。况且其所说的符合道理，也未必加官晋爵以表示宠遇；而万一言语之间违背了旨意，则将有耻辱随之而来。群臣不能尽心直言，其原因就在于此。即使陛下的身边近侍，朝夕相随于宫殿之上，遇到有可能触犯龙颜之事，都心怀顾虑观望之心。何况平时疏远从未接待过的微臣庶民，又怎么才能尽其忠诚恳切之意呢？还有陛下曾经公开表示说："臣下看见事情有可谏之处，只可以前来说明，凭什么你一说，就要求我采纳？"这实在是拒绝臣下进谏的借口，根本不是敬纳忠言的道理。为什么这样说？冒犯主上的威严，进献自己的意见和建议，是为了成就君主的大业，匡正主上的过错。如若君主一听谏言就不痛快，建议也未必施行，即使让臣下尽说心底忠诚正直之言，竭尽股肱辅佐之力，依然担忧他会临时恐惧，而不肯竭诚尽忠。如若像公开诏示的那样，那就是一方面称许臣下当面顺从君主的言行，一方面又要求臣下尽言直谏，不知臣下将根据什么样的标准来进退言说？如果陛下一定要使臣下尽心直谏，那方法也很简单，就在于陛下真心喜好臣下尽心直谏而已。当年齐桓公喜好穿紫色的服装，全境的人就没有穿其他颜色。楚王宠爱细腰的宫女，王宫内就有为求细腰而饿死的人。这种娱玩耳目的行为，人们尚且豁出命来追求，何况圣明天子征求天下忠诚正直之士，那些忠诚正直之士不远千里前来应召，肯定不是一件困难的事情。如果只不过是说说而已，没有切实施行的打算，却希望忠诚正直之士一定前来，恐怕是不可能的。

⑦ 齐桓：齐桓公，春秋时齐国君，姜姓，名小白。他在位期间任用管仲改革国政，国力富强，多次会聚诸侯订立盟约，成为春秋时第一个霸主。

⑧ 楚王好细腰：《韩非子·二柄》载：楚灵王喜好细腰的妃嫔，“而国中多饿人”。

太宗手诏曰：

省前后讽谕，皆切至之意，固所望于卿也。朕昔在衡门[1]，尚惟童幼，未渐师保[2]之训，罕闻先达[3]之言。值隋主分崩，万邦涂炭，惵惵[4]黔黎，庇身无所。朕自二九之年，有怀拯溺，发愤投袂[5]，便提干戈，蒙犯霜露，东西征伐，日不暇给，居无宁岁。降苍昊之灵，禀庙堂[6]之略，义旗所指，触向平夷。弱水[7]、流沙[8]，并通輶轩之使[9]；被发左衽[10]，皆为衣冠[11]之域。正朔[12]所班[13]，无远不届[14]。及恭承宝历[15]，寅[16]奉帝图，垂拱[17]无为，氛埃靖息，于兹十有余年。斯盖股肱罄帷幄[18]之谋，爪牙[19]竭熊罴[20]之力，协德同心，以致于此。自惟寡薄，厚享斯休，每以抚大神器[21]，忧深责重，常惧万机多旷，四聪[22]不达，战战兢兢，坐以待旦。询于公卿，以至隶皂[23]，推以赤心。庶几明赖，一动以钟石[24]；淳风[25]至德[26]，永传于竹帛[27]。克[28]播鸿名，常为称首。朕以虚薄，多惭往代，若不任舟楫，岂得济彼巨川？不借盐梅[29]，安得调夫五味？赐绢三百匹。

译 看了魏徵的上书，唐太宗亲笔批示道：

仔细披阅了卿前后几次的讽劝谏章，看到的都是情切意至的名言，这本来就是朕对卿所寄以的厚望。朕当年生长在普通家庭，在童年时期，没有能接触老师的教诲，很少能听到长辈的训导。正遇到隋炀帝荒淫无道，国家分崩离析，万民涂炭，遭灾受难，黎民恐惧万状，无处安身。朕十八岁起，就立下拯救万民于水火之中的志向，发愤从军，手提干戈，冒霜犯露，东征西讨，日无余暇，居无宁岁。幸亏苍天有灵，禀遵庙堂的韬略，义军的旌旗所到之处，盗寇随即荡平。弱水、流沙等边远蛮荒之地，都派遣使臣前来进贡；披发左衽风俗绝异之人，也都身穿华夏衣冠。国家法令所颁之处，没有因为遥远而不能到达的地方。等到朕恭承天子印信登上大位，敬奉先帝传下的帝业，垂衣拱手，无为而治，海内平安，尘埃不起，至今已有十多年了。这完全是由于股肱大臣尽运筹帷幄之谋，骁勇战将竭如熊如罴之勇，上下协力，同德同心，才能取得这样的功绩。朕想自己是一个寡德少能之人，却享受着如此厚福，故每每因为自己身当一国重任，忧患深，责任重，而总担心万机繁难而有所旷缺，不能远听四方百姓的疾苦，所以夜里总是战战兢兢，坐着等待天明。朕常常询问公卿大臣，甚至于皂隶小吏，推真心待人，以求能目明耳聪，作一番可以垂于后世的功德，刻勒于钟鼎石碑之上；使我大唐的淳风至德，能够永远流传于史册。能协助传播鸿名伟业的人，朕一向认为卿为第一。朕因为自己德能微薄，有愧于前世圣贤君王，如若不依靠贤明辅弼大臣，怎么能建功立业，就好像是如若不

注 ① 衡门：横木为门，指简陋的房屋。

② 师保：古代教导贵族子弟的官。《礼记·文王世子》记：“师也者，教之以事而

喻诸德者也；保也者，慎其身以辅翼之而归诸道者也。”

凭借舟船，怎么能横渡大河？不使用盐与梅子，又怎么能调和出味道鲜美的羹汤？为此，赐卿绢三百匹以资奖励。

③ 先达：前辈；长辈。
④ 惵惵：恐惧貌。
⑤ 投袂：拂动衣袖，形容决绝或奋发。
⑥ 庙堂：宗庙、朝堂。
⑦ 弱水：古水名，所指名称不一，《尚书·禹贡》载雍州弱水，其上源指今甘肃山丹河，下游即山丹河与甘州河合流后的黑河，黑河汇纳北大河后，称额济纳河。
⑧ 流沙：古代泛指中国西北的沙漠地区，也特指今新疆境内白龙堆沙漠一带流沙，此处为古代中西交通干道所经。
⑨ 輶轩之使：輶轩，轻车。古代帝王的使臣多乘輶车，后因称使臣为輶轩使。
⑩ 被发左衽：被发文身，为古代吴越一带的风俗。《礼记·王制》：“东方曰夷，被发文身。”左衽，古代少数民族的服装，其前襟向左掩，有别于中原一带人民的右衽。
⑪ 衣冠：古代指世族、士绅，此指中原文化风俗所影响之处。
⑫ 正朔：一年之始称正，一月之始称朔，正朔故被用以指代日历。古代中原王朝都要向四边臣属的属国等颁行中原日历，以示彼此君臣之关系。
⑬ 班：通“颁”。
⑭ 届：至；到。
⑮ 宝历：宝指符宝，即皇帝的印信；历指日历。此指继承皇位。
⑯ 寅：敬。
⑰ 垂拱：垂衣拱手。古代形容天下太平无事，可无为而治。
⑱ 帷幄：军帐。《汉书·张良传》：“运筹策帷幄中，决胜千里外。”
⑲ 爪牙：比喻武将。《汉书·李广传》：“将军者，国之爪牙也。”
⑳ 熊罴：两种猛兽，比喻勇猛的武士。
㉑ 神器：比喻帝位或政权。
㉒ 四聪：《尚书·舜典》：“明四目，达四聪。”孔颖达疏：“达四方之聪，使为已远听四方也。”
㉓ 隶皂：衙门里的差人。
㉔ 钟石：古代常在钟鼎和石碑上面铭刻文字，或记事，或表彰功德。后亦借指为功业。
㉕ 淳风：淳朴敦厚的风气。
㉖ 至德：最高的德行。
㉗ 竹帛：竹简和白绢，古代供书写之用。亦指史册。
㉘ 克：能。
㉙ 盐梅：商汤命傅说作相时说：“若作和羹，尔惟盐梅。”（见《尚书·说命下》）盐味咸，梅味酸，为调味所需，用以比喻傅说为国家所需要的人才。后用以赞美作宰相的人。

诚信第十七

凡四章

贞观初，有上书请去佞臣者，太宗谓曰："朕之所任，皆以为贤，卿知佞者谁耶？"对曰："臣居草泽[1]，不的知佞者，请陛下佯怒以试群臣，若能不畏雷霆，直言进谏，则是正人，顺情阿旨，则是佞人。"太宗谓封德彝曰："流水清浊，在其源也。君者政源，人庶犹水，君自为诈，欲臣下行直，是犹源浊而望水清，理不可得。朕常以魏武帝多诡诈，深鄙其为人，如此，岂可堪为教令[2]？"谓上书人曰："朕欲使大信行于天下，不欲以诈道训俗，卿言虽善，朕所不取也。"

译 贞观初年，有人上书请求唐太宗斥退佞臣，唐太宗对他说："我所任用的人，都以为是贤良之臣，你知道哪一个是佞臣吗？"他回答说："我居住在草野民间，并不确知哪一个是佞臣，请陛下假装发怒来试验群臣，假若能够不怕陛下雷霆之怒，直言进谏，那么就是正人贤臣，依顺陛下情绪迎合旨意，那么就是佞臣。"唐太宗对封德彝说道："流水的清与浊，关键在于水源的状况。人君帝王好比是政治的源头，老百姓则好比流水，如果人君自己先以诈术骗人，要想让臣下都能行直道，那就好像是源头很污浊而希望流水很清澈，这在道理上是讲不通的。我常常以为魏武帝曹操为人多行诡诈，所以很看不起他，因为这样做的话，怎么还配去教化人民呢？"唐太宗就对上书的人说："我想在天下树立起言必有信的威望，不想用诈骗之术去引导民俗，你的话虽出自好意，但我是不采用的。"

注 ① 草泽：指草野民间。
② 教令：指教化。

贞观十年，魏徵上疏曰：

臣闻为国之基，必资于德礼，君之所保，惟在于诚信。诚信立则下无二心，德礼形则远人斯格[1]。然则德礼诚信，国之大纲，在于君

译 贞观十年，魏徵上疏道：

臣听说治国的基础就在于依靠德行礼义，君王所应该坚持的就在于谨守诚实信用。诚实信用树立后，那么臣下就不会怀有二心；德行礼义形成后，那么远方之人就

臣父子，不可斯须[②]而废也。故孔子曰："君使臣以礼，臣事君以忠。[③]"又曰："自古皆有死，民无信不立[④]。"文子[⑤]曰："同言而信，信在言前；同令而行，诚在令外。"然则言而不信，言无信也；令而不从，令无诚也。不信之言，无诚之令，为上则败德，为下则危身，虽在颠沛[⑥]之中，君子之所不为也。

注 ① 格：正。

② 斯须：片刻。

③ 此二句是孔子回答鲁定公之语，见《论语·八佾》。

④ 此二句是孔子回答子贡之语，见《论语·颜渊》。

⑤ 文子：老子弟子，据说姓辛名钘，字文子，著《文子》九篇。

⑥ 颠沛：指世道衰乱。

来归正。这么说来，德行、礼义、诚实、信用，是建立国家的大纲，关系到君君、臣臣、父父、子子之间的伦理关系，不能片刻废弃。所以孔子说："国君使用臣下要依据礼义，臣下侍奉国君要忠心不二。"他又说："自古人生都有一死，百姓如若不信任官府，国家就无法建立。"文子也说："同样的说话而被人信任，那是因为信任建立在发言之前；同样的法令而得以贯彻施行，那是因为有诚意伴随着法令。"这样看来，说话不能被执行，那是因为言而无信的缘故；法令没有人服从，那是因为法令没有诚意的缘故。没有信用的言语，没有诚意的法令，对国君来说会败坏品德，对臣下来说会招致杀身之祸，即使是在世道衰乱的时候，有德有才的君子也不会这样做的。

自王道休[①]明，十有余载，威加海外，万国来庭，仓廪日积，土地日广。然而道德未益厚，仁义未益博者，何哉？由乎待下之情，未尽于诚信，虽有善始之勤，未睹克终[②]之美故也。昔贞观之始，乃闻善惊叹，暨八九年间，犹悦以从谏，自兹厥后，渐恶直言，虽或勉强有所容，非复曩时之豁如[③]。謇谔[④]之辈，稍避龙鳞；便佞之徒，肆其巧辩。谓同心者为擅权，谓忠谠者为诽谤。谓之为朋党，虽忠信而可疑；谓之为至公，虽矫伪而无咎。强直者畏擅权之议，忠谠者虑诽谤之尤。正臣不得尽其言，大臣莫能与之争。荧惑[⑤]视听，郁[⑥]于大道，妨政损德，其在此乎？故孔子曰"恶利口之覆邦家者"，盖为此也。

译 自从陛下登基以来，政治清明，至今已有十多年了，威力遍及海内，万方前来朝拜，国家仓廪一天天充实起来，疆土日益拓展。但是道德并没有随之更加深厚，仁义没有随之更加普施，这是什么原因呢？这是因为陛下对待臣下的态度还没有完成诚实信用，虽然行事有良好的开端，却不见善始善终的缘故。过去贞观初年，是听到良言善行就惊喜赞叹，随后八九年间，还能愉快地听从劝谏。自此以后，渐渐厌恶直言规谏，虽然有时勉强加以容纳，但不再如过去那样宽宏大量。于是正直敢言之人，逐渐为避免触犯君王而不敢直言；奸佞之徒，就无所顾忌施展其花言巧语。他们称同心同德为国干事的人是独揽朝政，称忠直敢谏的言论是诽谤天子。说某人是结党营私，即使其忠实诚信也觉得可疑；说某人是大公无私，即使其弄虚作假也没有遭受责备。由此刚强正直的人畏惧独揽朝政的罪名，忠诚直言的人忧虑诽谤朝政的恶名。于是正直的大臣不能完全陈述自己的意见，朝中重臣也无法与之争辩是非。天子的视听迷惑，治国理人之道被闭塞，妨碍政事，损害德业，其原因就在这里吧？所以孔子说："讨厌那伶牙利口倾覆国家的小人"，大概就是针对这一情况而言的。

注 ① 休：美；善。
② 克终：能善终、全终。
③ 豁如：宽宏大量的样子。
④ 謇(jiǎn)谔：謇，忠诚正直。谔，正直的话。
⑤ 荧惑：炫惑；迷惑。
⑥ 郁：郁结，闭塞。

且君子小人，貌同心异，君子掩人之恶，扬人之善，临难无苟免，杀身以成仁。小人不耻不仁，不畏不义，唯利之所在，危人自安。夫苟在危人，则何所不至？今欲将求致治，必委之于君子；事有得失，或访之于小人。其待君子也则敬①而疏，遇小人也必轻而狎②。狎则言无不尽，疏则情不上通。是则毁誉在于小人，刑罚加于君子。实兴丧之所在，可不慎哉！此乃孙卿③所谓："使智者谋之，与愚者论之，使修洁④之士行之，与污鄙⑤之人疑之。欲其成功，可得乎哉？"夫中智之人，岂无小惠，然才非经国⑥，虑不及远，虽竭力尽诚，犹未免于倾败；况内怀奸利，承颜顺旨，其为祸患，不亦深乎？夫立直木而疑影之不直，虽竭精神，劳思虑，其不得，亦已明矣。

注 ① 敬：认真，此指严厉。
② 狎：亲昵。
③ 孙卿：即荀卿，名况，战国时著名思想家，著有《荀子》。
④ 修洁：品行端正。
⑤ 污鄙：污秽卑鄙。
⑥ 经国：治理国家。

译 况且君子与小人，虽然外貌相同，但内心实不相似。君子掩饰别人的过失，赞扬别人的优点，遇到祸患不苟且以求幸免，能牺牲生命来成全仁义。小人不以不仁为可耻，不以不义为可畏，唯利是图，危害别人保全自己。假如心存危害别人的念头，那又有什么事不能干出来？现今想要求得到国家治理，必定将国事委托给君子；而事情一有利弊得失，有时却询问小人。接待君子的态度严厉而且疏远，对待小人的态度就一定随便而且亲昵。亲昵小人就言无不尽，疏远君子就使下情不能上达。这样的话就是褒贬由小人所决定，刑罚施加给了君子。这实在是国家兴旺衰亡的关键所在，能不慎重吗？这就是荀子所说的："让聪明的人谋划事情，却与愚蠢的人议论决定；让品行端正的人去执行，却与行为污秽卑鄙的人共同怀疑。这样的话，还期望事情的成功，有可能吗？"那中等智力的人，难道会没有一点小聪明？但是他们没有经国济世的才能，考虑问题不作长远的打算，即使竭尽力量和忠诚，还是不能避免国家倾覆毁败；何况内心怀着奸邪私利，迎合奉承，他们成为祸患，不是很严重的吗？树立了笔直的木杆却怀疑它的影子不直，即使竭尽精神，劳费心思，那不能得到正确的结果，也已经是明白的了。

夫君能尽礼，臣得竭忠，必在于内外无私，上下相信。上不信，则无以使下，下不信，则无以事上，信之为道大矣。昔齐桓公问于管仲曰：“吾欲使酒腐于爵①，内腐于俎②，得无害霸③乎？”管仲曰：“此极非其善者，然亦无害于霸也。”桓公曰：“如何而害霸乎？”管仲曰：“不能知人，害霸也；知而不能任，害霸也；任而不能信，害霸也；既信而又使小人参④之，害霸也。”晋中行穆伯攻鼓⑤，经年而弗能下，馈间伦⑥曰：“鼓之啬夫⑦，间伦知之。请无疲士大夫，而鼓可得。”穆伯不应，左右曰：“不折一戟，不伤一卒，而鼓可得，君奚为不取？”穆伯曰：“间伦之为人也，佞而不仁，若使间伦下之，吾可以不赏之乎？若赏之，是赏佞人也。佞人得志，是使晋国之士舍仁而为佞。虽得鼓，将何用之？”夫穆伯，列国⑧之大夫，管仲，霸者之良佐，犹能慎于信任、远避佞人也如此，况乎为四海之大君，应千龄之上圣⑨，而可使巍巍⑩至德之盛，将有所间⑪乎？

译 国君能够尽到礼义，臣下就得以竭尽忠诚，关键在于对内、对外都没有私心，君臣上下互相信任。君上不信任臣下，就无法使令臣下；臣下不信任君上，就不能侍奉君上，可见守信这一条原则是多么重要！从前齐桓公问管仲说：“我想让酒樽中的酒发酸变质，让砧板上的肉腐烂发臭，那会不会损害我的霸业啊？”管仲回答：“这是最不好的举动，但也不会损害实现霸业。”齐桓公问道：“那什么事才有害于霸业呢？”管仲回答：“不能知人，损害霸业；知人却不能用人，损害霸业；任用人而不能加以信任，损害霸业；既然信任却又让小人干预其间，损害霸业。”晋国大夫中行氏穆伯率兵攻打鼓国，花了一年时间也没能攻下来，于是馈间伦献计道：“鼓国的啬夫，是我的熟人。请您不要再烦劳将士大夫，而鼓国就可以得手。”穆伯没有答理他。穆伯身边的侍从问道：“不需要折断一支长戟，不损伤一个士兵，而鼓国可以到手，您为什么不干？”穆伯说道：“馈间伦的为人，奸佞而且不仁义，如果使用他的计策而攻下了鼓国，我能够不赏赐他吗？如果赏赐他，那就是赏赐奸佞之人。奸佞之人得志，将会使晋国的士人舍弃仁义而去做奸佞之事。虽然得到了鼓国，又将有什么用处？”那穆伯不过是诸侯国的一位大夫，管仲也仅是霸主的好助手，却都能够这样地谨守信、谨用人，并远避奸佞之徒，何况是身为统领四海的天下君主，上应千年佳运的圣明天子，而可以使崇高盛大的善美之德，因此遭受亏损吗？

注 ① 爵：古代酒器，多为青铜制。
② 俎：古代盛肉器，似砧，两端有足，青铜或木制。
③ 霸：霸业。
④ 参：干预。
⑤ 晋中行穆伯攻鼓：中行穆伯，春秋时晋国六卿之一，本姓荀，后以中行为氏。鼓，春秋时夷国，白狄之别种，其地即今河北晋县，后为晋国所灭。事见《左传》。
⑥ 馈间伦：中行氏穆伯左右官吏。
⑦ 啬夫：官名，为司空的属官。
⑧ 列国：指春秋战国时的诸侯之国，亦指诸侯中较大者。

⑨ 上圣：至高无上的圣王。
⑩ 巍巍：盛大貌。
⑪ 间：隔开；不连接。

若欲令君子小人是非不杂，必怀之以德，待之以信，厉①之以义，节之以礼，然后善善而恶恶，审②罚而明赏。则小人绝其私佞，君子自强不息③，无为之治④，何远之有！善善而不能进，恶恶而不能去，罚不及于有罪，赏不加于有功，则危亡之期，或未可保，永锡祚胤⑤，将何望哉！

太宗览疏叹曰："若不遇公，何由得闻此语？"

译 如果想让君子和小人、是与非不相混淆，必须要用恩德来安抚他们，用诚信来对待他们，用仁义来劝勉他们，用礼仪来节制他们，然后才能崇敬善人、憎恨恶人，审慎地刑惩、公开地赏赐。如此则小人就无法施展他们的私心奸佞，君子将自强自勉永不懈怠，那么达到无为而治的目标，哪里还会遥远！如果崇敬善人却不能加以进用，憎恨恶人却不能加以摒弃，有罪的人不受刑罚，有功的人不得赏赐，那么国家危亡的日子，也许保不定就会来到，至于永远赐福子孙后嗣之事，还将有什么指望啊！

唐太宗看了这份奏章后感叹道："如果不遇上卿，朕怎么能够听到这番道理？"

注 ① 厉：通"励"，劝勉。
② 审：审察；详知。
③ 自强不息：自我努力向上，永不懈怠。《周易·乾》："天行健，君子以自强不息。"
④ 无为之治：《论语·卫灵公》："无为而治者，其舜也与？"指以仁德感化民众，以达到社会安定的统治方法。
⑤ 永锡祚胤：永，永远。锡，赐予。祚，福祉。胤，后嗣。

太宗尝谓长孙无忌等曰："朕即位之初，有上书者非一，或言人主必须威权独任，不得委任群下；或欲耀兵振武①，慑服②四夷。惟有魏徵劝朕'偃革③兴文，布德施惠，中国既安，远人自服'。朕从此语，天下大宁，绝域④君长，皆来朝贡，九夷⑤重译⑥，相望于道。凡此等事，皆魏徵之力也。朕任用，岂不得人？"徵拜谢曰："陛下圣德自天，留心政术。实以庸短，承受不暇，岂有益于圣明！"

译 唐太宗曾经对长孙无忌等人说："朕刚登基的时候，有不少人上书言事，有的人说人主一定要独自秉持威权，不要把大权委任臣下；有的人建议应向周边各国炫耀武力，威镇四夷。只有魏徵劝说朕'停止用武，振兴文教，广布恩德，普施仁惠，中国既然得以安宁，极边远方之人自然就会向心归服'。朕听从了他的建议，使天下得到大治，极远之国的君王酋长都前来朝贡，九夷之人通过辗转翻译前来京师，不绝于路。所有这一切事情，都是魏徵的功劳。朕任用官员，难道没有获得人才吗？"魏徵礼拜辞谢道："陛下所具有的圣明德行是上天授予的，并一直留心于国家治理之法。臣实在只是一个平庸短见的人，秉承圣谕还感到力不从心，哪里谈得上对陛下的圣明贤德有什么裨益啊！”

注 ① 耀兵振武：炫耀武力，显示威风。
② 慑服：因畏惧而屈服。
③ 偃革：偃，倒下。革，兵革。
④ 绝域：极远的地方。
⑤ 九夷：古代称东夷有九种。《后汉书·东夷传》云：“夷有九种：曰畎夷、于夷、方夷、黄夷、白夷、赤夷、玄夷、风夷、阳夷。”此指居住于极远国度中的人。
⑥ 重译：辗转翻译。

贞观十七年，太宗谓侍臣曰：“传称‘去食存信’，孔子曰：‘民无信不立①。’昔项羽既入咸阳，已制天下，向能力行仁信，谁夺耶？”房玄龄对曰：“仁、义、礼、智、信，谓之五常，废一不可。能勤行之，甚有裨益。殷纣狎侮五常，武王夺之，项氏以无仁信为汉高祖所夺，诚如圣旨。”

译 贞观十七年，唐太宗对侍从的大臣们说：“古书上说：‘宁可舍弃粮食也要保持百姓对国家的信任’，孔子说：‘百姓不信任就不能立国。’从前楚项羽攻入咸阳，已经控制天下，当时如能努力实行仁信政策，谁还能和他争夺天下啊？”房玄龄对答说：“仁、义、礼、智、信，称为五常，废去任何一项都不行，能够认真执行这五常，很有补益。殷纣王破坏五常，被周武王夺了天下，项羽因为没有仁信而被汉高祖夺了天下，正像陛下所说的那样。”

注 ① 去食存信，民无信不立：都是孔子回答子贡的话，强调诚信的重要。语出《论语·颜渊》。

俭约第十八

凡八章

贞观元年，太宗谓侍臣曰："自古帝王凡有兴造，必须贵顺物情。昔大禹凿九山①，通九江②，用人力极广，而无怨讟者，物情所欲，而众所共有故也。秦始皇营建宫室，而人多谤议者，为徇其私欲，不与众共故也。朕今欲造一殿，材木已具，远想秦皇之事，遂不复作也。古人云：'不作无益害有益③。''不见可欲，使民心不乱④。'固知见可欲，其心必乱矣。至如雕镂器物，珠玉服玩，若恣其骄奢，则危亡之期可立待也。自王公已下，第宅、车服、婚嫁、丧葬，准品秩不合服用者，宜一切禁断。"由是二十年间，风俗简朴，衣无锦绣，财帛富饶，无饥寒之弊。

译 贞观元年，唐太宗对侍从大臣们说："从古以来，贤明的帝王凡是兴修建造重大工程，必须是依顺人心的。过去大禹开凿九山、疏通九江，使用的人力非常多，但没有人埋怨和咒骂，因为这些工程都是人情所愿、大家共有的缘故。秦始皇兴建宫室，人们都加以指责，因为这些东西只是为了满足他个人享乐的欲望，不与大家共有的缘故。我近来想建造一座宫殿，木料都已经准备好了，但想到过去秦始皇的教训，就不再进行下去了。古人曾经告诫说：'不要兴作无益的事来损害干扰有益的事。''不要让人们看到那些刺激他们私欲的东西，那么民心就不会乱。'由此可知人们看到一些刺激私欲的东西，他们的心也就一定会乱。至于像各种雕琢镂刻的贵重器物，珠玉制成的服饰装饰等，如果放纵人们在这上面斗骄竞奢，那么国家危亡的日子也就立刻到来了。从王公以下，住宅府第、车服、婚嫁、丧葬各种事情，凡是和他的官职秩禄不相称的，应当一律严格禁止。"此后二十年间，风俗简朴，衣无锦绣，国库富足，没有饥寒之苦。

注 ① 九山：泛言九州之山。

② 九江：泛指天下江河。一说即汇入洞庭湖的众多河流，今沅水、渐水、元水、辰水、叙水、酉水、澧水、资水、湘水，皆合于洞庭，故曰九江。

③ 不作无益害有益：意为不要兴作无益的事情来损害干扰有益的事。语见《尚书·周书·旅獒》。

④ 不见可欲，使民心不乱：意为不要让人们看到那些刺激他们私欲的东西，那么民心就不会乱。语见《老子》。

贞观二年，公卿奏曰："依《礼》，季夏之月，可以居台榭，今夏暑未退，秋霖方始，宫中卑湿，请营一阁以居之。"太宗曰："朕有气疾，岂宜下湿？若遂来请，糜费良多。昔汉文将起露台，而惜十家之产，朕德不逮于汉帝，而所费过之，岂为人父母之道也？"固请至于再三，竟不许。

译 贞观二年，公卿大臣上奏说："依照《礼记》中的记载来看，夏季适合居住在地势较高的台榭之中。如今夏季的暑热尚未完全消退，秋天的淫雨刚刚开始，皇宫之中比较低湿，请给陛下营建一座台阁来居住。"唐太宗说："我有气息不顺的毛病，怎么会适宜居住于低湿的地方呢？假如同意了你们的奏请，耗费就会很多。过去汉文帝曾经想要建筑露台，计算下来，所需费用相当于十户中等人家的资产，于是就停止了建造。我现在德行比不上当年的汉文帝，而兴建的费用却超过他，这哪里是为民父母的君主所应该做的呢？"大臣们再三提出请求，唐太宗始终不允许。

贞观四年，太宗谓侍臣曰："崇饰宫宇，游赏池台，帝王之所欲，百姓之所不欲。帝王所欲者放逸，百姓所不欲者劳弊。孔子云：'有一言可以终身行之者，其恕乎！己所不欲，勿施于人①。'劳弊之事，诚不可施于百姓。朕尊为帝王，富有四海，每事由己，诚能自节，若百姓不欲，必能顺其情也。"魏徵曰："陛下本怜百姓，每节己以顺人，臣闻'以欲从人者昌，以人乐己者亡②'。隋炀帝志在无厌，惟好奢侈，所司每有供奉营造，小不称意，则有峻罚严刑。上之所好，下必有甚，竞为无限，遂至灭亡，此非书籍所传，亦陛下目所亲见。为其无道，故天命陛下代之。陛下若以为足，今日不啻足矣。若以为不足，更万倍过此亦不足。"太宗曰："公所奏对甚善！非公，朕安得闻此言？"

译 贞观四年，唐太宗对侍从的大臣们说："宫室殿宇盖得宏伟装饰得华丽，游览观赏池水台榭，是帝王所追求的，却不是百姓所希望的。帝王之所以追求是为了放纵逸乐，百姓之所以不希望是因为劳苦困弊。孔子说：'有一句话可以终身奉行的，那是恕吧！自己所不愿意做的，也不要强加给别人。'劳苦困弊的事情，实在不可强加给百姓。我尊贵为帝王，富有四海，每件事都由我说了算，真的能够自我节制，凡是百姓不希望的事，一定会去顺应民情。"魏徵说："陛下本来怜惜百姓，经常节制自己而顺应民情，我听说：'使自己的欲望顺从众人的就会昌盛，使众人满足自己欢乐的就会灭亡。'隋炀帝一味贪得无厌，唯奢侈是好，主管部门每有供奉营造，稍微不称心，就要加以严刑重罚。上面有所好，下面必定更加厉害，竞争攀比没有限制，以至于灭亡，这不仅是书上写的，也是陛下亲眼目睹的事实。正因为他无道，所以上天安排陛下来代替他。陛下如果这样已经满足，那么今天的尊贵富足就无异于满足了。如果以为不满足，就是再超过今天一万倍也不会满足。”太宗说：“你所奏对的很好！不是你，我怎么会听到这种话？”

注 ①“有一言可以终身行之者”句：语出《论语·卫灵公篇》。
② 以欲从人者昌，以人乐己者亡：语出《左传》僖公二十年。

贞观十六年，太宗谓侍臣曰：“朕近读《刘聪传》[1]，聪将为刘后起䳨仪殿[2]，廷尉陈元达[3]切谏，聪大怒，命斩之。刘后手疏启请，辞情甚切，聪怒乃解，而甚愧之。人之读书，欲广闻见以自益耳，朕见此事，可以为深诫。比者欲造一殿，仍构重阁，今于蓝田[4]采木，并已备具。远想聪事，斯作遂止。”

译 贞观十六年，唐太宗对侍从的大臣们说：“我近来读了《刘聪传》，他准备替刘皇后建造一座䳨仪殿，廷尉陈元达为此事激切地加以谏阻，刘聪大发脾气，命令把陈元达斩首。刘皇后知道这事以后，亲手写了一份奏疏替陈元达说情，写得辞意真诚恳切，使得刘聪消除了怒意，而且十分惭愧。人们读书是要在增加见闻和知识的同时对自己有所帮助和提高，我读到这件事后，就把它作为对自己的告诫。近来我原想建造一座宫殿，有多层的阁，现在从蓝田采办的木料，都已备齐。想到刘聪这件事，这项营建就停止了。”

注 ① 刘聪：字玄明，是东晋南匈奴贵族刘渊的第四子，继刘渊做前赵的皇帝。
② 刘后：太保刘殷之女，受聘为左贵嫔，后立为后。䳨仪殿：䳨即凤。事见《晋书·刘聪载记》。
③ 廷尉：主管刑狱的官员。陈元达：字长宏，后部人。本姓高，以生月妨父，改姓陈。
④ 蓝田：即今陕西省蓝田县。

贞观十一年，诏曰：“朕闻：死者，终也[1]，欲物之反真也；葬者，藏也[2]，欲令人之不得见也。上古垂风，未闻于封树；后世贻则，乃备于棺椁[3]。讥僭侈者，非不爱其厚费；美俭薄者，实贵其无危。是以唐尧，圣帝也，榖林有通树之说[4]；秦穆，明君也，橐泉无丘陇之处[5]。仲尼，孝子也，防墓不坟[6]；延陵，慈父也，嬴、博可隐[7]。斯皆怀无穷之虑，成独决之明，乃便体于九泉，非徇名于百代也。洎乎阖闾违礼，珠玉为凫雁[8]；始皇

译 贞观十一年，唐太宗下诏说：“我听说人死就是人生的终结，是要人返璞归真；安葬就是埋藏，要使别人再也看不见。上古风俗，没有听说起坟树标记；后世留下的规矩，才为死者准备棺椁。讥讽僭越奢侈，并不是吝惜花费太多；提倡节俭薄葬，实在是看重安葬后没有危险。所以唐尧是古代的圣帝，传说他葬在榖林，墓的四周仅种上树；秦穆公是古代的明君，葬于橐泉宫，并没有堆土成为丘陇。孔子是个孝子，把父母亲合葬在防地，只有墓穴而不起坟；吴延陵是位慈父，在嬴、博两地之间埋葬了儿子，没葬在乡里。这都是怀着长远的考虑，作出了有独到之见的英明决断，是无度，水银为江海[9]；季孙擅鲁，敛以玙璠[10]；桓魋[11]专宋，葬以石椁；莫不因多藏以速祸，由有利而招辱。玄庐既发，致焚如于夜台[12]；黄肠再开[13]，同暴骸于中野。详思曩事，岂不悲哉！由此观之，奢侈者可以为戒，节俭者可以为师矣。朕居四海之尊，承百王之弊，未明思化，中宵战惕。虽送往之典，详诸仪制，失礼之禁，著在刑书，而勋戚之家多流遁于习俗，闾阎[14]之内或侈靡而伤风，以厚葬为奉终，以高坟为行孝，遂使衣衾棺椁，极雕刻之华，灵輀冥器[15]，穷金玉之饰。富者越法度以相尚，贫者破资产而不逮，徒伤教义，无益泉壤，为害既深，宜为惩革。其王公已下，爰及黎庶，自今已后，送葬之具有不依令式者[16]，仰州府县官明加检察，随状科罪。在京五品已上及勋戚家，仍录奏闻。"

便于尸体能够安卧在九泉之下，并不是为了百世之后获得美名。到了吴王阖闾违背礼制，用珠玉做陪葬的野鸭大雁；秦始皇奢侈无度，用水银做墓里的江海；季孙在鲁国擅政，敛尸用玙璠之类的美玉；桓魋在宋国专权，建造石椁下葬；这些无不因为在坟墓中多藏财物而加速了灾祸，由于墓中有利可获而招来盗墓之辱。坟墓既经盗发，随葬之物都被焚烧在墓穴之中；柏木棺椁被再次打开，等于暴尸于旷野。仔细思量这些往事，岂不悲哀！由此看来，奢侈的人可以引为鉴戒，节俭的人可以引为人师。我位处四海之尊，承接隋末群雄大乱之弊，未明了如何教化，半夜里都要战栗忧虑。虽然丧葬的典章，已经详细地记载在仪制之中，违礼的处分，写明在刑书之上，但是元勋贵戚之家大多随同于习俗，民间百姓也有奢侈靡费而伤风败俗，把厚葬作为奉老送终，以高坟作为行孝道，因而使得敛尸的衣被棺椁，雕刻华丽到极点，灵车冥器，全都尽量金玉装饰。富有的人家超越法度来相互炫耀，贫穷的人家破卖资产还追赶不上，徒然损害教义，无益于地下死者，为害已很深，应予惩治革除。凡王公以下，直到百姓，从今以后，送葬的东西有不遵守令、式规定的，望各州、府、县官员认真检查，根据情节定罪。在京的五品以上官员和元勋贵戚之家，要录罪奏知。"

注 ① 死者，终也：见于《列子·天瑞》。
② 葬者，藏也：见于《大戴礼记·保傅》。
③ 封树：在墓上堆土，做标记。椁：棺的外层。
④ 穀林：相传帝尧葬于此。通树：四周种上树作为标记。
⑤ 橐泉：秦穆公葬于橐泉宫，在今陕西省凤翔县南。
⑥ 防墓不坟：孔子合葬双亲于防，在今山东费县东北。坟，堆土为坟。
⑦ 嬴、博可隐：嬴与博都是春秋时齐邑，在今山东莱芜西北。吴延陵季札使齐回国，儿子死在中途，葬于嬴、博之间，不归葬乡里。隐，埋藏。
⑧ 阖闾：春秋时吴王。死后葬在虎丘山下，征发士卒十万人建墓，穿土为川，积壤为丘，铜棺三重，鸿池六尺，以黄金珠玉为凫雁。凫：野鸭。
⑨ 始皇无度，水银为江海：秦始皇葬于骊山，修墓的士卒数十万，历时十年，以水银为江海，人鱼膏为灯烛。
⑩ 季孙：鲁国大夫季平子。玙璠：玙和璠都是美玉的名称。
⑪ 桓魋：春秋时宋向戌之孙，为司马，宋国贵族，曾专擅宋国朝政。
⑫ 玄庐：玄宫，墓室，就是坟墓中地下放棺木之处。夜台：墓穴，因坟墓封闭后黑

暗，所以叫夜台，也叫长夜台。

⑬ 黄肠：汉梁商死后，赐予朱饰银镂之棺，并以柏木黄心为椁，叫做黄肠。

⑭ 闾阎：古代居民区叫里，闾是里门，阎是里的中门。闾阎指民间。

⑮ 灵輀：灵车。冥器：也作明器，用木材或陶土做成小型的婢仆、侍从和其它器物，埋进墓穴。

⑯ 令式：令是法规，式是有关细则，当时专有丧葬令，式里也有相应的细则。

岑文本为中书令，宅卑湿，无帷帐之饰，有劝其营产业者，文本叹曰："吾本汉南一布衣耳，竟无汗马之劳，徒以文墨，致位中书令，斯亦极矣。荷俸禄之重，为惧已多，更得言产业乎？"言者叹息而退。

户部尚书戴胄卒，太宗以其居宅弊陋，祭享无所，令有司特为造庙。

温彦博为尚书右仆射，家贫无正寝①，及薨②，殡于旁室。太宗闻而嗟叹，遽命所司为造，当厚加赙赠。

魏徵宅内，先无正堂③，及遇疾，太宗时欲造小殿，而辍其材为徵营构，五日而就。遣中使赍素褥布被而赐之，以遂其所尚。

译 岑文本任中书令，住房低下潮湿，没有帷帐装饰，有人劝他购置房产，文本叹息道："我本是汉水南边的一个平民百姓，始终没有汗马功劳，只是凭借文墨，做到中书令，这也到了极点了。承受这么多的俸禄，愧惧已多，还能再说购置产业吗？"劝说他的人叹息而退。

户部尚书戴胄死的时候，唐太宗因为他的住房又破旧又简陋，连祭祀的地方也没有，命令主管部门特地给他造了一座庙。

温彦博任尚书右仆射，家中贫困到没有正屋，到死的时候，只得把灵堂安置在旁室。唐太宗听说后叹息不已，马上命令主管部门为他家建造正屋，并多给财物帮助办理丧事。

魏徵家中，原本没有正堂，到他生了病，唐太宗当时自己要建造小殿，就停下来而将材料为他营造正堂，五天就造好了。派遣中使带素色褥子布被赏赐给他，以顺从他平时的习惯。

注 ① 正寝：居室正屋。

② 薨：公侯死称薨。

③ 正堂：正屋。

谦让第十九

凡三章

贞观二年，太宗谓侍臣曰："人言作天子则得自尊崇，无所畏惧，朕则以为正合自守谦恭，常怀畏惧。昔舜诫禹曰：'汝惟不矜，天下莫与汝争能；汝惟不伐，天下莫与汝争功①。'又《易》曰：'人道恶盈好谦。'凡为天子，若惟自尊崇，不守谦恭者，在身傥有不是之事，谁肯犯颜谏奏？朕每思出一言，行一事，必上畏皇天，下惧群臣。天高听卑，何得不畏？群公卿士，皆见瞻仰，何得不惧？以此思之，但知常谦常惧，犹恐不称天心及百姓意也。"魏徵曰："古人云：'靡不有初，鲜克有终②。'愿陛下守此常谦常惧之道，日慎一日，则宗社永固，无倾覆矣。唐、虞所以太平，实用此法。"

译 贞观二年，唐太宗对侍从的大臣们说："人们往往说做皇帝的人就可以自认为最尊贵最崇高，没有什么需要顾虑和害怕的事，我倒以为天子正应当自己保持谦虚恭谨，经常心怀畏惧。过去舜告诫禹说：'你只要做到不矜持骄傲，天下就没有人能够跟你争能，你只要做到不夸耀功劳，天下就没有人能同你争功。'又曾见《易经》上说：'人们都厌恶骄横自满，喜欢谦虚谨慎。'凡是做天子的人，假若只认为自己最尊贵最崇高，不保持谦虚恭谨，倘若自己做了错事，谁还肯冒犯龙颜直言谏奏呢？我时常想讲一句话、做一件事，必定要上畏皇天、下惧群臣。天虽高高在上，却能听到地面上的一切，怎能不畏惧？公卿百官，都在瞻仰着我，怎能不畏惧？这样想来，就只知道常常谦逊畏惧，还怕不能称上天之心和百姓之意。"魏徵说："古人讲：'事情往往有始，但很难有终。'希望陛下能够坚持按照这个始终谦逊而有所畏惧的道理去办，一天比一天谨慎从事，那么祖宗的社稷会永远巩固，不会倾覆。古时候的唐尧、虞舜所以能使天下太平，就是用的这个办法。"

注 ① 汝惟不矜，天下莫与汝争能；汝惟不伐，天下莫与汝争功：语见《尚书·虞书·大禹谟》。是舜告诫禹的话。

② 靡不有初，鲜克有终：语出《诗经·大雅·荡》篇。意为开端往往很好，但很少有好的结局。

贞观三年，太宗问给事中孔颖达，曰："《论语》云：'以能问于不能，以多问于寡，有若无，实若虚①。'何谓也？"颖达对曰："圣人设教，欲人谦光②，己虽有能，不自矜大，仍就不能之人，求访能事。己之才艺虽多，犹病以为少，仍就寡少之人更求所益。己之虽有，其状若无，己之虽实，其容若虚。非惟匹庶，帝王之德，亦当如此。夫帝王内蕴神明，外须玄默③，使深不可知。故《易》称'以《蒙》养正，以《明夷》莅众'，若其位居尊极，炫耀聪明，以才陵人，饰非拒谏，则上下情隔，君臣道乖，自古灭亡，莫不由此也。"太宗曰："《易》云：'劳谦，君子有终，吉。'诚如卿言。"诏赐物二百段。

译 贞观三年，唐太宗问给事中孔颖达说："《论语》说：'以能问于不能，以多问于寡，有若无，实若虚。'这是什么意思呢？"孔颖达对答说："圣人实行教化，是要使有德的尊者能够因为谦虚而更见光明，自己虽然有才能，也不骄傲自大，仍然去找无才能的人，求访他的能事。自己的才艺虽然很多，还怕懂得太少，还是去向才艺少的人讨教以求得更多的才艺。自己虽然很有知识，外表好像没有知识，自己虽然很充实，面容上好像很空虚。不只庶民百姓应当如此，帝王的德行，也应当如此。帝王内心蕴藏神明大智，外表仍须保持沉默，使人感到高深莫测。所以《易经》上讲：要表现得蒙昧无知自养正道，要像明夷卦中的明臣那样不以明智的样子来盛气凌人。如果身居于最高的尊位，炫耀自己的聪明，用才能盛气凌人，掩饰过错，拒绝谏诤，那么上下的感情就会阻隔，君臣之道就会背离，自古以来王朝灭亡，没有不是从此产生的。"唐太宗说："所以《易经》上讲：'勤劳谦虚，君子保持始终，吉利。'确如你刚才所说的那样。"下诏赏赐孔颖达帛二百段。

注 ①"以能问于不能"句：语见《论语·泰伯》曾子曰。意为："有能力却向无能力的人请教；知识丰富的却向知识缺少的人请教；有学问像没学问一样，满腹知识像空无所有一样。"
② 谦光：谓尊者有谦则更光明。语出《易·谦》。后来亦用作谦退的誉称。
③ 玄默：或作玄嘿。谓沉静寡言。

河间王孝恭①，武德初封为赵郡王，累授东南道行台尚书左仆射②。孝恭既讨平萧铣、辅公祏，遂领江、淮及岭南北，皆统摄之。专制一方，威名甚著，累迁礼部尚书。孝恭性惟退让，无骄矜自伐之色。时有特进江夏王道宗，尤以将略驰名，兼好学，敬慕贤士，动修礼让，太宗并加亲待。诸宗室中，惟孝恭、道宗，莫与为比，一代宗英云。

译 河间王李孝恭，武德初年时被封为赵郡王，一直升到东南道行台尚书左仆射。李孝恭在讨平萧铣、辅公祏之后，就统领江淮一带和五岭南北地区，都由他管理。他专管一方，威名很大，后来升为礼部尚书。李孝恭性格谦逊退让，没有一点居功自傲的样子。当时还有特进江夏王李道宗，更以有大将韬略著称于世，而且虚心好学，敬慕贤士，举止注意礼让，唐太宗对他们都特别亲热。在唐初的诸王宗室之中，惟有孝恭与道宗最为出色，没人比得上，是宗室中的一代英豪。

注 ① 河间王孝恭：李虎之子，唐高祖李渊的堂兄弟，协助李渊平定天下，有大功，但不居功自傲，受到李世民的亲近敬重。

② 行台：在地方上代表朝廷行使尚书省职事的机构称行台。始于魏晋，隋称行台省，唐初亦置，贞观后废。

仁恻第二十

凡四章

贞观初，太宗谓侍臣曰："妇人幽闭深宫，情实可愍[1]。隋氏末年，求采无已，至于离宫别馆[2]，非幸御之所，多聚宫人。此皆竭人财力，朕所不取。且洒扫之余，更何所用？今将出之，任求伉俪，非独以省费，兼以息人，亦各得遂其情性。"于是后宫及掖庭[3]前后所出三千余人。

译 贞观初年，唐太宗对侍从的大臣们说："许多妇女禁闭在深宫之中，这种情况确是值得怜悯。隋朝末年，不停地到各地去求取收罗妇女，至于散布在各地的离宫别馆，并非君主常去住宿的地方，也聚集了许多宫女。这都是耗竭百姓财力的行为，是我所不主张的。而且她们除了打扫庭院之外，还有什么可干的事呢？我现在准备放她们出宫去，让她们去选择配偶，这样做不仅可以减省费用开支，而且可以让老百姓减轻负担，也让她们各自满足心愿。"于是从后宫掖庭中先后放出宫女三千多人。

注 ① 愍：同悯，怜悯。
② 离宫别馆：离宫犹言行宫，天子出巡时所居住的宫室。别馆与离宫同类。
③ 掖庭：宫殿中旁舍，妃嫔所居住的地方。隋唐时在大内的西边有掖庭宫。

贞观二年，关中旱，大饥。太宗谓侍臣曰："水旱不调，皆为人君失德。朕德之不修，天当责朕，百姓何罪，而多遭困穷！闻有鬻男女者，朕甚愍焉。"乃遣御史大夫杜淹[1]巡检，出御府[2]金宝赎之，还其父母。

译 贞观二年，关中大旱，引起了大饥荒。唐太宗对侍臣说："水旱不调和，都是因为人君失德所造成。朕道德没有修备，上天应该谴责朕，百姓有什么罪过，却遭受这么多的困苦灾难！听说有父母出卖儿女的，朕非常怜悯他们啊。"于是派遣御史大夫杜淹巡视检察灾区，拿出御府中的金银财宝来赎还被出卖的小孩，还给了他们的父母亲。

注 ① 杜淹：字执礼，杜如晦之叔，富有才干，博学多闻，唐太宗即位后，召为御史大夫，所举荐引进的官员近四十人，后都成为知名士。
② 御府：皇宫中收藏财物的仓库。

贞观七年，襄州都督张公谨卒[①]，太宗闻而嗟悼，出次[②]发哀[③]。有司奏言："准《阴阳书》[④]云：'日在辰[⑤]，不可哭泣。'此亦流俗所忌。"太宗曰："君臣之义，同于父子，情发于中，安避辰日？"遂哭之。

译 贞观七年，襄州都督张公谨逝世，唐太宗闻知后深为叹息哀伤，出宫城吊丧。主管官员上奏道："据《阴阳书》载：'正好处在辰日的那天，不可以哭泣。'这也是民间丧俗所忌讳的。"唐太宗说："君臣之义，与父子之情相同，此情发自于内心，何必回避辰日？"于是前往吊丧哭泣。

注 ① 按《资治通鉴》，张公谨死于贞观六年夏四月辛卯。襄州，今湖北省襄樊市。
② 次：处所。
③ 发哀：吊丧。
④《阴阳书》：主要内容有办理丧葬中的"风水"、"择日"等。
⑤ 辰：辰日，古人用十二地支计日。

贞观十九年，太宗征高丽，次定州[①]，有兵士到者，帝御州城北门楼抚慰之。有从卒一人病，不能进，诏至床前，问其所苦，仍敕州县医疗之，是以将士莫不欣然愿从。及大军回次柳城[②]，诏集前后阵亡人骸骨，设太牢[③]致祭，亲临，哭之尽哀，军人无不洒泣。兵士观祭者，归家以言，其父母曰："吾儿之丧，天子哭之，死无所恨。"太宗征辽东，攻白岩城[④]，右卫大将军李思摩[⑤]，为流矢所中，帝亲为吮[⑥]血，将士莫不感励。

译 贞观十九年，唐太宗亲征高丽，大军驻扎在定州，有士兵结队来至，唐太宗就登上州城北门楼头安抚慰劳他们。有一个随从的士兵病重，不能进见，唐太宗下诏令将他抬到自己的坐床前，询问他的病情，再敕令州县官府好好给他治疗，因此将士们没有一人不欣然地表示愿意随驾出征。等到大军回师驻扎柳城，唐太宗下诏令收集前后阵亡将士的骸骨，设牛、羊、猪三牲太牢隆重祭祀。唐太宗亲临祭祀，为死者哭泣尽哀，军中之人没有不洒泪哭泣的。观看祭祀的士兵，回家以后说起这件事，他们的父母说道："我们的儿子战死，有天子为他哭丧致哀，死也没有遗恨了。"唐太宗亲征辽东，攻打白岩城，右卫大将军李思摩被乱箭射中，唐太宗亲自为他吮出毒血，将士们闻知没有不感动振奋的。

注 ① 定州：今河北省定州市。
② 柳城：今河北省滦县东南。
③ 太牢：古代帝王举行重大祭祀仪式时，需要牛、羊、猪三牲具备，称太牢。
④ 白岩城：今辽宁省辽阳市东。
⑤ 李思摩：颉利族人，唐初归顺，被封为和顺郡王，赐姓李，为化州都督，唐太宗时以右卫大将军从征高丽。
⑥ 吮：用嘴吸取。

慎所好第二十一

凡四章

贞观二年，太宗谓侍臣曰：“古人云：‘君犹器也，人犹水也，方圆在于器，不在于水。’故尧、舜率天下以仁，而人从之；桀、纣率天下以暴，而人从之。下之所行，皆从上之所好。至如梁武帝父子志尚浮华，惟好释氏、老氏之教①，武帝末年，频幸同泰寺，亲讲佛经，百寮皆大冠高履，乘车扈从，终日谈论苦空②，未尝以军国典章为意。及侯景率兵向阙，尚书郎已下，多不解乘马，狼狈步走，死者相继于道路。武帝及简文③卒被侯景幽逼而死。孝元帝④在于江陵，为万纽于谨所围⑤，帝犹讲《老子》不辍，百寮皆戎服以听，俄而城陷，君臣俱被囚絷。庾信⑥亦叹其如此，及作《哀江南赋》，乃云：‘宰衡以干戈为儿戏，缙绅以清谈为庙略。’此事亦足为鉴戒。朕今所好者，惟在尧、舜之道，周、孔之教，以为如鸟有翼，如鱼依水，失之必死，不可暂无耳。”

译 贞观二年，唐太宗对侍从的大臣们说：“古人说‘君主好像是盛水的器具，百姓好像是水，是方是圆要决定于器具，而并不决定于水。’所以古时尧、舜用仁义领导天下，百姓跟着行仁义；桀、纣以暴虐领导天下，百姓跟着行暴虐。下边的人做些什么，都取决于上边的人喜好。至于像梁武帝父子，一心崇尚浮华，喜好佛教道教。梁武帝在晚年时，经常到同泰寺亲自讲说佛经，随从的百官也就跟着穿戴起大帽高鞋，乘车随从，整天谈论佛经义旨，从没有把军国大事典章制度放在心上。到侯景率军围攻皇宫时，尚书郎以下的官吏，大多不会骑马，徒步狼狈逃窜，一个接着一个地死在路上，梁武帝和他儿子简文帝终于被侯景所逼死，继位的孝元帝在江陵，又被元魏派来的万纽于谨所围困，孝元帝依然在宫里不停地讲论《老子》，百官则都穿着军装听他讲，不久江陵城被攻破，君臣都被拘囚。庾信也对他们如此做法叹息不已，在所作的《哀江南赋》中曾说：‘宰相把战备武事当作儿戏，缙绅把空话清谈作为国家的要略。’这件事也实在可作为鉴戒。我现在所要提倡的，只应该是尧、舜的道理，周公、孔子的教诲，我以为就像鸟有了翅膀，鱼有了水，失掉了它必死无疑，片刻没有也不行。”

注 ① 释氏：佛教始祖汉译为释迦牟尼，略称释氏。老氏：因东汉末创始的道教托老子为创始人,故称老氏。
② 苦空:谓人生为苦,万物为空,指佛教常说的修行方法和佛教内容。此处意为佛教。
③ 简文:梁简文帝名纲,梁武帝第三子,即位不久就被叛将侯景废黜。
④ 孝元帝:梁元帝,名绎,梁武帝第七子,起兵讨侯景,公元552年在江陵即帝位。
⑤ 为万纽于谨所围:梁承圣三年(554),元魏遣万纽于谨统兵五万,进攻江陵。万纽于是胡姓。
⑥ 庾信:北周南阳新野人,字子山。幼时聪敏,博览群书。初仕南梁,善宫体诗,文章绮艳,与徐陵齐名,时号徐庾体。奉使西魏,未被放还。西魏亡,仕北周,官至骠骑大将军、开府仪同三司,世称庾开府。但思念南朝,作《哀江南赋》,著称于世。

贞观二年,太宗谓侍臣曰:“神仙事本是虚妄,空有其名。秦始皇非分爱好,为方士所诈,乃遣童男童女数千人,随其入海求神仙①。方士避秦苛虐,因留不归,始皇犹海侧踟蹰以待之,还至沙丘②而死。汉武帝为求神仙,乃将女嫁道术之人,事既无验,便行诛戮③。据此二事,神仙不烦妄求也。”

译 贞观二年,唐太宗对周围侍臣们说:“神仙的事情本来是虚妄的,空有其名。秦始皇为了追求自己的非分爱好,受到方士们的欺骗,于是派遣了童男童女几千人,跟随方士入海去求神仙。方士为了要逃避秦始皇的苛暴统治,因而留居海上不再回来,秦始皇还在海边徘徊等待他们回来,后来回到沙丘就死了。汉武帝为了要寻求神仙,于是就将女儿嫁给所谓有道术的人,后来求仙的事情不灵验,就把方士杀了。从这两件事情看来,神仙是用不到花费精力去追求的。”

注 ① 入海求神仙:指秦始皇派方士徐市入海求三神山不死药事。
② 沙丘:在今河北省广宗县西北大平台。
③ 汉武帝……便行诛戮:汉武帝元鼎四年,方士栾大见武帝,夸口道:“若用我,可以炼就黄金,解决黄河决口之患,可求得不死之药,也可以为陛下招来神仙。”汉武帝非常高兴,就拜他为五利将军,又把卫长公主嫁给他。后来栾大因为诬罔罪名被腰斩。

贞观四年,太宗曰:“隋炀帝性好猜防,专信邪道,大忌胡人①,乃至谓胡床②为交床,胡瓜为黄瓜,筑长城以避胡。终被宇文化及使令狐行达③杀之。又诛戮李金才④,及诸李殆尽,卒何所益?且君天下者,惟须正身修德而已,此外虚事,不足在怀。”

译 贞观四年,唐太宗说:“隋炀帝生性好猜忌防范,一味迷信邪门左道,最是忌恶胡人,竟到了改称胡床为交床,改称胡瓜为黄瓜,修筑长城来隔绝躲避胡人的地步。但终于被有胡人血统的宇文化及遣使令狐行达杀死。另外隋炀帝为了防止李姓人获得天下的谣传成为事实,就无端诛杀李金才,并大肆杀戮李姓家族,结果又有什么益处?况且统治天下的君王,只要端正自己的言行,修养自己的品德,此外虚妄荒诞之事,实在不足以放在心上。”

注 ① 胡人：古代泛称我国北方和西方的少数民族。
② 胡床：也称交椅，一种可折叠的轻便坐具。
③ 令狐行达：复姓令狐，时任校尉，奉宇文化及之命杀死隋炀帝。
④ 李金才：隋将军，名浑，与宇文述有隙，被诬陷灭族。当时有李姓人取代隋朝君临天下的谣言，隋炀帝为此大杀李姓大臣、将领、士族等。但代隋而有天下的唐朝天子确为李姓人，故唐太宗说隋炀帝如此所为“卒何所益”。

贞观七年，工部尚书①段纶奏进巧人②杨思齐至，太宗令试，纶遣造傀儡戏具③。太宗谓纶曰：“所进巧匠，将供国事，卿令先造此物，是岂百工相戒无作奇巧之意耶？”乃诏削纶阶级④，并禁断此戏。

译 贞观七年，工部尚书段纶奏请引见的巧匠杨思齐来到，唐太宗要试试他的技能，段纶便命令杨思齐制造木偶戏具。唐太宗就对段纶说：“工部所进用的能工巧匠，将要服务于国事，卿却命令首先制造这种东西，这难道就是官府工匠相互告诫的不要制作奇巧怪异之物的意思吗？”于是降下诏令削降段纶的官阶品级，并且禁止再演出木偶戏。

注 ① 工部尚书：工部为尚书省六部之一，掌山泽、屯田、工匠之事，其长官称尚书。
② 巧人：巧匠。
③ 傀儡戏具：傀儡，木偶。相传汉高祖刘邦被匈奴冒顿可汗围困在平城，汉高祖谋臣陈平得知冒顿妻阏氏生性妒忌，就造木偶人，穿衣打扮成美女，在城墙上舞蹈，阏氏一见，认为是活人，担心攻下城后，冒顿会收纳为妾，就引军而退。其后木偶被改造为演戏的道具。
④ 阶级：官阶、品级。

慎言语第二十二

凡三章

贞观二年，太宗谓侍臣曰："朕每日坐朝，欲出一言，即思此一言于百姓有利益否，所以不敢多言。"给事中兼知起居事杜正伦进曰[①]："君举必书，言存左史[②]。臣职当兼修起居注，不敢不尽愚直。陛下若一言乖于道理，则千载累于圣德，非止当今损于百姓，愿陛下慎之。"太宗大悦，赐彩百段。

译 贞观二年，唐太宗对侍从的大臣们说："我每天坐朝听政，想要讲话的时候，就要想想这句话是否对百姓有利益，所以不敢随便多说。"给事中兼知起居事杜正伦进言说："君主的一举一动都要记录下来，由左史负责记录言语。我现在的职务要兼写起居注，不敢不尽到自己的责任秉笔直书。陛下如果有一句话讲得不合道理，那么千年之后都会影响陛下的圣德，不仅只是对当今的老百姓造成损失，希望陛下慎重。"唐太宗听了后非常高兴，赏赐给他彩缎一百段。

注 ① 给事中：门下省的重要官员，诏敕有失当之处，给事中可以驳正。知起居事：唐初设置起居郎，逐日记录皇帝的言行。行是皇帝处理的国家大事，言是皇帝所发的诏令，并依照这些言行记录撰写皇帝的《起居注》。唐高宗时增设起居舍人记言，起居郎只记行。杜正伦这时兼起居郎工作。
② 君举必书，言存左史：周代史官有左史和右史之分，左史记言，右史记行。语出《国语·鲁上》。

贞观八年，太宗谓侍臣曰："言语者君子之枢机，谈何容易。凡在众庶，一言不善，则人记之，成其耻累。况是万乘之主[①]，不可出言有所乖失。其所亏损至大，岂同匹夫，我常以此为戒。隋炀帝初幸甘泉宫[②]，泉

译 贞观八年，唐太宗对侍从的大臣们说："言语是君子德行的关键，真是谈何容易。凡是庶民百姓，有一句话讲错了，就会被人们记住的，成为他的耻辱和累赘。更何况是君主帝王，决不可以讲出错误的话来。因为它所造成的损失极大，岂能与普通百姓相比？我常常以此为戒。隋炀帝刚到甘泉宫去的时

石称意，而怪无萤火，敕云：'捉取多少于宫中照夜。'所司遽遣数千人采拾，送五百舆于宫侧。小事尚尔，况其大乎？"魏徵对曰："人君居四海之尊，若有亏失，古人以为如日月之蚀，人皆见之，实如陛下所戒慎。"

候，对于那里的泉石感到很满意，但责怪没有萤火虫，于是就下令说：'马上去捉些萤火虫到甘泉宫来照夜。'主管部门马上派出了几千人往各处去捉，结果送来了五百车萤火虫到甘泉宫两侧。小事尚且如此，更何况大的事情？"魏徵对答说："人君是天下的至尊，如果有所亏失，古人以为就好像是日蚀月蚀一样，人人都能看得见的，确实如同陛下所谨慎注意的那样。"

注 ① 万乘之主：周天子有兵车万乘，故称万乘之主，此处即指皇帝、天子。② 甘泉宫：在陕西省淳化县甘泉山上，宫以山名。本是秦朝离宫，唐朝又增加不少建筑物。

贞观十六年，太宗每与公卿言及古道①，必诘难往复。散骑常侍②刘洎上书谏曰："帝王之与凡庶，圣哲之与庸愚，上下相悬，拟伦③斯绝。是知以至愚而对至圣，以极卑而对极尊，徒思自强，不可得也。陛下降恩旨，假慈颜，凝旒④以听其言，虚襟⑤以纳其说，犹恐群下未敢对扬。况动神机⑥，纵天辩⑦，饰词以折其理，援古以排其议，欲令凡庶何阶应答？臣闻皇天以无言为贵，圣人以不言为德，老子称'大辩若讷'，庄生⑧称'至道无文⑨'，此皆不欲烦也。是以齐侯读书，轮扁窃议⑩，汉皇慕古，长孺陈讥⑪，此亦不欲劳也。且多记则损心，多语则损气，心气内损，形神外劳，初虽不觉，后必为累。须为社稷自爱，岂为性好自伤乎？窃以今日升平，皆陛下力行所至，欲其长久，匪由辩博，但当忘彼爱憎，慎兹取舍，每事敦朴，无非至公⑫，若贞观之初则可矣。至如秦政⑬强辩，失人心于自矜；魏文⑭宏材，亏众望于虚说。此才辩之累，皎然⑮可知。伏愿略兹雄

译 贞观十六年，唐太宗每每与公卿大臣讨论到古代治国之道，必定反复提出问题诘问。散骑常侍刘洎为此上书谏劝道："帝王与臣下庶民之间，圣哲之人与平庸愚昧之人之间，上下相差悬殊，无法相比。由此可知，用极愚蠢的人来对极圣明的人，用极卑贱的人来对极尊贵的人，纵然前者想让自己逞强对话，也不能够达到。陛下降下恩宠的旨意，给予慈祥的脸色，端正态度认真倾听他们的言论，虚心地接受他们的意见，尚且担心臣下不敢当面对答。何况陛下启动玄妙的思维，驰骋天赐的辩才，修饰言辞来驳斥对方的理由，援引古义来否定对方的议论，如此却让臣民凭借什么来应答呢？臣听说苍天把不说话作为尊贵，圣人把不说话视为美德，老子称颂'真正善辩的人如同言语迟钝'，庄子认为'最高的真理是不须文采修饰的'，这都是不希望言语繁多。所以齐桓公读书，轮扁私下非议；汉武帝慕古尊儒，汲黯陈言讥讽，这都是不希望在言语上过分劳神。况且多记事就会损伤心神，多说话就会损伤元气，心神、元气损耗于体内，形貌神采疲劳在外，即使初时不觉察，将来一定会留下隐患。陛下应该为社稷江山而爱惜自己，怎么能为了性情爱好而损伤自己呢？我认为如今天下太平，都是陛下努力治国的结果，要想长治久安，不在于宏辩博览，只是应当忘记那些爱好和厌恶，谨慎进行

辩，浩然养气[16]，简彼缃图[17]，澹焉[18]怡悦，固万寿于南岳[19]，齐百姓于东户[20]，则天下幸甚，皇恩斯毕[21]。”太宗手诏答曰：“非虑无以临下，非言无以述虑。比有谈论，遂至烦多。轻物骄人，恐由兹道。形神心气，非此为劳。今闻谠言，虚怀以改。”

这方面的取舍，做每一件事都踏实无华，无不遵至公之道，像贞观初年一样就行了。至于像秦始皇强辞善辩，但由于自傲而失去了人心；魏文帝富于才华，但因为空言浮论而失去了众望。这种由才华、善辩带来的损害，是明白可知的。臣虔诚希望陛下省略这种雄辩，涵养浩然正气，简选那些古籍，抑制自己的兴趣爱好，就一定能长寿如南山，国家治理的如同东户时代一样太平兴盛，那就是天下百姓的幸运，皇恩浩荡遍及四海。”唐太宗亲书诏书批复道：“不思虑就不可以治理天下，不说话就不能阐述治国方略。近来与臣下谈论，渐渐形成繁多之弊。轻视别人，态度傲慢恐怕将由此产生。形貌神采心力元气，确实不应该为此而劳损。今天听到正直的劝言，朕将虚心接受予以改正。”

注 ① 古道：古代治国学说。
② 散骑常侍：官员，职掌谏劝。
③ 拟伦：伦比，比拟。
④ 凝旒：古代冕冠前后悬垂的玉串称旒。此指端正冠冕，整肃威仪。
⑤ 虚襟：同“虚心”。
⑥ 神机：玄妙的思维。
⑦ 天辩：天赐的辩才。
⑧ 庄生：先秦思想家庄周。
⑨ 至道无文：至道，最根本的道理。文，文采。
⑩ “是以”两句：《庄子》载：齐桓公在堂上读书，在堂下制轮的轮扁放下工具走上堂，称齐桓公所读之书是“古人之糟魄已夫”。
⑪ “汉皇”两句：汉武帝好古尊儒，欲招纳文学儒士，大臣汲黯极力劝阻，并当面指出汉武帝“内多欲而外示仁义”。长孺，汲黯的字。
⑫ 至公：至公之道，即最高的原则。
⑬ 秦政：指秦始皇嬴政。
⑭ 魏文：指三国魏文帝曹丕。
⑮ 皎然：清楚明白的样子。
⑯ 浩然养气：《孟子·公孙丑上》：“我善养吾浩然之气。”浩然之气，原指一种“至大至刚”、“塞于天地之间”的主观精神状态，后多指高尚的节操和正气。
⑰ 缃图：因年久而纸色发黄的古书。缃，浅黄色。
⑱ 澹焉：使之淡漠。
⑲ 南岳：南山。《诗》：“不骞不崩，如南山之寿。”
⑳ 东户：传说中的人君，在其国内，道不拾遗，余粮屯积在田头。
㉑ 毕：遍及。

杜谗邪第二十三

凡七章

贞观初，太宗谓侍臣曰："朕观前代谗佞之徒，皆国之蟊贼[①]也。或巧言令色，朋党比周；若暗主庸君，莫不以之迷惑，忠臣孝子所以泣血衔冤。故丛兰欲茂，秋风败之；王者欲明，谗人蔽之。此事著于史籍，不能具道。至如齐、隋间谗谮事，耳目所接者，略与公等言之。斛律明月[②]，齐朝良将，威震敌国，周家[③]每岁斫汾河[④]冰，虑齐兵之西渡。及明月被祖孝徵[⑤]谗构伏诛，周人始有吞齐之意。高颎[⑥]有经国大才，为隋文帝赞成霸业，知国政者二十余载，天下赖以安宁。文帝惟妇[⑦]言是听，特令摈斥，及为炀帝所杀，刑政[⑧]由是衰坏。又隋太子勇[⑨]抚军监国，凡二十年间，固亦早有定分。杨素[⑩]欺主罔上，贼害良善，使父子之道一朝灭于天性[⑪]。逆乱之源，自此开矣。隋文既混淆嫡庶，竟祸及其身，社稷寻亦覆败。古人云'世乱则谗胜'，诚非妄言。朕每防微杜渐，用绝谗构之端，犹恐心力所不至，或不能觉悟。前史云：'猛兽处山林，藜藿[⑫]为之不采；

译 贞观初期，唐太宗对侍臣说道："朕观察前代说人坏话的邪佞小人，都是损害国家的蟊贼。他们花言巧语，阿谀奉承，互相勾结，结党营私；如果国君愚昧昏庸，没有不因此被迷惑的，这就是忠臣孝子所以泣血衔冤的原因。所以丛兰正要茂盛开放，秋风却来摧残它；君王想要明察世事，谗佞小人就来蒙蔽他。此类事情记载在史籍上的，不能一一列举。至于如北齐、隋代之间诽谤诬陷忠良的事，朕所耳闻目睹的，简单地给你们说一说。斛律明月，是北齐良将，威震敌国，北周人每年冬天花费很大精力破碎汾河上的封冰，就是担心他率领齐军西渡汾河来进攻。等到斛律明月被祖孝徵谗言诬陷遭到诛杀以后，周人才产生了吞并北齐的念头。高颎有经邦纬国的才能，赞助隋文帝成就了帝业，执掌国家政务二十多年，天下依靠他而得以安宁。可是隋文帝偏听偏信妇人的话，一味排斥摈弃他，到后来他被隋炀帝杀害，隋朝的法制政令就由此衰败了。另外隋太子杨勇统率军队，监理国政，长达二十年，早就确定储君的名分。杨素欺君罔上，残害善人良臣，使他们父子之间一下子失去了天性的亲情。叛逆作乱的祸源，就由此打开了。隋文帝既已混淆了嫡子与庶子的名次，最终为自己招来杀身之祸，社稷江山不久也覆亡了。古人说过'世道纷乱，那么谗言就得以横行'，确实不是妄言直臣立朝廷，奸邪为之寝谋。'此实朕所望于群公也。"魏徵曰："《礼》云：'戒慎乎其所不睹，恐惧乎其所不闻⑬。'《诗》云：'恺悌君子，无信谗言。谗言罔极，交乱四国⑭。'又孔子曰'恶利口之覆邦家'⑮，盖为此也。臣尝观自古有国有家者，若曲受谗谮，妄害忠良，必宗庙丘墟，市朝霜露⑯矣。愿陛下深慎之！"

乱语。朕时时防微杜渐，以此禁绝谗言诬陷之事的发生，但仍然担心自己心力有照看不到的地方，或许有没能察觉的问题。前代史书中说：'猛兽居住的山林，藜藿之类的野菜也因此无人敢去采摘；正直的忠臣执掌朝政，奸邪小人就会因此停止阴谋活动。'这些确实就是朕对诸位大臣的期望。"魏徵说道："《礼记》说：'在别人看不见的地方也要谨慎小心，在别人听不到的时候也要担心忧虑。'《诗经》说：'平易近人的君子，不要听信谗言。谗言极不公正，只会搅乱天下。'另外孔子也说：'厌恶那花言巧语以覆亡国家者。'大概就是为此而说的。臣曾经观察自古以来统治国家的人，如果曲意听信谗言诬陷，胡乱残害忠诚善良的臣下，一定会导致祸灾发生，使宗庙变成废墟，繁荣的城市变成冷落无人的地方。希望陛下尤其谨慎这一点！"

注 ① 蟊贼：吃禾苖的两种害虫，蟊吃根，贼吃茎，常用以比喻危害国家的坏人。
② 斛律明月：北齐名将，复姓斛律，名光，字明月，能征惯战，声名传世，后遭佞臣祖孝徵谗谮，被齐后主诛杀灭族。
③ 周家：指北周。
④ 汾河：黄河第二大支流，流经山西省中部，在河津河西入黄河。
⑤ 祖孝徵：名珽，字孝徵，北齐大臣，散布谣言，谗杀斛律明月等贤臣。
⑥ 高颎：隋朝开国大臣，贤相良将，才干出众，因与隋炀帝有隙，被谗杀。
⑦ 妇：指隋文帝之妻独孤皇后。
⑧ 刑政：法制政令。
⑨ 隋太子勇：隋文帝长子，因杨广、杨素多方设计诬陷，而致废为庶人。
⑩ 杨素：隋朝宰相，因揣知独孤皇后的心意，对隋文帝极言太子杨勇不才，致废太子而立杨广，后又与杨广密谋，弑隋文帝篡位。
⑪ 天性：先天的本性。
⑫ 藜藿：野菜。
⑬ 为《礼记·中庸》首章之辞。
⑭ 见《诗·小雅·青蝇》。恺悌，平易近人。罔极，不中正。
⑮ 见《论语·阳货》。
⑯ 市朝霜露：人众聚集的闹市变得冷落无人，霜覆露凝。

贞观七年，太宗幸蒲州①，刺史赵元楷课②父老服黄纱单衣，迎谒路左，盛饰廨宇，修营楼雉③以求媚。又潜饲羊百余口，鱼数千头，将馈贵戚。太宗知，召而数之曰："朕巡省河、洛，经历数州，凡有所须，皆资官

译 贞观七年，唐太宗巡幸蒲州，蒲州刺史赵元楷为此规定百姓父老都要穿着黄纱单衣，在路边迎接，并修整装饰官署，营建城楼雉堞来献媚讨好。又偷偷地饲养了百余口羊、数千尾鱼，准备到时候馈送贵戚。唐太宗知道以后，把他召来责备说："我这次要巡行视察黄河、洛水一带地区，经历了许多州县，途中

物。卿为饲羊养鱼，雕饰院宇，此乃亡隋弊俗，今不可复行。当识朕心，改旧态也。”以元楷在隋邪佞，故太宗发此言以戒之。元楷惭惧，数日不食而卒。

凡有什么需要，都是由官府供给的。你为此养羊养鱼，雕琢修饰亭院屋宇，这是隋朝留下的坏习俗，如今不能再这样做了。你应当了解我的用心，改变这种坏习惯。”因为赵元楷在隋代就有邪佞的恶名，所以唐太宗要讲这一番话来警诫他。赵元楷听了以后感到既惭愧又害怕，几天吃不下东西就死了。

注 ① 蒲州：北周所置府名，唐后改名河中府。当山西、陕西交通咽喉，历为军事重地。治所在今山西永济西。
② 课：原指规定数额征收赋税，此处指规定服装质色。
③ 雉：城上的齿形矮墙。

贞观十年，太宗谓侍臣曰：“太子保傅①，古难其选。成王幼小，以周、召为保傅，左右皆贤，足以长仁，致理太平，称为圣主。及秦之胡亥②，始皇所爱，赵高作傅，教以刑法。及其篡也，诛功臣，杀亲戚，酷烈不已，旋踵③亦亡。以此而言，人之善恶，诚由近习④。朕弱冠⑤交游，惟柴绍⑥、窦诞⑦等，为人既非三益⑧，及朕居兹宝位，经理天下，虽不及尧、舜之明，庶免乎孙皓⑨、高纬⑩之暴。以此而言，复不由染。何也？”魏徵曰：“中人⑪可与为善，可与为恶，然上智之人自无所染。陛下受命自天，平定寇乱，救万民之命，理致升平，岂绍、诞之徒能累圣德？但经云：‘放郑声，远佞人⑫。’近习之间，尤宜深慎。”太宗曰：“善。”

译 贞观十年，唐太宗对侍臣说道：“太子的辅导老师，自古以来就难以选择。周成王幼年继位，用周公旦、召公奭为太保、太傅，左右都是贤人，足能增长仁义，国家治理，天下太平，被称为圣明君主。到秦朝的胡亥，为秦始皇所宠爱，用赵高作他的老师，教授他刑政苛法。到胡亥篡位为皇帝后，就诛杀功臣，残害亲戚，暴行不断，可旋踵之间也就灭亡了。由此说来，人的善恶，的确是从亲近的人那里学来的。朕弱冠交游的人，只有柴绍、窦诞等人，他们的为人也不属于正真、诚实、博学这三种有益于人的朋友之列，到了朕登上这个宝座，治理天下，虽说赶不上尧、舜的圣明，大约也避免了孙皓、高纬的残暴。由此说来，人的品质如何，又不是受亲近的人所影响的。这是什么原因呢？”魏徵说道：“中等智能的人，可以和他一起做善事，也可以和他一起为恶事，但是上等智质的人就自然不会受其影响。陛下从上天那里接受使命，平定寇盗战乱，拯救亿万百姓的性命，治理国家走上太平，柴诏、窦诞这些人岂能亏损陛下的圣明德行？但儒经上说：‘抛弃淫靡的音乐，远离奸佞的小人。’在对待亲近的人方面，尤其应该特别谨慎。”唐太宗说：“对。”

注 ① 保傅：即太保、太傅，辅导太子的官。
② 胡亥：秦始皇之子，后继位，为秦二世，昏庸信谗，宠任奸臣赵高，终使天下大乱。
③ 旋踵：转动脚跟，比喻时间很短。

④ 近习：即近臣，帝王的亲信。
⑤ 弱冠：指二十岁。古代男子到二十岁要行冠礼，以表示成年。
⑥ 柴绍：字嗣昌，晋州人，娶唐高祖女平阳公主，为唐朝开国功臣，封霍国公。
⑦ 窦诞：娶唐高祖女襄阳公主，官至宗正卿，因与唐太宗谈话昏谬失对，以光禄大夫罢官。
⑧ 三益：《论语》："益者三友，友直、友谅、友多闻。"直，正直；谅，诚信；多闻，博学。
⑨ 孙皓：三国吴亡国之君，淫虐不理国政，西晋兵攻破建业，孙皓出降，废为归命侯。
⑩ 高纬：北齐后主，性骄纵，乱政害人，后被北周所掳，北齐亡。
⑪ 中人：中等智能的人，即平常人。
⑫ 放郑声，远佞人：孔子回答颜渊问"为邦"之语，见《论语》。郑声，指春秋时郑国的乐歌，古代认为郑声淫，故将郑声指代淫靡音乐。

尚书左仆射[1]杜如晦奏言："监察御史陈师合上《拔士论》，谓人之思虑有限，一人不可总知[2]数职，以论臣等。"太宗谓戴胄曰："朕以至公治天下，今任玄龄、如晦，非为勋旧，以其有才行也。此人妄事毁谤，止欲离间我君臣。昔蜀后主[3]昏弱，齐文宣[4]狂悖，然国称治者，以任诸葛亮、杨遵彦不猜之故也。朕今任如晦等，亦复如法。"于是流[5]陈师合于岭外[6]。

译 尚书左仆射杜如晦上奏："监察御史陈师合呈上《拔士论》，说是一个人的思考能力有限度，一个人不能统管兼掌数职，据此论奏臣等。"唐太宗对戴胄说道："朕以至公无私之心治理天下，现在重用房玄龄、杜如晦，并非因为他们是旧部下老功臣，而是因为有才有德。陈师合这个人妄图生事胡乱诽谤，只是想离间我们君臣的关系。从前蜀后主昏庸懦弱，齐文宣帝狂暴悖乱，然而国家有治理得不错的名声，就在于信用诸葛亮、杨遵彦而不加猜疑的缘故。朕今日信用杜如晦等人，也还是按照这个方法。"于是把陈师合流放到了岭南。

注 ① 尚书左仆射：《旧唐书》、《新唐书》中《杜如晦传》均作"尚书右仆射"。
② 总知：统管。
③ 蜀后主：三国蜀汉先主之子刘禅，昏庸懦弱。
④ 齐文宣：高洋，少有大度，外柔内刚，废东魏孝静帝自立。初即位，颇留心治术，后以功业自矜，留连酒色，肆行淫暴，无故杀人，酷滥不可胜纪。
⑤ 流：古代五刑之一，将罪人放逐到远方。
⑥ 岭外：岭南，今两广地区。

贞观中，太宗谓房玄龄、杜如晦曰："朕闻自古帝王上合天心，以致太平者，皆股肱之力。朕比开直言之路者，庶知冤屈，欲闻谏诤。所有上封事[1]人，多告讦百官，细无可采。朕

译 贞观年间，唐太宗对房玄龄、杜如晦说："朕听说自古以来帝王上合天意，而达到天下太平的，都是依靠辅佐大臣的力量。朕近来开辟了直言进谏的途径，希望由此了解百姓的冤屈，想听到臣下的谏劝。但是所有上呈密奏的人，大多是告发攻击各级官吏，事情琐细得不足采纳。朕一一列举前世君王，只要有国君猜疑臣下的，就会使下面的情况不能上达，想要臣下竭忠尽力，怎么可能实现啊？然而没有见识的人，专门从事诽谤诋毁，使君臣之间互相乱猜乱疑，这实在不利于国家大业。从今以后，有上书攻击别人细小过失的人，就按照诬陷人的罪名加以惩处。”

历选[2]前王，但有君疑于臣，则下不能上达，欲求尽忠极虑，何可得哉？而无识之人，务行谗毁，交乱[3]君臣，殊非益国。自今已后，有上书讦人小恶者，当以谗人之罪罪之。”

注 ① 封事：古代臣下上书奏事，防有泄漏，用袋封缄，称为封事。
② 选：数，列举。
③ 交乱：使相互胡乱猜疑。

译 魏徵任秘书监，有人告发他谋反，唐太宗说：“魏徵从前是我的仇人，只因为他忠于自己所侍奉的人，朕于是提拔重用他，为什么要胡乱生事进谗言诬以罪名？”不但没有追究魏徵，而且立即处死了诬告他的人。

魏徵为秘书监，有告徵谋反者，太宗曰：“魏徵，昔吾之仇，只以忠于所事，吾遂拔而用之，何乃妄生谗构[1]？”竟不问徵，遽斩所告者。

注 ① 谗构：谗言构成罪名。

译 贞观十六年，唐太宗有一次对谏议大夫褚遂良说：“你现在主持撰写帝王起居的工作，近来有没有记录我所做的事情哪些善、哪些恶？”褚遂良回答说：“史官的设置，就是为了要把帝王的一举一动都记录下来。善的当然必须记录，有了过失也应当不加隐瞒地写下来。”唐太宗说：“我现在十分注意做好三件事，也就是希望史官不会再记到我的恶事。一是要借鉴前代政事的成败，从中吸取经验教训；二是要进用德行好的人，共同办好政事；三是要斥退那些小人，不听他们的谗言。我相信一定能够坚持下去，始终不会改变。”

贞观十六年，太宗谓谏议大夫褚遂良曰：“卿知起居，比来记我行事善恶？”遂良曰：“史官之设，君举必书。善既必书，过亦无隐。”太宗曰：“朕今勤行三事，亦望史官不书吾恶。一则鉴前代成败事，以为元龟[1]；二则进用善人，共成政道；三则斥弃群小，不听谗言。吾能守之，终不转也。”

注 ① 元龟：大龟，古代用来占卜，现引申为可作借鉴的前事。

悔过第二十四

凡四章

贞观二年，太宗谓房玄龄曰："为人大须学问。朕往为群凶未定①，东西征讨，躬亲戎事，不暇读书。比来四海安静，身处殿堂，不能自执书卷，使人读而听之。君臣父子，政教之道，共在书内。古人云：'不学墙面，莅事惟烦②。'不徒言也。却思少小时行事，大觉非也。"

译 贞观二年，唐太宗对房玄龄说："做人非常需要学问。我过去因为群凶争夺天下的局势尚未平定，亲自东西征讨，忙于打仗，没有空闲读书。近来天下安静，我又身处于殿堂之上，不能自己拿起书卷来看，就由人读来听。关于君臣父子、政治教化的种种道理，都写在书本里了。古人说：'人不好好学习，就像是面墙而立，一无所见，遇到事情也就没有解决的能力。'这确实不是空话。由此反思自己年轻时的所作所为，就觉得很不对了。"

注 ① 群凶未定：指隋末各路农民起义军及封建割据势力，如窦建德、李密、王世充等。

② 不学墙面，莅事惟烦：意为不学就像面墙而立，一无所见，遇事无从入手解决。语出《尚书·周书·周官》。

贞观中，太子承乾多不修法度，魏王泰尤以才能为太宗所重，特诏泰移居武德殿。魏徵上疏谏曰："魏王既是陛下爱子，须使知定分，常保安全；每事抑其骄奢，不处嫌疑之地也。今移居此殿，使在东宫之西，海陵①昔居，时人以为不可，虽时移事异，犹恐人之多言。又王之本心，亦不宁息，既能以宠为惧，伏愿成人之美。"

译 贞观年间，太子李承乾言行常常不遵守法令制度，而魏王李泰因特别有才能而得到唐太宗的宠爱，特意颁下诏令命李泰迁居于武德殿。魏徵上疏谏劝道："魏王既然是陛下的爱子，就应当让他明白自己特定的身份，以此长久保证他的安全；每件事都要抑制他的骄奢放纵，不让他处在嫌疑的位置上。现在让他迁居于武德殿，住在东宫的西侧，过去海陵王住在这里，当时舆论就认为不妥当，虽然时光流逝事情有所变化，但还是应该提防人太宗曰："我几②不思量，甚大错误。"遂遣泰归于本第。

们的纷纷议论。另外就魏王的本心来说，恐怕也会由此而不得安宁，既然他能认识到受到父王的恩宠应常持畏惧之心，那就希望陛下能成全他的良好愿望。"唐太宗说道："我几乎没有考虑过这些，而犯了莫大的错误。"于是就令魏王回住到原先的府第中。

注 ① 海陵：唐高祖第四子李元吉，与太子李建民合谋陷害秦王李世民，在"玄武门之变"中被诛，后被追封为海陵郡王。

② 几：几乎；很少。

贞观十七年，太宗谓侍臣曰："人情之至痛者，莫过乎丧亲也。故孔子云：'三年之丧，天下之通丧，自天子达于庶人也。'①又曰：'何必高宗，古之人皆然。'②近代帝王遂行不逮，汉文以日易月之制③，甚乖于礼典。朕昨见徐幹《中论·复三年丧》篇④，义理甚深。恨不早见此书，所行大⑤疏略。但知自咎自责，追悔何及！"因悲泣久之。

译 贞观十七年，唐太宗对侍从左右的大臣说道："人的感情中最为悲哀的事，没有超过失去父母双亲的了。所以孔子说：'给父母服三年丧，是天下通行的丧期，从天子到普通百姓都如此。'孔子又说：'岂止是商高宗能这样做，古时候人人都能如此。'近世帝王所行丧礼不及古人，汉文帝施行的用日代月的丧礼制度，大大违背了礼的原则。朕昨天读了徐幹《中论·复三年丧》篇，文章说理十分精当详审。非常遗憾没有能早读这部书，使朕当年给父母行的丧礼太粗率简单。现在只能归罪自己，责备自己，追悔莫及！"因而悲伤流泪很久。

注 ① 语出《论语·阳货》。

② 语出《论语·宪问》。高宗，指商国君高宗武丁。

③ 汉文以日易月之制：汉文帝实行短的守丧期，以守一日之丧当作守一月之丧。

④ 徐幹，东汉末人，撰《中论》二卷，凡二十篇，以阐述儒家思想。《复三年丧》，是《中论》中一篇。

⑤ 大：通"太"。

贞观十八年，太宗谓侍臣曰："夫人臣之对帝王，多承意顺旨，甘言取容。朕今欲闻己过，卿等皆可直言。"散骑常侍刘洎对曰："陛下每与公卿论事，及有上书者，以其不称旨，或面加诘难，无不惭退。恐非诱①进直言之道。"太宗曰："朕亦悔有此问难，当

译 贞观十八年，唐太宗对侍从左右的大臣说道："臣下对于帝王，大多是顺从旨意，甘言美语，以取得天子的欢悦。朕现在想听听自己的过失，卿等都可以如实直言。"散骑常侍刘洎回答道："陛下每次与公卿大臣论议事情，以及有人上书奏事，遇到意见不合心意的，陛下有时就当面追问责难，致使他们没有不惭愧退下的。恐怕这不是鼓励臣下如实直

即改之。”②

言的方法。”唐太宗说道：“朕也后悔有这样的追问责难，应当立即加以改正。”

注 ① 诱：诱导；鼓励。

② 此章重出于《纳谏篇》，内容较此为详，可参阅。

奢纵第二十五

凡一章

贞观十一年，侍御史马周上疏陈时政曰：

臣历睹前代，自夏、殷、周及汉氏之有天下，传祚[1]相继，多者八百余年，少者犹四五百年[2]，皆为积德累业，恩结于人心。岂无僻王[3]，赖前哲[4]以免尔！自魏、晋以还，降及周、隋，多者不过五六十年，少者才二三十年而亡[5]，良由创业之君不务广恩化[6]，当时仅能自守，后无遗德可思。故传嗣之主政教少衰，一夫大呼而天下土崩矣。今陛下虽以大功定天下，而积德日浅，固当崇禹、汤、文、武之道，广施德化，使恩有余地，为子孙立万代之基。岂欲但令政教无失，以持当年而已！且自古明王圣主虽因人设教，宽猛随时[7]，而大要[8]以节俭于身、恩加于人二者是务。故其下爱之如父母，仰之如日月，敬之如神明，畏之如雷霆，此其所以卜祚[9]遐[10]长而祸乱不作也。

译 贞观十一年，侍御史马周上疏论奏时政道：

臣通观前代兴亡历史，从夏朝、殷商、周朝和两汉拥有天下，帝位传承相继，时间长者达八百余年，短的也有四五百年，都是由于积累德行、功业，用恩德去感召民心。这些朝代难道没有出现过邪僻的君王，只是依赖前代贤明君王的恩泽而免于祸难罢了！从三国魏、晋以来，及至北周、隋朝，国祚长的不过五六十年，短的仅有二三十年就灭亡了，这实在是由于创业之君王没有致力于广布恩德教化，当时只能够保住自己的帝位，没有留下让后人怀念的恩德的缘故。所以继承帝位的君王，政治教化稍有衰败，一人大呼造反，就导致天下土崩瓦解了。现在陛下虽然凭大功德平定了天下，但是积累恩德的时间不长，本就应当推崇大禹、商汤、周文、周武王的治国原则，广泛施行恩德教化，使恩德有余，为子孙奠定万代传袭的基础。岂能打算只求政令教化没有过失，用来保持当前的统治而已！况且古代贤明的君王虽然按照民情的不同而颁行相应的政教，宽厚与严厉随着时势的变化而变化，但是其总的原则还是放在自身节俭、施恩百姓两个方面。因此在下的百姓爱戴他如同爱戴自己的父母一样，瞻仰他如同瞻仰日月一样，尊敬他如同尊敬神明一样，畏惧他如同畏惧雷霆一样，这就是其帝位长久传承而祸乱不生的原因。

注 ① 传祚：帝位相传。祚：皇位；国统。
② 据《史记》注："周凡三十七王，八百六十七年。"又"从禹至桀十七君，十四世，有王与无王，用岁四百七十一年。""殷凡三十一世，六百二十九年。"据《汉书》，西东两汉共二十四帝，凡四百二十四年。
③ 僻王：邪僻的君王。
④ 前哲：前代贤明的君王。
⑤"自魏"句：三国蜀二主，四十三年；魏五主，四十五年；吴四主，五十九年。西晋四主，五十二年；东晋十一主，一百零四年。南朝刘宋八主，六十年；南齐七主，二十四年；南梁四主，五十六年；南陈五主，三十三年。北朝魏十二主，一百四十九年；东魏一主，十七年；西魏三主，二十二年；北齐五主，二十八年；北周五主，二十五年。隋朝三主，三十七年。
⑥ 恩化：用恩德教化百姓。意同"德化"。
⑦ 宽猛随时：指政令的宽厚与严厉，根据时势不同而改变。
⑧ 大要：总的原则。
⑨ 卜祚：古人认为帝位是上天所赐，而卜筮可测知天意，故以卜祚借指帝位。
⑩ 遐：远。

今百姓承丧乱之后，比于隋时才十分之一，而供官徭役，道路相继，兄去弟还，首尾不绝，远者往来五六千里，春秋冬夏，略无休时。陛下每有恩诏，令其减省，而有司作既不废，自然须人，徒行文书[1]，役之如故。臣每访问，四五年来，百姓颇有怨嗟之言，以陛下不存养之。昔唐尧茅茨土阶[2]，夏禹恶衣菲食[3]，如此之事。臣知不复可行于今。汉文帝惜百金之费，辍露台之役，集上书囊，以为殿帷，所幸夫人衣不曳地[4]。至景帝以锦绣纂组妨害女工，特诏除之，所以百姓安乐[5]。至孝武帝虽穷奢极侈，而承文、景遗德，故人心不动。向使高祖之后，即有武帝，天下必不能全。此于时代差[6]近，事迹可见。

译 现在百姓处于社会丧乱之后，人口只相当于隋朝的十分之一，但是被官府征发服徭役的人，前后相继于道路之上，兄长离家而弟弟方回来，接连不断，路途遥远的往返五、六千里，春去秋回，夏往冬归，几乎没有休息的时候。陛下虽然时常颁布诏令，命令减少百姓的徭役，但是有关官府的事务既然不停省，自然须用人，所以诏书徒然下达，百姓依旧被役使。臣每次察访，四五年来，百姓很有怨恨嗟叹的言语，认为陛下不能存恤抚养他们。从前唐尧用茅草盖屋，用土块作台阶，夏禹粗衣劣食，像这样的事，臣深知现在不可能重新施行。汉文帝珍惜百金的费用，而停止建筑露台的工程，收集臣下上书所用的布袋，用作宫殿的帷帐，所宠幸的慎夫人衣裙短得不拖曳在地上。至汉景帝时，因为锦绣五彩绦带有害妇女的纺绩、刺绣等事，特下诏令废除不用，因此百姓生活安定快乐。到了汉武帝，虽然他穷奢极侈，但因为凭靠文帝、景帝遗留下的恩德，所以民心没有骚乱。假使汉高祖之后，即是汉武帝时代，天下一定不能保全。这些事情因为发生时代较近，其事迹还清楚可见。现在京城和益州等地营造供奉皇室使用的物品，以及诸位亲王、妃嫔、公主的服装饰品，议论的人都不认为是节俭。臣闻知黎明即起而求取显赫功业，后代还将沦于懈怠不为，制定法令合乎常理，其流弊还会招致祸乱。陛下年轻时生活在民间，知晓百姓的辛苦，前代兴亡成败，都亲眼目睹，尚且还是这样，而皇太子生长在深宫之中，没有经历宫墙之外的世事，则陛下万岁以后的事情，确实应当引起陛下的忧虑了。

今京师及益州⑦诸处营造供奉器物，并诸王妃主服饰，议者皆不以为俭。臣闻昧旦丕显，后世犹怠⑧，作法于理，其弊犹乱⑨。陛下少处民间，知百姓辛苦，前代成败，目所亲见，尚犹如此，而皇太子生长深宫，不更外事，即万岁⑩之后，固圣虑所当忧也。

注 ① 文书：此指诏令。
② 茅茨土阶：以茅草盖房，以土为台阶，指住屋简陋。
③ 恶衣菲食：粗劣的衣服和食物，指衣食节俭。
④ 汉文帝事，见《汉书·文帝纪》。
⑤ 景帝事，见《汉书·景帝纪》。
⑥ 差：较。
⑦ 益州：今四川成都市。
⑧ 昧旦丕显，后世犹怠：意指勤奋早起而求得功业大显赫，而后代犹且懈怠不为。语出《左传·昭公三年》。昧旦，黎明。丕，大。
⑨ 作法于理，其弊犹乱：制定法令合乎常理，其弊败的结果仍然会造成混乱。
⑩ 万岁：指皇帝的死亡，同“百年”意。

译 臣曾独自探讨前代以来国家兴亡成败的原因，发现只要百姓怨恨背叛，聚众做盗贼，其国家就没有不迅速灭亡的，君主即使愿意悔过改正，也不可能重新获得安定和保全了。凡是修行政治教化，应该在能够修行的时候就加以修行，如若事变一旦发起，然后追悔当初，那就毫无意义了。因此君王们往往看到前代灭亡，知道前代政治教化所以失败的原因，却完全不知道自己身上所存在的过失。由此商纣王嘲笑夏桀的灭亡，而周幽王、周厉王也嘲笑商纣王的灭亡。隋炀帝大业初年，又嘲笑北齐、北周的丧国。然而现在看隋炀帝的眼光，也如同隋炀帝看北齐、北周的眼光一样。所以京房对汉元帝说：“臣忧虑后人看待今日的态度，也同今日看前代的眼光一样。”这话不可以不引为警戒。

臣窃寻往代以来成败之事，但有黎庶①怨叛，聚为盗贼，其国无不即灭，人主虽欲改悔，未有重能安全者。凡修政教，当修之于可修之时，若事变一起，而后悔之，则无益也。故人主每见前代之亡，则知其政教之所由丧，而皆不知其身之有失。是以殷纣笑夏桀之亡，而幽、厉②亦笑殷纣之灭。隋帝大业之初，又笑周、齐③之失国。然今之视炀帝，亦犹炀帝之视周、齐也。故京房④谓汉元帝云：“臣恐后之视今，亦犹今之视古。”此言不可不戒也。

注 ① 黎庶：黎民，庶民，即百姓。
② 幽、厉：指周幽王、周厉王，都是周朝荒淫无道之君。
③ 周、齐：指北周、北齐。
④ 京房：本姓李，字君明（前77—前37），汉元帝时博士，治《周易》。

往者贞观之初，率土霜俭[1]，一匹绢才得粟一斗，而天下帖然。百姓知陛下甚忧怜之，故人人自安，曾无谤讟。自五六年来，频岁丰稔，一匹绢得十余石粟，而百姓皆以陛下不忧怜之，咸有怨言，又今所营为者，颇多不急之务故也。自古以来，国之兴亡，不由蓄积多少，唯在百姓苦乐。且以近事验之，隋家贮洛口仓[2]，而李密因之；东京积布帛，王世充据之；西京府库亦为国家之用，至今未尽。向使洛口、东都无粟帛，即世充、李密未必能聚大众。但贮积者固是国之常事，要当人有余力，而后收之。若人劳而强敛之，竟以资寇，积之无益也。然俭以息人，贞观之初，陛下已躬为之，故今行之不难也。为之一日，则天下知之，式歌且舞矣。若人既劳矣，而用之不息，傥中国被水旱之灾，边方有风尘之警，狂狡因之窃发，则有不可测之事，非徒圣躬旰食晏寝[3]而已。若以陛下之圣明，诚欲励精为政，不烦远求上古之术，但及贞观之初，则天下幸甚。

太宗曰："近令造小随身器物，不意百姓遂有嗟怨，此则朕之过误。"乃命停之。

译 过去在贞观初年时，全国粮食遭霜灾歉收，一匹绢只能换粟一斗，但天下太平、万民安宁。那时百姓都知道陛下非常关心爱惜他们，所以人人都感到满足，并没有人发出讪谤怨恨的话来。近五六年以来，连年取得丰收，一匹绢可以换十余石粟，然而百姓觉得陛下并不关心爱惜他们，都有怨言，又因为如今营作的事务，很多是不急需的。从古以来，国家兴亡不在于积蓄的多少，只在于百姓的生活是苦还是乐。就拿最近这几年的事来看，隋朝在洛口仓贮粟，后来为李密所用；在东京积存布帛，又被王世充据有；西京府库的一切也为我们大唐所用，至今没有用尽。当初如果洛口、东都没有粟帛，那么王世充、李密未必能够聚集起大规模的队伍。当然贮积财物是国家的常事，重要的是应当在百姓有了余力，然后再去征收。如果百姓在疲劳时而强行征敛，最终是资助了贼寇，这种积存是没有好处的。然而用国家节俭开支来使百姓得以休息，贞观初年，陛下已经亲身做过了，所以今天重新实行也并不困难。只要实行一天，就会使天下都知道，人们就会载歌载舞了。如果人们已经劳苦，还役用不止，倘若中国遇到水旱灾害，边境有战争警报，狂悖狡黠之人借机起来造反，那就会有不可预测的事情发生，这就不是陛下晚吃晚睡而能解决的了。如果以陛下的圣明，诚心励精图治，不必远求上古的治国办法，只要做到贞观初年那样，就是天下的大幸了。

唐太宗说："最近叫人造些小的随身使用的器物，没想到百姓就有怨言，这就是我的过错。"于是命令停止制造。

注 ① 率土：普天下。霜俭：霜灾歉收。

② 洛口仓：在河南巩县东南，洛水入黄河口。隋炀帝筑兴洛仓于此，号洛口仓城，后李密攻克其地，开仓赈济百姓，招集大量兵力，又筑洛口城，作为基地。

③ 旰食晏寝：晚食晚寝，以喻辛苦操劳。

贪鄙第二十六

凡六章

贞观初，太宗谓侍臣曰："人有明珠，莫不贵重，若以弹雀，岂非可惜？况人之性命甚于明珠，见金钱财帛不惧刑网[①]，径即受纳，乃是不惜性命。明珠是身外之物，尚不可弹雀，何况性命之重，乃以博财物耶？群臣若能备尽忠直，益国利人，则官爵立至。皆不能以此道求荣，遂妄受财物，赃贿既露，其身亦殒，实为可笑。帝王亦然，恣情放逸，劳役无度，信任群小，疏远忠正，有一于此，岂不灭亡？隋炀帝奢侈自贤，身死匹夫之手，亦为可笑。"

译 贞观初年，唐太宗对侍从的大臣们说："人们有了明珠，无不十分珍惜看重，如果用它去弹鸟雀，岂不是太可惜了吗？何况人的性命比明珠更为贵重，如果见到金钱财帛就不惧怕刑法，立即收受，这就是不顾惜性命。明珠是身外之物，尚且不得用它来弹雀，何况人的性命要贵重得多，能用来博取财物吗？群臣如能竭尽忠直，益于国利于民，那么官爵立刻到来。都不能从此正道求取荣禄，而妄受财物，贿赂一旦暴露，自身亦就丧失性命，实在可笑。帝王亦是如此，尽情放纵享乐，征发劳役没有限度，信任小人，疏远忠良正人，有其中之一，怎能不灭亡？隋炀帝极度奢侈还自以为贤明，死在匹夫之手，亦是可笑。"

注 ① 刑网：即刑法、法网。罪人触犯刑法，如陷于网，不能自脱。

贞观二年，太宗谓侍臣曰："朕尝谓贪人不解爱财也，至如内外官[①]五品以上，禄秩优厚，一年所得，其数自多。若受人财贿，不过数万，一朝彰露，禄秩削夺，此岂是解爱财物？规小得而大失者也。昔公仪休[②]性嗜鱼，而不受人鱼，其鱼长存。且为主

译 贞观二年，唐太宗对侍臣说道："朕曾经说过贪婪的人是不懂得爱惜财物的，比如说当今内、外朝官五品以上的，俸禄、品秩都很优厚，一年之内所得到的，数量自然很多。如果收受别人的财物贿赂，不过只有数万而已，一旦罪行败露，品秩被削去，俸禄被剥夺，这难道是懂得珍爱财物吗？这是谋取小利而损失大利呀！从前公仪休生性喜欢吃鱼，可从

不接受别人馈赠的鱼，所以他就能长久吃上鱼。而且作为一国之君的却很贪婪，一定会丧失他的国家；作为臣子却很贪婪，必定会招来杀身之祸。《诗经》上说：‘大风因隧道而生成，贪婪的人败坏同类。’这确实不是错误的话。古代秦惠王准备征伐蜀国，不知道进入蜀国的路径，就雕刻了五只石牛，把金子放置在牛的屁股后面。蜀国人看见后，认为这石牛能屙出金子，蜀国君王派出五名大力士凿开一条通道，把石牛拖回蜀国，道路凿成后，秦国的军队跟在后面进攻，蜀国因此而灭亡。汉朝大司农田延年收取赃银三千万，事情败露后自刎而死。像这样的蠢人，怎么能计得清！朕今天把那蜀国君王作为警戒，卿等也应该以田延年作为前车之辙。”

贪，必丧其国；为臣贪，必亡其身。《诗》云：‘大风有隧，贪人败类。’[③]固非谬言也。昔秦惠王欲伐蜀，不知其径，乃刻五石牛，置金其后。蜀人见之，以为牛能便金，蜀王使五丁力士拖牛入蜀，道成，秦师随而伐之，蜀国遂亡[④]。汉大司农田延年赃贿三千万，事觉自死[⑤]。如此之流，何可胜记！朕今以蜀王为元龟，卿等亦须以延年为覆辙也。”

注 ① 内外官：指内、外朝官。内朝官，也称中朝官，由皇帝的近臣如侍中、常侍、给事中等组成；外朝官，指宰相属下的各行政机构官员。

② 公仪休：春秋时鲁国贤相。公仪，复姓。

③ 见《诗经·大雅·桑柔》篇。

④ “昔秦惠王”句：事见《蜀记》，《水经注·沔水》亦载此事。秦惠王，战国时秦国国君。五丁力士，古代传说中的五位力士。

⑤ 大司农：汉九卿之一，掌钱粮租税盐铁和国家财政收支。田延年，字子宾，齐人。汉昭帝崩，取民间牛车三万辆为僦车，送运沙石，延年每车诈增其值千钱，而盗取三千万，事发自刎而死。

译 贞观四年，唐太宗对公卿大臣说：“我一天到晚孜孜不倦地努力工作，不仅仅是爱惜百姓，也是想要让你们能够长久地保持富贵。天并不是不高，地并不是不厚，然而我仍然常常兢兢业业地工作，对天地十分敬畏。诸位如果也能够小心奉法，常像我敬畏天地那样，不但能够使得百姓安宁，你们自身也能够常常得到欢乐。古人说过：‘贤明的人如果财产多了，会损害他的志向，愚蠢的人如果财产多了会产生过错。’这话非常值得我们引以为戒。假如徇私贪赃，不但要破坏公法、损害百姓，纵然事情还没有败露、尚无人知晓，自己的心里还不是经常恐惧？如果心中的恐惧多了，也会因此而致死！大丈夫怎么能够为了贪图财物，以致危害到身家性命，使得子孙后

贞观四年，太宗谓公卿曰：“朕终日孜孜，非但忧怜百姓，亦欲使卿等长守富贵。天非不高，地非不厚，朕常兢兢业业，以畏天地。卿等若能小心奉法，常如朕畏天地，非但百姓安宁，自身常得欢乐。古人云：‘贤者多财损其志，愚者多财生其过。’此言可为深诫。若徇私贪浊，非止坏公法，损百姓，纵事未发闻，中心岂不常惧？恐惧既多，亦有因而致死。大丈夫岂得苟贪财物，以害及身命，使子孙每怀愧耻耶？卿等宜深思此言。”

代一直感到羞愧耻辱呢？你们应当好好想想这个道理。”

贞观六年，右卫将军陈万福自九成宫赴京，违法取驿家麸数石。太宗赐其麸，令自负出以耻之。

译 贞观六年，右卫将军陈万福从九成宫去京城，违法从沿途驿站人家取得了几石麦麸皮。唐太宗就把这些麸皮赏赐给他，叫他自己背回去来羞辱他。

贞观十年，治书侍御史权万纪上言：“宣、饶二州[①]诸山大有银坑[②]，采之极是利益，每岁可得钱数百万贯[③]。”太宗曰：“朕贵为天子，是事无所少之。惟须纳嘉言，进善事，有益于百姓者。且国家剩[④]得数百万贯钱，何如得一有才行人？不见卿推贤进善之事，又不能按举不法，震肃权豪，惟道税[⑤]鬻银坑以为利益！昔尧、舜抵璧于山林，投珠于渊谷，由是崇名美号，见称千载。后汉桓、灵二帝好利贱义[⑥]，为近代庸暗之主，卿遂欲将我比桓、灵耶？”是日敕放[⑦]令万纪还第。

译 贞观十年，治书侍御史权万纪上奏道：“宣州、饶州二州群山中有很多银坑，开采起来获利极为丰厚，每年可以获得银钱数百万贯。”唐太宗说：“朕作为尊贵的天子，金钱上的事一点也不缺乏。朕只是需要采纳好的建议，施行善举，做有益于百姓的事。而且国家多得数百万贯金钱，又怎能与得到一个有才有德的人相比？朕没有见到你推举贤才、建议善举之事，又不能按察检举违法之人和事，使权贵豪族震惊敬肃，却只是建议出租出售银坑来获取厚利！从前尧、舜把玉璧抛进山林，把明珠投入深谷，因此崇高完美的名声被千古称扬。后汉桓帝、灵帝贪图财利，轻视道义，是近代昏庸愚昧的国君，你是想让我与汉桓帝、灵帝相比吗？”当天就敕令权万纪罢官，放逐回家。

注 ① 宣、饶二州：宣州，在今安徽省；饶州，今江西省上饶市。
② 银坑：银矿。
③ 贯：每一千文钱用绳穿在一起，称一贯。
④ 剩：多。
⑤ 税：出租收取租税。
⑥ 后汉桓帝、灵帝皆为贪利忘义的皇帝，曾卖官鬻爵以聚敛财物。
⑦ 放：放逐，此指削职。

贞观十六年，太宗谓侍臣曰：“古人云：‘鸟栖于林，犹恐其不高，复巢于木末；鱼藏于水，犹恐其不深，复穴于窟下。然而为人所获者，皆由贪饵故也。’今人臣受任，居高位，食厚禄，

译 贞观十六年，唐太宗对侍从的大臣们说：“古人说：‘鸟住在树林里，还担心不够高，又筑巢在树梢上；鱼藏在水里，还担心不够深，又作穴在洞窟下。然而它们仍然为人所捕获，都是由于贪吃饵食的缘故啊。’今天臣子

当须履忠正，蹈公清，则无灾害，长守富贵矣。古人云：'祸福无门，惟人所召[①]。'然陷其身者，皆为贪冒财利，与夫鱼鸟何以异哉？卿等宜思此语为鉴诫。"

受到委任，居高位，享厚禄，应当做事忠心公平，行为公正清廉，就可以没有祸害，长保富贵了。古人说：'祸福无门，惟人所召。'然而损害自身的，全是为了贪求财利，这和鱼鸟有什么不同呢？你们应该思考这些话引为鉴诫。"

注 ① 祸福无门，惟人所召：意思是祸福无定，由人自取。语见《左传·襄公二十三年》。

贞观政要卷第七

崇儒学第二十七

凡六章

太宗初践阼①，即于正殿之左，置弘文馆②，精选天下文儒，令以本官兼署学士③，给以五品珍膳，更日宿直，以听朝之隙引入内殿，讨论坟典，商略政事，或至夜分乃罢。又诏勋贤三品已上子孙为弘文学生。

译 唐太宗刚即位，就在皇宫正殿的左边，建置了一个弘文馆，精心挑选天下著名的文人学士，让他们以原来的官职兼任弘文馆学士，给他们用五品以上高官的珍贵饮食，让他们在宫内轮流值宿，遇到唐太宗处理朝政有空隙的时间就请到内殿之中，一起讨论古代的经典，商议治政方略，有时到夜深才结束。又下诏让三品以上勋贵贤臣的子孙充任弘文学生。

注 ① 践阼：君主即位。践，脚踏。阼，殿堂的主阶。所以把君主即位叫践阼。
② 弘文馆：唐高祖武德初置修文馆，后改名弘文馆，又称昭文，置有详正学士、讲经博士、校书等官。
③ 学士：官名，唐制置学士于学士院，以文学言语参谋谏诤，掌制诰，得受优宠，其后有承旨、侍读、侍讲、直学士、待制等品秩之分。

贞观二年，诏停周公为先圣，始立孔子庙堂于国学①，稽式②旧典，以仲尼为先圣，颜子为先师③，两边俎豆干戚④之容，始备于兹矣。是岁大收天下儒士，赐帛给传⑤，令诣京师，擢以不次⑥，布在廊庙⑦者甚众。学生通一大经⑧已上，咸得署吏。国学增筑学舍四百余间，国子、太学、四

译 贞观二年时，唐太宗下诏停止庙祀周公为先圣，开始在国子监内立孔子庙堂，按照汉魏以来的旧典，尊仲尼为先圣，配颜子为先师。两边的礼器俎豆、兵器干戚，开始备齐。这年广泛征集天下著名儒士，赏赐他们以钱帛并提供驿传方便，让他们都到京师来，打破常规、破格提升，在朝廷任官的很多。学生如能读通《礼记》《左传》等大经中的一种，就能任职入仕。国子监内增加建筑了学舍四百多

间，七学之中的国子、太学、四门、广义四学都增加了生员，书、算之学则分别设置博士和学生，使各种科目都设置完备。唐太宗又几次亲自前往国学，让祭酒、司业以及博士进行讲论。讲完后，分别赐以绢帛。四面八方的儒生都带了书赶来，数以千计。不久以后，吐蕃、高昌、高丽、新罗等四夷的酋长们，也都派遣他们的子弟前来申请入学。于是国学之内，击鼓上课时打开书箧进入讲席的，几乎达万人，儒学如此兴盛，是以前所未曾有过的。

门、广文亦增置生员，其书、算各置博士、学生，以备众艺⑨。太宗又数幸国学，令祭酒、司业⑩、博士讲论，毕，各赐以束帛。四方儒生负书而至者，盖以千数。俄而吐蕃，及高昌、高丽、新罗等诸夷酋长，亦遣子弟请入于学。于是国学之内，鼓箧⑪升讲筵者，几至万人，儒学之兴，古昔未有也。

注 ① 国学：唐代在国子监中设国子学、太学、四门学、律学、算学、书学，各学并立博士。

② 稽：考求。式：根据。

③“以仲尼为先圣”句：汉后崇尚儒学，立学者必庙祀孔子，魏正始至隋大业间，皆尊孔子为先圣，配颜子为先师；唐高祖改以周公为先圣，配孔子；太学时则罢周公，以孔子为先圣，颜子仍配为先师。

④ 俎豆干戚：俎与豆为古时之礼器，干与戚即盾与斧，为古时兵器，祭祀时伴以歌舞，文舞手举羽旌，武舞手拿干戚。此指礼乐之盛。

⑤ 传：驿传。

⑥ 不次：不按寻常的次序，超等提拔。

⑦ 廊庙：指朝廷。

⑧ 大经：唐时科举，按诸经经文长短而分为大中小经，《礼记》《左传》为大经；《诗》《周礼》《仪礼》为中经；《易》《书》《公羊传》《穀梁传》为小经。

⑨ 以备众艺：按唐制，国子、太学、广文、四门、律、书、算凡七学，皆置博士。国子，教三品以上官员及国公的子孙，从二品以上官员的曾孙为生员。太学，教五品以上官员及郡县公子孙，从三品官员的曾孙为生员。广文馆，教国子监中修进士业的。四门馆，教七品以上等官员及非官员人家子弟成为俊士生的。律学、书学、算学，教八品官员以下及非官员人家子弟成为俊士生的。又有五经博士，以五经教国子。博士，主讲教师。

⑩ 祭酒、司业：古时飨宴，必由尊者或老者一人举酒祭地，故称尊者或老者为祭酒。唐制，国子监祭酒，为国子监长官，掌管国家儒学训导之政，兼领诸学，凡释奠，则领头为初献。司业，其祭酒的副手。

⑪ 箧：方竹器，用以盛书籍。

译 贞观十四年，唐太宗下诏说：“梁朝的皇侃、褚仲都，周朝的熊安生、沈重，陈朝的沈文阿、周弘正、张讥，隋朝的何妥、刘炫，都是前代著名的儒生，他们的经术值得记载，现在在学的学徒，还是采用他们的讲疏，因而应当加

贞观十四年诏曰：“梁皇侃、褚仲都，周熊安生、沈重，陈沈文阿、周弘正、张讥，隋何妥、刘炫①，并前代名儒，经术可纪，加以所在学徒，多行其讲疏，宜加优赏，以劝后生，可访其子

孙见在者,录姓名奏闻。”二十一年诏曰:“左丘明、卜子夏、公羊高、穀梁赤、伏胜、高堂生、戴圣、毛苌、孔安国、刘向、郑众、杜子春、马融、卢植、郑玄、服虔、何休、王肃、王弼、杜预、范宁等二十有一人②,并用其书,垂于国胄③,既行其道,理合褒崇,自今有事于太学,可并配享尼父④庙堂。”其尊儒重道如此。

以优待奖赏,借以劝进后生。寻访他们现在还在的子孙,记录下他们的姓名奏闻上来。”贞观二十一年时,唐太宗又下诏说:“左丘明、卜子夏、公羊高、穀梁赤、伏胜、高堂生、戴圣、毛苌、孔安国、刘向、郑众、杜子春、马融、卢植、郑玄、服虔、何休、王肃、王弼、杜预、范宁等历代著名儒生二十一人,应当采用他们所写的书注,作为王侯子弟的教材。既然采用了他们讲述和阐发的道理,理应对他们褒奖崇奉,今后太学凡有祭祀、庆祝活动的时候,应当让这二十一人也一起配享于尼父庙堂。”贞观年间就是这样尊儒重道的。

注 ① 皇侃:梁时吴郡人,师事会稽贺玚,尽通其业,为国子助教,听讲者常数百人。又加官为员外散骑侍郎。撰有《礼记讲疏》、《论语义》、《礼记义》。　褚仲都:南朝梁时名儒,以精通《周易》著称。　熊安生:北周阜城人,字植之,博通五经,尤精三礼,弟子千余人。仕北齐为国子博士,北周灭齐,官拜露门学博士、下大夫,不久致仕后死。著有《周礼》、《礼记》、《孝经》诸义疏。　沈重:北周武康人,字子厚,一作德厚。学业该博,为当世儒宗。仕梁为五经博士,周武帝礼聘讲三教义,为众推崇。任骠骑大将军、开府仪同三司、露门博士,后来复归南梁,著有《周礼义》、《仪礼义》等书。　沈文阿:陈朝沈峻子,字国卫,少习父业,研精训诂,从事“三礼”、“三传”之学,举孝廉,仕梁为国子博士,一时礼度,皆出其手。文帝时官至通直散骑常侍。著有《仪礼》、《经典大义》。　周弘正:陈时周捨从子,字思行,年十岁,通《老子》、《周易》,十五补国子生,仍于国学讲《易》,诸生传习其义。为梁末玄宗之冠。入陈后官至尚书右仆射。著有《周易讲疏》、《论语疏》、《庄子疏》、《孝经疏》及文集。　张讥:陈时名儒,字直言,武城人,十四岁通《孝经》、《论语》,受学于周弘正,每有新意,为先辈推服。仕梁为士林馆学士,武帝受禅,除太常丞。后入隋,终于长安。著有《周易义》、《尚书义》、《毛诗义》、《孝经义》等。　何妥:隋何细胡子,字栖凤,少机警,有才名,文帝时为国子祭酒,后出为龙州刺史。著有《周易讲疏》、《孝经义疏集要》及文集等。　刘炫:隋河间景城人,字光伯。少年聪敏,强记默识。开皇中参预修国史和修订五礼。牛弘奏请购求遗书时,炫伪造书百余卷,题为《连山易》、《鲁史记》等,送官取赏,事发,免死,归乡里讲学。炀帝时,任太学博士,一年后,以品秩卑微去任。隋末,流离饿死,著有《论语述义》等,均失传。

② 左丘明:相传为《春秋左传》作者,春秋战国时人,后人多有怀疑。　卜子夏:春秋卫人,名商,以字行,孔子弟子,与子游并列文学科,孔子死后,相传商居西河讲学,为魏文侯老师。著有《诗序》、《易传》等。　公羊高:战国齐人,姓公羊,名高,子夏弟子,著有《春秋公羊传》,汉何休作《公羊传解诂》。　穀梁赤:春秋鲁人,姓穀梁,名赤,一说名俶或淑,子夏弟子,著有《春秋穀梁传》。唐杨士勋作《穀梁传疏》。伏胜:秦博士。济南人。秦始皇焚书,伏生藏书于屋壁中。兵起流亡,汉朝建立后,伏胜得遗书二十九篇,教于齐、鲁之间。汉文帝欲召他授《尚书》,时伏胜年九十余,不能行,于是命晁错去从学,由伏胜女儿口授,即《今文尚书》,立于学官。　高堂

生：西汉鲁人。秦始皇焚书，《礼》经不传，独高堂生能言之，传授《士礼》十七篇于萧奋，奋授孟卿，孟卿授后苍，苍授戴德、戴圣等。为治《礼》者奉为宗师。　戴圣：西汉梁人，戴德从子，字次君。宣帝时为博士，参与讨论五经异同的石渠阁会议，官至九江太守。与戴德一起随后苍学《礼》，世称德为大戴、圣为小戴。得《礼记》四十六篇传于世，号《小戴记》。　毛苌：汉赵人。初鲁有毛亨，称大毛公，有《毛诗诂训传》，至苌治《诗》尤精，是为小毛公，为汉河间献王博士，官至北海太守。是时言《诗》者有齐、鲁、韩三家，毛诗未得立于学官，自东汉郑玄作笺，齐、鲁、韩三家皆废，而毛诗乃大行。　孔安国：字子国，孔子之后，汉武帝时为博士，官谏大夫、临淮太守。受《诗》于申公，受《尚书》于伏生。鲁共王于孔子旧宅壁中得《古文尚书》及传、《论语》、《孝经》，皆科斗文字，当时无人能识读，安国以今文读之，定为五十八篇，成为《古文尚书》之学。　刘向：汉楚元王之后，字子政。成帝时为光禄大夫。校定经传诗赋等古籍，著有《别录》一书，是我国最早的分类目录书，此外尚有《列女传》、《列仙传》、《新序》、《说苑》等书。　郑众：东汉郑兴子，字仲师，从父学习《左氏春秋》，明《三统历》，作《春秋难记条例》，兼通《易》、《诗》，知名于世。官大司农卿，受诏作《春秋》，删十九篇。经学家称为郑司农，亦称先郑。　杜子春：东汉缑氏人，生西汉之末，受《周礼》于刘歆，值兵革疾疫，弟子多死，惟子春至永平初尚存，年且九十，家于南山。郑众、贾逵并往受业，《周礼》之学始传。　马融：后汉马续弟，字季长。安帝时校书郎中，在东观校定秘书。融才高博洽，为当时通儒，学生常达千数，卢植、郑玄皆为其徒。著《三传异同说》，注《孝经》、《论语》、《诗》、《易》、《尚书》、《三礼》、《列女传》、《老子》、《淮南子》、《离骚》。　卢植：东汉涿人，字子幹。师从马融，学通古今。建宁中征为博士，官至尚书。参与镇压黄巾军，因反对董卓免官，退隐于上谷而终。　郑玄：东汉高密人，字康成。从扶风马融学，既归，耕于东莱，专意研经著述，门徒千数百人，为北海相孔融所敬，经学家称为后郑。所著书凡百余万言，今存者有《毛诗笺》、《周礼仪礼礼记注》，还有《易注》、《驳五经异义》等，由后人辑佚而存，已残缺不全。　服虔：东汉荥阳人，初名重，又名祇，字子慎。作《春秋左氏传解》，史称服氏注。灵帝时官九江太守。　何休：东汉任城樊人，字邵公。精研六经，尤好《公羊春秋》，作《春秋公羊解诂》，世传为何氏学。又有《公羊墨守》、《左氏膏肓》、《穀梁废疾》等书。　王肃：三国魏人，东海郯人，字子雍。官至中领军、散骑常侍。长于贾逵、马融之学，而不好郑玄之学，撰《圣证论》以攻郑氏。采令同异，撰《尚书》、《诗》、《论语》、《三礼》、《左氏》解，及撰定其父王朗所作《易传》，皆列于学官，有《孔子家语注》。　王弼：三国魏人，山阳人，字辅嗣，为尚书郎。少年知名，好老庄之学，注《易》及《老子》，开魏晋以后玄学的先河。　杜预：晋人，京兆杜陵人，字元凯。博学，多韬略。用兵制胜，诸将莫及。著《春秋左氏经传集解》，又参考众家谱第，谓之释例，又作《盟会图》、《春秋长历》，成一家之学。　范宁：晋时顺阳人，字武子，少年专心学习，阅读广泛。反对玄学，以为王弼、何晏之罪重于桀、纣，又以《春秋穀梁》未有好的注释，专研多年，著《春秋穀梁传集解》，其义精审，为世所重。按《新唐书》卷十五《礼乐志》五系此诏于贞观十一年，郑众之下有贾逵。贾逵为后汉贾徽子，字景伯，少传父业，弱冠能诵《左氏传》及五经本文，以大夏侯《尚书》教授，兼通五家《穀梁》之说。永平中献《左氏传解诂》三十篇，《国语解诂》二十一篇。

③ 国胄：宗室王侯子弟。

④ 尼父：鲁哀公诔孔子时的称呼。

贞观二年，太宗谓侍臣曰："为政之要，惟在得人，用非其才，必难致治。今所任用，必须以德行、学识为本。"谏议大夫王珪曰："人臣若无学业，不能识前言往行，岂堪大任。汉昭帝[①]时，有人诈称卫太子[②]，聚观者数万人，众皆致惑。隽不疑断以蒯聩之事[③]。昭帝曰：'公卿大臣，当用经书明于古义者，此则固非刀笔俗吏所可比拟。'"上曰："信如卿言。"

译 贞观二年，唐太宗对侍从的大臣们说："处理政务的关键，就在于选得适当的人才，如果所用非其才，就很难治理好国家。如今我们所要任用的人才，必须以德行好、学识高为最主要的条件。"谏议大夫王珪说："人臣如果没有学问，那就不可能懂得过去历史上种种重要的言行，怎么可能胜任重要的职务。过去汉昭帝在位的时候，有人出来诡称自己是卫太子，引来了几万人围观，当时在场的人都被迷惑住了。只有隽不疑断定这是类似于历史上曾经出现过的蒯聩一类故事。汉昭帝说：'公卿大臣，应当任用通晓经术懂得古义的人，这样的人才完全不是一般舞文弄墨的庸俗官吏所能够比拟的。'"唐太宗说："确实是像你所说的那样。"

注 ① 汉昭帝：名弗陵，汉武帝幼子，公元前86年即位。
② 卫太子：名据，武帝太子，卫皇后所生，故称。
③ 隽不疑：隽，姓，不疑，名，字曼倩，渤海人，武帝时为京兆尹。蒯聩：春秋时卫灵公世子，出奔到宋。灵公卒，孙出公辄继位，晋国又接纳蒯聩在戚邑，父子争国。后十五年蒯聩入宋国，是为庄公，辄出奔到外国。西汉始元五年，有男子自称卫太子。汉昭帝命公卿大臣识别真假，都不敢说话。隽不疑说：过去卫国的蒯聩出奔宋国，后来又回卫国争位，卫出公拒绝接纳他，《春秋》里说卫出公的做法是对的。隽不疑根据《春秋》经抓起这个男子，审查结果，此人果然是冒充卫太子。

贞观四年，太宗以经籍去圣久远，文字讹谬，诏前中书侍郎颜师古[①]于秘书省考定《五经》。及功毕，复诏尚书左仆射房玄龄集诸儒重加详议。时诸儒传习师说，舛谬已久，皆共非之，异端蜂起。而师古辄引晋、宋已来古本，随方晓答，援据详明，皆出其意表，诸儒莫不叹服。太宗称善者久之，赐帛五百匹，加授通直散骑常侍[②]，颁其所定书于天下，令学者习焉。太宗又以文学多门，章句繁杂，诏师古与国子祭酒孔颖达等诸儒，撰定《五经》疏义，凡一百八十卷，名曰《五经正义》，付国学施行。

译 贞观四年，唐太宗认为儒学经典离开孔子的时代已很久远了，因此文字发生了许多错谬，于是下诏让前中书侍郎颜师古到秘书省来考定五经文字。颜师古完工以后，唐太宗又下诏让尚书左仆射房玄龄召集众多儒生再加以详细的评议。当时这些儒生因为各自接受自己老师的经说，许多错误传习已久，因此都以为颜师古的说法不对，一时异端之说蜂涌而起。这时颜师古就引用了晋、宋以来的古本，对各种异说一一应对，证据确凿，论证详明，出乎这些儒生的意料，使他们一个个都惊叹佩服。唐太宗听了也连连称赞，并赏赐给他绢帛五百匹，加官为通直散骑常侍，还把他所定的五经文字颁布于天下，让学者都照它学习。唐太宗又感到天下传习的儒家之学多种多样，各家解释的章句纷繁杂乱，于是又下诏让颜师古跟国子祭酒孔颖达等几位儒者，一起撰定解释五经的疏义，共有一百八十卷，题名为《五经正义》，交付国学用作教学。

注 ① 颜师古：名籀，祖籍琅琊，博学善属文，隋时任安养尉。唐高祖入关，授朝散大夫，迁中书舍人，诏令全都出自他的手笔。贞观中，任秘书少监，后撰成《五礼》，进封子爵。

② 通直散骑常侍：晋代以员外常侍与散骑常侍为通直之官，故号通直。唐代为侍臣，备顾问。

太宗尝谓中书令岑文本曰："夫人虽禀定性，必须博学以成其道，亦犹蜃[①]性含水，待月光而水垂；木性怀火，待燧[②]动而焰发；人性含灵，待学成而为美。是以苏秦刺股[③]，董生垂帷[④]。不勤道艺，则其名不立。"文本对曰："夫人性相近，情则迁移，必须以学饬情以成其性。《礼》云：'玉不琢不成器，人不学不知道[⑤]。'所以古人勤于学问，谓之懿德。"

译 唐太宗曾经对中书令岑文本说："人虽然各自有确定的秉性，但必须广博地学习才能成正道。这就好像大蛤的本性是含水的，但须海上月光升起时才会把水吐出；又好像树木的本性是包含火的，但须等人去摩擦才会发出火来；人的本性原本包含着灵气，但必须通过学习才能显出它的美好。所以当年有苏秦刺股和董生垂帷这样刻苦学习的故事。说明不勤于学习道理和技艺，也就不会树立起他们的名声。"岑文本对答说："大凡人的本性是很接近的，但是人的情趣则会随时变化，必须通过学习来戒勉自己的情趣，以完善自己的本性。《礼记》中讲过：'玉不琢不成器，人不学不知道。'所以古人很注意勤奋学习，把它看作一种美德。"

注 ① 蜃：大蛤。李时珍《本草纲目》称："蛟之属有蜃，其状似蛇而大，有角，能吁气成楼台城郭之状，将雨即见，名蜃楼，亦曰海市。"实为光线折射而生的现象。

② 燧：燧石，用铁器敲打时迸发出火星将草木点燃。古人取火的工具。又有木燧，即钻木取火，古人在阴雨天则用此法取火。

③ 苏秦刺股：苏秦，字季子，雒阳人，师事鬼谷子，后得太公《阴符》，潜心研读。读书欲睡，就用锥子刺自己的大腿，血流至脚跟，一年而学成，后来游说诸侯，佩六国相印。

④ 董生垂帷：董生名仲舒，广川人，汉景帝时为博士。放下帷幕专心教书，三年足不出户。武帝即位，上对策三篇，任用为江都王相。生平讲学著书，尊儒术，黜百家，使儒学成为封建社会的正统。著有《春秋繁露》等书。

⑤ 玉不琢不成器，人不学不知道：以玉器需琢磨而成，喻人才通过学习才能获得知识。语出《礼记·学记》。

文史第二十八

凡四章

贞观初，太宗谓监修国史房玄龄曰："比见前、后《汉史》载录杨雄①《甘泉》、《羽猎》，司马相如②《子虚》、《上林》，班固③《两都》等赋，此既文体浮华，无益劝诫，何假书之史策④？其有上书论事，词理切直，可裨于政理者，朕从与不从皆须备载。"

译 贞观初年，唐太宗对监修国史房玄龄说："近来看前后《汉书》中载录了扬雄的《甘泉赋》、《羽猎赋》，司马相如的《子虚赋》、《上林赋》，班固的《两都赋》等，此类文章的风格浮华不实，对于劝谏、警诫没有什么益处，凭什么载录在史书中？如若遇有上书议论政事，言辞道理深刻直率，可以裨补国事政务的，不论我是赞同还是不赞同，都要详加记载。"

注 ① 杨雄：又作扬雄，字子云，成都人，汉代文学家。汉成帝时从帝自甘泉还，奏《甘泉赋》以讽；后从帝羽猎，作《羽猎赋》以讽。

② 司马相如：汉文学家，成都人。撰《子虚赋》，汉武帝读而善之；又撰《上林赋》，其卒章归之于节俭，因以讽谏。

③ 班固：字孟坚，陕西扶风人，东汉史学家、文学家。历二十余年修成《汉书》，又善作赋，成《西都赋》、《东都赋》。

④ 史策：即史册。

贞观十一年，著作佐郎邓隆①表请编次②太宗文章为集。太宗谓曰："朕若制事出令，有益于人者，史则书之，足为不朽。若事不师古，乱政害物，虽有词藻，终贻后代笑，非所须也。只如梁武帝父子③及陈后主④、隋炀帝，亦大有文集，而所为多不法，宗社皆须臾倾覆。凡人主惟在德行，

译 贞观十一年，著作佐郎邓世隆上表请求编辑唐太宗的文章成文集。唐太宗说道："朕如果制订的政策、下达的诏令，有益于世人，史书上已经载录了，足以流传后世。如果处理政事不效法古代，扰乱国家，危害百姓，虽然撰有辞藻华丽的文章，终究会给子孙后代留下笑柄，这不是我所需要的。就像梁武帝父子和陈后主、隋炀帝，也大有辞藻华丽的文章，但他们的所作所为大多不合法度，国家社

何必要事文章耶?”竟不许。

译 稷都很快就灭亡了。凡是做君王的，只在于道德品行，何必要从事文章的撰写呢?”始终不允许编自己的文集。

注 ① 邓隆：即邓世隆，避唐太宗讳，除“世”字。历任修史学士、著作佐郎、著作郎等职。据《资治通鉴》载，其上疏请编御集之事在贞观十二年。
② 编次：编辑，编排。
③ 梁武帝父子：南梁梁武帝及昭明太子萧统。萧统曾召集文学之士，撰集《文选》三十卷。
④ 陈后主：名叔宝，南朝陈国皇帝。在位时多与狎客赋诗，如《玉树后庭花》之类。陈被隋灭后，封长城公。

贞观十三年，褚遂良为谏议大夫，兼知起居注①。太宗问曰：“卿比知起居，书何等事？大抵于人君得观见否？朕欲见此注记者，将却观所为得失以自警戒耳！”遂良曰：“今之起居，古之左、右史②，以记人君言行，善恶毕书，庶几人主不为非法，不闻帝王躬自观史。”太宗曰：“朕有不善，卿必记耶?”遂良曰：“臣闻守道不如守官。臣职当载笔③，何不书之。”黄门侍郎刘洎进曰：“人君有过失，如日月之蚀，人皆见之。设令遂良不记，天下之人皆记之矣。”

译 贞观十三年，褚遂良任谏议大夫，兼任知起居注。唐太宗问他道：“卿近来主持起居注，记录了哪些事情？大致对皇帝来说，可不可以观阅这些记载？朕想要看一看这些记载的原因，不过是要回顾一下所作所为的成败得失，来警醒、告诫自己罢了!”褚遂良回答道：“今天的知起居注，就是古代左史、右史，通过记录君王的言行，善举、恶行都被记录下来，希望因此使君王不做不合法度的事情，没有听说过帝王要亲自观看史书的。”唐太宗说：“朕做了不好的事，你一定记录吗?”褚遂良回答说：“臣听说遵守君臣之道不如忠于自己的职守。臣的职责就是秉笔直录，怎么可以不加记录?”黄门侍郎刘洎进言道：“君王有过失，就像是日蚀、月蚀一样，众人都能看见。即使褚遂良不记录，天下的百姓也都记下来了。”

注 ① 知起居注：唐朝史官名，负责记录皇帝的言行。起居注，记载君王言行的史书。
② 左、右史：《礼记》：“天子动则左史书之，言则右史书之。”
③ 载笔：此指秉笔记录。

贞观十四年，太宗谓房玄龄曰：“朕每观前代史书，彰善瘅恶①，足为将来规诫。不知自古当代国史，何因不令帝王亲见之?”对曰：“国史既善

译 贞观十四年，唐太宗对房玄龄说：“我每次看前代史书的时候，总可以看到一些表彰善事指斥恶事的内容，都值得作为规劝警戒后人的材料。不知道为什么从古以来的当代国史都不让帝王亲自看看呢?”房玄龄回答说：

恶必书，庶几人主不为非法。止应畏有忤旨，故不得见也。”太宗曰：“朕意殊不同古人。今欲自看国史者，盖有善事，固不须论；若有不善，亦欲以为鉴诫，使得自修改耳。卿可撰录进来。”玄龄等遂删略国史为编年体，撰高祖、太宗实录各二十卷，表上之。太宗见六月四日事②，语多微文③，乃谓玄龄曰：“昔周公诛管、蔡而周室安，季友鸩叔牙而鲁国宁④，朕之所为，义同此类，盖所以安社稷、利万民耳。史官执笔，何烦有隐？宜即改削浮词，直书其事。”侍中魏徵奏曰：“臣闻人主位居尊极，无所忌惮，惟有国史，用为惩恶劝善，书不以实，后嗣何观？陛下今遣史官正其辞，雅合至公之道。”

“历代国史既然都力求做到善恶必书，希望使帝王不做非法事情。又怕这样写了会忤逆帝王的旨意，所以都不让帝王亲自见到。”唐太宗说：“我的心意与古人不大相同。我倒想要亲自看一看当代国史，里边如记载有好事，固然不须再说什么；假如有什么不好的事记录在内，也可以引以为鉴诫，使得自己可以从此改正。你可以把撰录的国史送来我看。”房玄龄等人于是就把国史删节省略改成编年体，撰成《高祖实录》、《太宗实录》各二十卷，呈上给唐太宗看。唐太宗看到里边记载六月四日玄武门之变的事情写得很隐晦，就对房玄龄说：“过去周公诛杀了管叔、蔡叔以后才使周室得以安定，季友毒死了叔牙才使鲁国安宁，我六月四日所做的事，跟这一类事情是同样的道理，都是为了使社稷安定，有利万民的啊。史官在写这一事件时，何必要隐晦呢？应当改掉虚浮的字句，照直写出事件经过。”侍中魏徵就上奏说：“我听说帝王居于至高无上的尊贵地位，没有任何顾忌惧怕，只有依靠国史，用它来惩恶劝善，如果写得不真实，让后代怎么看呢？陛下如今命令史官秉笔直书，这才真正符合国史要公正无伪的道理。”

注 ① 瘅：憎恨。

② 六月四日事：指武德九年，六月丁巳，秦王李世民在玄武门杀太子建成、齐王元吉。

③ 微文：犹言微辞，不明言而用隐蔽的话来表达心意。

④ 季友鸩叔牙而鲁国宁：春秋时鲁庄公有三弟，庆父、叔牙、季友。庄公想立儿子班为嗣君，故意问叔牙谁可继承爵位，叔牙说：“庆父可立。”庄公恨他，又问季友，季友请求嗣立班。于是季友就禀承庄公的意思，叫人用毒酒药死叔牙。

礼乐第二十九

凡十二章

太宗初即位，谓侍臣曰：“准《礼》[①]，名，终将讳之[②]。前古帝王，亦不生讳其名，故周文王名昌，《周诗》云：‘克昌厥后[③]。’春秋时鲁庄公名同，十六年《经》[④]书：‘齐侯、宋公同盟于幽。’唯近代诸帝，妄为节制，特令生避其讳，理非通允，宜有改张。”因诏曰：“依《礼》，二名义不偏讳[⑤]，尼父[⑥]达圣，非无前指。近世以来，曲为节制，两字兼避，废阙已多，率意[⑦]而行，有违经语。今宜依据礼典，务从简约，仰效先哲，垂法将来。其官号人名，及公私文籍，有‘世’及‘民’两字不连读，并不须避。”

译 唐太宗刚登上皇位，对侍从近臣说：“按照《周礼》，人名，等到死后才避讳。从前古代的帝王，也不在生前避讳自己的名，所以周文王名昌，《周颂》上说：‘克昌厥后。’春秋时期，鲁庄公名同，《春秋》庄公十六年记载道：‘齐侯、宋公同盟于幽。’只有近代这些帝王，胡乱加以限制，特意下令在其生前就要避讳，道理并不通达恰当，应该有所改变更张。”因此颁下诏令道：“依照《礼记》，两个字的人名依道理不必一一避讳，孔子是一位通达事理的圣人，以前也不是没有指出过。近代以来，不合理地加以限制，两个字都必须避讳，废弃残缺的字因此很多，这样轻率任意而为，实在是违背了经典的训示。现在应依据礼法，务必遵行简约的规定，恭敬地效法前代圣贤的做法，给后世留下可行的法则。那些官职名号、人名，以及公私文书典籍，有‘世’和‘民’两个字不连读的，都不需要加以避讳。”

注 ①《礼》：《周礼》。

② 名，终将讳之：《周礼·春官·小史》云：“若有事，则诏王之忌讳。”郑玄注：“先王死日为忌，名为讳。”《左传》桓公六年曰：“周人以讳事神，名终将讳之。”古代对君王或尊长不能直呼、直书其名，要有所避忌，称作避讳。

③ 克昌厥后：语出《诗经·周颂·雍》。克，能。昌，昌盛。厥，其。

④ 十六年《经》：指《春秋》庄公十六年。

⑤ 二名义不偏讳：《礼记·曲礼》曰：“礼不讳嫌名，二名不偏讳。”郑玄注：“谓二名不一一讳也。孔子之母名徵在，言在不称徵，言徵不称在。”即人名的两个字，不需

一一避讳。
⑥ 尼父：孔子字仲尼，尊称为尼父。父，也作甫，古代男子的美称。
⑦ 率意：任意。

贞观二年，中书舍人高季辅上疏曰："窃见密王元晓[①]等俱是懿亲[②]，陛下友爱之怀，义高古昔，分以车服[③]，委以藩维[④]，须依礼仪，以副瞻望。比见帝子[⑤]拜诸叔，诸叔亦即答拜，王爵既同，家人有礼，岂合如此颠倒昭穆[⑥]？伏愿一垂训诫，永循彝则[⑦]。"太宗乃诏元晓等，不得答吴王恪、魏王泰兄弟拜。

译 贞观二年，中书舍人高季辅上奏章说："臣私下认为密王元晓等人都是宗室至亲，陛下友爱兄弟的情怀，其情谊高过古人，赐给他们车马服饰，托付给他们藩屏国家的重任，所以行事一定要依照礼仪规定，以与社会对他们的仰望相符合。近来看见皇子拜见诸位叔叔，诸位叔叔也立即回礼致拜，王位爵号虽然相同，但家人相见应遵守家族的礼仪，怎么能这样颠倒家族中的辈分？唯愿陛下颁下训令诫示，作为永久遵循的礼则。"唐太宗于是诏告元晓等人，不得向吴王恪、魏王泰兄弟回拜答礼。

注 ① 密王元晓：唐高祖第二十一子，唐太宗之弟。
② 懿亲：至亲。
③ 车服：此指唐太宗将自己服用的车、衣服分送给兄弟。
④ 藩维：此指地方重镇。
⑤ 帝子：指唐太宗之子吴王恪、魏王泰。
⑥ 昭穆：古代宗法制度。宗庙内以始祖居中，以下祖、父依次为昭穆，昭为左，穆为右。祭祀时，子孙依此次序行礼，以区别父子、长幼、亲疏的次序。此指宗族的辈分。
⑦ 彝则：日常法则。

贞观四年，太宗谓侍臣曰："比闻京城士庶居父母丧者，乃有信巫书之言，辰日[①]不哭，以此辞于吊问，拘忌辍哀，败俗伤风，极乖人理。宜令州县教导，齐之以礼典。"

译 贞观四年，唐太宗对侍从近臣说："近来听说京城官员、百姓在父母亲的丧期中，竟然有人相信巫筮之书的话，逢辰日那天不哭，并用这一理由谢绝吊丧慰问，拘泥于禁忌之中而停止哀伤，伤风败俗，非常违背人伦礼法。应该命令州县长官教化开导，一律遵照相关的礼仪法典。"

注 ① 辰日：古代以干支记日，逢地支辰日，称作辰日。

贞观五年，太宗谓侍臣曰："佛道

译 贞观五年，唐太宗对侍从近臣说："佛教、设教，本行善事，岂遣僧尼道士等妄自尊崇，坐受父母之拜？损害风俗，悖乱[1]礼经，宜即禁断，仍令致拜于父母。”

道教设立教义，本意是要施行善事，哪里是让僧尼道士等妄自尊大，坐着接受父母亲的下拜行礼？损害风俗教化，违背紊乱礼仪大法，应该立即加以禁止戒除，仍然让他们向父母亲行礼下拜。”

注 ① 悖乱：违背、紊乱。

贞观六年，太宗谓尚书左仆射房玄龄曰：“比有山东崔、卢、李、郑四姓，虽累叶陵迟[1]，犹恃其旧地，好自矜大，称为士大夫。每嫁女他族，必广索聘财，以多为贵，论数定约，同于市贾，甚损风俗，有紊《礼经》，既轻重失宜，理须改革。”乃诏吏部尚书高士廉、御史大夫韦挺、中书侍郎岑文本、礼部侍郎令狐德棻[2]等，刊正姓氏，普责天下谱谍，兼据凭史、传，剪其浮华，定其真伪，忠贤者褒进，悖逆者贬黜，撰为《氏族志》。士廉等及进定氏族等第，遂以崔幹[3]为第一等。太宗谓曰：“我与山东崔、卢、李、郑，旧既无嫌，为其世代衰微，全无官宦，犹自云士大夫。婚姻之际，则多索财物。或才识庸下，而偃仰自高[4]，贩鬻松槚[5]，依托富贵，我不解人间何为重之？且士大夫有能立功，爵位崇重，善事君父，忠孝可称，或道义清素，学艺通博，此亦足为门户，可谓天下士大夫。今崔、卢之属，唯矜远叶衣冠，宁比当朝之贵？公卿已下，何暇多输钱物，兼与他气势，向声背实，以得为荣。我今定氏族者，诚欲崇树今朝冠冕，何因崔幹犹为第一等，只看卿等不贵我官爵耶！不论数代已前，只取

译 贞观六年，唐太宗对尚书左仆射房玄龄说：“近来看到山东的崔、卢、李、郑四个大姓家族，虽然已经几代衰败下来了，但仍然依仗他们旧有的地位，骄矜自大，自称为是士大夫。他们把女儿嫁到其他家族去时，总要索取一大笔可观的聘礼，以多为贵，根据数字的大小来确定婚约，如同市场上的商贩，这种做法，既严重危害社会风俗，又搞乱了婚礼常规。既然婚礼轻重失当，理应进行改革。”于是就下诏命令吏部尚书高士廉、御史大夫韦挺、中书侍郎岑文本、礼部侍郎令狐德棻等人，负责整理排列全国姓氏，普遍收集天下留存的各种谱谍，参考依据史传中的有关记载，剪除其中浮华不实的部分，确定它的真伪，凡属忠良贤明的则加以褒扬奖进，大逆不道者则加以贬黜，撰写成《氏族志》。高士廉等人在进呈重定的氏族等第次序时，还是把崔幹列为第一等。唐太宗说：“我跟山东的崔、卢、李、郑等大族，并没有什么宿怨，只是他们既已数代衰落下来，没有人做官，还自以为是士大夫，婚嫁之时，要索取大量财物。他们当中，或者才能庸劣、见识低下，仍然悠然自得地以身世自高，炫耀祖先的名望，依附于富贵的行列，我不明白人们为什么会看重他们。而且士大夫如果能够建立功业，获得高位显爵，在对待帝王父兄方面又是忠孝齐全值得称道；或者道德高尚，学术才艺广博贯通，这样也足以自立为门户，称得上是天下的士大夫。如今崔、卢几个大族，只是标榜远祖的显赫地位，他们怎么能够与当代的达官贵人相

今日官品、人才作等级，宜一量定，用为永则。”遂以崔干为第三等。至十二年书成，凡百卷，颁天下。又诏曰：“氏族之美，实系于冠冕，婚姻之道，莫先于仁义。自有魏失御，齐氏之亡，市朝既迁⑥，风俗陵替，燕、赵古姓，多失衣冠之绪，齐、韩旧族，或乖礼义之风。名不著于州闾，身未免于贫贱，自号高门之胄，不敦匹嫡之仪，问名唯在于窃资，结褵必归于富室。乃有新官之辈，丰财之家，慕其祖宗，竞结婚姻，多纳货贿，有如贩鬻。或自贬家门，受辱于姻娅；或于其旧望，行无礼于舅姑⑦。积习成俗，迄今未已，既紊人伦，实亏名教。朕夙夜兢惕，忧勤政道，往代蠹害，咸已惩革，唯此弊风，未能尽变。自今已后，明加告示，使识嫁娶之序，务合礼典，称朕意焉。”

比拟呢？公卿以下的百官，何必大送钱物给他们，助长他们的气势，只是向往他们过去的虚名而背离现在的实际，以得到与他们攀亲为荣。我如今重定氏族，实是为了提高当朝官宦士大夫在社会上的地位，什么原因要把崔干列在第一等呢，这不是你们看轻我朝的官爵吗？不管几代以前的情况，只按照今天的官品和人才来划定等级，应该在统一量定之后，作为永久不变的准则。”于是把崔干定为第三等。到贞观十二年时全书完成，共计百卷，正式颁布于天下。又下诏说：“氏族值得称道的地方，实在是跟仕宦联系在一起的，婚姻的道理，应该先讲究仁义道德。自从北魏失国，北齐灭亡以来，朝野几经变迁，世风习俗一天比一天下降，燕、赵的古姓，许多已经失去了官宦的地位，齐、韩的旧族，有的败坏了礼义的风俗，名字已经不闻于州郡里闾，自身也不免变得贫贱，还自以为是高门贵族的后裔，不重视婚姻是否匹配，求亲只是为了多得财物，缔结婚约一定要寻找富豪之家。于是也有一些新官，财富多的人家，羡慕他们祖宗的名声，竞相与他们结为婚姻，多给一些财货，就像贩卖东西一样。有的宁愿自己贬低家门的地位，受到姻亲的侮辱；有的因为自己出身望族而骄矜，在公婆面前行为无礼。这种坏习惯已经形成了一种风气，至今还存在着，既紊乱了人伦关系，也有损名教纲常。我日夜兢兢业业，忧心忡忡地想把政治搞得清明，历代的积习弊端，差不多都已作了惩治和改革，唯有这方面的丑陋风气，还没有完全改变。从今以后，明确告示大家，要知道嫁娶的次序规矩，一定要合乎礼典，这才符合我的心愿。”

注 ① 累叶陵迟：喻声誉、门户一天天衰落，叶，世代。陵迟，丘陵随时代迁移而夷为平地。

② 令狐德棻：宜川人，博贯文史，武德初，任起居舍人，贞观三年，主持撰写周、齐、梁、陈、隋等国史，书成后升迁为礼部侍郎。

③ 崔干：《通鉴》作崔民干，因避唐太宗讳，除“民”字。

④ 偃仰自高：此指悠然自得，自鸣得意。偃，俯。

⑤ 贩鬻松槚：贩卖，这里指炫耀。槚即楸，松楸是常植于坟墓前的两种树，故以松槚为墓地之代称。

⑥ 市朝：市指交易买卖场所，朝指官府治事处所，因此多以市朝指争名争利的场所，这里径泛指朝野。

⑦ 舅姑：妻称夫之父曰舅，夫之母曰姑。见《尔雅·释亲》。

译 礼部尚书王珪的儿子名敬直，娶唐太宗的女儿南平公主为妻。王珪说：“《礼经》上有媳妇拜见公婆的礼仪，自从近代风俗败坏后，公主出嫁，这一礼仪都被废除了。皇上英明，一举一动都遵循礼法，我接受公主的拜见，哪里是为了自身的荣耀，是为了成就国家的好事啊。”于是他就与自己的妻子来到位子上坐定，命令公主亲自拿着盥洗器物，行了为公婆浇水洗手、端茶送食的礼仪，礼仪完成后才退下。唐太宗闻听此事后连连称好。自此以后，公主下嫁有公婆的人家，都让她们行这一礼仪。

礼部尚书王珪子敬直，尚①太宗女南平公主。珪曰：“《礼》有妇见舅姑②之仪，自近代风俗弊薄，公主出降③，此礼皆废。主上钦明④，动循法制，吾受公主谒见，岂为身荣，所以成国家之美耳。”遂与其妻就位而坐，令公主亲执巾，行盥馈之道⑤，礼成而退。太宗闻而称善。是后公主下降有舅姑者，皆遣备行此礼。

注 ① 尚：指娶皇帝的女儿为妻。
② 舅姑：公婆。
③ 出降：出嫁。因公主尊贵，下嫁到大臣之家，故称为降。
④ 钦明：英明。钦，对皇帝所作之事的敬称。
⑤ 盥馈之道：盥，用盘浇水洗手。馈，进食品。《易·家人》：“主中馈。”《左传》：“奉匜沃盥。”古代婚俗之一，新媳妇进门拜见公婆时，要先给公婆取水洗手，然后送上食物。

译 贞观十二年，唐太宗对侍从近臣说：“古代诸侯入京城朝拜，有住宿、斋戒沐浴的地方，有一百车喂牲口的草料，用对宾客的礼节来接待他们。白天坐在正殿，晚上在庭中燃烧火炬，思量与他们相见，慰问他们的劳苦。另外汉朝也在京城中为诸州设置官员邸舍。不久前听说朝集使来到京城的，都租赁房屋居住，与商人混杂在一起，仅能容身而已。既然接待的礼仪有所不足，必定会有很多人怨恨叹息，难道他们还肯尽力于国事吗？”于是命令在京城有空闲地的坊中，为诸州朝集使建造房屋宅第。宅第建成完工后，唐太宗还亲自去看了看呢。

贞观十二年，太宗谓侍臣曰：“古者诸侯入朝，有汤沐之邑①，刍禾②百车，待以客礼。昼坐正殿，夜设庭燎③，思与相见，问其劳苦。又汉家④京城亦为诸郡立邸舍⑤。顷闻考使⑥至京者，皆赁房以坐，与商人杂居，才得容身而已。既待礼之不足，必是人多怨叹，岂肯竭情于共理哉。”乃令就京城闲坊⑦，为诸州考使各造邸第。及成，太宗亲幸观焉。

注 ① 汤沐之邑：古代诸侯朝见天子，天子在王畿之内赐给封邑，以作住宿、斋戒沐浴之用，称之为汤沐邑。
② 刍禾：刍，茭草；禾，麦秸。刍禾，喂食牛马的草料。
③ 庭燎：诸侯夜朝天子，于门庭内设火炬照明。
④ 汉家：汉朝。
⑤ 邸舍：古代朝觐天子的人在京城中的住所。

⑥ 考使：即朝集使。唐代全国各道每年派使者集中于京城，谒见天子和宰相，汇报各地民情和丰歉情况，称朝集使。
⑦ 坊：唐代城市居民居住区，四周筑有围墙。

贞观十三年，礼部尚书王珪奏言：“准令三品已上，遇亲王[①]于路，不合下马，今皆违法申敬，有乖朝典。”太宗曰：“卿辈欲自崇贵，卑我儿子耶？”魏徵对曰：“汉、魏已来，亲王班[②]皆次三公下。今三品并天子六尚书九卿[③]，为王下马，王所不宜当也。求诸故事[④]，则无可凭，行之于今，又乖国宪[⑤]，理诚不可。”帝曰：“国家立太子者，拟以为君。人之修短[⑥]，不在老幼。设无太子，则母弟[⑦]次立。以此而言，安得轻我子耶？”徵又曰：“殷人尚质，有兄终弟及之义。自周已降，立嫡必长[⑧]，所以绝庶孽[⑨]之窥窬[⑩]，塞祸乱之源本。为国家者，所宜深慎。”太宗遂可王珪之奏。

译 贞观十三年，礼部尚书王珪上奏说：“按照法令，三品以上官员在路上遇见亲王，不应该下马，现在都违背法令以表示自己的恭敬，背离了朝廷典章制度。”唐太宗说：“你们想要自我崇高贵显，而贬低我的儿子吗？”魏徵回答说：“汉、魏以来，亲王都班列在三公以下。今天三品官员和天子的六部尚书、九卿给亲王下马，亲王是不宜承当的。因为这样做，寻找前代先例，则没有凭据；实行于今天，也背离了国家的法典，按理说来，实在不可以。”唐太宗说：“国家设立皇太子，是准备让继承皇位的。人的优劣所在，并不在年龄的长幼。假设没有太子，那么同母弟当依次立为太子。按照这样来说，怎么能看轻我的儿子呢？”魏徵又说道：“商朝人崇尚朴实，有兄终传弟的情谊。自从周朝以来，所立的太子一定是嫡长子，以此来根绝庶子的非分企图，堵塞引起祸乱的根源。对于统治国家的人来说，这是应该非常谨慎的。”唐太宗于是批准了王珪的奏议。

注 ① 亲王：爵位名，唐代封皇帝的兄弟和儿子为亲王。
② 班：官爵排列次序。
③ 九卿：唐朝设尚书分主各部行政，以九卿专掌一部分中央政务，职任较轻。
④ 故事：先例，旧时的典章制度。
⑤ 国宪：国家法令制度。
⑥ 修短：优劣之处。
⑦ 母弟：同母之弟。
⑧ 立嫡必长：在古代以正妻为嫡，正妻所生之子称嫡子。在封建社会，为保证皇位继承的顺利，一般实行以嫡长子为继承人的做法。
⑨ 庶孽：为妾媵所生的庶子，与嫡相对而言。
⑩ 窥窬：指非分的企图和希望。

贞观十四年，太宗谓礼官曰：“同爨[①]尚有缌麻[②]之恩，而嫂叔无服[③]；

译 贞观十四年，唐太宗对礼官说：“同用一个灶台的尚有人死后穿缌麻丧服的恩情，然又舅之与姨，亲疏相似，而服之有殊，未为得礼，宜集学者详议。馀有亲重而服轻者，亦附奏闻。”是月尚书八座[④]与礼官定议曰：

臣窃闻之，礼所以决嫌疑[⑤]，定犹豫，别同异，明是非者也。非从天下，非从地出，人情而已矣。人道[⑥]所先，在乎敦睦九族[⑦]，九族敦睦，由乎亲亲，以近及远。亲属有等差，故丧纪有隆杀[⑧]，随恩之薄厚，皆称情以立文。原夫舅之与姨，虽为同气[⑨]，推之于母，轻重相悬。何则？舅为母之本宗，姨乃外戚他姓，求之母族，姨不与焉。考之经史，舅诚为重。故周王念齐[⑩]，是称舅甥之国；秦伯怀晋，实切《渭阳》之诗[⑪]。今在舅服止一时之情[⑫]，为姨居丧五月[⑬]，徇名丧实，逐末弃本，此古人之情或有未达，所宜损益，实在兹乎。

而嫂嫂与小叔之间却没有丧服；还有母舅与姨母，亲疏程度差不多，而穿丧服却有不同，这未必合于礼制的精神，应该召集学者详细研究。其他有亲情关系密切而丧服较轻的，也一同附带上奏。”当月，尚书八座与礼官等商议确定一个意见道：

臣等听说，礼仪是用来判决疑惑，确定犹豫，区别同异，明辨是非的。它不是从天上降下的，也不是从地底冒出的，只是依从人情罢了。人伦关系所首先关注的，在于和睦九族，九族和睦相处，从亲近自己的亲属开始，由近及远。亲戚因为有亲疏的不同而有等级差别，所以丧事礼仪就有重轻的不同，按照恩情的厚薄，都根据相应亲情而订立丧礼条文。至于母舅与姨母，虽然都是母亲的同胞手足，但从母亲分上推论，其间轻重的差别就相当悬殊了。为什么呢？母舅属于母亲家的本支宗族，姨母则是外戚属于其他姓氏，寻求母亲的族党，姨母并不在内。考察经典、史书上的记载，母舅实比姨母为重要。所以周王思念齐国，称作舅甥之国；秦康公怀念晋文公，确实符合《渭阳》之诗的意境。现在为母舅穿丧服仅仅是一时之情，为姨母守孝却长达五个月，迁就虚名而丧失实际，追逐末节而抛弃根本，这是古人的情感或许有未通达的，应该有所增补或减少的地方，其实就在这里吧。

注 ① 爨（cuàn 篡）：烧火煮饭。

② 缌麻：丧服名。古代丧服分五种，缌服是五服中最轻的一种，服期三个月。

③ 服：按礼制穿戴相应的丧服，以哀悼死者。

④ 八座：一般指尚书令、仆射和六部尚书。

⑤ 嫌疑：疑惑不明。

⑥ 人道：即人伦。《礼记·丧服小纪》：“亲亲、尊尊、长长、男女有别，人道之大者也。”

⑦ 九族：指本身以上的父、祖、曾祖、高祖和以下的子、孙、曾孙、玄孙。

⑧ 隆杀：亲疏、重轻。

⑨ 同气：指兄弟辈。

⑩ 周王念齐：《左传》成公二年，晋侯使巩朔献齐捷于周，周王弗见，使单襄公辞曰：“夫齐，甥舅之国也，宁不亦淫从其欲，抑岂不可谏？”齐国世与周通婚，故称甥舅之国。

⑪《渭阳》之诗：秦康公之舅为晋公子重耳。时秦穆公招流亡在外的重耳到秦国，后送回晋国。时康公为太子，送重耳至渭阳，作诗曰：“我送舅氏，曰至渭阳。”见《诗经·秦风·渭阳》。

⑫ 一时之情：此指服最轻的丧服缌麻。
⑬ 居丧五月：按丧礼，为小功之服。

《礼记》曰："兄弟之子犹子也①，盖引而进之也。嫂叔之无服，盖推而远之也。"礼，继父同居则为之期②，未尝同居则不为服。从母③之夫，舅之妻，二人相为服。或曰"同爨缌麻"。然则继父且非骨肉，服重由乎同爨，恩轻在乎异居。固知制服虽系于名文，盖亦缘恩之厚薄者也。或有长年之嫂，遇孩童之叔，劬劳鞠养④，情若所生，分饥共寒，契阔⑤偕老，譬同居之继父，方他人之同爨，情义之深浅，宁可同日而言哉！在其生也，乃爱同骨肉，于其死也，则推而远之，求之本源，深所未喻。若推而远之为是，则不可生而共居，生而共居为是，则不可死同行路。重其生而轻其死，厚其始而薄其终，称情立文，其义安在？且事嫂见称，载籍非一。郑仲虞⑥则恩礼甚笃，颜弘都⑦则竭诚致感，马援⑧则见之必冠，孔伋⑨则哭之为位，此盖并躬践教义，仁深孝友，察其所行之旨，岂非先觉⑩者欤？但于时上无哲王，礼非下之所议，遂使深情郁于千载，至理藏于万古，其来久矣，岂不惜哉！

注 ① 兄弟之子犹子也：意谓兄弟的儿子如同自己的儿子。后世称侄子为犹子。
② 期：期服的简称，指齐衰为期一年之服。
③ 从母：姨母。

译《礼记》上说："兄弟的儿子如同是自己的儿子，大概是要亲近而接近他。嫂嫂与小叔之间不为守孝，大概是为了避嫌而加以疏远。"按照礼仪，继父如果同居在一起则为他服一年丧期，没有同居过的就不为守孝。姨母的丈夫，母舅的妻子，为二人服相同的丧服。有人说："同灶共食的要守缌麻之服。"因此继父虽然不是骨肉至亲，服重孝是因为同用一个灶台，恩情浅是由于不居住在一起。所以知道居丧守孝虽然根据礼仪制度，大致也是根据恩情的厚薄吧。或者有年龄大的嫂嫂，遇到还是孩童的小叔，嫂嫂辛苦抚养，感情上就像自己所生的一样，分担饥饿，共御寒冷，劳苦到老，与同居的继父相比，与同用一个灶台的人相比，其中情义的深浅，怎么能同日而语啊！在她活着之时，恩爱如同是至亲骨肉，当她死后，就加以推托而疏远她，探求其中道理所据，实在让人难以理解。如果推托并疏远她们是正确的，那么就不能在活着的时候一起居住，如果活着的时候一起居住是正确的，那么就不可以死后将她们视若陌路人。看重她们生前而看轻她们死后，厚待她们的开始而轻视她们的终结，称量情谊来设立礼制条文，这样做的理由是什么？而且侍奉嫂嫂而被称誉的人，书籍上记载的不止一处。郑仲虞侍奉寡嫂恩惠礼仪都十分深厚，颜弘都以至诚感动上苍而治好了嫂嫂的眼疾，马援见嫂嫂必定先戴好帽子，孔伋则为嫂嫂的位置而哭泣，这些都是亲自实行礼教原则，对父母兄弟孝顺友爱，仁德深厚，考察这些行为的意义，难道不是先知先觉者吗？但是那时在上的不是英明的君主，礼仪又不是在下的所可议论的，于是就让这样深厚的情谊埋没千年，最根本的道理沦没万代，这种事由来已久，怎不令人可惜啊！

④ 劬劳鞠养：勤苦抚养。
⑤ 契阔：劳苦，勤苦。
⑥ 郑仲虞：名均，东汉人。好义笃实，奉养寡嫂孤儿，恩礼敦至。侄子长大，令分门别居，将己财全部给予，使其尊养其母。
⑦ 颜弘都：名含，晋人。其嫂因疾失明，颜含尽心奉养，传说蚺蛇胆能治失明，颜含忧愁叹息，感动神人，忽有童子持囊相赠，开启乃蛇胆，和药成，嫂目遂明。
⑧ 马援：字文渊，扶风人，后汉伏波将军，奉嫂至为恭顺，不戴帽不入屋见嫂。
⑨ 孔伋：孔子之孙，字子思。《礼记·檀弓》："子思之哭嫂也为位。"
⑩ 先觉：认知事理先于常人者。

今陛下以为尊卑之叙，虽焕乎已备，丧纪之制，或情理未安，爰命秩宗[1]，详议损益。臣等奉遵明旨，触类旁求，采摭群经，讨论传记，或抑或引，兼名兼实，损其有余，益其不足，使无文之礼咸秩[2]，敦睦之情毕举，变薄俗于既往，垂笃义于将来，信[3]六籍[4]所不能谈，超百王而独得者也。

谨按曾祖父母，旧服齐衰[5]三月，请加为齐衰五月；嫡子妇，旧服大功[6]，请加为期；众子妇，旧服小功[7]，今请与兄弟子妇同为大功九月；嫂叔，旧无服，今请服小功五月。其弟妻及夫兄亦小功五月。舅，旧服缌麻，请加与从母同服小功五月。

诏从其议。此并魏徵之词也。

译 现在陛下认为尊卑的次序，虽然已经清楚具备了，有关丧礼制度，某些条文于情理上还欠妥当，于是命令礼官，详细商议加以增补删减。臣等遵奉圣明的旨意，举一反三，触类旁通，选择引用各种经典，探讨研究各种传记，有的压缩，有的引申，兼顾名实，删减多余的，增补不足的，使过去不成文的礼仪都条理分明，亲厚和睦的情谊都得以发挥，改变以往鄙薄的风俗，为将来确立纯厚的法则，申明六经都谈论不了的事，超越百代君王而独得大义。

我们谨慎拟定：曾祖父母，原来是丧服齐衰三个月，现请求增加为齐衰五个月；嫡子的妻子，原来的丧服是大功，请增加为齐衰一年；其他儿子的妻子，原来的丧服是小功，现在请与兄弟之子的妻子一样，因为服大功九个月；嫂嫂与小叔，原来没有丧服，现在请服小功五个月。对弟弟的妻子与丈夫的兄弟也服小功五个月。母舅，原来服缌麻，请增加和姨母一样，服小功五个月。

唐太宗颁诏同意了这些意见。这些建议都是魏徵所写的。

注 ① 秩宗：古代掌宗庙祭祀的官，此指礼官。
② 秩：秩序。
③ 信：申。
④ 六籍：即六经。
⑤ 齐衰：衰通"缞"，五服之第二等，次于斩衰。
⑥ 大功：五服之第三等，服期九个月。
⑦ 小功：五服之第四等，服期五个月。

贞观十七年，十二月癸丑[1]，太宗谓侍臣曰："今日是朕生日。俗间以生日可为喜乐，在朕情，翻成感思。君临天下，富有四海，而追求侍养，永不可得。仲由怀负米之恨[2]，良有以也。况《诗》云：'哀哀父母，生我劬劳。'[3]奈何以劬劳之辰，遂为宴乐之事！甚是乖于礼度。"因而泣下久之。

译 贞观十七年，十二月癸丑日，唐太宗对侍臣说："今天是朕的生日。民间风俗认为生日可以高兴地娱乐庆贺，而朕的感觉，反而成为感慨和思念。成了天下的君主，拥有四海的财富，想要求得侍养双亲，却永远不能够了。子路怀有不能为父母负米的遗憾，实在是很有道理的啊。况且《诗经》上说：'哀伤我父母，养育我多么辛苦。'怎么能在父母劳苦的时候，来举行宴乐之活动！这太有背于礼仪法度了。"因此唐太宗哀伤哭泣了很长时间。

注 ①《资治通鉴》载于贞观二十年十二月癸未。
② 仲由怀负米之恨：仲由，即子路。《家语》："子路曰：'昔者由也事二亲之时，常食藜藿之食，为亲负米于外。亲没之后，南游于楚，从车百乘，积粟万钟，愿欲食藜藿，为亲负米，不可复得也。'"
③ 语见《诗经·小雅·蓼莪》篇。

太常少卿祖孝孙奏所定新乐[1]。太宗曰："礼乐之作，是圣人缘物设教，以为撙节[2]。治政善恶，岂此之由？"御史大夫杜淹对曰："前代兴亡，实由于乐。陈将亡也为《玉树后庭花》[3]，齐将亡也而为《伴侣曲》[4]，行路闻之，莫不悲泣，所谓亡国之音[5]。以是观之，实由于乐。"太宗曰："不然，夫音声岂能感人？欢者闻之则悦，哀者听之则悲，悲悦在于人心，非由乐也。将亡之政，其人心苦，然苦心相感，故闻之则悲耳。何乐声哀怨，能使悦者悲乎？今《玉树》、《伴侣》之曲，其声具存，朕能为公奏之，知公必不悲耳。"尚书右丞魏徵进曰："古人称，礼云，礼云，玉帛云乎哉！乐云，乐云，钟鼓云乎哉[6]！乐在人和，不由音调。"太宗然之。

译 太常少卿祖孝孙上奏他所定的新乐曲。唐太宗说："礼乐的兴起，是圣人顺遂天地物情而设施教化，以此作为一种节制约束。国家治理的好与坏，哪里是因为这个呢？"御史大夫杜淹回答说："前代国家的兴盛和衰亡，确实是由于音乐。陈国将要灭亡时作了《玉树后庭花》的乐曲，齐国将要灭亡时作了《伴侣曲》，行路的人听了，没有不悲伤哭泣的，这就是所说的亡国之音。从这一点来看，国家的兴亡确实是因为音乐。"唐太宗说："不对，音乐的声响怎么能影响人呢？欢乐的人听到了就喜悦，哀伤的人听到了就悲哀，悲哀和喜悦就在于人的内心，并不是由于音乐。快要灭亡的国政，那些人的内心愁苦，因此愁苦的心灵互相感染，所以听到了音乐就感到悲哀罢了。哪里是音乐的乐调悲哀忧愁，能使欢乐的人悲哀呢？现在《玉树后庭花》、《伴侣曲》这些曲子，其音乐都还存在，朕能为你演奏一番，知道你一定不会感到悲伤罢了。"尚书右丞魏徵对答说："古人说过，礼啊，礼啊，仅是指玉帛等礼物说的吗！乐啊，乐啊，仅是指钟鼓等乐器说的吗！快乐的原因在于人民和睦，不是由音声来调节的。"唐太宗认为说得对。

注 ① 新乐：祖孝孙作唐雅乐凡八十四调，三十一曲，十二和。
② 撙节：控制约束。
③《玉树后庭花》：陈后主奢淫日甚，作《玉树后庭花》曲，以赞美诸妃嫔之容色。君臣相酣歌，自夕达旦，以此为常，由此亡国。
④《伴侣曲》：南朝齐东昏侯萧宝卷，荒淫无道，聚敛无度，宠潘贵妃，作《伴侣曲》，不理朝政，后为梁武帝萧衍所灭。
⑤ 亡国之音：《史记·乐书》："亡国之音哀以思。其民困。"张守节正义："亡国，谓将欲灭亡之国，乐音悲哀而愁思。"
⑥"礼云"句：语出《论语·阳货》。

贞观七年，太常卿萧瑀奏言："今《破陈乐舞》[①]，天下之所共传，然美盛德之形容，尚有所未尽。前后之所破刘武周[②]、薛举[③]、窦建德、王世充等，臣愿图其形状，以写战胜攻取之容。"太宗曰："朕当四方未定，因为天下救焚拯溺，故不获已，乃行战伐之事，所以人间遂有此舞，国家因兹亦制其曲。然雅乐[④]之容，止得陈其梗概，若委曲写之，则其状易识。朕以见在将相，多有曾经受彼驱使者，既经为一日君臣，今若重见其被擒获之势，必当有所不忍，我为此等，所以不为也。"萧瑀谢曰："此事非臣思虑所及。"

译 贞观七年，太常卿萧瑀上奏道："现在《破陈乐舞》传播于天下，但是赞美皇上威德功业，还有描述不详尽的地方。先后被攻破的刘武周、薛举、窦建德、王世充等人，臣等愿意绘出他们的形象，用来描写当时战胜攻取的实况。"唐太宗说："朕当时因为四方还未平定，为了拯救天下陷于水火中的百姓，所以不得已而进行战争征讨之事，所以人世间就有了这一舞曲，国家也因此制定了这个乐曲。但是高雅乐舞的描绘，只要陈述其大致过程，如果详详细细、原原本本地记录，那么曲中情景就容易被人识别。朕因为现在的文武将相，很多人曾经在他们手下任职驱使，既然有过一段时间的君臣关系，今天如果再次看见他们被擒获俘虏的样子，一定会心中有所不忍。我因为这个原因，所以不去做啊。"萧瑀拜谢道："这事不是臣所能考虑到的。"

注 ① 破陈乐舞：唐宫廷乐舞。唐太宗为秦王时，破刘武周，军中作《破陈乐》，以歌颂秦王征讨四方平定天下的武功。元日、冬至、朝会、庆贺时常演奏。又名《七德舞》，取《左传》"武有七德"而为名。
② 刘武周：马邑人，隋时为鹰扬校尉，后据马邑郡，附于突厥，被立为定杨可汗，称帝。后被唐太宗败之于并州，奔突厥，为突厥所杀。
③ 薛举：兰州人，隋末起兵自号西秦霸王，称帝，后于高墌城降唐太宗，未几死。
④ 雅乐：古代帝王祭祀天地、祖宗及朝贺、宴会等大典时所用的乐舞，因其音乐"中正和平"，歌词"典雅纯正"，故称"雅乐"。

贞观政要卷第八

务农第三十

凡四章

贞观二年，太宗谓侍臣曰："凡事皆须务本。国以人为本，人以衣食为本，凡营衣食，以不失时为本。夫不失时者，在人君简静乃可致耳。若兵戈屡动，土木不息，而欲不夺农时，其可得乎？"王珪曰："昔秦皇、汉武，外则穷极兵戈，内则崇侈宫室，人力既竭，祸难遂兴，彼岂不欲安人乎？失所以安人之道也。亡隋之辙，殷鉴不远，陛下亲承其弊，知所以易之，然在初则易，终之实难。伏愿慎终如始，方尽其美。"太宗曰："公言是也。夫安人宁国，惟在于君，君无为则人乐，君多欲则人苦，朕所以抑情损欲，克己自励耳。"

译 贞观二年，唐太宗对侍从的大臣们说："处理各种事情，都要抓住它的根本。国家以人民为根本，人民以衣食为根本，凡是经营衣食，以不失农时为根本。而不失农时，在于帝王清静寡欲才能达到。假若连年征战，不断大兴土木，而又想要不夺农时，怎么可能呢？"王珪说："过去秦皇、汉武，对外穷兵黩武，对内大造宫室，人力用尽，祸难也就来了，他们难道不想安定人民吗？只是违背了安定人民的规律罢了。隋代灭亡的教训，就近在眼前，陛下亲自看到并承受了它的弊端，也懂得怎样去改变它，不过开始还比较容易做到，要坚持下去就难了。我真诚地希望陛下能够始终谨慎从事，方能把好事做到底。"唐太宗说："你说得很对。要使国家安宁人民安乐，关键在于帝王。帝王能够无为而治则人民就能安乐，帝王多私欲就会给人民带来苦难，这就是我抑制和裁损自己的欲望，克制自己进行自我磨砺的原因。"

贞观二年，京师旱，蝗虫大起。太宗入苑[1]视禾，见蝗虫，掇数枚而咒曰："人以谷为命，而汝食之，是害于百姓。百姓有过，在予一人，尔其

译 贞观二年，京城发生旱灾，蝗虫遍地都是。唐太宗到禁苑视察禾苗生长情况，看见蝗虫，就捉了几只祝祷道："人们把粮食当作生命，而你们却吃掉粮食，这是加害于百姓。

百姓有过错，责任在我一人身上，你们如果有灵性，应当只吃我的心，不要伤害百姓。”说着就要吞下蝗虫，身边侍臣急忙劝谏说：“吃了恐怕要得病，不能吃。”唐太宗说：“我就希望将灾祸移到我的身上，有什么疾病好躲避的！”就把蝗虫吞下了。从此之后，蝗虫不再为害了。

有灵，但当蚀我心，无害百姓。”将吞之，左右遽谏曰：“恐成疾，不可。”太宗曰：“所冀移灾朕躬，何疾之避！”遂吞之。自是蝗不复为灾。

注 ① 苑：禁苑，帝王畜养禽兽和种植林木的园林，供皇帝游玩、打猎之用。

贞观五年，有司上书言：“皇太子将行冠礼①，宜用二月为吉，请追兵以备仪注。”太宗曰：“今东作②方兴，恐妨农事，令改用十月。”太子少保萧瑀奏言：“准阴阳家③，用二月为胜。”太宗曰：“阴阳拘忌，朕所不行，若动静必依阴阳，不顾理义，欲求福祐，其可得乎？若所行皆遵正道，自然常与吉会。且吉凶在人，岂假阴阳拘忌？农时甚要，不可暂失。”

译 贞观五年，主管部门上书说：“皇太子即将举行冠礼了，应当选择二月作为吉日，请增加士兵以供各项礼仪之需。”唐太宗说：“如今春耕生产正忙，太子举行冠礼恐怕会妨碍农事，改用十月吧！”太子少保萧瑀奏称：“按照阴阳家的推算，还是以二月为好。”唐太宗说：“阴阳家的那些拘束忌讳，我并不准备照着去做，假如一举一动都要按照阴阳家的规矩去办，而不顾对情理是否相宜，以此想求得福祐，难道可以得到吗？假如我们所做的事情都合乎道理和正义，自然就会经常合于吉利。事实上吉与凶都取决于人的作为，怎么会靠阴阳禁忌来决定？农时是最关紧要的事情，一时一刻也不能耽误。”

注 ① 冠礼：古代男子成年时要举行加冠的仪式。
② 东作：春耕生产。
③ 阴阳家：古九流之一，以研究阴阳、历律为专业。后来则把星相、占卜、择日、看风水等也称阴阳家。

贞观十六年，太宗以天下粟价率计斗直五钱，其尤贱处，计斗直三钱，因谓侍臣曰：“国以民为本，人以食为命，若禾黍不登①，则兆庶非国家所有。既属丰稔若斯，朕为亿兆人父母，唯欲躬务俭约，必不辄为奢侈。朕常欲赐天下之人，皆使富贵。今省徭役，不夺其时，使比屋之人，恣其耕稼，此则富矣。敦行礼让，使乡闾之

译 贞观十六年，唐太宗因为天下粮价一般是一斗值五枚铜钱，最便宜的地方，一斗只值三枚铜钱，所以对侍臣说：“国家把人民作为根本，人们把粮食视作生命，如果粮食歉收，那么千百万的百姓就会不归国家所有了。现在粮食这样丰收，朕作为千百万百姓的父母，只想亲自厉行节俭，一定不随意奢侈挥霍。朕常常想赐予天下百姓以恩惠，让他们全都富贵起来。现在省除徭役赋税，不侵夺他们的农时，使房舍相连的农人，都能尽心耕耘收

间，少敬长，妻敬夫，此则贵矣。但令天下皆然，朕不听管弦，不从畋猎，乐在其中矣！”

获，这样就会富足了。督促他们施行礼义谦让，使乡亲邻里之间，年少的尊敬年长的，妻子尊敬丈夫，这样就会尊贵了。只要让天下都成为这个样子，朕就是不听丝竹管弦之乐，不去游猎，也会乐在其中啊！”

注 ① 不登，歉收。

刑法第三十一

凡八章

贞观元年，太宗谓侍臣曰："死者不可再生，用法务在宽简。古人云，鬻棺者欲岁之疫，非疾于人，利于棺售故耳。今法司核理①一狱，必求深刻，欲成其考课②。今作何法，得使平允？"谏议大夫王珪进曰："但选公直良善人，断狱允当者，增秩赐金，即奸伪自息。"诏从之，太宗又曰："古者断狱，必讯于三槐、九棘之官③，今三公、九卿④，即其职也。自今以后，大辟⑤罪，皆令中书、门下四品已上及尚书九卿议之，如此，庶免冤滥。"由是至四年，断死刑，天下二十九人，几致刑措⑥。

译 贞观元年，唐太宗对侍从的大臣说："人死了就不可能再生，所以动用刑法务求宽大简便。古人曾经说过，卖棺材的人，希望年内发生瘟疫，并不是因为他对人们有什么仇恨，而是有利于棺材出售的缘故。如今司法部门核实审理一件狱案，必定追求把案子办得严峻苛刻，想用来完成他自己的考核成绩。现在用什么办法，可以使得断狱更加公平允当些？"谏议大夫王珪进言道："只要选拔公正良善的人才，凡是断狱公平允当，就给予增加俸禄和赏赐金帛，那么断狱中的奸伪情节自然会停止的。"太宗下诏照办。唐太宗又说："古时候断狱，一定要去讯问三槐、九棘等高官，如今的三公、九卿，就是这样的职务。从今以后，遇有死刑，都要让中书省、门下省的四品以上高官以及尚书省的九卿共同议决，这样，才有可能避免冤狱滥刑。"因此到贞观四年，断为死刑的，天下只有二十九人，几乎没有人犯法，刑法都快要搁置不用了。

注 ① 核理：审核治理。
② 考课：考核官吏的功过善恶，立有一定标准，分别等级，优升劣罢。
③ 三槐、九棘之官：古代的高官。据说周天子的朝堂上有三株槐树，三公朝见时站在下面；左右各有九株棘树，卿、大夫、诸侯等分别站在下面。
④ 三公、九卿：古以太师、太傅、太保为三公，是辅助国君掌握军政大权的最高官员，唐仍称三公，但已无实权。唐制九卿为：太常寺卿，掌礼乐郊庙社稷之事；光禄寺卿，掌酒醴膳羞之政；卫尉寺卿，掌器械文物；宗正寺卿，掌天子族亲属籍以别昭

穆；太仆寺卿，掌厩牧辇舆之政；大理寺卿，掌折狱详刑；鸿胪寺卿，掌宾客凶仪之事；司农寺卿，掌仓储委积之事；太府寺卿，掌财货廪藏贸易。

⑤ 大辟：死刑。

⑥ 刑措：或作刑错，指无人犯法，刑法搁置不用。

贞观二年，太宗谓侍臣曰："比有奴告主谋逆，此极弊法，特须禁断。假令有谋反者，必不独成[①]，终将与人计之；众计之事，必有他人论之，岂藉[②]奴告也。自今奴告主者，不须受，尽令斩决。"

译 贞观二年，唐太宗对侍臣说："近来有奴仆告发其主人谋反的，这是极为有害的办法，特别需要加以禁止断绝。假使确有谋反的人，一定不会单独行事，最终还将要与别人商议；许多人合谋的事，一定会有其他人揭发，怎么能依据奴仆的告发啊。自今以后，凡奴仆告发主人谋反的案件，不要受理，把告发的奴仆一概斩首处决。"

注 ① 成：构成，策划。

② 藉：依靠，凭借。

贞观五年，张蕴古[①]为大理丞。相州人李好德素有风疾[②]，言涉妖妄，诏令鞫其狱。蕴古言："好德癫病有征，法不当坐。"太宗许将宽宥，蕴古密报其旨，仍引与博戏。持书侍御史权万纪劾奏之，太宗大怒，令斩于东市，既而悔之，谓房玄龄曰："公等食人之禄，须忧人之忧，事无巨细，咸当留意。今不问则不言，见事都不谏诤，何所辅弼？如蕴古身为法官，与囚博戏，漏泄朕言，此亦罪状甚重，若据常律，未至极刑。朕当时盛怒，即令处置，公等竟无一言，所司又不覆奏，遂即决之，岂是道理。"因诏曰："凡有死刑，虽令即决，皆须五覆奏。"五覆奏，自蕴古始也。又曰："守文定罪，或恐有冤。自今以后，门下省覆，有据法令合死而情可矜者，宜录奏闻。"

译 贞观五年，张蕴古任大理丞。相州人李好德向来患有癫狂病，讲了一些妖妄违碍的话，唐太宗下令让张蕴古审判。张蕴古上奏说："李好德癫狂病是有案可查的，按照法律不应当治他的罪。"唐太宗答应将要宽恕他，张蕴古私自把唐太宗的旨意告诉了李好德，而且还跟他一起博戏。持书侍御史权万纪向唐太宗劾奏张蕴古，唐太宗听后大怒，下令把张蕴古斩首于东市。过后又懊悔这样做，就对房玄龄说："你们吃了朝廷的俸禄，就要为国家分忧，不论大事小事，时刻都要注意。现今我不问你们就不说，看到有事也不提出谏诤，如何进行辅弼呢？比如说张蕴古这件事吧，他身为法官，竟然与囚徒在一起博戏，而且还泄漏我的话给囚徒听，应当说罪状也相当重了，但如果按照正常的律令来量刑的话，还不至于要处死刑。但我当时盛怒之下，就下令处死了他，你们竟然都不发一言，主管部门又不进行覆审和重奏，于是就处决了，这样做岂是为臣的道理。"因而下诏说："今后凡是判处死刑的，虽已下令处决，也都要再经过五次覆审重奏。"五覆奏的规定，就是从处理张蕴古这件事后开始的。诏书中又说："遵照成法来确定罪状，还可能会有冤情。从今以后，由门下省负责覆奏，有按照法令应当处死而情有可原的，应将案情抄录奏报。”

注 ① 张蕴古：贞观二年自幽州总管府记室兼直中书省，曾表上《大宝箴》，《旧唐书》有传。
② 风疾：病名。此与下癫病同义，即癫狂病。

蕴古，初以贞观二年自幽州总管府记室[1]兼直中书省[2]，表上《大宝箴》[3]，文义甚美，可为规诫。其词曰：

今来古往，俯察仰观；惟辟作福[4]，为君实难[5]。宅普天之下，处王公之上；任土[6]贡其所有，具僚[7]和其所唱。是故恐惧之心日弛，邪僻之情转放。岂知事起乎所忽，祸生乎无妄[8]。固以圣人受命，拯溺亨屯[9]；归罪于己，推恩于民。大明[10]无偏照，至公无私亲；故以一人治天下，不以天下奉一人。礼以禁其奢，乐以防其佚。左言而右事，出警而入跸[11]。四时调其惨舒[12]，三光[13]同其得失。故身为之度，而声为之律[14]。勿谓无知，居高听卑；勿谓何害，积小成大。乐不可极，极乐成哀；欲不可纵，纵欲成灾。壮九重[15]于内，所居不过容膝，彼昏不知，瑶其台而琼其室[16]；罗八珍[17]于前，所食不过适口，惟狂罔念，丘其糟而池其酒[18]。勿内荒于色，勿外荒于禽[19]；勿贵难得之货[20]，勿听亡国之音。内荒伐人性，外荒荡人心；难得之物侈，亡国之声淫。勿谓我尊而傲贤侮士，勿谓我智而拒谏矜己。闻之夏后[21]，据馈频起[22]；亦

译 张蕴古，其初在贞观二年从幽州总管府记室擢任兼直中书省之职，上表献《大宝箴》，文辞意义都很优美，可作规劝鉴诫。其文章说：

古往今来，俯察仰观天上地下，只有君王能够作威作福，而作为君王的又实在不容易。君主以普天之下为住宅，高居于王公之上；有权根据各地物产要求贡献其所有，大小官僚都同声附和他的言论。因此恐惧不安的心情一天天松弛，而邪僻不正的意念则日渐放纵。哪里知道事故往往发生在疏忽之时，灾祸产生于意料之外。本来让帝王承受天命，拯救百姓于水火之中，使困苦的人通达；过错归于自己，恩德施给百姓。最光明的日月不会偏照一隅，最公正的圣人不会偏私亲属，所以由一个人治理天下，而不是由天下奉养一个人。用礼法禁止他的奢侈，用音乐防止他的淫泆。左史记载他的言论，右史记载他的行为，出入都要开路清道，禁止路人通行。春夏秋冬四时调节他的忧愁快乐，日月星三光共享他的得失成败。因此用自身为法度，用声音为钟律。不要说上天没有知觉，它居于高处可谛听低处的一切；不要说逸乐没有多大危害，积小害将成为大害。享乐不可达到顶点，享乐到顶点就会转化为哀伤；欲望不可以放纵，放纵欲望就会形成灾祸。大肆营造九重宫殿，但所居之地不过容下双膝而已；他却昏庸无知，竟用琼瑶美玉来修筑豪华宫室。面前陈列八种珍贵的食物，所吃的不过是适口的一小部分；而一味放纵而不知节制的君王，却用酒糟堆成山丘，贮酒成池。不要在内沉湎于女色，不要

有魏帝，牵裾不止㉓。安彼反侧㉔，如春阳秋露；巍巍荡荡，推汉高大度㉕。抚兹庶事，如履薄临深㉖；战战慄慄，用周文小心㉗。

在外沉迷于游猎；不要看重难得的财宝，不要欣赏亡国的靡靡之音。在内沉湎女色会戕害人性，在外沉迷于游猎将扰乱人心；难得的财宝奢靡，亡国之音淫泆。不要说唯我独尊而傲视贤良侮辱能士，不要说唯我明智而拒绝谏劝自傲自矜。听说夏禹吃一顿饭要频繁站起为国事操劳；还有魏文帝被谏臣牵住衣裾而终于采纳了谏劝建议。安定那些心怀猜疑之人，要像春天的阳光、秋天的露水那样温和；气度高贵，胸怀宽广，就数汉高祖宽仁大度。处理政事，就像脚踏薄冰、身临深渊一样谨慎；战战兢兢，就像周文王治国一样小心。

注 ① 记室：记室参军的省称，古代官署的属官，掌文书起草等事务。

② 直中书省：唐代官员，于中书省当值。

③《大宝箴》：《易大传》："圣人之大宝曰位。"后通常以大宝指帝位。箴，一种用于规劝的文体。

④ 惟辟作福：语出《尚书·洪范》。辟，国君。

⑤ 为君实难：语出《论语·子路》。

⑥ 任土：《尚书·禹贡》："任土作贡。"意为根据土地肥瘠、生产情况而定出贡献之额。

⑦ 具僚：即具官，此指众官。

⑧ 无妄：意外。

⑨ 亨屯：亨，顺利通达。屯，六十四卦之一，《易·屯》象曰："屯，刚柔始交而难生。"比喻艰难。

⑩ 大明：此指日月。

⑪ 出警而入跸：天子出称警，入称跸。指帝王出行时，开道清路，禁止通行。

⑫ 惨舒：心情忧郁和舒畅。张衡《西京赋》："夫人在阳时则舒，在阴时则惨。"注："阳谓春夏，阴谓秋冬。"

⑬ 三光：《白虎通·封公侯》："天有三光，日、月、星。"

⑭"故身"句：语出《史记·夏本纪》。

⑮ 九重：《楚辞》："君门九重。"

⑯ 瑶其台而琼其室：相传暴君桀作瑶台，纣作琼室。

⑰ 八珍：古代八种珍贵食物。

⑱ 丘其糟而池其酒：相传桀、纣以酒为池，酒糟为堤。

⑲"勿内"句：《尚书·五子之歌》："训有之，内作色荒，外作禽荒，有一于此，未或不亡。"色荒，宠嬖女色。禽荒，迷于游猎。

⑳ 难得之货：《老子》："不贵难得之货，使民不为盗。"

㉑ 夏后，即夏禹。

㉒ 据馈频起：《史记·夏本纪》："夏禹一馈而十起，以劳天下之民。"馈，进食。

㉓ 牵裾不止：《三国志·魏书·辛毗传》：魏文帝欲迁冀州士家十万户充实河南，辛毗谏，文帝不听，起身入内，辛毗随入牵住文帝的衣裾。文帝怒，良久曰："卿持我何太急耶！"于是答应迁一半人家。

㉔ 反侧：心中不安定的人。

㉕ 汉高大度：《汉书·高祖本纪》："高祖宽仁有大度。"汉高，汉高祖刘邦。

㉖ 履薄临深:《诗经·小旻》:"战战兢兢,如临深渊,如履薄冰。"比喻小心谨慎。
㉗ 周文小心:《诗经·大明》:"维此文王,小心翼翼。"周文,周文王。

《诗》云:"不识不知,"[1]《书》曰:"无偏无党。"[2]一彼此于胸臆,捐好恶于心想。众弃而后加刑,众悦而后命赏。弱其强而治其乱,伸其屈而直其枉。故曰:如衡如石[3],不定物以数,物之悬者,轻重自见;如水如镜,不示物以形,物之鉴者,妍蚩[4]自露。勿浑浑[5]而浊,勿皎皎[6]而清;勿汶汶[7]而暗,勿察察[8]而明。虽冕旒[9]蔽目而视于未形;虽黈纩[10]塞耳而听于无声。纵心乎湛然[11]之域,游神于至道[12]之精。扣之者,应洪纤而效响;酌之者,随浅深而皆盈。故曰:天之清,地之宁,王之贞[13]。四时不言而代序,万物无为而受成;岂知帝有其力,而天下和平。吾王拨乱,戡[14]以智力;人惧其威,未怀其德。我皇抚运[15],扇以淳风;民怀其始,未保其终。爰述金镜[16],穷神尽性。使人以心,应言以行。包括礼体,抑扬辞令。天下为公[17],一人有庆[18]。开罗起祝[19],援琴命诗[20];一日二日,念兹在兹[21]。惟人所召,自天祐之。争臣[22]司直,敢告前疑。

太宗嘉之,赐帛三百段,仍授以大理寺丞。

译《诗经》上说:"好像无识又无知,却顺应上帝的法则。"《尚书》上说:"不偏私,不阿党。"胸中一视同仁地对待此方和彼方,心底捐除个人的偏好或憎恶。众人都唾弃的然后加以刑惩,众人都喜爱的然后加以奖赏。削弱强暴的势力而治理混乱的局面,伸展委曲不平而纠正冤情枉案。所以说:就像秤和石,它并不能确定物品的数量,但物品悬挂后,其轻重自然显现出来;就像清水和铜镜,它并不能显示物体的形状,但物体影照其内,美丽和丑陋就会自然显露。不以浑沌不清为污浊,不以洁白无尘为清明;不以昏暗不明为愚昧,不以苛察为精明。虽然皇冠上的旒遮蔽双目,却能视物于尚未形成之际;虽然黈纩挡住双耳,却能听声于尚无音响之时。驰骋心力于清纯明澈之境,遨游精神于大道精华之中。敲击的物品,随应敲击的轻重而发出相应的回响;盛酒的器皿,随应酒杯的深浅而各自盈满。所以说:天有道则清明,地有道则安宁,君王有道则天下公正。一年四季虽不言语却顺序更替,万物无所作为却滋生成长;谁又知道帝王有力量而天下太平。我们的君王治理乱世,胜在智慧和武力;人们畏惧他的威严,却未能感怀他的恩德。我们的皇上掌握着国家的命运,倡导敦厚朴实的风气;百姓感怀良好的开端,却还未能保持到最后。于是陈述清明治道,显示陛下洞察一切。用诚心役使百姓,用行动应答语言。要包容治国之体,要损益文词诏令。天下为公,皇帝有善行嘉言。像商汤一样网开一面祝祷神灵,如舜帝一样操琴歌诗;一天又一天,念念不忘这些事。灾祸由人自召,幸福靠天保佑。谏诤之臣职在直言规劝,斗胆献上前述疑问。

唐太宗称赞他,赐给他绢帛三百段,并授任他为大理寺丞。

注 ① 语出《诗经·大雅·皇矣》。
② 语出《尚书·洪范》。
③ 如衡如石:衡,秤。石,重量单位,古时以一百二十斤为一石。
④ 妍蚩(chī 吃):美丽和丑陋。

⑤ 浑浑：浑沌不清。
⑥ 皎皎：洁白貌。
⑦ 汶(mén 门)汶：昏暗不明。
⑧ 察察：明辨审察。
⑨ 冕旒：冕，皇冠。旒，冕冠前后悬垂的玉串，前后各十二旒，取目不视恶色之义。
⑩ 黈(tǒu)纩：黄色棉球，悬于冕，垂两耳旁，示耳不听邪谗意。
⑪ 湛然：清澈明净貌。
⑫ 至道：大道，至高之道。
⑬ 天之清，地之宁，王之贞：《老子》："天得一以清，地得一以宁，王侯得一以为天下正。"一，道也。
⑭ 戡：胜。
⑮ 运：国运。
⑯ 金镜：比喻明道，即大道。《文选》刘峻《广绝交书》："盖圣人握金镜，阐风烈，龙骧蠖屈，从道污隆。"
⑰ 天下为公：语出《礼记·礼运》。
⑱ 一人有庆：语出《尚书·吕刑》。一人，指天子。庆，善之意。
⑲ 开罗起祝：指商汤张网捕鸟，网开一面的故事，载《史记·殷本纪》。
⑳ 援琴命诗：谓舜帝操五弦琴，歌《南风》之诗。
㉑ 念兹在兹：语出《尚书·大禹谟》。
㉒ 争臣：谏诤之臣。

贞观五年，诏曰："在京诸司，比来奏决死囚，虽云三覆，一日即了，都未暇审思，三奏何益？纵有追悔，又无所及。自今后，在京诸司奏决死囚，宜二日中五覆奏，天下诸州三覆奏。"又手诏敕[①]曰："比来有司断狱，多据律文，虽情在可矜而不敢违法，守文定罪，或恐有冤。自今门下省复有据法合死，而情在可矜者，宜录状奏闻。"

译 贞观五年，唐太宗下诏令道："在京城的各执法官署，近来奏请处决死囚，虽然说复奏了三次，但一天之内就审理完结，都未有时间仔细思考，三次复奏又有什么用处？纵使有追悔之处，也来不及了。自今以后，在京城的各执法官署奏请处决死囚，应该在二天内五次覆奏，天下各州三次覆奏。"又下手诏告诫说："近来执法官吏审判案件，大多按照法律条文，虽然情有可原的也不敢违背法令，完全按照律文定罪，有的恐怕还有冤屈。自今以后，门下省复审，有依据法律应该处死刑而情有可原的，应该抄录案卷奏报。"

注 ① 敕：告诫。

贞观九年，盐泽道行军总管、岷州都督高甑生坐违李靖节度[①]，又诬告靖谋逆，减死徙边[②]。时有上言者

译 贞观九年，盐泽道行军总管、岷州都督高甑生由于违抗行军大总管李靖的节制调遣，又诬告李靖谋反，被判刑减免死罪流放到边远地区。当时有人上书说："高甑生是当年秦王府的有功之臣，请求从宽处理他的罪过。"唐太宗说："虽然他是在秦王府有过功劳，确实不应忘记，但是治理国家必须遵守法纪，万事都要画一，今天如果赦免了他，便开了侥幸免罪之路。而且国家起兵太原，一开始就相随的人和作战有功的人很多，如果高甑生获得赦免，谁不存此非分之想，有功的人，都会去犯法。我所以一定不赦免他，正是为了这个缘故。"

曰："甑生旧秦府功臣，请宽其过。"太宗曰："虽是藩邸旧劳，诚不可忘，然理国守法，事须画一，今若赦之，使开侥幸之路。且国家建义太原③，元从及征战有功者甚众，若甑生获免，谁不觊覦，有功之人，皆须犯法。我所以必不赦者，正为此也。"

注 ① 盐泽道行军总管、岷州都督高甑生：盐泽是古湖泊，即今新疆罗布泊。盐泽道是行军道，不是行政区划的道。行军道设大总管，统帅所辖各道总管。此次出兵攻打吐谷浑，李靖为西海道行军大总管，高甑生是李靖所辖的盐泽道行军总管。岷州，治所在今甘肃岷县。坐，因事触犯法律。

② 减死徙边：从死刑减为谪戍边境。

③ 建义太原：指在太原起兵反隋。

译 贞观十一年，特进魏徵上奏章说：

臣闻听《尚书》上说："推行清明德政而谨慎使用刑罚。"又说："对用刑一定要十分慎重啊！"《礼记》上也说："在上的君王用正理驾御臣下，而臣下就容易侍奉君王，在下的臣子不怀奸诈，而君王就容易知道下情，那么刑法就不会烦杂了。在上的君王多疑，那么百姓就会迷惑，在下的民情难以知道，那么君王就要烦心操劳了。"所以在上的君王容易侍奉，那么下情就容易知道掌握，君王就不用烦心操劳，百姓就也不迷惑。因此君王具有纯一的美德，臣子侍奉君王就没有二心，君王广布忠厚的诚意，臣子就会竭尽辅佐的力量，然后天下太平的根基就不会动摇，歌颂"众事安康啊"的歌诗就将兴起。现在陛下仁恕之道覆盖华戎诸族，功勋比高于宇宙，没有哪个有智力的人不归服的，极远的人没有不来到的。但是言论崇尚选择华丽的辞藻，用心在小事的苛察，刑罚与赏赐的施行，还有不尽如人意之处。刑罚和赏赐的根本，在于勉励善良而惩治邪恶，帝王实施刑赏与天下人心

贞观十一年，特进魏徵上疏曰：

臣闻《书》曰："明德慎刑"①，"惟刑恤哉！"②《礼》云："为上易事，为下易知，则刑不烦矣。上人疑则百姓惑，下难知则君长劳矣。"③夫上易事，则下易知，君长不劳，百姓不惑。故君有一德，臣无二心，上播忠厚之诚，下竭股肱之力，然后太平之基不坠，"康哉"之咏④斯起。当今道被华戎⑤，功高宇宙，无思不服⑥，无远不臻⑦。然言尚于简⑧文，志在于明察，刑赏之用，有所未尽。夫刑赏之本，在乎劝⑨善而惩恶，帝王之所以与天下为画一，不以贵贱亲疏而轻重者也。今之刑赏，未必尽然。或屈伸在乎好恶，或轻重由乎喜怒。遇喜则矜其情于法中，逢怒则求其罪于事外，所好则钻皮出其毛羽，所恶则洗垢求其瘢痕。瘢痕可求，则

刑斯滥矣；毛羽可出，则赏因谬矣。刑滥，则小人道长，赏谬，则君子道消。小人之恶不惩，君子之善不劝，而望治安刑措[10]，非所闻也。

愿相一致的原因，就在不因为其亲疏贵贱而改变刑赏的轻重。现在的刑惩与赏赐，却未必都是如此。有时取决于自己的好恶而刑赏或屈或伸，有时依据自己一时喜怒而刑赏或轻或重。遇到高兴之时，就在法律中寻找情有可原之处，遇到愤怒之时，就在事实外搜寻其罪名，对待喜爱的人，就会钻开皮肤拔出羽毛，对待憎恶的人，就要洗净积垢去寻找疤痕。疤痕可以精心寻求，那么刑罚就会被滥用了；羽毛可以精心拔出，那么赏赐就会变得荒谬。刑罚滥用，小人的胡作非为就会增长，赏赐荒谬，君子的正确主张就会损害。小人的邪恶不被惩治，君子的善良不被嘉奖，却希望国家安宁、刑罚止息，臣还从未曾听说过呢。

注 ① 明德慎刑：语出《尚书·康诰》。《尚书正义》疏："文王能显用俊德，慎去刑罚以为教首。"

② 惟刑恤哉：语出《尚书·舜典》。刑，量刑，用刑。恤，忧也。

③ 语出《礼记·缁衣》。

④ "康哉"之咏：相传虞舜时天下大治，作歌颂之，其臣皋陶赓续而歌："庶事康哉！"语出《尚书·益稷》。

⑤ 华戎：天下百姓。华，华夏族。戎，西方少数民族。

⑥ 无思不服：没有谁不归服，语出《诗经·大雅·文王》。

⑦ 臻：达到。

⑧ 简：选择。

⑨ 劝：勉励。

⑩ 刑措：也作刑错。《荀子·议兵》："威厉而不施，刑错而不用。"措，搁置。谓无人犯法，刑法搁置不用。

且夫暇豫清谈，皆敦尚于孔、老[1]；威怒所至，则取法于申、韩[2]。直道而行，非无三黜[3]，危人自安，盖亦多矣。故道德之旨未弘，刻薄之风已扇[4]。夫刻薄既扇，则下生百端，人竞趋时，则宪章不一，稽[5]之王度，实亏君道。昔州犁上下其手[6]，楚国之法遂差；张汤轻重其心[7]，汉朝之刑以弊。以人臣之颇僻，犹莫能申其欺罔，况人君之高下，将何以措其手足乎！以睿圣之聪明，无幽微而不烛[8]，岂神有所不达，智有所不通哉？安其所安，不以恤刑为念；乐其所乐，遂忘先笑之变[9]。祸福相倚，吉凶同域，惟人所召，安可不

译 况且悠闲逸乐清谈之时，都崇尚孔子和老子的学说；到逞威发怒之时，就向申不害、韩非寻找办法。正直不阿行事的人，不是没有被屡次撤职的，损害他人利益来求自安的人，大概也太多了。所以道德的宗旨没有得到弘扬，刻薄的风气却已炽盛起来。刻薄的风气既然得以炽盛，那么下面就会弊端百出，人人竞相趋赶时尚，于是国家宪章制度就无法统一，用帝王的德行风度来衡量，实在有损君王的德业。从前伯州犁玩弄手法来作弊，于是楚国的法令就混乱了；张汤用自己的心意作为量刑轻重的标准，于是汉朝的刑律就遭到破坏。臣子的邪僻不正，尚且不能揭露其欺骗蒙蔽，何况国君的任意轻重高下国法，那百姓就将无从措放他们的手脚了！凭皇帝的聪明才识，没有什么隐蔽、细微的东西不能被察觉，难道思虑还有不通达周详的地方，智慧

思？顷者责罚稍多，威怒微厉，或以供帐[10]不赡，或以营作差违，或以物不称心，或以人不从命，皆非致治之所急，实恐骄奢之攸[11]渐。是知“贵不与骄期而骄自至，富不与侈期而侈自来”，非徒语也。

还有不明白的地方吗？自安于天下太平，不考虑慎重用刑之事；自乐于欢乐之中，就会忘却命运的变化。祸与福相辅相成，吉与凶相连相接，只在于个人所招来的是什么，怎么可以不加思考呢？近来责罚人的次数渐多，逞威发怒也有点过于严厉，有的是因为供应的器物不充裕，有的是因为宫室建造的不如意，有的是因为使用的物品不称心，有的是因为下人没有遵循命令，都不是治国所急需的事情，着实让人担忧骄纵奢侈逐渐滋长。由此可知“高贵虽然没有和骄慢相约，但骄慢却自行来到；富裕虽然没有和奢侈相约，但奢侈却自行来到”，并不是一句空话啊。

注 ① 孔、老：即孔子与老子，此指儒家的王道学说和道家的无为学说。
② 申、韩：即战国时法家申不害和韩非，其主张治国须严刑峻法。
③ 三黜：《论语·微子》：柳下惠“直道而事人，焉往而不三黜。”黜，撤职。
④ 扇：通煽，此指旺盛。
⑤ 稽：衡量。
⑥ 州犁上下其手：《左传》襄公二十六年：楚国进攻郑国，穿封戌俘郑将皇颉，王子围争功，故请伯州犁裁处。州犁叫来俘虏，对他“上其手曰：‘夫（彼）子为王子围，寡君之贵介弟也。’下其手曰：‘此子为穿封戌，方城外之县尹也。谁获子？’”皇颉便答：“颉遇王子，弱焉。”后因称玩弄手法作弊为“上下其手”。
⑦ 张汤轻重其心：张汤，汉武帝时廷尉、御史大夫，治狱深文酷刻，善于揣摩皇帝心意，“所治即上意所欲罪，予监吏深刻者；即上意所欲释，予监吏轻平者”。出《汉书·张汤传》。
⑧ 烛：照耀，引申为察见。
⑨ 先笑之变：《周易·同人》：“九五，同人先号咷而后笑。”喻命运的变化。
⑩ 供帐：指陈设帷帐等用具以供宴会或旅宿之需。
⑪ 攸：所。

且我之所代，实在有隋，隋氏乱亡之源，圣明之所照临。以隋氏之府藏譬今日之资储，以隋氏之甲兵况当今之士马，以隋氏之户口校今时之百姓，度长比大，曾何等级？然隋氏以富强而丧败，动之也；我以贫穷而安宁，静之也。静之则安，动之则乱，人皆知之，非隐而难见也，非微而难察也。然鲜[1]蹈平易之涂，多遵覆车之辙，何哉？在于安不思危，治不念乱，存不虑亡

译 再说我朝所取代的天下，实是来自隋朝，而隋朝混乱灭亡的根源，圣明的陛下是清楚了解的。拿隋朝的库藏来比较今天的物资储备，拿隋朝的兵力来比较今天的军队，拿隋朝的户口来比较今天的百姓数量，衡度长短，比较多少，难道不是相差甚大吗？但是隋朝以富裕强盛而败亡，是因为隋炀帝纵欲不止，而使国家动荡不安的缘故；我朝以贫穷而得到天下安宁，是因为陛下清静无为，休养生息，使百姓安静的缘故。百姓安静，国家就安宁，人心浮动，国家就要大乱，人人都知道这个道理，并不是隐晦而

之所致也。昔隋氏之未乱，自谓必无乱；隋氏之未亡，自谓必不亡。所以甲兵屡动，徭役不息，至于将受戮辱，竟未悟其灭亡之所由也，可不哀哉！

注 ① 鲜：少。

难以发现的，也不是微细而难以察见的啊。但是很少有人走平坦易行的道路，大多沿着翻车的旧辙前行，这是什么原因呢？就在于安宁之时不思虑危险，太平之时不提防动乱，存在之时不顾虑败亡而造成的。从前隋朝还没有动乱的时候，自认为一定不会动乱；隋朝还没有灭亡的时候，自认为一定不会灭亡。因此屡次发动战争，徭役不止，到了将遭杀身之祸的时候，竟然还没有觉悟自己覆亡的原因，难道不令人悲哀吗！

夫鉴形之美恶，必就于止水[①]；鉴国之安危，必取于亡国。故《诗》曰："殷鉴不远，在夏后之世。"[②] 又曰："伐柯伐柯，其则不远。"[③] 臣愿当今之动静，必思隋氏以为殷鉴，则存亡治乱，可得而知。若能思其所以危，则安矣；思其所以乱，则治矣；思其所以亡，则存矣。知存亡之所在，节嗜欲以从人，省游畋之娱，息靡丽[④]之作，罢不急之务，慎偏听之怒。近忠厚，远便佞，杜悦耳之邪说，甘苦口之忠言。去易进之人，贱难得之货，采尧、舜之诽谤[⑤]，追禹、汤之罪己[⑥]，惜十家之产，顺百姓之心。近取诸身，恕以待物，思劳谦[⑦]以受益，不自满以招损。有动则庶类以和，出言而千里斯应[⑧]，超上德于前载，树风声于后昆[⑨]。比圣哲之宏观，而帝王之大业，能事斯毕，在乎慎守而已。

注 ① 止水：古人有以静止的水面为镜子。

② 语出《诗经·大雅·荡》。

③ 语出《诗经·豳风·伐柯》。伐，砍。柯，斧柄。则，法则，样式。

译 要观察身体的美丑，一定要来到静止的水边；要观察国家的安危，必须取灭亡的国家作为教训。所以《诗经》上说："殷朝用作鉴戒的事例并不遥远，就在于夏朝之世。"又说："用斧子来砍斧柄，用斧子来砍斧柄，那样式就在近旁。"臣希望今天朝廷的一切举动，一定要以隋朝的灭亡作为借鉴，那么国家存亡治乱的原因，就可以知道了。如果能够思考隋朝所以危急的原因，那么国家就安稳了；思考隋朝所以动乱的原因，那么国家就得以治理了；思考隋朝所以灭亡的原因，那么国家就能生存下去了。知道国家存亡的关键在哪里，节制自己的嗜好欲望来顺从众人，省减游玩打猎的娱乐，停止营建奢侈华丽的宫室，罢去不急需兴办的事情，谨慎偏听之时的发怒。亲近忠诚厚道的人，疏远阿谀谄媚的人，杜绝悦耳的邪僻之说，喜欢苦口的忠诚之言。罢去苟且求进取的人，贱视难以获得的宝物，采用尧、舜树立诽谤木的方法，效法禹、汤归罪于自己的作风，爱惜百姓的些微财产，顺应人民的心意。就近从自身做起，用宽恕之心待人，要想到勤勉谦让会给自己带来益处，不要骄傲自满使自己招致损害。有行动则天下百姓一齐响应，一说话则千里之外都唱和，超越前代至高的道德，为后人树立美好的风格声望。比照圣人前哲的宏大规划，那么帝王的大业，所能做的事都在此了，就在于谨守圣王之道罢了。

④ 靡丽：奢侈华丽。
⑤ 诽谤：相传尧、舜设立诽谤之木于交通要道，让人在其上书写谏诤意见。
⑥ 罪己：《左传》庄公十一年："禹、汤罪己，其兴也勃焉。"罪己，归罪于自己，后世帝王于天灾人祸时，往往颁布"罪己诏"，以图缓和社会矛盾。
⑦ 劳谦：勤勉谦虚。《周易·谦》："九三，劳谦君子，有终吉。"
⑧ 千里斯应：《周易大传》："君子居其室，出其言善，则千里之外应之。"
⑨ 后昆：后代。

夫守之则易，取之实难。既能得其所以难，岂不能保其所以易？其或保之不固，则骄奢淫泆动之也。慎终如始，可不勉欤！《易》曰："君子安不忘危，存不忘亡，治不忘乱，是以身安而国家可保也。"[1]诚哉斯言，不可以不深察也。伏惟陛下欲善之志，不减于昔时；闻过必改，少亏于曩日。若以当今之无事，行畴昔之恭俭，则尽善尽美矣，固无得而称[2]焉。

太宗深嘉而纳用。

注 ① 此段文字为《周易·系辞下》释《否》九五爻义。
② 称：相当，匹敌。

译 保守住国家社稷是相对容易的事，而取得它确实非常困难。现在既已能够得到非常困难的，难道还不能保守住那相对容易的吗？有的不能牢牢地保住，是因为君王骄奢淫泆动摇了国家根基的缘故。要像开始时那样谨慎到最后，可以不勉力而为吗！《周易》上说："君子在安逸时不忘记危险，在存在时不忘记覆亡，在太平时不忘记动乱，因此自身安全而国家又能保住。"这话说得真好，不应该不认真加以思考。臣看到陛下想追求美好品德的志向，并不比从前有所减少；但闻听过失一定改正的作风，却比过去稍微差了一点。如果利用现在天下太平无事的时机，厉行往昔的恭敬俭约，那就尽善尽美了，确实没有语言可以称颂了。

唐太宗非常赞赏魏徵的意见，并加以采纳。

贞观十四年，戴州刺史贾崇以所部有犯十恶[1]者，被御史劾奏。太宗谓侍臣曰："昔陶唐[2]大圣，柳下惠大贤，其子丹朱甚不肖，其弟盗跖[3]为巨恶。夫以圣贤之训，父子兄弟之亲，尚不能使陶染变革，去恶从善。今遣刺史，化被下人，咸归善道，岂可得也。若令缘此皆被贬降，或恐递相掩蔽，罪人斯失。诸州有犯十恶者，刺史不须从坐[4]，但令明加纠访科罪[5]，庶可肃清奸恶。"

译 贞观十四年，戴州刺史贾崇因为所辖部民犯下十恶不赦的大罪，而被御史上奏章弹劾。唐太宗对侍臣说："过去帝尧是一位大圣人，柳下惠是一位大贤人，但是帝尧的儿子丹朱非常不成器，柳下惠的弟弟盗跖则是大恶之人。凭圣贤的训诲，父子兄弟的亲情，尚且不能薰陶感化他们，使其改面革心，去恶从善。现在派遣刺史，去感化一州之人，使他们都归从正路，怎么能做到呢！如果因为这个原因，官员都遭到贬官降职的处分，恐怕他们就会互相掩盖事情真相，而使罪犯逍遥法外。各州若有犯十恶不赦之罪的，刺史不得因此牵连而被处罚，只须命令他们认真查访定罪，也许可以肃清奸诈作恶的坏人。"

注① 十恶：指谋反、谋大逆、谋叛、谋恶逆、不道、大不敬、不孝、不睦、不义、内乱等十种不可赦免的罪名。
② 陶唐：指尧。
③ 盗跖（zhí 植）：《庄子·杂篇》称鲁国善于讲究礼节的大夫柳下惠之弟，名跖，为大盗（即反抗统治者的人民起义领袖）。故被蔑称为“盗跖”。
④ 从坐：因牵连而处罚。
⑤ 科罪：判刑，定罪。

贞观十六年，太宗谓大理卿孙伏伽[①]曰：“夫作甲者欲其坚，恐人之伤；作箭者欲其锐，恐人不伤。何则？各有司存[②]，利在称职故也。朕常问法官刑罚轻重，每称法网宽于往代。仍恐主狱之司，利在杀人，危人自达，以钓声价，今之所忧，正在此耳！深宜禁止，务在宽平。”

译 贞观十六年，唐太宗对大理卿孙伏伽说：“制造铠甲的人希望铠甲坚固，怕人受伤；制作箭矢的人希望箭矢锐利，担心射不伤人。这是为什么呢？是因为各有执掌的职责，有利于自己获得称职的名声的缘故。朕曾经询问司法官执行刑罚的轻重，他们总是说执法要比以前的朝代宽恕。但朕仍然担心主管刑案的官署，为追求自己的利益而滥施刑罚，危害他人来使自己显达，用来沽名钓誉，现在所忧虑的，正是在这里呢！应该大力加以禁绝，量刑务必宽恕持平。”

注① 孙伏伽：河北贝州人，武德初多有规谏，被唐高祖誉道：“可谓谊臣矣。”唐太宗时，官拜御史，累迁大理卿。
② 司存：职守所在。

赦令第三十二

凡四章

贞观七年[①]，太宗谓侍臣曰："天下愚人者多，智人者少，智者不肯为恶，愚人好犯宪章。凡赦宥之恩，惟及不轨之辈。古语云：'小人之幸，君子之不幸。''一岁再赦，善人喑哑[②]。'凡养稂莠[③]者伤禾稼，惠奸宄[④]者贼良人，昔'文王作罚，刑兹无赦[⑤]。'又蜀先主[⑥]尝谓诸葛亮曰：'吾周旋陈元方、郑康成[⑦]之间，每见启告治乱之道备矣，曾不语赦。'故诸葛亮治蜀十年不赦，而蜀大化，梁武帝每年数赦，卒至倾败。夫谋小仁者，大仁之贼，故我有天下已来，绝不放赦。今四海安宁，礼义兴行，非常之恩，弥不可数。将恐愚人常冀侥幸，惟欲犯法，不能改过。"

译 贞观七年，唐太宗对侍从的大臣们说："天下愚蠢的人多，上智的人少，上智的人是不肯做坏事的，愚蠢的人则喜好违犯典章制度与法令，所以凡有宽恕放免的恩典，得到好处的只是那些图谋不轨的蠢人。古语说：'小人的幸运，也就是君子的不幸。''一年之内发布几次大赦令，好人都不敢说什么话了。'凡是养着稂莠野草的地方就会伤害禾苗的成长，恩惠给了犯法作恶的人则将严重危害好人。所以过去'文王作罚，刑兹无赦'。又如当年蜀先主刘备曾经对诸葛亮说：'我曾经先后跟随陈元方、郑康成，常常听到他们谈论治乱的道理，听得够多了，但从未讲到要实行赦令。'因此诸葛亮在治蜀的十年中从来不施赦，而蜀国得以大治。相反梁武帝每年发布几次赦令，结果导致倾覆失败。讲求小恩小惠，往往会损害仁义之本，所以我取得天下以来，绝对不颁发大赦令。如今四海安宁，礼义得到推行，各种特殊的恩典，多到不可胜计。我恐怕愚蠢的人们会寄希望于侥幸，只想犯法遇赦，而不能够改过自新。"

注 ① 贞观七年：《旧唐书》卷二《太宗本纪》上及《资治通鉴》卷一百九十二均系于贞观二年。

② 喑哑：口不能言，这里指不敢言。

③ 稂莠：形状像禾苗而有害农作物的草。

④ 奸宄：或作奸轨。谓犯法作乱者。

⑤ 文王作罚，刑兹无赦：意谓周文王制定的处罚条令，在行刑时是一概不赦的。语见《尚书·康诰》武王之辞。
⑥ 蜀先主：即刘备。
⑦ 陈元方、郑康成：元方名纪，东汉末名士；康成名玄，东汉末经学家。

贞观十年，太宗谓侍臣曰：“国家法令，惟须简约，不可一罪作数种条。格式既多，官人不能尽记，更生奸诈，若欲出罪① 即引轻条，若欲入罪② 即引重条。数变法者，实不益道理，宜令审细，毋使互文。”

译 贞观十年，唐太宗对侍从的大臣说：“国家法令，一定要制订得简单明确，不可以把一种罪规定成几种轻重不同的条款。格式一多，官人不能都记住，容易生出奸诈，假如想要出罪就引用轻判的条文，假如想要入罪就引用重判的条文。一再变更法令，实在无益于刑理，应当下令审慎仔细制订条文，使得不再出现一罪数条的互文。”

注 ① 出罪：断案官吏判有罪为无罪或判重罪为轻罪。
② 入罪：断案官吏判无罪为有罪或判轻罪为重罪。

贞观十一年，太宗谓侍臣曰：“诏令格式①，若不常定，则人心多惑，奸诈益生。《周易》称：‘涣汗其大号。’② 言发号施令，若汗出于体，一出而不复也。《书》曰：‘慎乃出令，令出惟行，弗为反。’③ 且汉祖日不暇给④，萧何起于小吏⑤，制法之后，犹称画一。今宜详思此义，不可轻出诏令，必须审定，以为永式。”

译 贞观十一年，唐太宗对侍臣说：“朝廷颁行的诏令格式，如果不能长期稳定，就会引起人们的许多疑惑，奸诈之事因此增多。《周易》上说：‘涣汗其大号。’是说发号施令，就像是人体出汗，一出来就收不回去了。《尚书》上也说：‘发布命令要慎重，命令一经发布就要坚决执行，不能更改。’再说汉高祖因政务繁多而感觉时间不够用，宰相萧何又是小吏出身，但他们制定的法令，还被称誉为整齐划一。现在应该仔细想想这个道理，不可以轻率颁发诏令，必须详加审查确定，作为永久的样式。”

注 ① 诏令格式：唐代法律的表现形式。诏是皇帝的命令，规定刑名轻重；令是规定各种行政制度；格是规定对官民奖罚的各项标准；式是规定官署应用的文件程式。
② 涣汗其大号：《周易·涣》九五爻辞，疏曰：“人遇险厄，惊怖而劳，则汗从体出，故以汗喻险厄也。九五处尊，履正在号令之中，能行号令以散险厄者也，故曰涣汗其大号也。”
③ 语出《尚书·周官》。
④ 汉祖日不暇给：汉祖，汉高祖刘邦。日不暇给，指事务繁多，时间不够。给，足也。
⑤ 小吏：刘邦的宰相萧何，早年曾为沛县小吏。

长孙皇后遇疾，渐危笃[1]。皇太子启后曰："医药备尽，今尊体不瘳[2]，请奏赦囚徒，并度人入道[3]，冀蒙福祐。"后曰："死生有命，非人力所加。若修福可延，吾素非为恶者；若行善无效，何福可求？赦者国之大事，佛道者，上每示存异方之教[4]耳。常恐为理体之弊，岂以吾一妇人而乱天下法？不能依汝言。"

译 长孙皇后生病，病情日渐危急沉重。皇太子李承乾禀告皇后说："医药都用尽了，现在您贵体仍未康复，请奏告父皇赦免囚徒，并度人出家奉佛，希望得到神灵的保佑赐福。"皇后说："死和生都是命中注定的，不是用人的力量可加以左右的。如果做善事可以延寿，我平日从来不作恶事；如果做善事没有效验，又有什么福祉可以追求？大赦是国家的大事，佛教，皇上总指示说只是保留一种异域传来的宗教罢了。他还时常担心成为国家治理的弊病，怎么可以因为我一个妇人而扰乱国家大法？不能依照你说的去做。"

注 ① 危笃：病重濒于死亡。
② 瘳(chōu 抽)：病愈。
③ 度人入道：佛教以使人脱离尘世为度，故剃发出家为僧被称之为剃度。入道，皈依佛教。
④ 异方之教：佛教兴起于印度，自西域传入中国，故被儒家蔑称为"异方之教"。

贡赋第三十三

凡五章

贞观二年，太宗谓朝集使[1]曰："任土作贡[2]，布在前典，当州所产，则充庭实[3]。比闻都督、刺史[4]邀射声名，厥土所赋，或嫌其不善，逾意外求，更相仿效，遂以成俗。极为劳扰，宜改此弊，不得更然。"

译 贞观二年，唐太宗对各地来的朝集使说："根据土地所产交纳贡赋，记载在以前的典籍中，本州特有的土产，就充作贡品。近来听说有的都督、刺史为了求取声名，本土所产的贡赋之物，有的嫌它不好，就超越立法的本意到外地寻求，再因相互仿效，成为习俗，极为扰劳百姓，应该改掉这一弊病，不得再这样做。"

注 ① 朝集使：唐因汉制，各州每年遣使者朝集于京城，谒见皇帝宰相，称朝集使。
② 任土作贡：根据土地所产，决定该地的贡赋。语见《尚书·禹贡》。
③ 庭实：诸侯国之间互相访问，或朝见周天子时把礼物或贡物陈列在中庭，称为庭实。
④ 都督、刺史：唐时地方长官。都督为州的军事统领，刺史为州的行政长官。

贞观中，林邑国[1]贡白鹦鹉，性辩慧，尤善应答，屡有苦寒之言。太宗愍之，付其使，令还出于林薮。

译 贞观年间，林邑国贡献了一只白鹦鹉，很伶俐聪慧，尤其善于应答，屡次有不喜欢北方寒冷的话。唐太宗怜悯它，把它交给林邑国使臣，让他带还放到树林中去。

注 ① 林邑国：越南中南部的一个古国。

贞观十二年，疏勒[1]、朱俱波[2]、甘棠[3]遣使贡方物。太宗谓群臣曰："向使中国不安，日南[4]、西域朝贡使

译 贞观十二年，疏勒、朱俱波、甘棠等国派遣使者进贡土特产。唐太宗对众大臣说："假使中国不安定，日南、西域的朝贡使，又怎么

亦何缘而至？朕何德以堪[⑤]之！睹此翻怀危惧。近代平一天下，拓定边方[⑥]者，惟秦皇、汉武。始皇暴虐，至子而亡。汉武骄奢，国祚几绝。朕提三尺剑以定四海，远夷率服，亿兆乂安，自谓不减二主也。然二主末途，皆不能自保，由是每自惧危亡，必不敢懈怠。惟藉公等，直言正谏，以相匡弼。若惟扬美隐恶，共进谀言，则国之危亡，可立而待也。”

能来朝贡呢？朕有什么德行当得起这种盛况啊！看到这一切反而心怀危惧。近代能够统一天下，开拓并稳定四疆的，只有秦始皇和汉武帝。秦始皇残酷暴虐，传到儿子就灭亡了。汉武帝骄纵奢侈，帝业差点断绝。朕手提三尺宝剑平定四海，远方的异族都来归服，亿万百姓平安无事，自认为不差于秦皇、汉武两位帝王。但是这两位皇帝的晚年，都不能保全自身，由此我自己常常为国家的危亡而担忧，绝不敢松懈怠惰。只有依赖你们用正直坦诚的言语规劝，来纠正过失，辅佐大业。如果只是扬善隐恶，都说奉承话，那么国家的危亡，就会很快来临。”

注 ① 疏勒：西域古国名，都城在今新疆喀什市，国王裴氏。
② 朱俱波：西域古国名，在葱岭之西。
③ 甘棠：西域古国名，在西海之南。
④ 日南：其地在今越南中部。
⑤ 堪：承受。
⑥ 方：小国，诸侯。

贞观十八年，太宗将伐高丽，其莫离支[①]遣使贡白金。黄门侍郎褚遂良谏曰：“莫离支虐杀其主[②]，九夷[③]所不容，陛下以之兴兵，将事吊伐[④]，为辽东之人[⑤]，报主辱之耻。古者讨弑君之贼，不受其赂。昔宋督遗鲁君以郜鼎[⑥]，桓公受之于大庙[⑦]，臧哀伯[⑧]谏曰：‘君人者将昭德塞违。今灭德立违，而置其赂器于大庙，百官象[⑨]之，又何诛焉！武王克商，迁九鼎于洛邑[⑩]，义士犹或非之。而况将昭违乱之赂器，置诸大庙，其若之何？’夫《春秋》之书，百王取则。若受不臣之筐篚[⑪]，纳弑逆之朝贡，不以为愆，将何致伐？臣谓莫离支所献，自不合受。”太宗从之。

译 贞观十八年，唐太宗将要讨伐高丽，高丽莫离支派遣使者来进贡白金。黄门侍郎褚遂良谏劝道：“莫离支残酷地杀害了他的国君，连东方各族都不能容忍，陛下因这件事而调集军队，将要去那里抚慰百姓，讨伐有罪之人，为高丽百姓洗雪国君被杀的耻辱。古时候讨伐杀害国君的罪人，决不接收他的贿赂。当年宋督杀了殇公，把郜鼎献给鲁桓公，鲁桓公收下后放置在祖庙里，臧哀伯劝谏道：‘统治人民的国君要显扬道德，堵塞邪恶。现在灭绝道德，树立邪恶，反而把人家贿赂的器物放置在祖庙内，如百官都跟着这样行事，又能惩罚谁呀！周武王灭商，把九鼎迁到洛邑，义士还认为武王做的不对。更何况把显扬邪恶叛乱的贿赂器物放置在祖庙内，后果将会怎么样呢？’《春秋》上的记载，是所有国君取法的准则。如果接受背叛国君的罪人的礼物，收纳杀害国君的罪人的朝贡，不认为是错误的，将凭借什么理由去讨伐他呢？臣认为莫离支所贡献的物品，自然不应该接受。”唐太宗听从了这个意见。

注① 莫离支：高丽官名，相当于唐朝吏部尚书兼兵部尚书。
② 虐杀其主：贞观十六年(642)，高丽东部大人泉盖苏文弑其国王武，立王弟之子藏为国王，自任莫离支，把持朝政。事见《旧唐书·高丽传》。
③ 九夷：古人泛称居住在东方的民族为夷。
④ 吊伐：吊民伐罪。
⑤ 辽东之人：此指高丽人。
⑥“昔宋”句：宋，春秋时国名。督，字华父，宋戴公之孙。鲁君，鲁桓公。郜，古国名，始封君为周文王之子，春秋时为宋国所灭。郜鼎，郜国所造鼎器。《左传》桓公二年：宋华父督弑其君殇公与夷，以郜鼎贿鲁桓公，遂为宋相。
⑦ 大庙：祖庙。
⑧ 臧哀伯：即鲁国大夫臧孙达。
⑨ 象：取法，效仿。
⑩ 迁九鼎于洛邑：传说夏禹铸九鼎象征九州，奉为国宝。商汤灭夏，迁九鼎于商邑；周武王灭商，又迁九鼎于洛邑。
⑪ 筐篚：竹器，方形为筐，圆形为篚。此指贿赂之物。

贞观十九年，高丽王高藏及莫离支盖苏文遣使献二美女，太宗谓其使曰：“朕悯此女离其父母兄弟于本国，若受其色而伤其心，我不取也。”并却[①]还之本国。

译 贞观十九年，高丽王高藏和莫离支盖苏文派遣使者来贡献两个美女，唐太宗对高丽使者说：“朕怜悯这两个女人离开了她们在本国的父母兄弟，如果喜爱她们的美色而伤害了她们的心，我是不接受的。”于是拒绝不受，将她俩退还本国。

注① 却：拒绝。

辩兴亡第三十四

凡五章

译 贞观初年，唐太宗从容地跟侍从的大臣们说："周武王平定了殷纣王的祸乱，从而取得了天下，秦始皇又因为周室衰微，于是并吞了六国，他们取得天下没有什么不同，为什么国运长短如此悬殊呢？"尚书右仆射萧瑀进言道："纣王治理无道，天下受他的苦，所以八百诸侯，不约而同地会师孟津。周室衰微，六国无罪，秦始皇完全是靠智谋和暴力，逐个兼并诸侯。平定天下虽然相同，人们对待他们的态度却不相同。"太宗说："不是，周武王灭殷之后，一心弘扬仁义；秦始皇得志以后，专一推行欺诈和暴力，不但取天下有不同，而且保持天下也不相同。国祚的长短，道理就在这里吧！"

贞观初，太宗从容谓侍臣曰："周武平纣之乱，以有天下，秦皇因周之衰，遂吞六国，其得天下不殊，祚运长短若此之相悬也[①]？"尚书右仆射萧瑀进曰："纣为无道，天下苦之，故八百诸侯，不期而会[②]。周室微，六国无罪，秦氏专任智力，蚕食诸侯。平定虽同，人情则异。"太宗曰："不然，周既克殷，务弘仁义，秦既得志，专行诈力。非但取之有异，抑亦守之不同。祚之修短，意在兹乎！"

注 ① 祚运：祚位国运。
② 八百诸侯，不期而会：指武王伐纣时，八百诸侯不约而同地会合于孟津。

译 贞观二年，唐太宗对黄门侍郎王珪说："隋文帝开皇十四年发生大旱灾，百姓大多饥饿困乏。当时粮仓充溢，却竟然不允许开仓赈济，而命令百姓到有粮食的地方去逃荒。隋文帝不爱惜百姓却吝惜仓库中的粮食，等到他晚年，统计天下的粮食积储，可供全国食用五六十年。隋炀帝仗恃这一富饶，所以纵欲奢侈无道，终于导致国灭身亡。隋炀帝丧

贞观二年，太宗谓黄门侍郎王珪曰："隋开皇十四年大旱，人多饥乏。是时仓库盈溢，竟不许赈给，乃令百姓逐粮[①]。隋文不怜百姓而惜仓库，比至末年，计天下储积，得供五、六十年。炀帝恃[②]此富饶，所以奢华无道，遂致灭亡。炀帝失国，亦此之由。

凡理国者，务积于人，不在盈其仓库。古人云：'百姓不足，君孰与足③。'但使仓库可备凶年，此外何烦储蓄！后嗣若贤，自能保其天下；如其不肖，多积仓库，徒益其奢侈，危亡之本也。"

失社稷，也是由于这个原因。凡是国家得到治理，一定是藏粮于民，而不在国库的充溢。古人说：'百姓生活饥寒，国君怎么能得饱暖。'只要让国库的积储可以应付荒年，此外又何必过分储蓄！后代子孙如果贤明，自然能够保持他的天下；如果他不贤，仓库财物积储过多，只会增加他的奢侈，成为国家危亡的祸根。"

注 ① 逐粮：让饥民到有粮处逃荒。
② 恃：依靠，凭借。
③ 语出《论语》，为有若对鲁哀公之语。

贞观五年，太宗谓侍臣曰："天道福善祸淫，事犹影响①。昔启民亡国来奔②，隋文帝不吝粟帛，大兴士众营卫安置，乃得存立。既而强富，子孙不思念报德，才至始毕③，即起兵围炀帝于雁门④。及隋国乱，又恃强深入，遂使昔安立其国家者，身及子孙并为颉利兄弟之所屠戮，今颉利破亡⑤，岂非背恩忘义所至也！"群臣咸曰："诚如圣旨。"

译 贞观五年，唐太宗对侍从的大臣们说："天道给善人降福给坏人降祸，灵验得如同影子随形、回响随声一般。当年突厥的启民可汗失国奔隋，隋文帝不惜粮食布帛，动用了大批兵士民众，安置他们，使他们能够生存下来。不久突厥富强起来，启民可汗的子孙不想报答恩德，到始毕可汗时，就起兵把隋炀帝围在雁门关。等到隋朝大乱时，他们更是依仗着兵强马壮，长驱直入，以致使得过去帮助他们安家立国的人，自身和子孙都遭到了颉利可汗兄弟的屠杀。如今颉利可汗被我们击破败亡，这难道不是他们忘恩负义所招来的报应吗？"群臣听了都说："确实像陛下所说的那样。"

注 ① 影响：这里是说天的报应，就像影随形、响应声一样灵验。语见《尚书·大禹谟》。
② 启民亡国来奔：启民可汗原称突利可汗，东突厥内乱，突利可汗受到大可汗都蓝可汗攻击，南逃投隋，隋立他为启民可汗，成为统治东突厥的大可汗。
③ 始毕：始毕可汗，启民可汗的儿子。
④ 雁门：雁门关，在今山西省代县北。
⑤ 兄弟之所屠戮，今颉利：这九个字原书脱掉，据《旧唐书·突厥传》补。颉利破亡，颉利，启民可汗第三个儿子，他和始毕、处罗是兄弟关系，都称可汗。指贞观四年李靖大破东突厥，俘获颉利可汗，东突厥降唐事。

贞观九年，北蕃①归朝人②奏："突厥内大雪，人饥，羊马并死。中国

译 贞观九年，北突厥归附唐朝的人报告说："突厥境内下大雪，百姓发生了饥荒，羊马都

死了。在那里的汉人，都逃进山林去做强盗了，民心特别动荡不宁。”唐太宗对侍臣说：“观察古代的君王，推行仁义，任用贤良，天下就得以治理；推行暴政，任用小人，国家就败亡。突厥君主所信任的大臣，我和大家都看到的，根本没有忠诚正直言行可取的。颉利又不关心百姓，肆意妄为，朕从人情事理上分析，他又怎么能长久呢？”魏徵进言说：“从前魏文侯询问李克说：‘诸侯之中谁最先被灭亡？’李克回答：‘吴国最先灭亡。’魏文侯问道：‘为什么？’李克说：‘吴国打了几次大仗都获得了胜利，屡屡获胜使其国君骄横，经常打仗使百姓疲惫，还有什么理由不灭亡？’颉利正逢隋末中原丧乱之机会，于是依仗兵多马壮而入侵中原，至今还不想休战，这就是他所取的必定灭亡之路。”唐太宗完全赞同这一意见。

人③在彼者，皆入山作贼，人情大恶。”太宗谓侍臣曰：“观古人君行仁义，任贤良则理；行暴乱，任小人则败。突厥所信任者，并共公等见之，略无忠正可取者。颉利复不忧百姓，恣情所为，朕以人事观之，亦何可久矣？”魏徵进曰：“昔魏文侯④问李克⑤：‘诸侯谁先亡？’克曰：‘吴先亡。’文侯曰：‘何故？’克曰：‘数战数胜，数胜则主骄，数战则民疲，不亡何待？’颉利逢隋末中国丧乱，遂恃众内侵，今尚不息，此其必亡之道。”太宗深然之。

注 ① 北蕃：此指北突厥国。
② 归朝人：此指归附唐朝的突厥人。
③ 中国人：此指汉族人。
④ 魏文侯：名斯，战国初晋国之卿大夫，三分晋国，为诸侯。
⑤ 李克：战国时人。

译 贞观九年，唐太宗对魏徵说：“近来我读周史、齐史时，发现末代的亡国君主，所干的坏事大多数是相类似的。齐后主非常喜好奢侈，所有的国家府库，几乎都被他用尽，直到大小关市没有不征敛赋税的。我常说这就像馋人吃自己身上的肉，肉吃完了必定死去。君主征敛赋税没有休止，到百姓疲困不堪时，君主也就败亡，齐后主就是这样的。然而后周宣帝与齐后主相比较，谁优谁劣？”魏徵答道：“这两个帝王虽然同是亡国之君，但他们的行为还有差别。齐后主为人懦弱无能，政令出自各权势之臣，国家没有统一的纲纪，以至于灭亡。后周宣帝则是生性凶悍好强，作威作福全在自己，亡国的事情，都是自身一手造成。从这个方面来说，齐后主更为低劣。”

贞观九年，太宗谓魏徵曰：“顷读周、齐史，末代亡国之主，为恶多相类也。齐主①深好奢侈，所有府库，用之略尽，乃至关市无不税敛。朕常谓此犹如馋人自食其肉，肉尽必死。人君赋敛不已，百姓既弊，其君亦亡，齐主即是也。然天元②、齐主，若为优劣？”徵对曰：“二主亡国虽同，其行则别。齐主懦弱，政出多门，国无纲纪，遂至亡灭。天元性凶而强，威福在己，亡国之事，皆在其身，以此论之，齐主为劣。”

注 ① 齐主：齐后主高纬，北齐世祖高洋之子。
② 天元：后周宣帝宇文赟，自称天元皇帝。

贞观政要卷第九

征伐第三十五

凡十三章

武德九年冬，突厥颉利、突利二可汗，以其众二十万，至渭水便桥①之北，遣酋帅执失思力②，入朝为觇③，自张声势云："二可汗总兵百万，今已至矣。"乃请返命④。太宗谓曰："我与突厥面自和亲⑤，汝则背之，我无所愧。何辄将兵入我畿县⑥，自夸强盛，我当先戮尔矣！"思力惧而请命。萧瑀、封德彝等，请礼而遣之。太宗曰："不然。今若放还，必谓我惧。"乃遣囚之。太宗曰："颉利闻我国家新有内难⑦，又闻朕初即位，所以率其兵众，直至于此，谓我不敢拒之。朕若闭门自守，虏必纵兵大掠。强弱之势，在今一策。朕将独出，以示轻之，且耀军容，使知必战；事出不意，乖其本图。制服匈奴⑧，在兹举矣。"遂单马而进，隔津⑨与语，颉利莫能测。俄而六军⑩继至，颉利见军容大盛，又知思力就拘，由是大惧，请盟而退。

译 武德九年冬天，突厥颉利、突利两位可汗，率领其部众二十万人，来到渭河便桥的北侧，派遣军官执失思力到朝廷窥探虚实，执失思力自造声势说："两位可汗统领百万大军，现在已经来到了。"于是要求答复回报。唐太宗对他说："我曾与突厥可汗当面议定和亲，你们却背叛了它，我没有什么可惭愧的。你们凭什么率兵侵入我京畿地区，自夸强盛，我应当先杀了你！"执失思力害怕了，请求保全性命。萧瑀、封德彝等人请求按礼节遣送执失思力回去。唐太宗说："不能这样做。现在如果放他归去，他们一定会认为我胆怯了。"于是吩咐囚禁执失思力。唐太宗说："颉利听说我们国家新近刚发生了内乱，又听说朕才继承了大位，所以率领其军队，径直来到这里，认为我不敢抵抗。朕如果关上城门防守，敌方必然会纵兵大肆抢掠。强弱的形势变化，就在于今天的一个决策。朕要独自出去，以此表示对他们的轻视，而且展示我国的军容，让他们明白我们必将应战；事情出乎他们的意料，背离他们的本来意图。制服突厥强敌，就在此一举了。"于是单人匹马前去，隔着渭河与颉利对话，颉利不能猜测唐太宗的意图。一会儿唐朝大军相继抵达，颉利看见唐军军容强大威武，又得知执失思力已被拘禁，因此心中害怕，请求订立和约后引兵退去。

注 ① 便桥：在唐都城长安城北面西头，横跨渭水。
② 执失思力：执失，姓；思力，名。
③ 觇：侦察。此指窥探虚实。
④ 返命：复命。
⑤ 和亲：指汉族封建王朝与少数民族首领之间具有一定政治目的的联姻。
⑥ 畿县：京城所管辖的郊县。
⑦ 内难：指武德九年发生的"玄武门之变"。
⑧ 匈奴：匈奴为汉朝北方的强敌，此借指北突厥军队。
⑨ 津：渡口，此指渭河。
⑩ 六军：春秋时，诸侯大国多设上、中、下（或左、中、右）三军，后晋、吴等国扩至五、六军。后代沿用六军名称，人数多少不一。

贞观初，岭南[1]诸州奏言高州[2]酋帅冯盎[3]、谈殿[4]阻兵反叛。诏将军蔺謩[5]发江、岭[6]数十州兵讨之。秘书监魏徵谏曰："中国初定，疮痍未复，岭南瘴疠[7]，山川阻深，兵运难继，疾疫或起，若不如意，悔不可追。且冯盎若反，即须及中国未宁，交结远人，分兵断险，破掠州县，署置官司。何因告来数年，兵不出境？此则反形未成，无容动众。陛下既未遣使人就彼观察，即来朝谒，恐不见明。今若遣使，分明晓谕，必不劳师旅，自致阙庭[8]。"太宗从之，岭表悉定。侍臣奏言："冯盎、谈殿，往年恒相征伐。陛下发一单使，岭外帖然。"太宗曰："初，岭南诸州盛言盎反，朕必欲讨之，魏徵频谏，以为但怀之以德，必不讨自来。既从其计，遂得岭表无事，不劳而定，胜于十万之师。"乃赐徵绢五百匹。

译 贞观初年，岭南各州上奏报告高州酋帅冯盎、谈殿拥兵反叛。唐太宗诏令将军蔺謩征调江南道、岭南道数十个州的兵马讨伐他们。秘书监魏徵劝阻说："中原刚刚安定，战争造成的创伤还没有恢复，岭南地区瘴气弥漫，疫病流行，山险河深，兵马运行难以为继，疾病瘟疫时常发生，如果不能如愿取胜，将后悔莫及。而且冯盎真的反叛，就应该在中原地区还未安宁之时，交结边境之人，分兵占据险要之地，攻占抢掠州县，设置官署。为什么告发他们反叛已经好几年了，他们的军队却没有越出境界？这就是反叛之势并未形成，不必动众兴师远征。陛下既没有派遣使者到那里去实地观察，他们即使来朝廷朝拜陈述，也会担忧无法让朝廷明白其真情。现在如果派遣使臣，把朝廷的打算明白地告诉他们，必定不需动用军队，就让他们自动归顺朝廷。"唐太宗接受了意见，岭南全部得以平定。侍臣上奏说："冯盎、谈殿往年经常互相攻打，陛下派遣一介使者，就使岭南完全安定了。"唐太宗说："当初岭南各州都盛传冯盎反叛，朕一心想讨伐他们，魏徵频频谏劝，认为只要用恩德安抚他们，必定不需讨伐而会自己来归服。我采用了他的计策，就使得岭南平静无事，不动用兵马就安定了南方，胜过了十万大军的功用。"于是赏赐魏徵绢帛五百匹。

注 ① 岭南：五岭以南地区，即今两广地区。
② 高州：南朝梁始置，隋初废，唐初复置，辖境约今广东省茂名市、高州、电白等县。

③ 冯盎：字明达，高州良德人，隋末割据岭南，唐初降唐，唐高祖封其为越国公。
④ 谈殿：人名，生平不详，隋末时占据岭南一隅。
⑤ 蔺謩（mó 摹）：人名，唐太宗时将军，生平不详。
⑥ 江、岭：指江南道、岭南道。时分全国为十道。
⑦ 瘴疠：瘴即瘴气，旧指南方山林湿热蒸郁致人疾病的气体。疠，瘟疫。
⑧ 阙庭：皇宫，借指朝廷。

贞观四年，有司上言："林邑蛮国，表疏不顺，请发兵讨击之。"太宗曰："兵者，凶器，不得已而用之。故汉光武云：'每一发兵，不觉头须为白。'自古以来穷兵极武，未有不亡者也。苻坚[1]自恃兵强，欲必吞晋室，兴兵百万，一举而亡。隋主亦必欲取高丽，频年劳役，人不胜怨，遂死于匹夫之手。至如颉利，往岁数来侵我国家，部落疲于征役，遂至灭亡。朕今见此，岂得辄即发兵？但经历山险，土多瘴疠，若我兵士疾疫，虽克翦此蛮，亦何所补？言语之间，何足介意！"竟不讨之。

译 贞观四年，有官员上奏说："林邑蛮夷之国，所上的奏章中言辞很不恭顺，请发兵征讨他们。"唐太宗说："兵器是凶器，万不得已时才使用它。所以汉光武帝说：'每调发一次军队，不觉头发胡须都变白了。'自古以来穷兵黩武的人，没有不灭亡的。苻坚依仗自己兵力强大，一心想吞并东晋，调发百万大军，一次战争就自取灭亡。隋炀帝也一心想攻取高丽，连年劳役，人们不胜愤怨，最后他被一个平常之人所杀死。至于如颉利，往年多次来侵犯我们国家，他的部落在征战劳役中搞得精疲力尽，终于遭致灭亡。朕现在看到这些，怎能动不动就发兵打仗呢？何况要经历山间的危险，那些地方又多瘴气瘟疫，如果我们的士兵染上疾病，虽然能够消灭这些蛮人，又有什么益处？语言文字之间的出入，不值得挂在心上！"终于没有发兵讨伐。

注 ① 苻坚：略阳氐人。东晋时，苻健据长安，建立前秦。苻健死，子苻生立。苻坚杀苻生自立，统大军伐东晋，于淝水大败，后为姚苌所杀。

贞观五年，康国请归附[1]。时太宗谓侍臣曰："前代帝王，大有务广土地，以求身后之虚名，无益于身，其民甚困。假令于身有益，于百姓有损，朕必不为，况求虚名而损百姓乎！康国既来归朝，有急难不得不救，兵行万里，岂得无劳于民？若劳民求名，非朕所欲。所请归附，不须纳也。"

译 贞观五年，康国请求归顺内附唐朝。当时唐太宗对侍从的大臣说："前代的帝王，不少人只图拓广国土，以此来求得身后能有显赫的虚名，对自身并无益处，弄得平民百姓困顿不堪。假如对自身有益，而对百姓有害，我一定不肯去做，更何况是只图虚名而又损害百姓呢！康国既然归附我朝，遇有急难的事情我们不得不去救援；兵行万里，怎么可能不增加百姓的劳役负担？如果劳民只是为了追求虚名，更不是我所想干的事。康国请求归附，就不必接受了。"

注 ① 康国：即汉康居国，一称萨末鞬，亦称飒末鞬，元魏时称悉万斤。王族姓温，本属月氏人，居住在祁连山北昭武城，为突厥所破，南迁到葱岭。

译 贞观十四年，兵部尚书侯君集率军讨伐高昌国，当部队驻扎在柳谷时，侦察骑兵报告说："高昌王麴文泰病死了，已定下日子举行葬礼，其国之人都汇集在一起，如果用二千轻骑袭击他们，可将他们全部俘虏。"副将薛万均、姜行本都认为可行。侯君集说："天子因为高昌王骄横无礼，所以让我奉行天意讨伐他们，如果在墓地里袭击人家的葬礼，不能称之为武功，这不是吊民伐罪的军队所干的。"于是按兵不动而等待着。葬礼完毕，唐军才进军征伐，灭掉了高昌国。

贞观十四年，兵部尚书侯君集①伐高昌，及师次②柳谷③，候骑④言："高昌王麴文泰⑤死，克日⑥将葬，国人咸集，以二千轻骑袭之，可尽得也。"副将薛万均⑦、姜行本⑧皆以为然。君集曰："天子以高昌骄慢，使吾恭行天讨，乃于墟墓⑨间以袭其葬，不足称武，此非问罪之师也。"遂按兵以待。葬毕，然后进军，遂平其国。

注 ① 侯君集：唐初大将，从唐太宗征战有功，任左卫将军、兵部尚书等职，后参与太子承乾谋反事，事发被诛。
② 次：停留，驻扎。
③ 柳谷：西域地名，在西州交河（今新疆吐鲁番东南）北二百余里处。
④ 候骑：侦察骑兵。
⑤ 麴文泰：高昌国王，阻绝西域商贾，不向唐朝贡献，言语无礼，并攻打唐属国伊吾、焉耆，故唐遣军征伐。是时，麴文泰闻听唐军已临近碛口，大惧，不知所为，发病而死。
⑥ 克日：指定时日。
⑦ 薛万均：唐初大将，以击突厥、吐谷浑有功，官至左屯卫大将军。
⑧ 姜行本：唐初将军，唐太宗每次出巡，都随从宿卫，后以平高昌有功，封金城郡公。
⑨ 墟墓：荒坟、坟墓。

译 贞观十六年，唐太宗对侍臣说："北方狄人世代入侵扰乱，现在薛延陀部强盛不顺从，必须及早作出处置。朕仔细考虑这个问题，只有两条对策：选调十万大兵，去攻击并俘获他们，扫除凶顽恶人，可以保证一百年内没有祸患，这是第一条计策。如果答应他们的请求，与他们结成姻亲，朕作为天下苍生之父母，假如可以对百姓有好处，我怎么会怜惜一个女儿！北方狄人的风俗，大多由妻室主政，一旦生下儿子，那就是我的外孙，不再侵扰中原，那是绝对可以推知的。从这一点来说，边

贞观十六年，太宗谓侍臣曰："北狄世为寇乱，今延陀①倔强，须早为之所。朕熟思之，惟有二策：选徒十万，击而虏之，涤除凶丑，百年无患，此一策也。若遂其来请，与之为婚媾，朕为苍生父母，苟可利之，岂惜一女！北狄风俗，多由内政②，亦既生子，则我外孙，不侵中国，断可知矣。以此而言，边境足得三十年来无事。

举此二策，何者为先？”司空房玄龄对曰：“遭隋室大乱之后，户口太半未复。兵凶战危，圣人所慎，和亲之策，实天下幸甚。”

境完全可以获得三十年来不发生战事。提出的这两条计策，哪一条较好？”司空房玄龄回答说：“自从发生隋末大战乱以来，中原户口大半没有恢复。兵器凶险，战争危殆，圣人对此非常慎重，通婚和亲的计策，实在是天下百姓的幸事。”

注 ① 延陀：北方部族名，即薛延陀，由薛部与延陀部合并而成。
② 内政：由妻室主政。

贞观十七年，太宗谓侍臣曰：“盖苏文弑其主而夺其国政，诚不可忍，今日国家兵力，取之不难，朕未能即动兵众，且令契丹①、靺鞨②搅扰之，何如？”房玄龄对曰：“臣观古之列国，无不强陵弱，众暴寡。今陛下抚养苍生，将士勇锐，力有余而不取之，所谓止戈为武③者也。昔汉武帝屡伐匈奴④，隋主三征辽左，人贫国败，实此之由，惟陛下详察。”太宗曰：“善！”

译 贞观十七年，唐太宗对侍臣说：“盖苏文杀害了他的君主而篡夺了高丽国政，实在不能容忍。今天凭我国的兵力，攻取他并不困难，但朕不能立即兴发军队，暂且命令契丹、靺鞨去扰乱他们，怎么样？”房玄龄回答：“臣观察古代列国，没有不是恃强凌弱的，恃众欺寡的。现在陛下抚爱天下百姓，将士勇猛精锐，兵力有余而不从事攻取，这就是古人所说的‘止戈为武’的武德啊。从前汉武帝屡次讨伐匈奴，隋炀帝三次征战高丽，百姓贫困，国家破败，实在是出于这一原因，只望陛下详加考察。”唐太宗说：“说得对！”

注 ① 契丹：古族名，源于东胡，北魏时号契丹，唐贞观二十二年内附，唐于其地置松漠都督府，以其首领为都督。
② 靺鞨（mò hé 末河）：古族名，源于肃慎，分布于松花江流域和黑龙江中下游地区，自北朝隋唐，常来朝贡。
③ 止戈为武：《左传》宣公十二年，楚子认为“武”字从“止”从“戈”，故平定暴乱、止息兵戈，才算是真正的武功。
④ 屡伐匈奴：汉武帝任用卫青、霍去病等名将，多次发动大规模攻击匈奴的战争。

贞观十八年，太宗以高丽莫离支贼杀其主①，残虐其下，议将讨之②。谏议大夫褚遂良进曰：“陛下兵机神算，人莫能知。昔隋末乱离，克平寇难，及北狄③侵边，西蕃④失礼，陛下欲命将击之，群臣莫不苦谏，唯陛下明略独断，卒并诛夷。今闻陛下将伐高丽，意皆荧惑⑤。然陛下神武英

译 贞观十八年，唐太宗因高丽莫离支杀死国主，残虐百姓，与群臣讨论准备发兵讨伐。谏议大夫褚遂良进谏说：“陛下用兵神机妙算，常人无法知道。过去隋朝末年天下大乱，陛下扫平群寇统一天下，到北狄侵犯边境，西蕃无礼搞分裂，陛下准备派遣大将前往击讨，群臣无不苦苦谏阻，只因陛下力排众议、英明独断，终于把强夷都诛灭了。如今听到陛下将要出师征伐高丽，人们又感到迷惑不解了。然而陛下的神武英名，不是周、隋之主所可以

声，不比周、隋之主，兵若渡辽[6]，事须克捷，万一不获，无以威示远方，必更发怒，再动兵众，若至于此，安危难测。"太宗然之[7]。

比拟的，军队假若渡过辽河，一定要大获全胜，万一不胜，就不能威震远方，陛下那时一定更加大怒，再发大兵征伐，如果发展到这种局面，国家的安危就难预测了。"唐太宗同意他的意见。

注 ① 高丽莫离支贼杀其主：指贞观十六年(642)十一月，高丽东部大人、莫离支泉盖苏文弑其王武一事。
② 议将讨之：贞观十六年、十七年、十八年，唐君臣几次讨论讨高丽事。
③ 北狄：指隋末唐初东突厥。
④ 西蕃：指贞观初年西陲吐谷浑、高昌。
⑤ 荧惑：亦作营惑，犹迷惑、炫惑。
⑥ 辽：指辽河，东北地区南部大河。辽河流域或称辽海。
⑦ 太宗然之：据《通鉴》所载，太宗并不同意褚遂良的意见，而坚持欲征高丽。

贞观十九年，太宗将亲征高丽，开府仪同三司[1]尉迟敬德奏言："车驾若自往辽左[2]，皇太子又监国定州[3]，东西二京，府库所在，虽有镇守，终是空虚，辽东路遥，恐有玄感之变[4]。且边隅小国，不足亲劳万乘，若克胜，不足为武，傥不胜，翻为所笑。伏请委之良将，自可应时摧灭。"太宗虽不从其谏，而识者是之。

译 贞观十九年，唐太宗将要亲自征讨高丽，开府仪同三司尉迟敬德上奏说："皇上如果亲自去辽东，皇太子又在定州监理国政，洛阳、长安东西两座京城，是国库所在地，虽然有兵力镇守，终归还属空虚，辽东路途遥远，恐怕会发生杨玄感之类的事变。况且边疆角落里的小国家，不值得劳动皇上御驾亲征，如果能够取胜，也不足称为武功，倘若不能取胜，反而会被他们所嘲笑。恭请陛下把这事委任给良将，自然能够按时摧毁消灭他们。"唐太宗虽然没有听从他的劝谏，但有见识的人都肯定了他的意见。

注 ① 开府仪同三司：唐代文散官名。
② 辽左：辽河以东地区，此指高丽。左，我国古人以东为左。
③ 定州：在今河北省。
④ 玄感之变：指隋炀帝亲征高丽时，杨玄感发动兵变，围攻东都洛阳之事。

礼部尚书江夏王道宗[1]从太宗征高丽，诏道宗与李勣为前锋。及济辽水克盖牟城[2]，逢贼兵大至，军中佥[3]欲深沟保险，待太宗至，徐进。道宗议曰："不可。贼赴急远来，兵实疲顿，恃众轻我，一战可摧。昔耿

译 礼部尚书、江夏王李道宗跟从唐太宗征伐高丽，唐太宗诏令李道宗与李勣作前锋将。到渡过辽河攻克盖牟城，遇到敌军大量涌来，唐军将士都想加深壕沟，保守险要，等到唐太宗率大军到来，再慢慢推进。李道宗反对说："不能这样。敌军远道而来救急解围，士兵实在是非常疲劳，只是恃仗人多而轻视我军，只

弇④不以贼遗君父，我既职在前军，当须清道⑤以待舆驾⑥。”李勣大然其议。乃率骁勇数百骑，直冲敌阵，左右出入，勣因合击，大破之。太宗至，深加赏劳。道宗在阵损足，帝亲为针灸，赐以御膳。

要一次战斗就可以击败他们。从前耿弇从不把敌人留给君王处置，我们既然职任前锋，就应当扫清道路来迎接皇上的到来。”李勣非常赞同他的意见。于是李道宗就率领几百名骁勇骑兵，径直冲入敌军阵中，横冲直撞，李勣配合攻击，大败敌军。唐太宗来到，大加奖赏犒劳。李道宗在战阵上伤了脚，唐太宗亲自为他针灸，并赏赐给他御膳。

注 ① 道宗：李道宗，唐初大臣，唐高祖李渊的堂侄，屡立战功，封江夏王，贞观十五年送文成公主至吐蕃与松赞干布成亲。
② 盖牟城：故址在今辽宁省营口市盖县境内。
③ 佥：都，皆。
④ 耿弇(yǎn 掩)：东汉初大将，讨平张步，平定王郎，镇压铜马、赤眉军等，被封为建威大将军。
⑤ 清道：古代帝王或高官外出，要清扫道路，驱赶行人。此指扫荡敌人。
⑥ 舆驾：皇帝的坐车，此代指皇帝。

太宗《帝范》曰：“夫兵甲者，国家凶器也。土地虽广，好战则民凋；中国①虽安，忘战则民殆。凋非保全之术，殆非拟寇之方，不可以全除，不可以常用。故农隙讲武，习威仪也；三年治兵，辨等列也。是以勾践轼蛙②，卒成霸业；徐偃弃武③，终以丧邦。何也？越习其威，徐忘其备也。孔子曰：‘以不教民战，是谓弃之④。’故知弧矢之威，以利天下⑤，此用兵之职也。”

译 唐太宗在《帝范》一书中说：“武器铠甲是国中的凶器。土地虽然广大，喜好打仗就会使百姓凋疲；中国虽然安定，忘掉战备就会使百姓懈怠。使百姓凋疲不是保全国家的办法，使百姓懈怠不是对付敌寇的办法，武备不可以全部解除，也不可以常用。因此农闲讲武，以练习威仪；三年练兵，以辨别威仪等差和行列次序。所以越王勾践给怒蛙敬礼，终于成就霸业；徐偃王放弃武备，终于丧失邦国。为什么？因为越国练习威仪，徐国忘掉武备。孔子说：‘以不教民战，是谓弃之。’因此知道弓箭的威力，用它来有利天下，这是用兵者的职责。”

注 ① 中国：指中原地区，这里也指唐王朝直接统治地区。
② 勾践轼蛙：春秋时越王勾践被吴国打败，要复仇雪耻，路上有只发怒的青蛙，勾践在车上扶着轼站起来向它致敬，身边侍从很奇怪，问为何向青蛙敬礼，勾践说它也是有勇气的。战士们看到青蛙勇敢都受到敬礼，就更加激励了勇气。轼，在此作敬礼解。
③ 徐偃弃武：西周时徐国僭越称王，周穆王听说后，叫楚国出兵伐徐。徐偃王只讲文德，不搞武备，终于亡国。
④ 以不教民战，是谓弃之：用未经训练的百姓去打仗，是让他们去送死。语见《论语·子路》。

⑤ 故知弧矢之威，以利天下：弧矢，弓箭。语见《易·大传》。

译 贞观二十二年，唐太宗将要再次兴兵征讨高丽。这时，房玄龄卧病在床，病情日渐沉重，环顾四周侍立的几个儿子说："现今天下清静安宁，各方面都得到了相应的安置，只有皇上想东征高丽一事，正成为国家的祸害。我知道其害处而不说，可以说是含恨而死。"于是就上奏章劝谏说：

臣听说战争之可恶在于不能止息，武功之可贵在于能制止战争。现在皇上的圣明教化施及的地方，不论多远都已达到。远古时不能臣服的，陛下都能让他们臣服；远古时不能控制的，陛下都能加以控制。详细地考察古今历史，作为中原的祸害，没有超过突厥的。陛下乃能安坐运筹神妙的计策，不用走下殿堂，就让突厥大大小小的可汗，一个个相继前来归降，分担宫廷禁卫的职守，手执兵器服役在行伍之间。其后薛延陀部气焰嚣张，不久就被消灭了；铁勒诸部仰慕礼义，请求朝廷在他们的境内设置州县，从此沙漠以北地区，方圆万里不起征尘。至于如高昌国在沙漠地区专横不法，吐谷浑在积石关进退反复，只用一支偏师就近讨伐，就全部扫荡平定了。高丽历代以来逃避诛讨，谁也不能攻击讨伐。陛下谴责他反叛作乱，杀死君王，虐待民众，所以亲自统率六军，到渤海、辽东地区去吊民问罪。没过十天，就占领了辽东，前后俘获的人，共有数十万人，分配到各个州，没有一处不满额的。洗雪了前朝旧有的耻辱，掩埋了过去战争中阵亡将士的枯骨，比较功业，衡量德行，陛下超过前代君王一万倍。这是圣明的君主自己清楚的事情，微臣怎么敢详细论说。

贞观二十二年，太宗将重讨高丽。是时，房玄龄寝疾增剧，顾谓诸子曰："当今天下清谧，咸得其宜，唯欲东讨高丽，方为国害。吾知而不言，可谓衔恨入地。"遂上表谏曰：

臣闻兵恶不戢[①]，武贵止戈。当今圣化所覃[②]，无远不暨。上古所不臣者，陛下皆能臣之；所不制者，皆能制之。详观古今，为中国患害，无过突厥。遂能坐运神策，不下殿堂，大小可汗，相次束手，分典[③]禁卫[④]，执戟[⑤]行间。其后延陀鸱张[⑥]，寻就夷灭；铁勒慕义[⑦]，请置州县，沙漠已北，万里无尘。至如高昌叛涣[⑧]于流沙[⑨]，吐浑首鼠[⑩]于积石[⑪]，偏师[⑫]薄[⑬]伐，俱从平荡。高丽历代逋[⑭]诛，莫能讨击。陛下责其逆乱，杀主虐人，亲总六军，问罪辽、碣[⑮]。未经旬日，即拔辽东，前后虏获，数十万计，分配诸州，无处不满。雪往代之宿耻[⑯]，掩崤陵之枯骨[⑰]，比功校德，万倍前王。此圣主所自知，微臣安敢备说。

注 ① 戢：止息。
② 覃：延及。
③ 典：主管。
④ 禁卫：指皇帝的卫队。
⑤ 执戟：此指值宿警卫。
⑥ 鸱(chī 痴)张：嚣张，凶暴。鸱，鹞鹰，一种凶猛的鸟。此指贞观十九年薛延陀趁唐太宗征高丽之机，出兵侵犯唐境。
⑦ 铁勒慕义：贞观二十年，江夏王李道宗击败薛延陀，遣使招谕铁勒诸部，使其自愿归附唐朝。唐朝置燕然都护府，统铁勒、回纥诸部各羁縻州府。
⑧ 叛涣：横行不法。

⑨ 流沙：古代泛指我国西北沙漠地区。
⑩ 首鼠：踌躇不决，进退不定。
⑪ 积石：积石关，在甘肃省临夏县城西北，附近两山如削，黄河中流，地形险要。
⑫ 偏师：不是军中主力的小部分部队。
⑬ 薄：迫近。
⑭ 逋：逃避。
⑮ 碣：指碣石山，在今河北省昌黎县北。
⑯ 宿耻：指隋朝多次讨伐高丽，均遭败迹。
⑰ 掩崤（yáo 摇）陵之枯骨：《左传》僖公三十三年夏，晋国与姜戎于崤山大败秦军。三年后文公三年，秦军伐晋，晋军不敢出战。秦军于崤山掩埋阵亡将士，堆土树标，然后回师。此指唐太宗贞观十九年征高丽途中诏令掩埋征高丽阵亡将士并自作文祭奠之事。崤陵，即崤山，在河南省西部，为秦岭东段支脉。

且陛下仁风被于率土①，孝德彰于配天②。睹夷狄之将亡，则指期数岁；授将帅之节度，则决机万里。屈指而候驿，视景③而望书，符应若神，算无遗策④。擢将于行伍之中，取士于凡庸之末。远夷单使，一见不忘；小臣之名，未尝再问。箭穿七札⑤，弓贯六钧⑥。加以留情坟典⑦，属意篇什⑧，笔迈钟、张⑨，词穷贾、马⑩。文锋既振，则宫徵⑪自谐；轻翰⑫暂⑬飞，则花葩⑭竞发。抚万姓以慈，遇群臣以礼。褒秋毫之善，解吞舟之网⑮。逆耳之谏必听，肤受之愬⑯斯绝。好生之德，禁障塞于江湖；恶杀之仁，息鼓刀⑰于屠肆⑱。凫⑲鹤荷⑳稻粱之惠，犬马蒙帷盖㉑之恩。降尊吮思摩之疮㉒，登堂临魏徵之柩㉓。哭战亡之卒㉔，则哀动六军；负填道之薪㉕，则情感天地。重黔黎㉖之大命，特尽心于庶狱㉗。臣心识昏愦㉘，岂足论圣功之深远，谈天德之高大哉！陛下兼众美而有之，靡不备具，微臣深为陛下惜之重之，爱之宝之。

译 况且陛下仁慈教化覆盖四野，孝恭德行比列祖列宗更显明。眼见夷狄外族趋向衰亡，就估测出其灭亡的年岁；授予将帅统兵指挥之权，就能决策万里之外的戎机。屈指计算所等候的驿骑到来的时间，观察日影而期待着捷报送来，其符合应验就如同神仙一样，谋划没有失策的。在普通士兵中间提拔将领，在极平凡的人中间选拔官吏。遥远小国派来的一个小使臣，看了一眼便不会忘记；小官吏的名字，从没有询问第二次的。射箭能够射穿七层铠甲，拉弓可以拉满六钧的硬弓。加上寄情于三坟五典，专注于诗文辞章，书法超过钟繇、张芝，辞藻胜过贾谊、司马相如。文词的锋芒奋发挥洒，其音节韵律自然合于五音；灵巧的毛笔刚一挥动，鲜花就竞相开放。用仁慈抚慰百姓，按礼仪接待群臣。表扬像秋天鸟兽细毛一样细小的善事，对能吞下船只的大鱼也解开渔网放生。不顺耳的谏劝之言必定听取，谗言毁谤一律杜绝。爱护生灵的美德，故禁止在江湖中设置渔网；厌恶杀生的仁慈，故停止在肉肆中动刀宰杀。野鸭闲鹤承受着饱食稻粱的恩惠，爱犬战马享受着帷幔之车送葬的恩典。陛下尊贵的身份为李思摩吮吸箭伤，走进灵堂哀悼魏徵的死亡。为阵亡将士痛哭，悲哀使六军士卒感动；背负填铺道路的柴草，真情感动了天地。重视平民百姓的生命，特别为平民的官司尽心。臣心思见识昏乱糊涂，怎么能议论陛下圣明功德的深厚宏远，谈说陛下齐天恩德的高大啊！陛下兼有众多美德，没有哪方面不具备，小臣深切地为陛下珍惜它尊重它，爱护它宝贵它。

注 ① 率土：所有的土地。
② 配天：此指祖先。
③ 景：日影。
④ 遗策：失策，失计。
⑤ 箭穿七札：春秋时养由基善射，能一箭射穿七层铠甲。札，铠甲。
⑥ 弓贯六钧：《左传》定公八年，鲁国伐齐国，颜高之弓六钧。钧，古代重量单位，以三十斤为一钧。
⑦ 坟典：三坟五典，古代书名。
⑧ 篇什：《诗经》中“雅”、“颂”以十篇为“什”。后人以“篇什”称诗章。
⑨ 钟、张：指汉魏书法家钟繇、张芝。
⑩ 贾、马：指西汉文学家贾谊、司马相如。
⑪ 宫徵（zhǐ 止）：古代五音中两个音级。此指音调，韵律。
⑫ 翰：毛笔。
⑬ 暂：初，开始。
⑭ 葩（pā）：花。
⑮ 解吞舟之网：比喻法网宽大。吞舟，大鱼的代称。《庄子·庚桑楚》：“吞舟之鱼，砀而失水，则蚁能苦之。”
⑯ 肤受之愬：肤受，浮泛不实，即谗言。愬，“诉”的异体字。《论语》：“肤受之愬不行焉，可谓明也已矣。”
⑰ 鼓刀：动刀作声，指宰杀牲畜。
⑱ 屠肆：肉肆，肉店。
⑲ 凫：野鸭。
⑳ 荷：担负，承受。
㉑ 帷盖：车的帷幔和车盖。
㉒ 吮思摩之疮：贞观十九年，唐太宗征高丽，攻白岩城，右卫大将军李思摩为流矢射中，唐太宗亲自为他的伤口吸出毒血。
㉓ 临魏徵之柩：贞观十七年，魏徵卒，唐太宗亲至灵堂致祭，恸哭失声。
㉔ 哭战亡之卒：贞观十九年，唐太宗征高丽，至营州，诏令收集辽东阵亡将士骸骨葬于柳城东南，命有司设太牢，亲作文祭奠，临哭致哀。
㉕ 负填道之薪：贞观十九年，唐太宗渡辽河，辽地多沼泽地，车马难以通行，便命长孙无忌带领万人割柴草填道，水深处用车作桥。唐太宗亲自在马鞍上捆系柴草，帮助填道。
㉖ 黔黎：黔首黎民，即平民百姓。
㉗ 庶狱：百姓的官司。
㉘ 愦：糊涂。

译《周易》上说：“知道前进而不知道后退，知道生存而不知道灭亡，知道获得而不知道丧失。”又说：“知道前进后退生存灭亡，而又不背离原则的，只有圣人了吧！”根据

《周易》曰：“知进而不知退，知存而不知亡，知得而不知丧。”又曰：“知进退存亡，而不失其正者，

其惟圣人乎！”[①] 由此言之，进有退之义，存有亡之机，得有丧之理，老臣所以为陛下惜之者，盖谓此也。《老子》曰：“知足不辱，知止不殆。”臣谓陛下威名功德，亦可足矣；拓地开疆，亦可止矣。彼高丽者，边夷贱类，不足待以仁义，不可责以常理。古来以鱼鳖畜之，宜从阔略[②]。必欲绝其种类，深恐兽穷则搏。且陛下每决死囚，必令三覆五奏，进素食，停音乐者[③]，盖以人命所重，感动圣慈也。况今兵士之徒，无一罪戾，无故驱之于战阵之间，委之于锋刃之下，使肝脑涂地，魂魄无归，令其老父孤儿，寡妻慈母，望辖车[④] 而掩泣，抱枯骨而摧心[⑤]，足变动阴阳，感[⑥] 伤和气，实天下之冤痛也。且兵，凶器；战，危事，不得已而用之。向使高丽违失臣节，而陛下诛之可也；侵扰百姓，而陛下灭之可也；久长能为中国患，而陛下除之可也。有一于此，虽日杀万夫，不足为愧。今无此三条，坐烦中国，内为旧主[⑦] 雪怨，外为新罗[⑧] 报仇，岂非所存者小，所损者大？

这一点来说，前进包含有后退的意蕴，生存包含有灭亡的契机，获得包含有丧失的可能，老臣所以替陛下惋惜的原因，指的就是这个。《老子》上说：“知道满足才不会受耻辱，知道适可而止才不会危险。”臣认为陛下的功德威名，也可以满足了；开拓土地扩大疆域，也可以停止了。那个高丽国，是边远的外族低贱的族类，不能够用仁爱礼义来对待，不可以用常理来要求。自古以来就一直当作鱼鳖之类来畜养的，应该对它施行宽缓简略的政策。若是一定要绝灭它的种类，实在担心它会像野兽被逼到走投无路时那样拼死反扑。况且陛下每次判决死囚，必定命令要三覆五奏，吃素食，停止奏乐，其原因就是因为人命至重，感动了陛下的仁慈之心。何况现在这些当士兵的，没有一点罪恶过失，无缘无故地驱赶他们到战阵之中，置身在锋利的刀刃之下，使他们肝胆涂地，魂魄不能回归故乡，让他们的老父孤儿、寡妻慈母望着运载灵柩的车子掩面哭泣，怀抱亲人的枯骨而伤心，这样足以使天地阴阳发生异常变动，动摇和伤损天地间的和谐之气，实在是天下的至冤至痛啊。况且兵器是凶险之器，战争是危险的事情，万不得已才使用它们。假使过去高丽违背了作臣子的礼节，陛下诛杀它是可以的；侵袭骚扰百姓，陛下消灭它是可以的；长期作为中国的祸害，陛下除掉它是可以的。以上三条只要有一条存在，虽然每天诛杀一万人，也不必感到惭愧。现在没有这三条，平白无故地烦扰中国，就内而言是为高丽的旧国王洗刷怨恨，对外而言是替新罗国报仇，难道不是得到很小，损失很大吗？

注 ① 为《周易·文言传》中解释乾卦的文辞。

② 阔略：宽缓简略。

③ “且陛下”句：贞观五年，唐太宗令决死囚者，必须二日中五覆奏，下诸州者，三覆奏。行刑之日，尚食勿进酒食，内教坊及太常不举乐。

④ 辖(huì 慧)车：辖，通“槥”。《汉书·高帝纪》：“令从军死者，为槥归其县。”注：“槥，小棺也。”

⑤ 摧心：撕心裂肺般悲伤。

⑥ 感：通“撼”，摇动。

⑦ 旧主：指高丽王高武，为其莫离支盖苏文所杀。
⑧ 新罗：贞观十七年，新罗遣使节至唐，言百济攻占其国四十余城，又与高丽连兵，谋断绝新罗入贡唐朝之路，乞兵救援。唐太宗遣使节至高丽，警告其勿攻新罗。高丽莫离支不听，唐太宗遂欲征之。

愿陛下遵皇祖老子[①]止足之诫，以保万代巍巍之名。发霈然之恩，降宽大之诏，顺阳春以布泽，许高丽以自新，焚凌波之船，罢应募之众[②]，自然华夷庆赖，远肃迩[③]安。臣老病三公，朝夕入地，所恨竟无尘露，微增海岳。谨罄残魂余息，豫代结草[④]之诚。傥蒙录此哀鸣[⑤]，即臣死骨不朽。
太宗见表，叹曰："此人危笃如此，尚能忧我国家。"虽谏不从，终为善策。

译 希望陛下遵循远祖老子有关"知足"的训诫，用以保全千秋万代崇高的名声。广施充盛的恩惠，颁降宽大的诏令，顺应春天阳光温和而布施恩泽，允许高丽人改过自新，烧掉跨海作战用的战船，解散应征召募的士兵，自然使华夷各族都庆幸归心，远邦恭顺，国内安宁。臣是年老多病位在三公的闲人，朝不保夕即将死去，所遗憾的是竟没有一点尘埃和露水，来稍微使大海加深高山增高。现在谨竭尽残存的魂魄和剩余的气息，预先表示我结草报恩的忠诚。如果蒙陛下采录这临死前的话语，即使臣死了也将是不朽的。
唐太宗看到奏章，叹息道："这个人病危到了这种地步，还在担忧我国家。"虽然他的谏劝未被接受，但到底是很好的策略。

注 ① 皇祖老子：皇祖，一般指祖父，此指远祖。据说唐初晋州人吉善在羊角山见一白衣老人，嘱令转告唐天子，勿忘祖宗。唐高祖疑老人为老子，故建老子庙于羊角山，尊老子为远祖，春秋致祭。
② "发霈然"句：霈然，雨水很多的样子。贞观十八年：唐太宗欲东征高丽，于长安、洛阳征募甲士三千，战舰五百艘。
③ 迩：近。
④ 结草：《左传》宣公十五年，秦伐晋国，晋将魏颗击败秦军，获秦将杜回。此前魏武子有一个宠姬，未生子，魏武子病重，命儿子魏颗说："必嫁是人。"但至临死前却说："必以是人为殉。"武子死，魏颗将此女嫁出。此时魏颗在战阵上，见一老人结草绊倒杜回，遂被魏颗所俘。是夜魏颗梦此老人，称是魏颗所嫁之女的父亲，特来报答救女之恩。
⑤ 哀鸣：比喻人临终时所说的善言。《论语·泰伯》："鸟之将死，其鸣也哀；人之将亡，其言也善。"

贞观二十二年，军旅亟动，宫室互兴，百姓颇有劳弊。充容[①]徐氏[②]上疏谏曰：

译 贞观二十二年，军队屡次大规模行动，宫室交替兴造，百姓很辛劳困顿。充容徐氏上奏章谏劝说：

贞观已来，二十有余载，风调雨顺，年登岁稔，人无水旱之弊，国无饥馑之灾。昔汉武帝守文之常主，犹登刻玉之符③；齐桓公小国之庸君，尚塗④泥金之事⑤。望陛下推功损己，让德不居。亿兆⑥倾心，犹阙告成之礼⑦；云、亭⑧伫谒，未展升中之仪⑨。此之功德，足以咀嚼⑩百王，网罗⑪千代者矣。然古人有云："虽休⑫勿休"，良⑬有以也。守初保末，圣哲罕兼。是知业大者易骄，愿陛下难之，善始者难终，愿陛下易之。

自从贞观初以来，二十多年的时间，风调雨顺，年年五谷丰登，人民没有遭受水、旱之灾害，国家没有发生饥荒的灾难。从前汉武帝只是一个遵守成法的普通君主，还用刻玉之符举行封禅礼仪；齐桓公只是一个小国的平常君王，也还企图用泥金玉牒举行封禅大典。希望陛下推让功劳而自我谦逊，谦让功德而不独占。虽然亿万民众倾心归服，但还缺少告成之礼仪；上古帝王曾在云云山、亭亭山伫立谒告，而陛下却仍未举行祭天之仪式。这样的功德，完全能够品评百世帝王，盖过千代英主了。但是古人有言："虽然有吉利之事也不要高兴。"实在很有道理。坚守初志并保持到最后，即使是圣贤哲人也极少能兼美的。由此可知，功业大的人容易骄傲，希望陛下使它变得艰难；开端好的人很难坚持到底，希望陛下使它变得容易。

注 ① 充容：唐代嫔妃名。

② 徐氏：即唐太宗妃徐惠，少聪颖，遍涉经史，唐太宗纳为才人，手不释卷，文辞敏赡，深得天子礼顾，升为充容。永徽初，卒，赠贤妃。

③ 登刻玉之符：登，古代祭器，引申作祭祀，此作封禅解。刻玉之符，即玉牒，古代帝王封禅郊祀时所用的文书，刻写玉版之上。汉武帝于元封元年封泰山，封下埋玉牒书；礼毕，禅肃然山。

④ 塗：通"图"。

⑤ 泥金之事：齐桓公称霸后，会诸侯于葵丘，欲举行封禅仪式，为管仲所谏止。泥金，封禅用玉牒、玉检，以水银和金屑为封泥。

⑥ 亿兆：指天下民众。

⑦ 告成之礼：《通典》："古者帝王之兴，每易姓而起，以致太平，必封乎泰山，所以告成功也。"

⑧ 云、亭：指泰山下的云云山、亭亭山，传说黄帝禅亭亭山，五帝禅云云山。

⑨ 升中之仪：《礼记·礼器》："因名山升中于山。"即古代帝王登五岳，燔柴祭天，以告事业成功的仪式。

⑩ 咀嚼：品评，褒贬。

⑪ 网罗：此作囊括、盖过解。

⑫ 休：吉利，高兴。

⑬ 良：很。

窃见顷年以来，力役①兼总，

译 私下看见近年以来，兵事和徭役同时进

东有辽海之军[2]，西有昆丘之役[3]，士马疲于甲胄，舟车倦于转输。且召募役戍，去留怀死生之痛；因风阻浪，人米有漂溺之危。一夫力耕，年无数十之获；一船致损，则倾覆数百之粮。是犹运有尽之农功，填无穷之巨浪，图未获之他众，丧已成之我军。虽除凶伐暴，有国成规，然黩武玩兵，先哲所戒。昔秦皇并吞六国，反速危祸之基；晋武奄有三方[4]，翻成覆败之业。岂非矜功恃大，弃德轻邦，图利忘害，肆情纵欲？遂使悠悠六合[5]，虽广不救其亡，嗷嗷[6]黎庶，因弊以成其祸。是知地广非常安之术，人劳乃易乱之源。愿陛下布泽流人[7]，矜弊恤乏，减行役[8]之烦，增雨露之惠。

行，东面有征伐辽海的军队，西面有讨伐龟兹的战役，士兵马匹被铠甲搞得很疲累，船只车辆也厌倦了转运输送。而且召募驻防边疆的士卒，离去的和留下的都怀有生离死别的悲痛；因为风狂浪高，人员和粮米都有漂泊沉没的危险。一个农夫尽力耕种，一年也没有几十石的收获；一艘船舶遭受损坏，就倾覆了几百石的粮米。这好像是运送有限的农产品，去填充那无穷无尽的海浪，贪图还未获得的别国民众，却丧失了我方原有的军队。虽然说铲除凶恶、讨伐残暴是国家的纲常规矩，但是滥用武力发动战争，却是先哲所禁止的事。过去秦始皇吞并了关东六国，反而成为迅速覆亡的基础；晋武帝占有魏、蜀、吴三国，反而成为导致失败的坏事。难道不是自恃功业强盛，抛弃道德而看轻国家，贪图利益而忘记危害，尽情放纵私欲的结果吗？于是使得久长无穷的天地，虽然广阔也不能挽救他们的灭亡，哀号中的黎民百姓，由于疲困而成为他们的祸害。由此可知，地域广阔并不是保持国家长治久安的策略，人民劳苦才是容易发生动乱的根源。希望陛下向流离失所的人们布施恩泽，怜悯周济疲乏贫困的人，减少百姓奔走服役的忧烦，增加如甘露一般的恩惠。

注 ① 力役：力役与兵役。
② 辽海之军：指贞观十八年唐太宗征讨高丽之事。
③ 昆丘之役：指贞观二十二年唐军西征龟兹之事。昆丘，即昆仑山。
④ 晋武奄有三方：指晋武帝代魏自立，并攻占蜀、吴，统一中国。
⑤ 六合：指天地四方。
⑥ 嗷嗷：哀号声。
⑦ 流人：流离失所之人。
⑧ 行役：因服军役或劳役而在外奔波跋涉。

妾又闻为政之本，贵在无为。窃见土木之功，不可遂兼。北阙初建，南营翠微[1]，曾未逾时，玉华[2]创制，非惟构架之劳，颇有工力之费。虽复茅茨[3]示约，犹兴木石之疲，假使和雇[4]取人，不无烦扰之

译 臣妾又听说治理国家的根本，可宝贵的就是无为而治。我个人认为土木建筑的兴建，不可同时进行。北边的皇宫刚刚兴建，南边又在营造翠微宫，还没有经过一个季节，玉华宫又创建了，不仅仅是建造殿宇的辛劳，还很有些人工钱物的浪费。虽然用茅草盖屋来显示节约，可还是有大兴土木

弊。是以卑宫菲食，圣王之所安，金屋瑶台，骄主之为丽。故有道之君，以逸逸人；无道之君，以乐乐身。愿陛下使之以时，则力不竭矣；用而息之，则心斯悦矣。

的疲劳，即使是有偿雇用工匠，仍然有烦劳扰民的弊端。因此宫室简陋，饮食简单，为圣明的君王所适应，用金玉装饰的楼宇台阁，是骄奢纵欲的君王的靡丽之作。所以有道的君主，用安逸使人民得到休息；昏庸无道的君主，用音乐使自己享乐。希望陛下根据农时合理使用人力，那么人力就不会竭尽了；使用他们又让他们得到休息，那么百姓内心就愉快了。

注 ① 翠微：翠微宫，在终南山上，贞观二十一年建。

② 玉华：玉华宫，在陕西宜君县，贞观二十一年建。

③ 茅茨：用茅草盖屋。

④ 和雇：由官府出资雇佣工匠、劳力。

夫珍玩技巧，为丧国之斧斤，珠玉锦绣，实迷心之酖毒。窃见服玩鲜靡，如变化于自然，职贡奇珍，若神仙之所制，虽驰华于季俗①，实败素于淳风。是知漆器非延叛之方，桀造之而人叛；玉杯②岂招亡之术，纣用之而国亡。方验侈丽之源，不可不遏。夫作法于俭，犹恐其奢；作法于奢，何以制后？伏惟陛下，照明未形，智周无际，穷奥秘于麟阁③，尽探赜④于儒林。千王治乱之踪，百代安危之迹，兴亡衰乱之数，得失成败之机，固亦包吞心府⑤之中，循环目围⑥之内，乃宸衷⑦久察，无假一二言焉。惟知之非难，行之不易，志骄于业著，体逸于时安。伏愿抑志裁心，慎终成始，削轻过以添重德，择今是以替前非，则鸿名与日月无穷，盛业与乾坤永泰！

太宗甚善其言，特加优赐甚厚。

译 那些珍奇的玩物和精巧的技艺，是斫丧国家的利斧，珠宝玉器锦衣绣饰，实在是迷乱心智的毒酒。我亲见宫廷服用玩物纤巧华丽，就好像是从自然中变化出来的，各国进贡各地进献的奇珍异宝，就如同是神仙制造的一般，虽然可在颓废的世俗中张扬奢侈华丽，却实在是败坏淳厚风俗的诱因。由此可知，用漆器不是为了招引叛乱，夏桀制造了它却招致诸侯叛离；饮玉杯哪里是为了招致灭亡，商纣使用它竟造成国家灭亡。这才验证了奢侈靡华是灭亡的根源，不能不加以抑制。以俭朴作为法则，还担忧后代奢华；以奢华作为法则，又凭什么约束后人？恳切希望陛下洞察尚未成形的事物，智慧遍及无垠大地，在麒麟阁上探寻其成功的奥秘，在读书人中探究幽深微妙的哲理。成千君王治理与祸乱的踪迹，百世安定与危险的迹象，国家兴亡衰乱的命运，得失成败的关键，本来就已包容在陛下心胸之中，目光循环观看的范围之内，是陛下内心长久考察的，不必借助臣妾的一二句话来说明。只是明了这些并不困难，但加以施行就不容易了，意志骄纵是由于功业显著，身体逸乐是由于时势安定。恳切希望陛下按抑心志，裁制心思，慎终如始，改正轻微的过失来增添高尚的品德，择取现在的正确来替代以前的错失，那么宏大的名声就会同日月一样无穷，兴盛的事业就会与天地一样永存！

唐太宗很赞赏她的话，特地给予丰厚的赏赐。

注 ① 季俗：末世衰俗。

② 玉杯：商纣王用象牙箸，箕子说："彼为象箸，必将为犀玉之杯。"

③ 麟阁：即麒麟阁，汉宣帝曾将功臣像画在阁上，以表彰其功绩。

④ 探赜(zé)：即探赜索隐之略，探究深奥的义理，搜索隐秘的事迹。《周易·系辞上》："探赜索隐，钩深致远，莫大乎蓍龟。"

⑤ 心府：心，此指心胸。

⑥ 目围：目光所能达到的范围。

⑦ 宸衷：宸，帝王居住处，借指帝王。衷，内心。

安边第三十六

凡二章

贞观四年，李靖击突厥颉利，败之，其部落多来归降者。诏议安边之策，中书令温彦博议："请于河南[1]处之。准汉建武[2]时，置降匈奴于五原[3]塞下，全其部落，得为捍蔽，又不离其土俗，因而抚之，一则实空虚之地，二则示无猜之心，是含育之道也。"太宗从之。秘书监魏徵曰："匈奴自古至今，未有如斯之破败，此是上天剿绝，宗庙神武。且其世寇中国，万姓冤仇，陛下以其为降，不能诛灭，即宜遣发河北，居其旧土。匈奴人面兽心，非我族类，强必寇盗，弱则卑伏，不顾恩义，其天性也。秦、汉患之者若是，故时发猛将以击之，收其河南以为郡县。陛下以内地居之，且今降者几至十万，数年之后，滋息过倍，居我肘腋[4]，甫迩王畿，心腹之疾，将为后患，尤不可处以河南也。"温彦博曰："天子之于万物也，天覆地载[5]，有归我者则必养之。今突厥破除，余落归附，陛下不加怜愍，弃而不纳，非天地之道，阻四夷之意，臣愚甚谓不可，宜处之河南。所谓死而生

译 贞观四年，李靖攻打突厥颉利可汗，击败了他，颉利统辖的部落大多前来归降。唐太宗诏令大臣讨论安定边疆的政策，中书令温彦博建议："请在河套地区安置他们。仿照东汉光武帝建武年间的事例，将归降的匈奴人安置在五原郡边塞下，保全他们的部落，作为中原坚实的屏障，同时又不远离他们的本土，改变他们的习俗，借此安抚他们，一来充实了空虚的边疆地区，二来表示没有猜疑之心，这是包含养育的办法。"唐太宗采纳了他的意见。秘书监魏徵说："匈奴从古到今，没有像现在这样的衰败，这是上天要剿灭他们，也是祖宗的神武显示威力。况且匈奴世代侵犯中原，与无数百姓结下冤仇，陛下因为他们归降，不能诛灭他们，就应该立即遣送他们回到黄河北面，居住在他们的本土上。匈奴人面兽心，和我们不是同族，一旦强大必然入侵劫掠，而实力衰弱时就俯首归顺，不顾恩情道义，这是他们的天性。秦朝、汉朝所担忧的就是这个，所以不时派遣猛将攻击他们，收取河套一带设置郡县。陛下让他们居住在内地，而且现在归降的人员几乎达到十万，数年以后，滋养生息，将使人口翻倍，居住在我们身边，过于靠近都城，将成为心腹之病，必然是今后的祸害，尤其不可以将他们安置在黄河以南地区。"温彦博说："天子对待万物，就像是上天覆盖、大地承载万物一样，有归附我们

的就必定加以收养。现在突厥已被打败，剩余的部落来归附，陛下不加以怜悯，抛弃他们而不予收纳，这不是天覆地载的道理，也阻绝了周边异族归附的诚意，臣很以为不可以这样，应该在黄河以南地区安置他们。这就是常说的让置于死地的人生存下去，将已灭亡的国家予以恢复，使他们感激我皇的深厚恩德，永远不叛逆。"魏徵说："晋朝取代魏国的时候，胡人部落分散居留在晋朝京都附近的州县，江统劝说把他们逐出塞外，但晋武帝没有采纳他的建议，过了几年，他们就攻占了京都洛阳。前世的覆车之辙，亡国教训并不遥远。陛下一定要采用温彦博的建议，把他们安置在黄河以南地区，就叫做饲养老虎而为自己留下后患。"温彦博又说："臣听说圣人的主张，没有什么不通达的。突厥的残余民众，把性命交给了我们，把他们收容在内地，用礼仪法度教化他们，选拔他们的首领，让他们在宫禁中值宿警卫，他们畏惧我们的威力，感念我们的恩德，有什么祸害呢？而且汉光武帝让河南单于居住在内地州郡，作为汉室的屏障辅翼，在整个东汉时期，都没有叛逆。"他又说："隋文帝兴师动众，耗损国库财物，置立突厥可汗，让他们恢复自己的国家，后来他们辜负恩德，背弃信义，在雁门围攻隋炀帝。现在陛下仁德宽厚，依从他们的意愿，黄河南北各处，任他们随意居住，各部分置首领，相互之间不能统辖，权力声势分散，怎么会成为祸害呢？"给事中杜楚客进言道："北方异族人面兽心，很难用仁德感化，却容易用威力镇服。现在让他们的部落分散居住在黄河以南地区，逼近中原腹地，时间长了必定会成为祸害。至于像雁门那次战争，虽然是突厥人背离恩义，但也由于隋炀帝昏庸无道，中原因此发生大动乱，怎么能说是恢复了灭亡的国家而招致了这场灾祸呢？不许夷人扰乱华夏，这是前人圣贤的明白训诫，恢复已亡的国家，延续断绝的部族，是前代圣明君王的通行做法。臣担忧办事不效法古人，很难维持长久。"唐太宗嘉奖他的建议，但因为当时正致力于实施怀柔政策，所以没有加以听从，最终采纳了

之，亡而存之，怀我厚恩，终无叛逆。"魏徵曰："晋代有魏时，胡部落分居近郡，江统[6]劝逐出塞外，武帝不用其言，数年之后，遂倾瀍、洛[7]。前代覆车，殷鉴不远。陛下必用彦博言，遣居河南，所谓养兽[8]自遗患也。"彦博又曰："臣闻圣人之道，无所不通。突厥余魂，以命归我，收居内地，教以礼法，选其酋首，遣居宿卫，畏威怀德，何患之有？且光武居河南单于于内郡，以为汉藩翰，终于一代，不有叛逆。"又曰："隋文帝劳兵马，费仓库，树立可汗，令复其国，后孤恩失信，围炀帝于雁门[9]。今陛下仁厚，从其所欲，河南、河北，任情居住，各有酋长，不相统属，力散势分，安能为害？"给事中杜楚客[10]进曰："北狄人面兽心，难以怀德，易以威服。今令其部落散处河南，逼近中华，久必为患。至如雁门之役，虽是突厥背恩，自由隋主无道，中国以之丧乱，岂得云兴复亡国以致此祸？夷不乱华，前哲明训，存亡断绝，列圣通规。臣恐事不师古，难以长久。"太宗嘉其言，方务怀柔[11]，未之从也，卒用彦博策，自幽州[12]至灵州[13]，置顺、祐、化、长四州都督府以处之，其人居长安者近且万家。

注 ① 河南：北方河套以南地区。
② 建武：汉光武帝的年号。
③ 五原：汉代郡名，在今内蒙古包头市西北。东汉初匈奴南单于分部众屯居于此。
④ 肘腋：比喻贴近自身之处。
⑤ 天覆地载：上天覆盖万物，大地承载万物。比喻帝王的恩泽深厚。
⑥ 江统：字应元，陈留人。晋武帝时为

山阴令。当时关中陇上遭到氐、羌族侵扰，江统深怕“四夷乱华，宜杜其萌”，遂作《徙戎论》，但未被晋武帝采用。未及十年，“夷狄乱华”。

⑦ 瀍、洛：瀍河与洛河，均在河南洛阳附近，此代指东汉都城洛阳。

⑧ 兽：老虎。唐高祖之祖名虎，故唐代讳“虎”字，多以“兽”字代称。

⑨“隋文帝”句：隋开皇二十二年，隋文帝以突厥突利为启民可汗，以义成公主嫁之。大业十一年，隋炀帝巡北边，始毕可汗帅数十万骑，围攻隋炀帝于雁门。

⑩ 杜楚客：杜如晦之弟，少尚奇节，玄武门之变时，遁居嵩山，贞观四年召为给事中，后进蒲州刺史，有能名。

⑪ 怀柔：用政治手段笼络他族别国，使其归附。

⑫ 幽州：唐州名，所辖地相当今之北京市、天津市与河北省北部地区。

⑬ 灵州：唐州名，辖境相当今宁夏中卫、中宁以北地区。

温彦博的建议，东自幽州，西至灵州，设置了顺州、祐州、化州、长州四州都督府来安置归附的突厥部落，突厥人居住在长安的将近一万家。

自突厥颉利破后，诸部落首领来降者，皆拜将军中郎将，布列朝廷，五品以上百余人，殆与朝士相半。惟拓拔[1]不至，又遣招慰之，使者相望于道。凉州[2]都督李大亮，以为于事无益，徒费中国，上疏曰：“臣闻欲绥远者必先安近，中国百姓，天下根本，四夷之人，犹于枝叶，扰其根本以厚枝叶，而求久安，未之有也。自古明王化中国以信，驭夷狄以权。故《春秋》云：‘戎狄豺狼，不可厌也；诸夏亲昵，不可弃也。’[3]自陛下君临区宇[4]，深根固本，人逸兵强，九州殷富，四夷自服。今者招致突厥，虽入提封[5]，臣愚稍觉劳费，未悟其有益也。然河西[6]民庶，镇御藩夷，州县萧条，户口鲜少，加因隋乱，减耗尤多。突厥未平之前，尚不安业，匈奴微弱以来，始就农亩，若即劳役，恐致妨损。以臣愚惑，请停招慰。且谓之荒服[7]者，故臣而不纳。是以周室爱民攘狄，竟延八百之龄；秦王轻战事胡，故四十载而绝灭；汉文养兵静守，天下安丰；孝武扬威远略，海内虚耗，虽悔轮

译 自从突厥颉利被打败后，各部落首领前来归降的，都被授予将军、中郎将，分置在朝廷上，五品以上的官员有一百多人，几乎占到朝廷官员的一半。只有拓拔氏不来归附，唐太宗又派遣使者去招抚，前后派遣的使者往来途中不绝。凉州都督李大亮认为这样做对国事没有好处，只是白白浪费朝廷的精力、财力，就上奏章说：“臣听说要安抚远方之人就必须首先安定近处，我国百姓是天下的根本，四夷外族之人就如同是枝叶，损害根本来优待枝叶，而寻求长久的太平，是从未有过的事情。自古以来的圣明君主，用诚信教化华夏百姓，用威权驾驭四夷异族民众。所以《春秋》上说：‘戎狄异族好比豺狼，不可以满足他们的欲望；华夏诸侯相互亲近，不可以抛弃他们。’自从陛下统治天下以来，致力于巩固国家的根本，百姓安逸，武力强盛，全国殷实富足，四夷外族自然就会归服。现在招抚突厥，让他们进入封疆之内，以臣愚见总觉得有些劳民伤财，没有领悟到这么做的益处。但是河西地区的百姓，一直镇守边塞，防御外邦内侵，搞得州县萧条破败，人口很少，再加上隋末大动乱，损耗尤其巨大。突厥没有讨平以前，那里还不能安家乐业，自从匈奴衰落之后，才开始从事农耕，如果立即征发劳役，恐怕招致妨碍损伤。以臣愚见，希望停止招抚突厥。而且被称为'荒服'的外邦，本就是让他们称臣即可以了，原不必收纳他们。因此，周王室爱护百姓排斥外族，政权竟延续了八百年；秦始皇轻率发动战争北击胡人，所以仅四十年就亡国了；汉文帝养育军队安静自守，使天下安定丰足；汉武帝炫耀武力经略远方，造成天下空虚，虽然晚年下'轮台诏'追悔往事，但已后悔莫及了。到了隋代，很早就得到了伊吾，并且兼辖鄯善，但得到以后，辛劳耗费日甚一日，虚耗国内财物而致力于遥远的边塞，终究有损害而没有利益。远溯秦、汉时期，近观隋朝，动乱平静、安定危殆的情形，都很清楚具体了。现在伊吾虽然已经臣服归附，但远在沙漠之外，百姓也不是华夏族人，土地多是沙漠盐碱地。那些自行称王建邦而自称属国内附的，请实施笼络政策而接受他们，让他们居住在塞外，他们必定畏惧我们的威力而感怀恩德，永远作为属国之臣，这就是施行虚的恩惠而收取实的福祉。近来突厥全族涌入内地，既不能让他们去江、淮水乡居住，来根本变化他们的习俗，而只好安置在王畿附近，离开京城不远，虽说是宽大仁慈的善举，却也不是长治久安的计策。臣常看见一个人归降之初，就赏赐他五匹布、一领袍，酋长首领都授予高官，利禄优厚，地位尊贵，这必然要造成很多耗费。用内地黎民百姓的租赋，供养积恶深重的凶蛮俘虏，他们的人数增多，不是我国的利益呀！"唐太宗不予采纳。

台⑧，追已不及。至于隋室，早得伊吾⑨，兼统鄯善⑩，且既得之后，劳费日甚，虚内致外，竟损无益。远寻秦、汉，近观隋室，动静安危，昭然备矣。伊吾虽已臣附，远在藩碛，民非夏人，地多沙卤⑪。其自竖立称藩附庸者，请羁縻受之，使居塞外，必畏威怀德，永为藩臣，盖行虚惠而收实福矣。近日突厥，倾国入朝，既不能俘⑫之江淮，以变其俗，入置于内地，去京不远，虽则宽仁之义，亦非久安之计也。每见一人初降，赐物五匹，袍一领，酋长悉授大官，禄厚位尊，理多糜费。以中国之租赋，供积恶之凶虏，其众益多，非中国之利也。"太宗不纳。

注 ① 拓拔：拓拔赤辞，党项羌首领之一。东突厥亡后，党项羌诸部相率归附于唐，独拓拔赤辞不至，后因宗党多归附唐，遂率众内属，被任为西戎州都督，赐姓李氏。

② 凉州：唐州名，辖境在今甘肃永昌以东一带。

③ "故《春秋》"句：此《左传》闵公元年载管仲告诉齐侯之语。

④ 区宇：疆土地域。

⑤ 提封：指诸侯或宗室的封地，也指四境之内。

⑥ 河西：指河西走廊与湟水流域，即今甘肃、青海两省黄河以西地区。

⑦ 荒服：古代王畿之外每五百里为一服，最远者称荒服，距王畿二千至二千五百里。

⑧ 轮台：本轮台国，在今新疆轮台东南，为汉军所灭，汉武帝置使者校尉屯田于此。汉武帝晚年后悔远征，因轮台屯田事而颁罪己诏，停止对外用兵。

⑨ 伊吾：西域地名，隋大业六年置郡，治所在今新疆哈密，隋末为西突厥所占，唐初属唐，置伊州。

⑩ 鄯善：古西域国名，本名楼兰，在今新疆若羌县一带，隋大业五年置郡。

⑪ 沙卤：多砂石的盐碱地。

⑫ 俘：通"浮"。

十三年，太宗幸九成宫，突利可汗弟中郎将阿史那结社率[1]阴结所部，并拥突利子贺罗鹘夜犯御营，事败，皆捕斩之。太宗自是不直[2]突厥，悔处其部众于中国，还其旧部于河北，建牙[3]于故定襄城[4]，立李思摩为乙弥泥熟俟利苾可汗以主之，因谓侍臣曰："中国百姓，实天下之根本，四夷之人，乃同枝叶，扰其根本以厚枝叶，而求久安，未之有也。初不纳魏徵言，遂觉劳费日甚，几失久安之道。"

译 贞观十三年，唐太宗驾临九成宫，突利可汗的弟弟中郎将阿史那结社率暗中集结自己的部众，拥戴突利可汗的儿子贺罗鹘在夜里突袭皇帝住宿处，事情败露后，全部被逮捕斩首。唐太宗从此不信任突厥人，后悔把突厥部众安置在中原，于是遣送突厥旧部去黄河以北地区，在过去的定襄城建置衙府，任命李思摩为乙弥泥熟俟利苾可汗，来主持部落事务，唐太宗因此对侍臣说："华夏百姓，确是天下的根本，而边境异族，就如同枝叶一样，损伤根本厚待枝叶，来要求长久的安定，从来没有过这样的事。当初不采纳魏徵的忠言，感觉人财的损耗日甚一日，几乎背离了国家长治久安的正道。"

注 ① 阿史那结社率：突利可汗之弟，贞观四年入朝。
② 直：信任。
③ 建牙：此指武将出外镇守地方。
④ 定襄城：指隋定襄郡城，贞观十四年于此置云州，在今山西大同市。

贞观十四年，侯君集平高昌之后，太宗欲以其地为州县。魏徵曰："陛下初临天下，高昌王先来朝谒，自后数有商胡[1]，称其遏绝贡献，加之不礼大国诏使，遂使王诛载加[2]。若罪止文泰，斯亦可矣。未若因抚其民，而立其子，所谓伐罪吊民，威德被于遐外，为国之善者也。今若利其土壤以为州县，常须千余人镇守，数年一易，每来往交替，死者十有三、四，遣办衣资，离别亲戚，十年之后，陇右[3]空虚，陛下终不得高昌撮谷尺布以助中国。所谓散有用而事无用，臣未见其可。"太宗不从，竟以其地置西州，仍以西州为安西都护府，每岁调发千余人，防遏其地。

译 贞观十四年，侯君集平定高昌以后，唐太宗准备在那里设置州县。魏徵说："陛下刚统治天下之时，高昌国王麴文泰首先来朝谒，此后西域胡商屡次称高昌王阻绝他们奉献贡物，再加上他对本朝钦差使臣无礼，以致皇上对他的讨伐力度一再增加。如果只追究麴文泰一人的罪责，这也就可以了。不如借此机会安抚那里的百姓，并立高昌王的儿子为王，这就是讨伐有罪的君王而安抚受难的人民，使国家的威力恩德遍及边远的外邦，这才是治国的良策。现在如果图谋那里的土地而设置州县，就必须常年一千多人去镇守，几年更换一次，每次来往交替，死亡的就有十分之三、四，还要置办衣物钱财，离别亲戚，这样的话，十年以后，陇右一带就会空虚，但是陛下最终还是得不到高昌的一撮谷一尺布来资助内地。这就叫做耗散有用的资财去从事无益的事情，臣看不出它可行的道理。"唐太宗不听从，还是在高昌境内设置西州，并在西州设置安西都护府，每年调遣一千余人防守这个地方。

注①商胡：经商的胡人。
②载加：一再增加。
③陇右：唐初十道之一，辖境在今甘肃六盘山以西、青海省青海湖以东及新疆东部。

译黄门侍郎褚遂良也认为这样做不行，上奏章说："臣听说古代明智的君主当政，圣贤的帝王创建基业，一定是首先考虑华夏人利益，然后再顾及四夷外族，广施德政教化，不去征服遥远的荒服之地。因此周宣王征伐猃狁很有限度，追逐到边境就班师回朝了；秦始皇远征塞外修筑长城，结果中原却分崩离析了。陛下诛灭了高昌，威名传扬于西域地区，制服了凶悍的强敌，在那里设置州县。但是朝廷军队刚出征的那年，也就是河西地区供奉赋税劳役的时候，到处飞快地搬送粮草，闹得十室九空，几个州郡都萧条荒凉，五年之内不能恢复。陛下每年派遣一千余人去远方屯边镇守，使他们整年与家人离别，在万里之外渴望返回家园。离开家乡的人的路费行装，还要自己筹备，已经卖掉了粮食，又卖尽了布帛。在途中死亡的人，就更不用说了。又遣送内地犯人，去那里增强驻防力量。在遣送的犯人中，又有逃亡的，官府要去捕捉，给国家横生事端。通往高昌的道路，沙漠戈壁千里不绝，冬天北风像冰一样寒冷，夏天的风又像火烧一样炙热，行路的人遇到这种天气大多只有一死。《周易》上说：'安泰的时候不要忘记危险，国家治理的时候不要忘记动乱。'假设张掖发生了战事，酒泉的烽烟升起了，陛下难道能够得到高昌的一人之力、一点粮食来资助国家吗？终究还是要调发陇右各州的军队，如流星奔驰、电光闪击般出击。由此说来，这河西地区就如自己的心腹，那高昌只是他人的手脚，难道可以浪费中华的资财，去经营这无用的土地吗？陛下在沙漠塞外平定了颉利，在西海消灭了吐谷浑。对突厥余部，为他们置立可汗；对吐谷浑遗民，为他们重立酋长。现在再恢复高昌国君，也不是没有先例，这就叫做有罪的就加以诛伐，已经归服的就

黄门侍郎褚遂良亦以为不可，上疏曰："臣闻古者哲后①临朝，明王创业，必先华夏而后夷狄，广诸德化，不事遐荒。是以周宣②薄伐，至境而反；始皇远塞③，中国分离。陛下诛灭高昌，威加西域，收其鲸鲵④，以为州县。然则王师初发之岁，河西供役之年，飞刍⑤挽粟，十室九空，数郡萧然，五年不复。陛下每岁遣千余人，而远事屯戍，终年离别，万里思归。去者资装，自须营办，既卖菽粟，倾其机杼⑥。经途死亡，复在言外。兼遣罪人，增其防遏。所遣之内，复有逃亡，官司捕捉，为国生事。高昌涂路，沙碛千里，冬风冰冽，夏风如焚，行人遇之多死。《易》云：'安不忘危，治不忘乱。'设令张掖⑦尘飞，酒泉⑧烽举，陛下岂能得高昌一人菽粟而及事乎？终须发陇右诸州，星驰电击。由斯而言，此河西者方于心腹，彼高昌者他人手足，岂得糜费中华，以事无用？陛下平颉利于沙塞，灭吐浑于西海⑨。突厥余落，为立可汗；吐浑遗萌⑩，更树君长。复立高昌，非无前例，此所谓有罪而诛之，既服而存之。宜择高昌可立者，征⑪给首领，遣还本国，负戴洪恩，长为藩翰。中国不扰，既富其宁，传之子孙以贻后代。"疏奏，不纳。

注①后：国王。
②周宣：周宣王，其征伐猃狁，追逐至边

境而止。
③ 始皇远塞：秦始皇派大将蒙恬发兵三十万人，收河南地，为四十四县；筑长城，因地形以制险塞，东自辽东，西至临洮，延袤万余里。
④ 鲸鲵：古人称雄鲸作鲸，雌鲸作鲵。此指凶悍的强敌。
⑤ 刍：饲料。
⑥ 机杼：织布机，此指布帛。
⑦ 张掖：郡名，在今甘肃省，为通往西域及漠北的要冲。
⑧ 酒泉：郡名，在今甘肃省，河西走廊上的重镇。
⑨ 西海：郡名，在今青海省青海湖附近一带。
⑩ 萌：通“氓”，民。
⑪ 征：征聘，召聘。

让他们生存下去。应该选择高昌国中可以扶植的人，召纳为首领，遣送他还本国，他承受皇上的大恩，将会长久地作为大唐的屏障辅翼。中国不受侵扰，既富庶又安宁，把盛业传给子孙遗留给后代。”奏章呈上去，唐太宗不予采纳。

至十六年，西突厥遣兵寇西州，太宗谓侍臣曰：“朕闻西州有警急，虽不足为害，然岂能无忧乎？往者初平高昌，魏徵、褚遂良劝朕立麴文泰子弟，依旧为国，朕竟不用其计，今日方自悔责。昔汉高祖遭平城之围，而赏娄敬①；袁绍败于官渡，而诛田丰②。朕恒以此二事为诫，宁得忘所言者乎？”

译 到了贞观十六年，西突厥派遣兵马侵犯西州，唐太宗对侍臣说：“朕听到西州报警很急，虽然不至于造成大危害，但怎能不忧虑呢？过去刚讨平高昌之时，魏徵、褚遂良曾劝说朕扶立麴文泰的子弟，依旧作为国君，朕竟然没有采用他们的计策，到了今天才感到悔恨自责。过去汉高祖遭受了平城的围困，而后封赏娄敬；袁绍在官渡打了败仗，却杀掉了田丰。朕一直把这两件事引为鉴诫，难道能够忘记曾劝谏过的人吗？”

注 ①“昔汉高祖”句：汉高祖欲击匈奴，娄敬劝阻，汉高祖不听，亲率汉军北至平城（今山西省大同市东北），被匈奴大军围攻于白登（平城东），七日后围解，汉高祖退兵，召娄敬，拜为关内侯。
②“袁绍”句：东汉末，割据河北的袁绍进攻曹操，在官渡（今河南省中牟东北）大败，退归黎阳。有人对田丰说：“君必受重用。”田丰说：“今袁公败归，内心怨愤正要发泄，我不指望能活。”此时袁绍对逢纪说：“田丰战前劝过我，我真惭愧。”逢纪说：“田丰闻将军兵败，拊手大笑，高兴其预言说中了。”袁绍遂杀田丰。

贞观政要卷第十

行幸第三十七

凡四章

译 贞观初年，唐太宗对侍从的大臣们说："隋炀帝大造宫室，以便纵情游乐，从西京到东都，离宫别馆，沿路相望，以至并州、涿郡一带，无不如此。驰道都宽达数百步，路旁植树加以装饰。百姓人力不能承担，聚集起来反抗。到了末年，一尺土地一个百姓，都不再属于他所有了。由此看来，大造宫室，喜好游乐，究竟有什么好处？这些都是我亲耳听到、亲眼看到的事，深深以此自诫。因此不敢轻易动用百姓人力，只让百姓安静，不要有怨言叛乱就是了。"

贞观初，太宗谓侍臣曰："隋炀帝广造宫室，以肆行幸，自西京至东都，离宫别馆，相望道次，乃至并州、涿郡①，无不悉然。驰道皆广数百步，种树以饰其旁。人力不堪，相聚为贼。逮至末年，尺土一人，非复己有。以此观之，广宫室，好行幸，竟有何益？此皆朕耳所闻、目所见，深以自诫。故不敢轻用人力，惟令百姓安静，不有怨叛而已。"

注 ① 并州：治所在今山西省太原市。涿郡：治所在今北京市西南。

译 贞观十一年，唐太宗驾临洛阳宫，在积翠池中乘舟游玩，回头对侍臣说："这些宫殿台榭池沼都是隋炀帝营造的，他驱策役使百姓，尽力建造这些雕饰华丽的东西，却又不能驻守这样一座都城，为天下百姓着想，却喜好不停地出游，百姓实在不能承受。古代诗人说：'什么草不枯黄？哪一天不奔走？''东方远近各诸侯国中，织布机都被搜罗一空。'正是说的这种情况。于是使天下百姓生怨叛乱，隋炀帝也身死国亡，现在他的宫殿园林都归我

贞观十一年，太宗幸洛阳宫，泛舟于积翠池，顾谓侍臣曰："此宫观台沼并炀帝所为，所谓驰役生民，穷此雕丽，复不能守此一都，以万民为虑，好行幸不息，民所不堪。昔诗人云：'何草不黄？何日不行？'①'小东大东，杼轴其空。'②正谓此也。遂使天下怨叛，身死国灭，今其宫苑尽为我有。隋氏倾覆者，岂惟其君无道，亦

由股肱无良。如宇文述、虞世基、裴蕴[③]之徒，居高官，食厚禄，受人委任，惟行谄佞，蔽塞聪明，欲令其国无危，不可得也。”司空长孙无忌奏言：“隋氏之亡，其君则杜塞忠谠之言，臣则苟欲自全，左右有过，初不纠举，寇盗滋蔓，亦不实陈。据此，即不惟天道，实由君臣不相匡弼。”太宗曰：“朕与卿等承其余弊，惟须弘道移风，使万世永赖矣。”

所有了。隋朝彻底败亡的原因，难道只是其君主无道，也是由于辅弼大臣不贤良。如宇文述、虞世基、裴蕴之流，身居高官，享受厚禄，受帝王的委任，却只会巴结逢迎，蒙蔽阻塞天子的视听，这样想让他的国家没有危险，是不可能的。”司空长孙无忌上奏说：“隋朝灭亡的原因，在于其君主杜绝阻塞忠诚正直的言论，其臣下是只图保全自己，左右侍臣有过失，一点也不督察检举，盗贼滋生蔓延，也不据实报告。根据这一点，隋朝不仅是天意如此，实在也是由于其君臣之间不相匡正辅弼的结果。”唐太宗说：“朕与卿等大臣承接了隋代留下的弊端，只有弘扬正道改变积习，才能使子孙万代永远有所依赖。”

注 ① 语出《诗经·小雅·何草不黄》。原诗讽刺周幽王用兵不息，军旅自岁始草生而出，至岁晚百草枯黄仍未归，百姓困苦。

② 语出《诗经·小雅·大东》。大东小东，指东方大小各诸侯国。杼轴，指织布机。

③ 裴蕴：隋炀帝时任民部侍郎、御史大夫，迎合帝意，朋比结党，后死于宇文化及发动的兵变。

贞观十三年，太宗谓魏徵曰：“隋炀帝承文帝余业，海内殷阜[①]，若能常处关中，岂有倾败？遂不顾百姓，行幸无期，径往江都，不纳董纯[②]、崔象[③]等谏诤，身戮国灭，为天下笑。虽复帝祚长短，委以玄天；而福善祸淫，亦由人事。朕每思之，若欲君臣长久，国无危败，君有违失，臣须极言。朕闻卿等规谏，纵不能当时即从，再三思审，必择善而用之。”

译 贞观十三年，唐太宗对魏徵说：“隋炀帝继承了隋文帝的遗业，国家殷实丰足，如果能够经常住在关中，怎么会倾覆败亡？就是不顾惜百姓，到处游玩而没有限度，直接前往江都，不接受董纯、崔象等人的直言劝谏，导致身死国亡，为天下人所耻笑。虽然帝位的长短，可以托辞于上苍；但是善则得福，恶则得祸，却是由人的行为决定的。朕经常思虑这些问题，如果要想使君臣长久相安，国家没有危险败亡，君王有违背事理的过失时，臣下必须尽量指出。朕听到你们的规劝，即使不能当时就听从，经过再三思量审察，一定选择好的建议而加以采用。”

注 ① 殷阜：民殷物阜，形容国家富足。

② 董纯：隋臣，以从杨素平定汉王杨谅叛乱之功拜柱国，进封郡公。

③ 崔象：即崔民象，奉信郎，大业十二年因劝谏隋炀帝勿幸江都，被杀。

贞观十二年，太宗东巡狩，将入洛，次于显仁宫[1]，宫苑官司多被责罚。侍中魏徵进言曰：“陛下今幸洛州，为是旧征行处，庶其安定，故欲加恩故老。城郭之民未蒙德惠，官司苑监多及罪辜，或以供奉之物不精，又以不为献食，此则不思止足，志在奢靡。既乖行幸本心，何以副百姓所望？隋主先命在下多作献食，献食不多，则有威罚，上之所好，下必有甚，竞为无限，遂至灭亡。此非载籍所闻，陛下目所亲见，为其无道，故天命陛下代之。当战战栗栗，每事省约，参踪前列，昭训子孙，奈何今日欲在人之下？陛下若以为足，今日不啻足矣。若以为不足，万倍于此，亦不足也。”太宗大惊曰：“非公，朕不闻此言，自今已后，庶几无如此事。”

注 ① 显仁宫：据《隋志》所载为隋炀帝大业元年所起的行宫。

译 贞观十二年，唐太宗到东方巡幸，将要进入洛阳时，住在显仁宫中，负责宫苑事务的各级官吏都受到责罚。侍中魏徵进言道：“陛下如今巡幸洛州，为的是当年征战时经过这里，如今它已安定，所以要对这里的故老乡亲加恩。现在城里的人民还没有受到恩惠，主管宫苑的各级官吏却大多受到责罚，有的是因为供奉的东西不够精美，有的是没有进献异味珍品，这是自己不懂得知足，而一心追求奢侈靡费生活的表现。这样既违背了巡幸各地的本意，又怎能满足百姓的希望？当年隋炀帝巡游时事先下令要各地多多准备贡献珍贵的食品，贡献得不多，就要受到严厉惩罚，上边有这样的爱好，下边就一定搞得更加厉害，相互竞争没有限度，一直到王朝覆亡。这不仅是在典籍上可以见到的记载，也是陛下所亲眼目睹的事实，正因为隋炀帝无道，所以上天才授命陛下来取而代之。理当战战栗栗、十分小心，每事务求节省俭约，按照前人的经验教训，谆谆告诫子孙，怎么今天又要降低在他人之下放纵自己呢？陛下如果对今天的生活感到满足，那么确实是应当满足了。如果以为不满足的话，即使再提高万倍，也还是不会满足的。”唐太宗听后大惊说：“不是你，我就听不到这样的话了，从今以后，一定不再发生这样的事。”

畋猎第三十八

凡五章

秘书监虞世南以太宗颇好畋猎，上疏谏曰："臣闻秋狝冬狩①，盖惟恒典；射隼②从③禽，备乎前诰④。伏惟陛下因听览之余辰，顺天道以杀伐，将欲摧班⑤碎掌⑥，亲御皮轩⑦，穷猛兽之窟穴，尽逸材⑧于林薮。夷凶剪暴，以卫黎元⑨，收革擢羽，用充军器，举旗效获⑩，式⑪遵前古。然黄屋⑫之尊，金舆⑬之贵，八方之所仰德，万国之所系心，清道而行，犹戒衔橛⑭，斯盖重慎防微，为社稷也。是以马卿直谏⑮于前，张昭变色⑯于后，臣诚细微，敢忘斯义？且天弧星罼⑰，所殪⑱已多，颁禽赐获，皇恩亦溥⑲。伏愿时息猎车，且韬⑳长戟，不拒刍荛㉑之请，降纳涓浍㉒之流，袒裼㉓徒搏，任之群下，则贻范百王，永光万代。"太宗深嘉其言。

注 ① 秋狝(xiǎn 显)冬狩：《周礼》：大司马，仲秋教治兵以狝田，致禽以祀祊，仲冬教大阅以狩田，献禽以享烝。狝，秋天狩猎。

② 隼(sǔn 笋)：即鹘，一种猛禽。

译 秘书监虞世南因为唐太宗很喜欢打猎，上奏章规劝说："臣听说君王在秋冬时节狩猎，是国家的一项通常制度；射猎鹰隼和追捕野兽，记载在前代的典诰中。恳切希望陛下在听阅奏章处理国事的余暇，顺应秋冬肃杀的时令进行狩猎，而要击毙猛虎，击碎熊掌，亲自驾驶狩猎之车，穷追到猛兽的窟穴，搜杀尽山林中猛禽野兽。砍杀凶顽，剪除残暴，来保护一方百姓，收集兽皮，拔取羽毛，用来充实军用器械，举起旗帜，向宗庙贡献猎物，遵循上古的仪式。但是坐在黄缯作车盖、金玉装饰车厢的御车中的尊贵天子，他的德行为天下人所景仰，其行动为万国臣民所牵挂，他出行要先清理道路，还要仔细检查马勒口衔木，这样谨慎从事，防微杜渐，都是为了宗庙社稷呀。所以前有司马相如直言劝阻汉武帝，后有张昭严肃规劝东吴主孙权，臣实是一介微臣，怎么敢忘记这一道理？况且弓箭罗网四处密布，射杀的禽兽已经很多了，赏赐猎物，陛下的恩惠也很广泛而浩大。恳切希望陛下能适时停止打猎，暂且收藏起长枪，不拒绝樵夫的请求，俯身接纳涓涓细流般的诚意，将脱衣露体、徒手搏击野兽的事，交给臣下去做，那就会给百代君王留下典范，永远光照万代了。"唐太宗很赏识他的建议。

③ 从：追逐。
④ 诰：古代一种训诫勉励的文告。
⑤ 班：通“斑”，虎身上斑纹，借代老虎。
⑥ 掌：熊掌，借代熊。
⑦ 皮轩：用虎皮装饰的猎车。
⑧ 逸材：超人之才，此指特别凶猛的野兽。
⑨ 黎元：庶民百姓。
⑩ 效获：贡献猎获物。
⑪ 式：发语词。
⑫ 黄屋：古代帝王坐车用黄缯为车盖之里，此借指帝王的坐车。
⑬ 金舆：用金玉装饰的车厢，此借指帝王的坐车。
⑭ 衔橛：衔，马勒口。橛，马衔木。
⑮ 马卿直谏：司马相如（字长卿）曾随汉武帝在长杨狩猎，汉武帝好自击熊、野猪，相如上疏谏，汉武帝从之。
⑯ 张昭变色：张昭，东吴孙权的主要谋臣，孙权曾乘马射虎，张昭严肃地加以劝谏。
⑰ 弧、罼（bì 毕）：弧，弓；罼，田猎用的长柄网。
⑱ 殪：杀死。
⑲ 溥：普遍。
⑳ 韬：掩藏。
㉑ 抅荛：割草斩柴，转指樵夫。
㉒ 浍（kuài 快）：水沟。
㉓ 袒裼（xī 西）：脱衣露体。

谷那律①为谏议大夫，尝从太宗出猎，在途遇雨，太宗问曰：“油衣②若为得不漏？”对曰：“能以瓦为之，必不漏矣！”意欲太宗弗数游猎。大被嘉纳，赐帛五十段，加以金带。

译 谷那律任谏议大夫，曾随唐太宗外出打猎，途中遇上下雨，太宗问道：“雨衣如何做才能不漏？”谷那律回答说：“能够用瓦片来做，一定不会漏。”意思是要太宗不要经常外出打猎。大受太宗的嘉奖采纳，赐给他帛五十段，外加金带一条。

注 ① 谷那律：魏州昌乐（今河南省南乐县）人，曾任国子博士、谏议大夫，他熟悉经书，被褚遂良称为“九经库”。
② 油衣：雨衣，一般用桐油涂在衣服上，用来防雨。

贞观十一年，太宗谓侍臣曰：“朕昨往怀州①，有上封事者云：‘何为恒差山东众丁于苑内营造？即日徭役，似不下隋时。怀、洛以东，残人不堪其命，而田猎犹数，骄逸之主也。今

译 贞观十一年，唐太宗对侍臣说：“朕上次到怀州去，有人进呈奏章说：‘为什么老是差遣中原民夫在园囿中营造建筑？近日徭役，似乎不少于隋朝之时。怀州、洛阳以东，遭摧残的百姓已经不能活命了，却打猎之事还是屡屡举行，真是一个骄奢淫逸的君主。现在者复来怀州田猎，忠谏不复至洛阳矣。’四时蒐田②，即是帝王常礼；今日怀州，秋毫不干于百姓。凡上书谏正，自有常准，臣贵有词，主贵能改。如斯诋毁，有似咒诅。”侍中魏徵奏称：“国家开直言之路，所以上封事者尤多。陛下亲自披阅，或冀臣言可取，所以侥幸之士得肆其丑。臣谏其君，甚须折衷，从容讽谏。汉元帝尝以酎③祭宗庙，出便门，御楼船，御史大夫薛广德④当乘舆免冠曰：‘宜从桥。陛下不听臣言，臣自刎，以颈血污车轮，陛下不入庙矣。’元帝不悦。光禄卿张猛进曰：‘臣闻主圣臣直，乘船危，就桥安。圣主不乘危，广德言可听。’元帝曰：‘晓人不当如是耶?’乃从桥。以此而言，张猛可谓直臣谏君也。”太宗大悦。

又来到怀州打猎，忠言诤谏将不会再送到洛阳了。’一年四季的狩猎活动，原本是帝王经常性的礼仪；这次到怀州，也丝毫没有干犯百姓的生活。大凡臣下上奏章劝谏，自有常理规矩；臣下贵在语言合理，君主贵在闻过即改。像这样的诋毁，简直就是诅咒了。”侍中魏徵奏道：“国家敞开直言议论国事之路，因此上奏章的人特别多。陛下亲自披阅，总是希望臣民的言论有可供采纳的，因此有些侥幸之人就得以放肆地揭短。臣下谏劝自己的国君，特别应该折衷其词，从容婉转地提意见。汉元帝曾经用醇酒祭祀宗庙，打算从便门而出，坐御船前往，御史大夫薛广德挡在御驾之前，脱下了官帽规劝道：‘应该从桥上走。陛下不听从臣的劝阻，臣就自刎，用臣颈中之血沾染御车的车轮，使陛下不能进入宗庙祭祀。’汉元帝很不高兴。光禄卿张猛进言说：‘臣听说君主圣明，臣下就忠直，乘船有危险，从桥上走安全。圣明君主不登高历险，薛广德的话值得听取。’汉元帝说：‘说明开导别人不正该这样吗?’于是就从桥上走了。由此看来，张猛可说是直臣规劝其君主呵。”唐太宗听了非常高兴。

注 ① 怀州：唐州名，治所在今河南省沁阳市。
② 蒐(sōu 搜)田：指春天打猎。
③ 酎：经过三次酿造的酒，味淳厚，故用来献祭宗庙。
④ 薛广德：汉大臣，字长卿，沛郡人。

贞观十四年，太宗幸同州①沙苑②，亲格猛兽，复晨出夜还。特进魏徵奏言：“臣闻《书》美文王不敢盘于游田③，《传》述《虞箴》称夷羿以为戒④。昔汉文临峻坂⑤欲驰下，袁盎⑥揽辔曰：‘圣主不乘危，不侥幸，今陛下骋六飞⑦，驰不测之山，如有马惊车败，陛下纵欲自轻，奈高庙何?’孝武好格猛兽，相如进谏：‘力称乌获⑧，捷言庆忌⑨，人诚有之，兽亦宜然。猝遇逸材之兽，骇不存之地，

译 贞观十四年，唐太宗驾临同州沙苑，亲自格杀猛兽，又清晨出门，夜深而归。特进魏徵上奏说：“臣听说《周书》赞美周文王不敢迷恋于狩猎，《左传》记述《虞箴》里的话，讲后羿之事作为警戒。过去汉文帝面临陡坡想驱车飞驰而下，袁盎揽住马缰绳劝阻说：‘圣明的圣主不乘坐危险的车子，不图侥幸，现在陛下要驾着六匹骏马拉的车子，飞驰在无法预料结果的陡坡上，如果发生马受惊车翻倒的事情，陛下纵然不看重自己的生命，可怎么向祖先交待啊?’汉武帝喜好格杀猛兽，司马相如规劝说：‘乌获以力大著称，庆忌以敏捷得名，如

果说人类中有这样杰出的，那么野兽中必然也有异常凶猛的。倘若突然遇到特别凶猛的野兽，陷入令人惊骇的危险境地，即使拥有乌获、逢蒙的本领也不能发挥，而那些朽木枯枝都将与你为难。即使万无一失而没有造成祸患，但也不是天子所应该做的。’汉元帝去泰畤郊祀，顺便留下来打猎，薛广德上奏说：‘臣看见关东地区困苦已极，百姓遭受着灾害，而现在却在撞已灭亡了的秦朝用过的编钟，歌唱郑、卫两国的靡靡之音，士兵暴露在旷野，随从官员劳苦疲倦，想要安定宗庙社稷，为什么不以徒步过河、徒手搏虎作为警戒呢？’臣私下思量这几位帝王，难道就心如木石，独不喜欢驰骋狩猎的快乐吗？而他们能割舍自己的喜好，克制自己的感情，听从臣下的规劝的原因，就在于心中存有为国为民的志愿，而不为自身。臣听说陛下的车驾近日出巡，亲自与猛兽格斗，晨出夜归，以极尊贵的天子身份，在昏暗中行走于荒野，穿行于深密的丛林，跋涉于丰茂的草地，尤其不是万全之计。希望陛下割弃私情的娱乐，休止与猛兽格斗的乐趣，上为宗庙社稷着想，下抚百官黎民。”唐太宗说：“昨天的事属于偶然的糊涂，不是历来这样的，自今以后将以此为诫。”

虽乌获、逄蒙[10]之伎不得用，而枯木朽株尽为难矣。虽万全而无患，然而本非天子所宜。’孝元帝郊[11]泰畤[12]，因留射猎，薛广德称：‘窃见关东困极，百姓离灾，今日撞亡秦之钟，歌郑、卫之乐，士卒暴露，从官劳倦，欲安宗庙社稷，何凭河暴虎，未之戒也？’臣窃思此数帝，心岂木石，独不好驰骋之乐？而割情屈己，从臣下之言者，志存为国，不为身也。臣伏闻车驾近出，亲格猛兽，晨往夜还，以万乘之尊，暗行荒野，践深林，涉丰草，甚非万全之计。愿陛下割私情之娱，罢格兽之乐，上为宗庙社稷，下慰群寮[13]兆庶。”太宗曰：“昨日之事偶属尘昏[14]，非故然也，自今深用为诫。”

注 ① 同州：唐州名，治所在今陕西省大荔。

② 沙苑：地名，在陕西大荔之南，地多沙草，宜放牧，唐置牧监于此。

③《尚书·周书》：“文王不敢盘于游田，以庶邦惟正之供。”盘，乐，留连。田，狩猎。

④《左传》载，魏绛告晋侯曰：“昔虞人之箴曰：‘在帝夷羿，冒于原兽。’《虞箴》如是，可不惩乎？”箴，古代文体之一，内容以劝诫为主。夷羿，即后羿，有穷氏部落首领，善射，夺得夏代太康王位，因嗜好狩猎，不理国政，被家众所杀。

⑤ 峻坂：陡坡。

⑥ 袁盎：楚人，汉文帝时为中郎将。

⑦ 六飞：古代天子乘坐六匹马驾驭的车子。

⑧ 乌获：战国秦武王时的大力士，传说能举起三千斤重的龙文鼎。

⑨ 庆忌：春秋时吴王僚之子，据说他敏捷无比，能走追奔兽，手接飞鸟。

⑩ 逄蒙：夏代善于射箭之人。

⑪ 郊：古代君王于冬至日祭天于南郊称作“郊”。

⑫ 泰畤(zhì 至)：祭泰一神之坛。畤，祭天地五帝之坛。

⑬ 寮：同官为寮。

⑭ 尘昏：因尘埃蒙蔽而昏暗。此指一时糊涂。

贞观十四年冬十月，太宗将幸栎阳[①]游畋，县丞刘仁轨[②]以收获未毕，非人君顺动之时，诣行所，上表切谏。太宗遂罢猎，擢拜仁轨新安令[③]。

译 贞观十四年十月，唐太宗将到栎阳游猎，县丞刘仁轨认为农村收获没有完毕，不是皇帝出游打猎的适当时间，就前往太宗的临时驻地，上表恳切谏阻。太宗于是取消打猎活动，并提升刘仁轨为新安县令。

注 ① 栎阳：在今陕西省临潼北。
② 刘仁轨：字正则，汴州人，武则天时任仆射。
③ 新安：今河南省新安县。

灾祥第三十九

凡四章

贞观六年，太宗谓侍臣曰："朕比见众议以祥瑞为美事，频有表贺庆。如朕本心，但使天下太平，家给人足，虽无祥瑞，亦可比德于尧、舜。若百姓不足，夷狄内侵，纵有芝草遍街衢，凤凰巢苑囿，亦何异于桀、纣？尝闻石勒①时，有郡吏燃连理木②煮白雉肉吃，岂得称为明主耶？又隋文帝深爱祥瑞，遣秘书监王劭③著衣冠，在朝堂对考使焚香，读《皇隋感瑞经》④。旧尝见传说此事，实以为可笑。夫为人君，当须至公理天下，以得万姓之欢心。若尧、舜在上，百姓敬之如天地，爱之如父母，动作兴事，人皆乐之；发号施令，人皆悦之；此是大祥瑞也。自此后诸州所有祥瑞，并不用申奏。"

译 贞观六年，唐太宗对侍臣说："朕近来看到众人议论，认为祥瑞出现是喜事，经常有人上表章庆贺。按照朕的本心，只要使天下太平，家家丰衣，人人富足，即使没有祥瑞出现，也可以和尧、舜的德业比肩。如果百姓生活不富足，异族侵扰中原，纵然有满街生长灵芝草，凤凰在苑囿中筑巢，又与桀、纣有什么区别？曾听说后赵石勒时，有个郡的官吏烧连理木煮白雉的肉吃，难道石勒就能称作圣明的君主吗？还有隋文帝特别喜爱祥瑞之事，命令秘书监王劭穿上礼服，在朝堂上对诸州朝集使宣读《皇隋感瑞经》。过去听到传说这件事，实在觉得可笑。作为国君的，应该用至公无私之心治理天下，以此来赢得百姓的欢心。如果尧、舜在上为君，百姓像尊敬天地一样尊敬他们，像热爱父母一样热爱他们，他们要行动举事，人人都乐意；他们发号施令，人人都乐于遵行，这才是最大的祥瑞。从今以后，各州所出现的祥瑞之类，一概不用申报奏呈。"

注 ① 石勒：羯族人，十六国时后赵的建立者。
② 连理木：不同根而枝干相连的树木。灵芝草、连理木和凤凰、白雉，被古人看作是瑞草、瑞鸟。
③ 王劭：字君懋，隋文帝时任著作郎。
④《皇隋感瑞经》：也称《皇隋灵感志》。隋文帝好机祥（吉凶祸福的预兆），王劭便采歌谣、图谶、佛经文字等曲加诬饰，撰成此书，共三十卷。隋文帝命宣示天下，王

劭集诸州朝集使，盥手焚香，闭目而读，曲折有声，如歌咏，经月而毕。

贞观八年，陇右山崩，大蛇屡见，山东及江、淮多大水。太宗以问侍臣，秘书监虞世南对曰："春秋时，梁山①崩，晋侯②召伯宗③而问焉，对曰：'国主山川，故山崩川竭，君为之不举乐，降服乘缦④，祝币⑤以礼焉。'梁山，晋所主也。晋侯从之，故得无害。汉文帝元年，齐、楚地二十九山同日崩，水大出，令郡国⑥无来献，施惠于天下，远近欢洽，亦不为灾。后汉灵帝⑦时，青蛇见御座；晋惠帝时，大蛇长三百步⑧，见齐地，经市入朝。按蛇宜在草野而入市朝，所以为怪耳。今蛇见山泽，盖深山大泽，必有龙蛇，亦不足怪。又山东之雨，虽则其常，然阴潜⑨过久，恐有冤狱，宜断省系囚，庶或当天意。且妖不胜德，修德可以销变。"太宗以为然，因遣使者赈恤饥馁，申理冤讼，多所原宥。

译 贞观八年，陇右一带山峰崩塌，大蛇多次出现，山东与江、淮地区多次发生大水。唐太宗为此向侍臣咨询，秘书监虞世南回答说："春秋时期，梁山崩塌，晋景公召见大夫伯宗来问这件事，伯宗回答说：'国家以山川为主，因此发生山崩塌水枯竭的事情，君主要因为这些事而停止举行娱乐活动，穿上素服，乘坐不施文彩的车子，陈列礼品敬献神灵。'梁山，为晋国主祭的名山。晋景公听从了宗伯的建议，所以没有构成危害。汉文帝元年，齐、楚地区二十九座山同一天崩塌，大水涌出，所以汉文帝命令郡国不要来献贡物，对天下百姓布施恩惠，使得远近之人都很欢乐融洽，也没有出现灾祸。东汉灵帝时，青蛇出现在御座上；晋惠帝时，大蛇长达三百步，出现在齐地，经过街市进入官府大堂。按理说蛇应该在草野之中，却进入街市、朝堂，所以认为是怪异之事。现在蛇出现在高山深泽，本来深山大泽就必定有龙蛇，也不足为怪。还有山东地区淫雨不断，虽然说是正常的，但阴雨天过多，恐怕是因为有冤狱存在，应该审理判决在押的囚犯，或许能够符合天意。况且妖孽不能胜过仁德，修养仁德可以消除灾变。"唐太宗认为很对，就派出使者赈济抚恤饥饿的灾民，处理冤案，赦免了很多人。

注 ① 梁山：在陕西韩城县西，一说指山西吕梁山。
② 晋侯：晋景公。
③ 伯宗：晋国大夫。
④ 缦：指车中不饰文彩。
⑤ 祝币：祭祀献神的礼品。
⑥ 郡国：汉初郡与国同为地方行政区划。
⑦ 后汉灵帝：在位时公开卖官爵，修宫殿，任宦官横行，最终激起黄巾起义，汉朝统治崩溃。
⑧ 步：长度单位，历代不一，一般以八尺为步。
⑨ 阴潜：此指阴雨天。

贞观八年，有彗星[①]见于南方，长六丈，经百余日乃灭。太宗谓侍臣曰："天见彗星，由朕之不德，政有亏失，是何妖也？"虞世南对曰："昔齐景公时彗星见，公问晏子。晏子对曰：'公穿池沼畏不深，进台榭畏不高，行刑罚畏不重，是以天见彗星为公戒耳！'景公惧而修德，后十六日而星没。陛下若德政不修，虽麟凤数见，终是无益。但使朝无阙政，百姓安乐，虽有灾变，何损于德？愿陛下勿以功高古人而自矜大，勿以太平渐久而自骄逸，若能终始如一，彗见未足为忧。"太宗曰："吾之理国，良无景公之过。但朕年十八便为经纶[②]王业，北剪刘武周，西平薛举，东擒窦建德、王世充，二十四而天下定，二十九而居大位，四夷降伏，海内乂安[③]。自谓古来英雄拨乱之主无见及者，颇有自矜之意，此吾之过也。上天见变，良为是乎？秦始皇平六国，隋炀帝富有四海，既骄且逸，一朝而败，吾亦何得自骄也？言念及此，不觉惕焉[④]震惧！"魏徵进曰："臣闻自古帝王未有无灾变者，但能修德，灾变自销。陛下因有天变，遂能戒惧，反复思量，深自克责，虽有此变，必不为灾也。"

译 贞观八年，有彗星出现在南方天空，光芒长六丈，经过一百多天才消失。唐太宗对侍臣说："天上出现彗星，是因为朕没有修好仁德，政治有过失，这是什么凶兆呢？"虞世南回答说："从前齐景公时候也出现彗星，齐景公问晏婴。晏婴回答说：'您挖掘池沼只怕不够深，修筑台榭只怕不够高，实施刑罚只怕不够严厉，所以上天出现彗星提出告诫啊！'齐景公心中害怕而修行德政，过了十六天后，彗星消失了。陛下如果不修持德政，即使麒麟、凤凰屡屡出现，终究还是没有益处。只要使朝政没有缺失，百姓安居乐业，即使出现灾变现象，对仁德又有什么损害？希望陛下不要因为功业超过古人而骄傲自大，不要因为太平日子渐渐久了而自我骄慢奢逸，如果能够始终如一，出现彗星也不必担忧。"唐太宗说："我治理国家，确实没有齐景公那样的过失。但是朕十八岁就经营帝王事业，在北方消灭了刘武周，在西方平定了薛举，在东方擒获了窦建德、王世充，二十四岁时天下平定，二十九岁时登上帝位，四方异族投降归服，国内平安无事。自认为自古以来治理乱世的英雄君主没有能够比得上的，因而颇有一些骄傲自得的思想，这是我的过错。上天出现变异，真是因为这个缘故吗？秦始皇平定六国，隋炀帝拥有天下财富，既骄傲又淫逸，结果一下子就覆灭了，我又有什么可以骄傲自满的呢？说到这里，不由觉得提心吊胆而震惊畏惧！"魏徵进言说："臣听说自古以来帝王没有一个不遭遇灾害变异的，只要能施行德政，灾祸变异就自然消除。陛下因为天空出现变异，就能够引为戒惧，反复思量，深切地责备自己的过失，虽然有这样的灾变征兆，也必定不会成为灾祸。"

注 ① 彗星：古人认为是妖星，是灾祸出现的预兆。
② 经纶：此为经营、创建之意。
③ 乂安：太平无事。
④ 惕焉：担心的样子。

贞观十一年大雨，穀水[①]溢，冲洛城门，入洛阳宫，平地五尺，毁宫寺十九，所漂七百余家。太宗谓侍臣曰："朕之不德，皇天降灾，将由视听弗明，刑罚失度，遂使阴阳舛谬，雨水乖常。矜物罪己，载怀忧惕。朕又何情独甘滋味？可令尚食[②]断肉料，进蔬食。文武百官各上封事，极言得失。"中书侍郎岑文本上封事曰：

臣闻开拨乱之业，其功既难；守已成之基，其道不易。故居安思危，所以定其业也；有始有卒，所以崇其基也。今虽亿兆乂安，方隅宁谧，既承丧乱之后，又接凋弊之余，户口减损尚多，田畴垦辟犹少。覆焘[③]之恩著矣，而疮痍未复；德教之风被矣，而资产屡空。是以古人譬之种树，年祀绵远，则枝叶扶疏[④]，若种之日浅，根本未固，虽壅之以黑坟，暖之以春日，一人摇之，必致枯槁。今之百姓，颇类于此。常加含养，则日就滋息；暂有征役，则随日凋耗。凋耗既甚，则人不聊生；人不聊生，则怨气充塞；怨气充塞，则离叛之心生矣。故帝舜曰："可爱非君，可畏非民。"孔安国曰："人以君为命，故可爱。君失道，人叛之，故可畏[⑤]。"仲尼曰："君犹舟也，人犹水也，水所以载舟，亦所以覆舟。"是以古之哲王虽休勿休，日慎一日者，良为此也。

译 贞观十一年，下大雨，穀水泛滥，冲进洛城门，涌入洛阳宫，平地水深五尺，冲毁宫殿寺庙十九处，漂没民居七百余家。唐太宗对侍臣说："由于朕失德，所以上天降下灾祸，大概是由于我视听不明了，刑罚失度，于是使天道阴阳发生错乱，雨水反常。怜悯百姓，归罪自己，心怀忧虑警惕。朕又有什么心情独自享受珍馐美味？可以让尚食官停止供应肉食，只进蔬菜素食。文武百官各上奏章，畅言政事的得失。"中书侍郎岑文本上奏章说：

臣听说开创拨乱反正的事业，它的成功是很困难的；守住已建成的基业，要做好就更不容易。所以居安思危，是为了稳固这个事业；做事有始有终，是为了巩固国基。现在虽然万民平安无事，边疆安宁平定，但是既承接着丧亡乱离之后，又紧接着衰败困乏之时，人口减少很多，田地开垦尤其少。庇护百姓的恩惠十分显著，但战争的疮痍还没有恢复；德教的风气已遍布全国，但国家财政仍然时常匮乏。因此古人用种树作譬喻，年岁远久，就枝叶茂盛，如果种下的时间很短，根本还未巩固，即使用肥土去培护它，用春天的阳光去温暖它，只要一个人摇动它，就肯定会枯萎。现在的百姓，很像这种情况。时常给予爱护养育，就会一天天滋生成长；一旦有征调徭役，就会一天天凋弊耗损。凋弊耗损的程度愈深，就会民不聊生；民不聊生，就会充满怨气；充满怨气，就会产生背离叛乱的思想了。所以舜帝说："可爱的并不是君主，可畏的并不是百姓。"孔安国解释说："人们把君主当作性命，所以君主可爱。君主丧失道义，人民背叛他，所以人民可畏。"孔子说："君王好比是船，百姓好比是水，水可以承载船，也可以倾覆船。"因此古代明哲的君主虽有福禄而不敢淫乐，一天比一天谨慎，确实就是为了这个道理。

注 ① 穀水：古河名，即今河南渑水及其下游涧水，于洛阳西注入洛阳。
② 尚食：掌管帝王膳食的官署。
③ 覆焘：覆盖。焘，同"帱"，覆盖。
④ 扶疏：枝叶茂盛分披下垂的样子。
⑤ "故帝舜"句：为《尚书·虞书》及汉孔安国释语。

伏惟陛下览古今之事，察安危之机，上以社稷为重，下以亿兆在念。明选举，慎赏罚，进贤才，退不肖。闻过即改，从谏如流。为善在于不疑，出令期于必信。颐[1]神养性，省游畋之娱；去奢从俭，减工役之费。务静方内[2]，而不求辟土；载櫜[3]弓矢，而不忘武备。凡此数者，虽为国之恒道，陛下之所常行。臣之愚昧，惟愿陛下思而不怠，则至道之美与三、五[4]比隆，亿载之祚与天地长久。虽使桑榖为妖[5]，龙蛇作孽[6]，雉雊于鼎耳[7]，石言于晋地[8]，犹当转祸为福，变灾为祥，况雨水之患，阴阳恒理，岂可谓天谴而系圣心哉？臣闻古人有言："农夫劳而君子养焉，愚者言而智者择焉。"[9]辄陈狂瞽[10]，伏待斧钺[11]。

太宗深纳其言。

译 希望陛下纵览古今事迹，考察安全与危险的关键，上以国家利益为重，下把亿万人民放在心上。公正明察地选拔人才，慎重地赏赐惩罚，起用贤良的干才，贬退不贤之人。知道自己的过失立即改正，接受规劝像流水一样自然、顺畅。做好事要毫不犹豫，颁布命令一定要讲求信用。修养精神性情，减省游玩狩猎的活动；去掉奢侈归从俭朴，减去土木建筑的耗费。尽力求得国内安宁，而不强求开辟疆土；收藏起弓箭，而不忘记军备。大凡以上几点，虽说是国家治理的常法，陛下平日所施行的。以臣的愚昧无识，还是希望陛下多思考而不懈怠，那么至大之道的完美，可与三皇五帝比拟，亿万年的国统，可与天地共长久。即使出现了桑树、榖树共生成妖，龙蛇作怪，野雉在鼎耳上鸣叫，晋地的石头会说话的异常现象，也会转灾祸为福祥，更何况雨水造成的祸患，是天地阴阳变化的常规，怎么能说是上天谴责而使陛下不得放心呢？臣听说古人有这样一句话："农夫生产农作物而为君子所食用，愚昧之人提意见而明智之人加以选择采纳。"臣妄自陈述无见无识的狂言乱语，俯伏等待陛下的裁决处罚。

唐太宗很赞同他的建议并予以采纳。

注 ① 颐：调养。

② 方内：国内，四境之内。

③ 櫜（gāo 高）：收藏甲衣或弓箭的袋子。

④ 三、五：三皇五帝。

⑤ 桑榖为妖：《史记·殷本纪》载：亳有桑树、楮树共生于朝，一夜间长成一抱粗。太戊帝惧，问伊陟，伊陟答："臣闻妖不胜德，帝之政其有阙欤？帝其修德。"太戊从之，桑树、楮树枯死了。榖，即楮树。

⑥ 龙蛇作孽：《史记·五行传》："皇之不极，是为不建。厥咎眊，厥极弱，时则有龙蛇之孽。"

⑦ 雉雊（gòu 够）于鼎耳：《史记·殷本纪》载：武丁祭成汤，明日有飞雉登鼎耳而鸣，武丁惧，祖己曰："王勿忧，先修政事。"武丁从之，殷道复兴。

⑧ 石言于晋地：《左传》昭公八年春，有石言于晋。

⑨"农夫"句：语出《文子》。养，当作"食"。

⑩ 瞽：眼瞎，引申为没有见识。

⑪ 斧钺：古代军法用于杀人的刑具，亦泛指刑戮。

慎终第四十

凡七章

贞观五年，太宗谓侍臣曰："自古帝王亦不能常化，假令内安，必有外扰。当今远夷率服，百谷丰稔，盗贼不作，内外宁静。此非朕一人之力，实由公等共相匡辅。然安不忘危，治不忘乱，虽知今日无事，亦须思其终始。常得如此，始是可贵也。"魏徵对曰："自古已来，元首股肱①，不能备具，或时君称圣，臣即不贤；或遇贤臣，即无圣主。今陛下明，所以致治，向若直有贤臣，而君不思化，亦无所益。天下今虽太平，臣等犹未以为喜，惟愿陛下居安思危，孜孜不怠耳！"

译 贞观五年，唐太宗对侍从的大臣们说："从古以来的帝王亦不能经常实现治化，假使内部安定，必定还会有外部的干扰。如今远方的四夷都已顺服，五谷丰登，盗贼不作，内外宁静。这样好的局面不是我一个人的力量，实在是靠你们共同辅佐。然而安不能忘危，治不能忘乱，虽然今日无事，也要考虑保持始终。常能如此，才是可贵。"魏徵对答说："自古以来，君臣不可能都完美，或是当时的君主称得起圣明，臣子却不贤良；或是遇到贤臣，却没有圣明君主。今天陛下圣明，所以达到治平，假如当初只有贤臣，而皇帝不想治化，也不能有什么助益。天下如今虽然太平，我等臣子还不以为喜，只愿陛下居安思危，孜孜以求而不懈怠！"

注 ① 元首股肱：原指头与手足，此指君主与辅臣。

贞观六年，太宗谓侍臣曰："自古人君为善者，多不能坚守其事。汉高祖，泗上①一亭长耳，初能拯危诛暴，以成帝业，然更延十数年，纵逸之败，亦不可保。何以知之？孝惠②为嫡嗣之重，温恭仁孝，而高帝惑于爱姬

译 贞观六年，唐太宗对侍从的大臣们说："从古以来的君主做过好事的，也往往不能坚持到底。比如说汉高祖，原本是泗水亭的一个亭长，最初能够拯救危难翦除暴政，成就了帝王事业，但让他在位的时间再延长十几年的话，也会放纵自己贪图安逸而走向衰败，也不能保住他创下的帝业。怎么知道的呢？

汉惠帝本来是他的嫡长子，居于皇储的重要地位，而且为人温恭仁孝，可是汉高帝又宠爱上自己爱姬所生的小儿子，准备废黜皇储另立太子；萧何、韩信，功业已高，萧何既被无端械系下狱，韩信也被滥加贬黜，其余的功臣像黥布等人都非常恐惧，终于叛逆谋反。君臣父子之间悖逆荒谬到如此地步，岂不是难于保住功业的明证吗？我因此不敢依赖天下安定，经常想想危亡来警戒自己，来把功业保持到底。”

之子，欲行废立③；萧何、韩信，功业既高，萧既妄系④，韩亦滥黜⑤，自余功臣黥布⑥之辈，惧而不安，至于反逆。君臣父子之间悖谬若此，岂非难保之明验也？朕所以不敢恃天下之安，每思危亡以自戒惧，用保其终。”

注 ① 泗上：即泗水亭，刘邦曾任泗水亭长。

② 孝惠：刘盈，汉高祖太子，吕后所生。

③ 高帝惑于爱姬之子，欲行废立：汉高祖喜爱爱姬戚夫人所生的赵王如意，想废太子刘盈立如意为太子，后经张良调护，太子得以不废。

④ 萧既妄系：指萧何的遭遇。萧何，沛人，汉丞相，封酂侯。曾经为百姓求上林苑中空地，被高祖下狱，几天后才释放。

⑤ 韩亦滥黜：指韩信的遭遇。韩信，淮阴人，佐高祖取天下，封楚王。有人告韩信谋反，高祖设计把韩信捉到洛阳，黜为淮阴侯，后来又被杀。

⑥ 黥布：姓英名布，曾因犯法黥面而叫黥布，为汉夺天下立大功，封淮南王，韩信、彭越等功臣被杀后，黥布私下集结军队以备不测，有人告密，高祖率兵击杀了他。

译 贞观九年，唐太宗对公卿大臣说：“朕奉行端坐拱手无为而治的政策，使四境异族全部归服，这难道是朕一个人的力量所能办到的，实在是靠诸位的大力扶持啊！应当思考善始善终，永远巩固宏大的基业，使子子孙孙，一代代相互辅佐护卫。让丰功伟业、深厚利益延续到后世，使数百年后读我朝历史的人们，感到伟大的功勋、盛大的事业光芒耀眼，很值得观看，难道只是称颂周朝、西汉与汉光武帝、汉明帝的事功制度而已吗？”房玄龄借机进奏说：“陛下有谦逊退让之心，把功劳推让给群臣，使国家治理升平，本来就在于陛下的大德，臣下有什么功劳？只希望陛下有始有终，那么天下人就永远有了依靠。”唐太宗又说：“朕观察前代拨乱反正的国君都年过四十，只有东汉光武帝三十三岁。但是朕十八岁时就举兵创业，二十四岁时平定了天下，二十九岁时升为天子，这就是武功胜过古

贞观九年，太宗谓公卿曰：“朕端拱无为，四夷咸服，岂朕一人之所致，实赖诸公之力耳！当思善始令①终，永固鸿业，子子孙孙，递相辅翼。使丰功厚利施于来叶②，令数百年后读我国史，鸿勋茂业粲然可观，岂惟称隆周、炎汉及建武③、永平④故事而已哉？”房玄龄因进曰：“陛下㧑挹⑤之志，推功群下，致理升平，本关圣德，臣下何力之有？惟愿陛下有始有卒，则天下永赖。”太宗又曰：“朕观古先拨乱之主皆年逾四十，惟光武年三十三。但朕年十八便举兵，年二十四定天下，年二十九升为天子，此则武胜于古也。少从戎旅，不暇读书，贞观以来，手不释卷，知风化之本，见政理之源。行之数年，天下大治而风移

俗变，子孝臣忠，此又文过于古也。昔周、秦已降，戎狄内侵，今戎狄稽颡⑥，皆为臣妾，此又怀远胜古也。此三者，朕何德以堪之？既有此功业，何得不善始慎终耶？”

注 ① 令：美好。
② 来叶：后世。
③ 建武：东汉光武帝的年号。
④ 永平：东汉明帝的年号。
⑤ 㧑挹：谦逊，退让。
⑥ 稽颡：即叩头，古时一种跪拜礼。颡，额角。

人。朕年少时从军，没有余暇读书，贞观以来，手不释卷，明白了教育感化的根本，发现了执政方略的渊源。施行了数年，达到天下大治，风俗习气得以改革，子女孝顺，臣下忠诚，这又是文治胜过了古人。从古代周朝、秦朝以来，外族总是内侵中原，现在戎狄外族都叩头归服，成为臣属，这又是怀柔远邦胜过了古人。这三方面，朕有什么德行能承受得起？既然具备了这样的功业，怎么能不善始善终啊？”

贞观十二年，太宗谓侍臣曰：“朕读书见前王善事，皆力行而不倦，其所任用公辈数人，诚以为贤，然致理比于三、五之代，犹为不逮，何也？”魏徵对曰：“今四夷宾服①，天下无事，诚旷古所未有。然自古帝王初即位者，皆欲励精为政，比迹于尧、舜；及其安乐也，则骄奢放逸，莫能终其善。人臣初见任用者，皆欲匡主济时，追踪于稷、契；及其富贵也，则思苟全官爵，莫能尽其忠节。若使君臣常无懈怠，各保其终，则天下无忧不理，自可超迈前古也。”太宗曰：“诚如卿言。”

注 ① 宾服：服从。

译 贞观十二年，唐太宗对侍臣说：“朕读书中发现前代帝王做过的善事，都尽力效法施行而从不厌倦，所信任重用的你们诸位，确实认为都是贤良的，但是国家治理的程度，与三皇五帝时代相比较，还是比不上，是什么原因呢？”魏徵回答说：“现在四境异族都归服入贡，天下太平无事，确实是旷古未有的盛况。但是自古以来，帝王刚登基即位时，都想振奋精神治理好国家，与尧、舜的功迹相比较；等到天下太平安乐时，就骄傲奢侈，放纵淫逸，没有人能够将善政坚持到底的。臣子刚被任用时，都想辅佐君王、拯救时局，追赶稷、契的功绩；等到他们富贵时，就只想苟且保全自己的官爵，没有人能够尽忠尽节的。如果让君主、臣下经常不懈怠，各自坚持到底，就不用忧虑天下不能得到治理，自然可以超越前代古人了。”唐太宗说：“确实如你所说的。”

贞观十三年，魏徵恐太宗不能克终俭约，近岁颇好奢纵，上疏谏曰：

臣观自古帝王受图定鼎①，皆欲传之万代，贻厥孙谋。故其垂拱岩廊②，布政天下，其语道也必先淳朴而抑浮华，其论人也必贵忠良而鄙邪佞，言制度也则绝奢靡而崇

译 贞观十三年，魏徵担忧唐太宗不能最终保持俭约，近年以来又很喜好奢侈放纵，就上奏章劝谏说：

臣观察自古以来的帝王接受天命建立王朝，都想把皇位传到万代，为子孙着想的。所以他们端坐朝堂垂衣拱手，向天下宣布政令，谈论治国方略必定是推崇质朴淳厚而抑制虚浮华丽，议论人品必定是尊

俭约，谈物产也则重谷帛而贱珍奇。然受命之初，皆遵之以成治；稍安之后，多反之而败俗。其故何哉？岂不以居万乘之尊，有四海之富，出言而莫己逆，所为而人必从，公道溺于私情，礼节亏于嗜欲故也？语曰：“非知之难，行之惟难；非行之难，终之斯难。”所言信矣。

重忠诚贤良而轻视邪恶奸佞，讨论制度时杜绝奢侈靡丽而崇尚俭朴节约，谈论物产时重视谷物布帛而轻贱奇珍异宝。然而他们刚接受天命登基时，都遵循这些原则达到政治清明；稍稍安定之后，大多违反这些原则而败坏社会风俗。其原因是什么呢？难道不是因为处在极尊贵的天子地位，拥有天下的财富，说话没有谁敢违背，做的事别人都必定遵从，公道被个人感情所淹没，礼节因嗜好欲望而亏损的缘故吗？所以古话说：“不是知道真理困难，而是实行真理真困难；不是实行真理困难，而是始终贯彻真理尤为困难。”这话说得实在对啊。

注 ① 定鼎：《左传》宣公三年：“成王定鼎于郏鄏。”古人视九鼎为国家的重要礼器，置放于王都宗庙里，故一般称定都为“定鼎”，也引申为建立王朝。
② 岩廊：高峻的廊殿，指代朝廷。

伏惟陛下，年甫弱冠，大拯横流①，削平区宇，肇开帝业。贞观之初，时方克壮，抑损嗜欲，躬行节俭，内外康宁，遂臻致治。论功则汤、武不足方，语德则尧、舜未为远。臣自擢居左右，十有余年，每侍帷幄，屡奉明旨。常许仁义之道，守之而不失；俭约之志，终始而不渝。一言兴邦，斯之谓也。德音在耳，敢忘之乎？而顷年已来，稍乖曩②志，敦朴之理，渐不克终。谨以所闻，列之如左：

译 陛下年纪刚刚二十岁，就极力拯救混乱的世道，平定了域中战乱，开创了帝业。贞观初年，正当陛下年轻力壮之时，却能抑制减少嗜好欲望，亲自实行节俭，国内外安康宁静，于是达到极清明的大治局面。论功劳就是商汤、周武王也不能相比，讲道德就是与尧、舜相比也不差很远。臣自从被擢任为陛下的近臣，已有十多年了，常常在宫殿中侍奉陛下，屡次奉行贤明的旨意。陛下经常自许坚持仁义之道而不丢守，坚持俭朴节约的志向而始终不渝。一句话可以兴盛国家，说的就是这个道理。陛下的话音还在耳边萦绕，我怎么敢忘记啊？但是近年以来，却渐渐有违以前的志向，敦厚淳朴的政治，渐渐不能坚持下去。谨把臣所了解到的，列举在下面：

注 ① 横流：洪水泛滥，此指混乱的世道。
② 曩：从前。

陛下贞观之初，无为无欲，清净之化，远被遐荒。考之于今，其风渐坠，听言则远超于上圣，论事则未逾于中主①。何以言之？汉

译 陛下在贞观初年，恪守无为无欲的治国方略，清明宁静的教化，遍及遥远的荒服之地。但考察现实，这样的风气渐渐丧失了，听陛下的言论，远远超过英明的帝王，论陛下的作为，却连一般的君王都没能超越。

文、晋武俱非上哲，汉文辞千里之马[2]，晋武焚雉头之裘[3]。今则求骏马于万里，市珍奇于域外，取怪于道路，见轻于戎狄。此其渐不克终，一也。

为什么这样说呢？汉文帝、晋武帝都不是圣明贤哲的君主，但汉文帝不接受千里马，晋武帝焚烧掉雉头毛制成的裘衣。而现在陛下却向万里之外寻求骏马，到外国购买珍奇宝物，招致道路行人的惊怪，被四境异族所看轻。这是陛下渐渐不能坚持到底的第一条。

注 ① 中主：中等的、一般的君主。

② 汉文辞千里之马：汉文帝时，有贡献千里马者，文帝命退还，并给进贡者回家路费。

③ 晋武焚雉头之裘：晋武帝时，太医司马程据献雉头裘，晋武帝认为奇技异服，为典礼所禁止，故将裘衣焚毁于殿前。

昔子贡[1]问理人于孔子，孔子曰："懔乎若朽索之驭六马。"子贡曰："何其畏哉？"子曰："不以道导之，则吾仇也，若何其无畏？"[2]故《书》曰："民惟邦本，本固邦宁。"[3]为人上者奈何不敬？陛下贞观之始，视人如伤，恤其勤劳，爱民犹子，每存简约，无所营为。顷年已来，意在奢纵，忽忘卑俭，轻用人力，乃云："百姓无事则骄逸，劳役则易使。"自古以来，未有由百姓逸乐而致倾败者也，何有逆畏其骄逸，而故欲劳役者哉？恐非兴邦之至言，岂安人之长算？此其渐不克终，二也。

译 从前子贡向孔子请教治理百姓的方法，孔子说："要像用腐朽的缰绳驾驶六匹马拉的君王坐车一样小心谨慎。"子贡说："为什么这样担心呢？"孔子说："不用仁义之道去引导他们，他们就会仇恨我，怎么能不担心呢？"所以《尚书》上说："人民是国家的根本，根本巩固，国家就安宁。"作为君王的怎么能对百姓不敬重？陛下在贞观初年，关心百姓就如同对待自己身上的伤口一样，抚慰他们勤勉辛劳，爱护他们就像对待自己的子女一样，自己总是保持简俭节约，没有营构什么宫室。近年以来，却着意于奢侈骄纵，忽略忘记了谦虚节俭，随便调发劳力，并说："百姓没有事做就会骄纵逸乐，让他们服役劳累就容易驱使。"自古以来，没有因为百姓安宁逸乐而造成国家败亡的事情，哪有反而害怕百姓骄纵逸乐，而故意去劳累骚动他们的呢？这恐怕不是振兴国家的好话，怎么能作安定人民的长远打算？这是陛下渐渐不能坚持到底的第二条。

注 ① 子贡：孔子学生，善于辞令。

② 语出《孔子家语》。

③ 语出《尚书·五子之歌》。

陛下贞观之初，损己以利物，至于今日，纵欲以劳人，卑俭之迹岁改，骄侈之情日异。虽忧人之言不绝于口，而乐身之事实切于心。或时欲有所营，虑人致谏，乃云："若不为此，不便我身。"人臣之情，何可复争？此直①意在杜谏者之口，岂曰择善而行者乎？此其渐不克终，三也。

译 陛下在贞观初年，减少自己的享受而使他人得到好处，到了现在，却通过劳累别人来放纵自己的欲望，谦逊节俭的作风一年年地改变，骄傲奢侈的情趣一天天发展。虽然口中不停地说着关心百姓的话语，但心中关切的是享乐自身的事情。有时想营建宫室，担心臣下来规劝，就说："如果不这样做，对我就不方便。"臣下碍于情面，怎么能再谏争呢？这仅是意在封住劝谏人的口，哪里能说是选择好的意见而施行啊？这是陛下渐渐不能坚持到底的第三条。

注 ① 直：仅仅，只是。

立身成败，在于所染，兰芷鲍鱼①，与之俱化，慎乎所习，不可不思。陛下贞观之初，砥砺②名节，不私于物，唯善是与③，亲爱君子，疏斥小人。今则不然，轻亵小人，礼重君子。重君子也，敬而远之；轻小人也，狎而近之。近之则不见其非，远之则莫知其是。莫知其是，则不间而自疏；不见其非，则有时而自昵。昵近小人，非致理之道；疏远君子，岂兴邦之义？此其渐不克终，四也。

译 立身的成功和失败，在于一个人所接触的环境，接触兰草白芷，或者接触鲍鱼，就会受它们的影响，因此要谨慎地对待所接触的东西，是不能不认真思考的。陛下在贞观初年，注意磨炼名节，对人不偏私，只要是善良的就亲近，亲近爱护君子，疏远斥退小人。现在就不是这样的，对小人亲密狎近，对君子礼貌尊重。名为尊重君子，实际上却是敬而远之；名为轻视小人，实际上却是亲热地接近他们。亲近小人就不会发现他们的坏处，疏远君子就不能明了他们的好处。不能明了君子的好处，那么不用离间就自然疏远；不能发现小人的坏处，那么有时候就会自己去亲昵他们。亲昵接近小人，决不是国家达到治理的办法；疏远君子，难道会是振兴国家之道？这是陛下渐渐不能坚持到底的第四条。

注 ① 兰芷鲍鱼：兰，兰草；芷，白芷。皆香草，比喻好人或美德。鲍鱼，盐渍的鱼，气味腥臭，比喻坏人或恶行。
② 砥砺：磨炼。
③ 与：交好，亲近。

《书》曰："不作无益害有益，功乃成；不贵异物贱用物，人乃足。犬马非其土性不畜，珍禽奇兽弗育

译 《尚书》上说："不要做无益的事来损害有益的事，事功就能告成；不稀罕奇异的东西，不轻视日常用品，百姓才会富足。狗和马不是土生土长的就不畜养，珍禽异兽不

于国。”[①]陛下贞观之初，动遵尧、舜，捐金抵[②]璧，反朴还淳。顷年以来，好尚奇异，难得之货，无远不臻；珍玩之作，无时能止。上好奢靡而望下敦朴，未之有也。末作[③]滋兴，而求丰实，其不可得，亦已明矣。此其渐不克终，五也。

要养育在国中。”陛下在贞观初年，行为每每效法尧、舜，抛弃金银，拒绝玉璧，返朴归真。近年以来，喜好崇尚珍奇怪异的东西，难以得到的物品，无论多么遥远都要把它弄到手；珍奇玩物的制作，没有停止的时候。君王喜好奢靡而希望臣下敦厚朴实，是没有的事。工商末业日益兴盛，而要求百姓丰食富足，这不可能达到也已经很明显了。这是陛下渐渐不能坚持到底的第五条。

注 ① 语出《尚书·旅獒》。
② 抵：通“掷”，丢弃。
③ 末作：古代指商业、手工业等行业，与称作“国之本”的农业相对。

贞观之初，求贤如渴，善人所举，信而任之，取其所长，恒恐不及。近岁已来，由心好恶，或众善举而用之，或一人毁而弃之，或积年任而用之，或一朝疑而远之。夫行有素履[①]，事有成迹，所毁之人，未必可信于所举；积年之行，不应顿失于一朝。君子之怀，蹈仁义而弘大德；小人之性，好谗佞以为身谋。陛下不审察其根源，而轻为之臧否，是使守道者日疏，干求者[②]日进，所以人思苟免，莫能尽力。此其渐不克终，六也。

注 ① 素履：平日的言行事迹。
② 干求者：营求官职地位的人。

译 贞观初年，陛下求贤如渴，有道德的人所举荐的人才，就相信并任用他们，发挥他们的长处，还担心没能人尽其用。近年以来，任凭自己的喜好或厌恶，有的因为众人的举荐而任用，有的又因为一个人的诋毁就抛弃，有的多年信任使用，有的一旦有所怀疑就疏远。人的品行由平日的行为表现，事情有它形成的轨迹，进行诋毁的人，不一定比被举荐的人可信；积累多年的品行，不应该一下子就否定。君子的胸怀，在于实行仁义，弘扬道德；小人的本性，在于喜好谗言谄媚来为自己谋利。陛下不审察这类事情的来源，而轻易地进行褒贬评判，这使得奉行道义的人一天天疏远，钻营利禄的人一天天进用，因此人人都想苟全免祸，没有谁能尽心竭力。这是陛下渐渐不能坚持到底的第六条。

陛下初登大位，高居深视，事惟清净，心无嗜欲，内除毕弋[①]之物，外绝畋猎之源。数载之后，不能固志，虽无十旬[②]之逸，或过三驱之礼，遂使盘游之娱，见讥于百姓；鹰犬之贡，远及于四夷。或时

译 陛下刚登上帝位时，处在高处，看得深远，办事只求清静不烦扰民间，心中没有嗜欲，在内除去毕、弋等猎具，在外禁绝狩猎游玩的诱惑。数年以后，就不能坚守心志，虽然没有狩猎十旬不返回的逸乐之事，但有时也超过了天子一年三次畋猎的礼制，于是使游猎的娱乐，遭到百姓的讥讽；所贡

献的猎鹰猎犬，有来自遥远的四境外族。有时候教习武艺的地方，路途遥远，陛下凌晨出去，入夜才回来，把车马奔驰当作欢乐，不考虑有难以预料的事变，如果事有不测，难道还可以补救吗？这是陛下渐渐不能坚持到底的第七条。

教习之处，道路遥远，侵晨[3]而出，入夜方还，以驰骋为欢，莫虑不虞之变，事之不测，其可救乎？此其渐不克终，七也。

注 ① 毕弋：毕，狩猎用的长柄网。弋，用线绳系在箭而射。
② 十旬：《尚书·夏书》："太康盘游无度，畋于有洛之表，十旬弗反。"
③ 侵晨：凌晨。

译 孔子说："君主按礼仪任用臣子，臣子用忠诚侍奉君主。"这么说来，君主对待臣下，礼义上不可轻薄。陛下刚登上帝位时，用敬重的态度对待臣下，使君王的恩惠向下流布，臣下的情况往上通达，都想尽心竭力，心中没有隐讳的东西。近年以来，有许多忽略之处，有时地方官充任使者，入朝奏事，想见见天子，将陈述自己的见闻，想说话而陛下不能和颜悦色地倾听，想提出请求而陛下不款接恩惠礼仪，有时还因为臣子有不足之处，责问他细小的过失。这样一来，即使臣下有聪明雄辩的才略，也无法表示他的忠诚，而希望上下同心协力，君臣融洽协调，不也很困难么？这是陛下渐渐不能坚持到底的第八条。

孔子曰："君使臣以礼，臣事君以忠。"[1]然则君之待臣，义不可薄。陛下初践大位，敬以接下，君恩下流，臣情上达，咸思竭力，心无所隐。顷年已来，多所忽略，或外官[2]充使，奉事入朝，思睹阙庭，将陈所见，欲言则颜色不接，欲请又恩礼不加，间因所短，诘其细过。虽有聪辩之略，莫能申其忠款[3]，而望上下同心，君臣交泰[4]，不亦难乎？此其渐不克终，八也。

注 ① 此句是孔子对鲁定公说的话。
② 外官：相对于京官的地方官。
③ 款：诚，恳切。
④ 交泰：时运亨通，此指融洽，协调。

译 骄傲不可滋长，欲望不可放纵，逸乐不可过度，意愿不可过分满足。这四点，前代帝王用作求得福运的方法，通达古今事理的贤人用作深切的鉴诫。陛下在贞观初年，孜孜不倦，委屈自己顺从他人意见，还常常觉得做得不够。近年以来，稍微有些骄傲放纵，自恃功业盛大，心中轻视前代帝王，

傲不可长，欲不可纵，乐不可极，志不可满[1]。四者，前王所以致福，通贤以为深诫。陛下贞观之初，孜孜不怠，屈己从人，恒若不足。顷年已来，微有矜放，恃功业之大，意蔑前王，负圣智之明，心轻

当代，此傲之长也。欲有所为，皆取遂意，纵或抑情从谏，终是不能忘怀，此欲之纵也。志在嬉游，情无厌倦，虽未全妨政事，不复专心治道，此乐将极也。率土乂安，四夷款服，仍远劳士马，问罪遐裔[2]，此志将满也。亲狎者阿[3]旨而不肯言，疏远者畏威而莫敢谏，积而不已，将亏圣德。此其渐不克终，九也。

自负圣哲英明，心底看不起当代人，这就是骄傲在滋长。自己想干什么，都要称心如意，纵然有时是压抑自己的性情听从臣下的劝谏，却始终是耿耿于怀，这就是欲望的放纵。一心要嬉戏游乐，兴趣没有厌倦的时候，虽然还没有完全妨碍处理政务，但不再能专心治国，这就是逸乐过度了。天下安定无事，四境外族归顺诚服，却仍然让士兵远行辛劳，向遥远的边疆外族兴师问罪，这就是过分满足心愿了。亲近的人迎合陛下的旨意而不肯陈说，疏远的人畏惧陛下的威严而不敢谏劝，这种情况不断积累下去，将有损陛下的高尚品德。这就是陛下渐渐不能坚持到底的第九条。

注 ① 此四句出于《礼记·曲礼》。
② 遐裔：边远之地的外族。
③ 阿：附和。

昔陶唐、成汤之时，非无灾患，而称其圣德者，以其有始有终，无为无欲，遇灾则极其忧勤，时安则不骄不逸故也。贞观之初，频年霜旱，畿内户口并就关外，携负老幼，来往数年，曾无一户逃亡，一人怨苦。此诚由识陛下矜育[1]之怀，所以至死无携贰[2]。顷年已来，疲于徭役，关中之人，劳弊尤甚。杂匠之徒，下日[3]悉留和雇；正兵之辈，上番[4]多别驱使；和市[5]之物不绝于乡闾，递送之夫相继于道路。既有所弊，易为惊扰，脱因[6]水旱，谷麦不收，恐百姓之心，不能如前日之宁帖[7]。此其渐不克终，十也。

译 从前陶唐、成汤时期，并不是没有灾祸，然而称颂他们圣明贤德的原因，在于他们做事有始有终，无为而治，没有私欲，遇到灾祸就特别忧虑，勤于政事，时世安定也不骄傲不放纵。贞观初期，连年霜灾旱灾，京都附近的百姓全都逃荒潼关以东，扶老携幼，往返数年，却没有一户人家逃亡，没有一个人抱怨愤怒。这确实是因为百姓体会到陛下怜悯养育他们的心怀，因此至死也不存二心。近年以来，百姓被徭役搞得疲惫不堪，关中百姓的劳苦疲困尤其严重。各类工匠，结束服役期后，都被强留下来受官府雇用；正在服役的士兵，多被用作别的驱使；乡间的物品被连续强迫出卖，押送物资的差夫相继于道。既已出现凋弊情况，百姓就容易被惊扰，万一由于水旱灾害，谷麦绝收，恐怕百姓的心，不能像过去那样宁静安稳。这就是陛下渐渐不能坚持到底的第十条。

注 ① 矜育：怜悯抚育。
② 携贰：怀有二心。
③ 下日：服役结束之日。

④ 上番：调到京都服役。
⑤ 和市：唐代以购买为名掠夺民财的一种变相赋税。
⑥ 脱因：或许由于。
⑦ 宁帖：平安稳定。

臣闻“祸福无门[1]，惟人所召”。人无衅[2]焉，妖不妄作。伏惟陛下统天御宇十有三年，道洽[3]寰中，威加海外，年谷丰稔，礼教聿[4]兴，比屋喻于可封[5]，菽粟同于水火。暨乎今岁，天灾流行，炎气致旱，乃远被于郡国；凶丑作孽，忽近起于毂下[6]。夫天何言哉？垂象示诫，斯诫陛下惊惧之辰，忧勤之日也。若见诫而惧，择善而从，同周文之小心，追殷汤之罪己。前王所以致理者，勤而行之；今时所以败德者，思而改之。与物更新，易人视听，则宝祚[7]无疆，普天幸甚，何祸败之有乎？然则社稷安危，国家治乱，在于一人而已。当今太平之基，既崇极天之峻；九仞之积，犹亏一篑之功[8]。千载休期[9]，时难再得，明主可为而不为，微臣所以郁结而长叹者也。

译 臣听说“祸福的降归没有定准，都是人自己招来的”。人们没有疏漏错失，怪异之事就不会轻易发生。陛下统治天下已有十三年了，治道遍及全国，声威施加海外，连年谷物丰登，礼教兴盛，家家都有德行，户户可以旌表，豆麦稻粱同水火一样遍及而容易取得。到了今年，天灾流行，炎热气候引起了旱灾，竟然遍及全国各地；凶恶之徒犯上作乱，忽然发生在京城之内。上天会说什么呢？显现异常天象作为告诫，这实在是陛下警惕诫惧之时，忧劳勤勉政事之日。如果陛下看到上天垂示的天象而惊忧，选择好的意见而采纳，如同周文王一样谨慎小心，像商汤一样归罪自己。前代君王用来达到天下大治的措施，勤勉地加以实施；目前败坏道德的行为，思考着加以改正。与天下一起除旧布新，改变人们的看法，那么帝位就可传万世，普天下都很幸运，还有什么灾祸败亡之事会发生呢？那么国家社稷的安危治乱，就决定于君主一人而已。现今太平基业，已经像天一样高峻了；而巍巍功业就像堆积九仞高山，还差一筐土就能完成了。千载难逢的好时期，时机很难再得，圣明的君主可以大有作为却不去作为，这就是微臣心怀郁结长叹息的原因。

注 ① 无门：没有定数。
② 衅：缝隙，此指过失。
③ 洽：广泛，普遍。
④ 聿：语助词。
⑤ 比屋喻于可封：《尚书大传》：“周人可比屋而封。”比屋，家家户户。喻，通“愉”，愉快。可封，可以旌表。
⑥ 毂下：指京城。
⑦ 宝祚：帝位，国统。
⑧ “九仞之积”句：《尚书·旅獒》：“为山九仞，功亏一篑。”意指半途而止，则前功尽弃。

⑨ 休期：好时期。

臣诚愚鄙，不达事机，略举所见十条，辄以上闻圣德。伏愿陛下采臣狂瞽之言，参以刍荛之议，冀千虑一得，衮职有补①，则死日生年，甘从斧钺。

疏奏，太宗谓徵曰："人臣事主，顺旨甚易，忤情尤难。公作朕耳目股肱，常论思献纳。朕今闻过能改，庶几克终善事，若违此言，更何颜与公相见？复欲何方以理天下？自得公疏，反复研寻，深觉词强理直，遂列为屏障，朝夕瞻仰。又录付史司②，冀千载之下识君臣之义。"乃赐徵黄金十斤，厩马二匹。

译 臣实在愚昧鄙陋，不通晓事理的关键，略举所见到的十个问题，就呈上让陛下知晓。希望陛下采纳臣狂妄无知的言论，参考樵夫俗子的意见，期望愚者千虑偶有一得，对君王的缺失有所补益，那么臣死之日就像是出生之时，而甘心接受斧钺刑戮。

奏章送上去，唐太宗对魏徵说："人臣奉侍君主，顺从旨意容易，违背君主意愿尤其困难。你作为朕的耳目股肱大臣，经常论述自己思想并献纳进呈。朕现在知道过失就改正，也许能做到善始善终，如果违背了这些话，还有什么脸面与你相见？又能用什么方法治理天下？自从得到你的奏章，反复研究探求，深深地感觉到你的言辞有力，道理正确，于是就贴在屏风上，早晚都恭敬地观看。又亲自抄录给史官，希望千年以后的人们能知道君臣之义。"于是唐太宗赐给魏徵十斤黄金，两匹御厩中的良马。

注 ① 衮职有补：《诗经·大雅·烝民》："衮职有缺，维仲山甫补之。"衮职，此指天子。

② 史司：史官。

贞观十四年，太宗谓侍臣曰："平定天下，朕虽有其事，守之失图①，功业亦复难保。秦始皇初亦平六国，据有四海，及末年不能善守，实可为诫。公等宜念公忘私，则荣名高位，可以克终其美。"魏徵对曰："臣闻之，战胜易，守胜难，陛下深思远虑，安不忘危，功业既彰，德教复洽，恒以此为政，宗社②无由倾败矣。"

译 贞观十四年，唐太宗对侍从的大臣们说："平定天下，我虽然已经做到了，如果守天下时政策失误，已经建立的功业也还难于保住。秦始皇当初也曾平定六国，据有天下，到他的晚年则不能很好保持，实在值得引以为戒。你们应当公而忘私，那么已经取得的荣名高位，就能最终保持下去了。"魏徵对答说："我听说战斗取胜容易、保持胜利困难。陛下能够这样深思远虑，居安不忘危亡，功业既能显赫，德治教化又深入人心，常用这样的思想办理政事，国家就不可能倾覆败亡了。"

注 ① 失图：政策失误。

② 宗社：宗庙和社稷，国家的代称。

贞观十六年，太宗问魏徵曰："观近古帝王，有传位十代者，有一代两代者，亦有身得身失者，朕所以常怀忧惧，或恐抚养生民不得其所①，或恐心生骄逸，喜怒过度。然不自知，卿可为朕言之，当以为楷则。"徵对曰："嗜欲喜怒之情，贤愚皆同。贤者能节之，不使过度，愚者纵之，多至失所。陛下圣德玄远，居安思危，伏愿陛下常能自制，以保克终之美，则万代永赖。"

译 贞观十六年，唐太宗问魏徵："我看自古以来帝王有传位至十几代的，也有传位一代两代的，甚至有自己得天下又自己失去天下的，我所以常常心中感到忧惧，或是怕抚养教育人民未能使他们各得其所，或是怕自己产生骄傲和安逸的情绪，喜怒过度。然而自己又不能意识到，你可以给我讲讲，我当作为准则。"魏徵对答说："人有嗜好、欲望、欢喜、愤怒的感情，聪明人和愚蠢者都是一样的。只是聪明的人能够自行节制，不使过度，愚蠢的人则任意放纵，以至弄到不可收拾。陛下圣明远虑，居安思危，我衷心希望陛下常常能够自我克制，以保持最终的完美，那么万代子孙就能永远得到依靠。"

注 ① 生民：人民，百姓。